21世纪经济管理精品教材·物流学系列

# 集装箱运输管理

伊俊敏　王笃鹏　潘福斌 ◎ 编著

清华大学出版社

北京

## 内 容 简 介

本书在概述集装箱运输之后，从集装箱设备开始，按"箱、货、场、站、港、船、运"的货物自然流动逻辑，依次展开集装箱货物及箱务管理，集装箱码头业务，集装箱水路、公路、铁路、航空运输方式等基础章节，然后从流程、单证、运费、代理、多式联运、运输安全与保障等方面深入阐述集装箱运输管理的主要工作。本书力求深入浅出、精练实用、图文并茂、数据新实，注重国际化及创新意识，并提供大量新颖例题、习题、案例和教学参考资料，为物流、运输与国际贸易等相关专业应用型人才培养，提供集装箱运输管理的专业课程教材。本书引用较新的行业标准与规范、数据翔实，可供集装箱运输业界技术人员、管理人员和相关人士参考。

本书封面贴有清华大学出版社防伪标签，无标签者不得销售。

版权所有，侵权必究。举报：010-62782989，beiqinquan@tup.tsinghua.edu.cn。

**图书在版编目(CIP)数据**

集装箱运输管理 / 伊俊敏，王笃鹏，潘福斌编著 . —北京：清华大学出版社，2020.6（2024.2重印）
21世纪经济管理精品教材 . 物流学系列
ISBN 978-7-302-55374-8

Ⅰ．①集… Ⅱ．①伊… ②王… ③潘… Ⅲ．①集装箱运输－交通运输管理 Ⅳ．①U169.6

中国版本图书馆CIP数据核字（2020）第068487号

**责任编辑**：杜　星
**封面设计**：李伯骥
**版式设计**：方加青
**责任校对**：宋玉莲
**责任印制**：沈　露

出版发行：清华大学出版社
网　　址：https://www.tup.com.cn，https://www.wqxuetang.com
地　　址：北京清华大学学研大厦A座　　　邮　　编：100084
社 总 机：010-83470000　　　　　　　　邮　　购：010-62786544
投稿与读者服务：010-62776969，c-service@tup.tsinghua.edu.cn
质 量 反 馈：010-62772015，zhiliang@tup.tsinghua.edu.cn
印 装 者：三河市铭诚印务有限公司
经　　销：全国新华书店
开　　本：185mm×260mm　　印　张：19　　字　数：445千字
版　　次：2020年6月第1版　　印　次：2024年2月第5次印刷
定　　价：49.00元

产品编号：083529-01

# 序　言

在地球表面，海洋是壮阔的，不管你身在何处，只要来到海边，或多或少都会有这样的感受。但要进一步拥抱海神波塞冬，必须借助船舶，乘风破浪，深入大洋才会有对海洋波澜壮阔的深刻感受。从陆地到海洋，再从海洋到陆地，离不开人类的两样伟大的创造——船舶和港口。从郑和下西洋，哥伦布发现新大陆到今天的宏港巨船，不同时期，一艘艘不同形态的船只，告别一个个港口码头，将满怀志向与期望的人们连带物产载向远方。工业化以来，船舶获得越来越大的驱动力，更快更先进地载着更多的物料和各种工业产品驰向世界各地。在"二战"后的和平时代促成了集装箱运输的世纪革命，集装箱这个看似简单的大铁柜子，不仅改变了船舶和港口，短短几十年，也改变了世界。

身在港城应用型高校，我教授集装箱运输管理已过10年，10年来，伴随着集装箱不时从身边穿梭而过，我也深入实地，到工厂、公司、仓库、场站、港口考察调研，向业内人士学习，并有幸成为中华人民共和国厦门海事法院连续两届的人民陪审员。通过读书学习、会议交流、实地考察、合作探讨，理论与实践结合，不断汲取知识精华。从沿江、沿海的国内港口到国外的港口，眼界逐渐开阔，看到了中外不同的发展，收获良多。作为一名积极的行业观察者，认识不断深入演进，终于提起笔来，邀请合作者，开始本书的编撰。

集装箱运输是充分国际化的，全球互联网的浩瀚知识信息多如海洋之水，如何从中把真正有用和正确的知识分类归纳、组织整合起来，既需要系统的逻辑构架，也要突破原有窠臼，还需要不断地阅读、甄别与积累。在此特别感谢港口圈、《中国船务周刊》、物流沙龙、罐箱界、航运交易公报、Lloyd List、Drewry、Claksons、UNCTAD等媒介与机构。在编撰过程中，我们还参阅了交通运输部网站、中国裁判文书网、国家标准全文公开系统等政府系统的资料信息，以及其他相关政府机构网站信息、中国远洋海运等各大船公司、港口站场等集装箱参与方公司网站信息，使得本书能与行业结合，汇入新知识、新数据，在此一并表示感谢。

在第1章概述集装箱运输之后，从第2章集装箱设备的详细介绍开始，按"箱、货、场、站、港、船、运"的货物自然流动逻辑，依次展开集装箱货物及箱务管理，集装箱码头业务，集装箱水路、公路、铁路、航空运输方式等基础章节，然后从流程、单证、运费、代理、多式联运、运输安全与保障等方面深入阐述集装箱运输管理的主要工作。针对不少集装箱运输方面书籍货物与装箱知识与实例的不足,而实际工作又必不可少的情况,在此以较多的篇幅,用大量的图表、案例与习题来丰富第3章的内容。尤其是"集装箱选用与货物装载"这一节内容占该章近一半篇幅。本章还应用了我在物流运筹学方面的研究成果。这方面深入详细的内容将有助于读者加深理解,提高认识。

本书对集装箱运输管理的内容体系进行有机配置组合,尽量做到深入浅出,精练实用、图文并茂,数据新颖,并注重国际化及创新意识。为此书中还提供了大量新颖例题、习题、案例和教学参考资料,不仅有利于加深专业知识与技能的学习理解,也有利于开拓思维。

在此,特列出本书的一些基本统计信息,也算我这个理工科出身人士的一点专业习惯吧。

|  | 图 数 | 表 数 | 案 例 | 习 题 |
| --- | --- | --- | --- | --- |
| 第1章 | 5 | 6 | 3 | 16 |
| 第2章 | 29 | 3 | 1 | 13 |
| 第3章 | 21 | 6 | 7 | 31 |
| 第4章 | 10 | 2 | 5 | 13 |
| 第5章 | 14 | 3 | 2 | 16 |
| 第6章 | 7 | 2 | 5 | 16 |
| 第7章 | 2 | 4 | 5 | 16 |
| 第8章 | 1 | 2 | 2 | 13 |
| 第9章 | 2 | 1 | 8 | 16 |
| 附录及参考文献 | 0 | 3 | 0 | 0 |
| 合计 | 91 | 29 | 38 | 150 |

在此向引用的文献、图、表、文字、案例的作者们致以特别的感谢。另外,书中的纰漏与不妥之处在所难免,也请读者不吝指正。

本书离不开合作者的协力支持,第二作者王笃鹏博士是一名集装箱运输及物流领域卓越的实践者与管理者,师门情谊及他十多年前的演讲豁然打开了我对集装箱认识与探索的大门。他丰富了本书构架并完成了第4章和第7章的主体内容。第三作者潘福斌教授是我的同事,他与我有经常性的讨论并悉心撰就了第6章的内容。当然还有很多业界人士提供的热情帮助,如厦门远海码头有限公司段宗贝经理、厦门中集海投集装箱服务有限公司陈仙丽经理、厦门国际班列有限公司赖金钱经理、同为陪审员的国际货运代理业资深人士聂晶品先生、世邦海运股份有限公司大陆地区首席代表兼厦门理工学院客座教授黄伟明先生、厦门市现代物流业商会蔡远游会长、厦门汉航集团有限责任公司陈露君董事长,等等,在此深表感谢!

还要特别感谢厦门海事法院审判委员会专职委员李涛法官,他不仅从法律角度对第9章提出了不少改进建议,包括对交通运输法规、保险及代位追偿、仲裁执行等提出的专业意见,还对一些文字表述提出了修改意见。法律人的专业和严谨更让我这个陪审员倍感钦佩。最高人民法院的"中国裁判文书网",公布了大量有关集装箱运输方面的案例,资料翔实全面，阅读很多案件都给人耳目一新和"专业、独到、前沿"的感觉。本书采用了不少判决书作为案例和习题分析，在此深表感谢！令人欣慰的是，该网将我陪审的一件案子收录，因而有幸列入本书之中。

从去年底开始，我不时地牵挂着这本书的提纲，就如同订舱拿到一个空箱子，要在知识的海洋中选货装箱，联系各方，分工协作，确定路线，期盼在岸陆港场中驰骋，在江河海洋里航行，却怎么也赶不上集装箱班轮运输每小时航行20多节的速度，只能时快时慢，有时一分钟几十个字节，有时几天都没有一个字节……经历了一个寒假、一个暑假，终于在这个国庆长假迎来了"到岸交货"的曙光！

伊俊敏
2019年10月于厦门

# 目 录

## 第1章 集装箱运输概述 ·············································································· 001
### 1.1 集装箱运输的涵义 ············································································ 001
### 1.2 集装箱运输的起源、发展与特点 ························································ 002
#### 1.2.1 国际集装箱运输发展历程 ···························································· 002
#### 1.2.2 我国集装箱运输的发展 ······························································· 009
#### 1.2.3 潮涌40年，交通运输业的巨大成就 ·············································· 010
#### 1.2.4 集装箱运输的主要特点 ······························································· 017
### 1.3 集装箱运输系统 ················································································ 021
#### 1.3.1 适箱货物 ···················································································· 021
#### 1.3.2 集装箱 ······················································································· 021
#### 1.3.3 集装箱船舶与航线 ······································································ 021
#### 1.3.4 集装箱码头与作业设施 ······························································· 022
#### 1.3.5 内陆集疏运系统 ········································································· 022
#### 1.3.6 集装箱运输管理系统 ·································································· 024
#### 1.3.7 集装箱运输辅助子系统 ······························································· 026
### 1.4 集装箱运输、国际贸易与物流 ··························································· 027

## 第2章 集装箱设备及操作 ·········································································· 032
### 2.1 集装箱标准 ······················································································· 032
#### 2.1.1 集装箱定义 ················································································ 032
#### 2.1.2 集装箱基本名词术语 ·································································· 033
#### 2.1.3 集装箱基本规格尺寸 ·································································· 034
### 2.2 集装箱类型与结构 ············································································ 036
#### 2.2.1 集装箱类型 ················································································ 036
#### 2.2.2 通用集装箱结构 ········································································· 045

## 2.3 集装箱标记与施封·····045
### 2.3.1 集装箱标记·····045
### 2.3.2 集装箱门及施封·····051
## 2.4 集装箱操作搬运设备·····053

# 第3章 集装箱货物及箱务管理·····058
## 3.1 集装箱货物·····058
### 3.1.1 集装箱货物的分类·····058
### 3.1.2 货物的特征·····060
## 3.2 集装箱货物流转与程序·····063
### 3.2.1 集装箱货物的组织与交付·····063
### 3.2.2 集装箱货物运输流程·····065
## 3.3 集装箱选用与货物装载·····065
### 3.3.1 使用前准备·····065
### 3.3.2 典型集装箱使用·····067
### 3.3.3 集装箱货物装载·····072
### 3.3.4 混装、特殊装载及其他·····079
### 3.3.5 装箱单证·····083
## 3.4 集装箱箱务管理·····086
### 3.4.1 集装箱发放与交接·····086
### 3.4.2 集装箱堆存与保管·····089
### 3.4.3 集装箱报关报检·····090
## 3.5 船方箱务管理·····093
### 3.5.1 集装箱配置与租赁·····093
### 3.5.2 集装箱调运·····096
### 3.5.3 集装箱责任及处理·····098
### 3.5.4 集装箱修理与维护保养·····100
### 3.5.5 集装箱跟踪·····100

# 第4章 集装箱码头业务·····105
## 4.1 码头概述·····105
### 4.1.1 港口与码头·····105
### 4.1.2 港口口岸·····107
### 4.1.3 集装箱码头及经营·····109

4.1.4　集装箱码头设施 ……………………………………………………… 113
　4.2　码头作业 ……………………………………………………………………… 116
　　　4.2.1　船舶装卸作业 …………………………………………………………… 116
　　　4.2.2　码头场地作业 …………………………………………………………… 117
　4.3　堆场管理 ……………………………………………………………………… 119
　　　4.3.1　堆场箱区及箱位 ………………………………………………………… 119
　　　4.3.2　堆场业务管理 …………………………………………………………… 122
　　　4.3.3　冷藏集装箱堆场 ………………………………………………………… 124
　　　4.3.4　危险货物集装箱堆场 …………………………………………………… 126
　4.4　货运站业务 …………………………………………………………………… 129
　　　4.4.1　集装箱货运站分类 ……………………………………………………… 129
　　　4.4.2　集装箱货运站的业务与设施 …………………………………………… 129
　4.5　闸口管理 ……………………………………………………………………… 130
　　　4.5.1　集装箱码头闸口的设置 ………………………………………………… 130
　　　4.5.2　集装箱闸口工作及要求 ………………………………………………… 131

## 第 5 章　集装箱水路运输 …………………………………………………………… 135

　5.1　水运及集装箱水运 …………………………………………………………… 135
　　　5.1.1　水运概述 ………………………………………………………………… 135
　　　5.1.2　航次与运输组织 ………………………………………………………… 136
　　　5.1.3　集装箱水路运输 ………………………………………………………… 138
　5.2　集装箱船舶及配积载 ………………………………………………………… 139
　　　5.2.1　集装箱船舶 ……………………………………………………………… 139
　　　5.2.2　集装箱船舶配积载 ……………………………………………………… 144
　5.3　集装箱班轮航线 ……………………………………………………………… 147
　　　5.3.1　集装箱航线及特点 ……………………………………………………… 148
　　　5.3.2　集装箱班轮船期表 ……………………………………………………… 150
　　　5.3.3　中国出口集装箱航线及指数 …………………………………………… 152
　5.4　内贸集装箱运输 ……………………………………………………………… 154
　　　5.4.1　内贸集装箱运输概述 …………………………………………………… 154
　　　5.4.2　内贸集装箱航运市场 …………………………………………………… 157

## 第 6 章　公路、铁路及航空集装箱运输 …………………………………………… 162

　6.1　公路集装箱运输 ……………………………………………………………… 162

  6.1.1 公路集装箱运输的特点 ·········163
  6.1.2 公路集装箱运输市场 ·········163
  6.1.3 集装箱公路运输中转站 ·········166
  6.1.4 公路集装箱运输业务流程 ·········166
 6.2 铁路集装箱运输 ·········168
  6.2.1 集装箱铁路运输条件 ·········169
  6.2.2 铁路集装箱运输流程 ·········172
  6.2.3 铁路集装箱运费 ·········174
  6.2.4 中欧班列 ·········175
 6.3 航空集装箱运输 ·········178
  6.3.1 海运集装箱无法空运 ·········179
  6.3.2 空运集装器 ·········179

## 第 7 章 集装箱运输流程、单证与运费 ·········184

 7.1 集装箱货运业务流程 ·········184
  7.1.1 出口货运 ·········184
  7.1.2 进口货运 ·········186
  7.1.3 内贸海运 ·········187
 7.2 集装箱运输单证 ·········189
  7.2.1 场站收据 ·········189
  7.2.2 交货记录 ·········193
  7.2.3 其他单证 ·········194
 7.3 提单 ·········196
  7.3.1 提单的性质与类型 ·········196
  7.3.2 提单的内容 ·········199
  7.3.3 其他提单操作 ·········206
 7.4 集装箱运费 ·········209
  7.4.1 集装箱运费概述 ·········209
  7.4.2 集装箱运价 ·········211
  7.4.3 集装箱运费计收 ·········213

## 第 8 章 集装箱运输代理与多式联运 ·········219

 8.1 运输代理 ·········219
 8.2 船舶代理 ·········220

　　　　8.2.1　船舶代理关系 ································································· 220
　　　　8.2.2　船舶代理服务及收费 ······················································· 221
　　8.3　货运代理 ············································································· 224
　　　　8.3.1　国际货运代理 ································································· 224
　　　　8.3.2　货运代理服务 ································································· 225
　　　　8.3.3　国际货运代理企业 ··························································· 226
　　　　8.3.4　货代风险识别及防范 ······················································· 228
　　　　8.3.5　无船承运人 ···································································· 232
　　8.4　集装箱多式联运 ····································································· 236
　　　　8.4.1　多式联运概述 ································································· 236
　　　　8.4.2　多式联运经营人 ······························································ 238
　　　　8.4.3　多式联运单据 ································································· 241
　　　　8.4.4　多式联运方式 ································································· 243

# 第 9 章　集装箱运输安全与保障 ···························································· 250
　　9.1　集运安全与管理 ····································································· 250
　　　　9.1.1　运输管制、政策与法规 ···················································· 250
　　　　9.1.2　集装箱运输安全与管理 ···················································· 252
　　9.2　特种、危险货物运输 ······························································· 254
　　　　9.2.1　特种货物运输 ································································· 254
　　　　9.2.2　危险货物运输 ································································· 256
　　9.3　集装箱运输保险、索赔与理赔 ·················································· 257
　　　　9.3.1　集装箱运输保险 ······························································ 257
　　　　9.3.2　索赔与理赔 ···································································· 263
　　9.4　集装箱运输事故处理 ······························································· 266
　　　　9.4.1　集装箱运输事故 ······························································ 266
　　　　9.4.2　集装箱运输纠纷 ······························································ 270
　　　　9.4.3　诉讼与海事法院 ······························································ 273

附录 1　集装箱尺寸代码（Size code designation） ·································· 281

附录 2　集装箱箱型代码（Type code designation） ·································· 282

参考文献 ··························································································· 286

# 第1章
# 集装箱运输概述

作为开篇第一章,首先给出集装箱运输总体概览,包括集装箱运输的涵义,起源、发展与特点,集装箱运输系统与流程,以及集装箱运输、国际贸易与物流。集装箱运输的发展固然是经济、社会和科技等要素发展的必然结果,但行业的发展和变革是离不开优秀企业家开创和推动的。为加强人文与创新教育,本书特别介绍国内外集装箱运输发展过程中的一些代表人物,以他们的创新敬业精神来激励学生及其他读者。

基于集装箱运输的需要,我们先介绍一些专门的计量单位。

首先,全球航海均使用海里(nautical mile),简称 n mile。海里的计算其实就是对地球周长的"切分",它等于地球椭圆子午线上纬度 1′(1° 等于 60′,一圆周为 360°)所对应的弧长,1n mile=1 852m。相应地,船舶航行速度单位为节(knot 简记为 kn),即 1 海里每小时,约合 0.514m/s。

其次,英制单位在我国不是法定单位,但在集装箱国际标准中却是常用的长度单位,因为最早是英美人提出和实现的。1 英尺(ft)=12 英寸(inch),1inch=25.4mm。上述 1 海里约为 6 076.12ft 或 1.15078 英里;重量单位为英磅(pound,简称 lb),1 英磅 =454 克。

## 1.1 集装箱运输的涵义

集装箱(Container)是一种具有足够强度、便于反复使用的大型标准化载货容器。集装箱运输(Container transport)是将货物装在集装箱内,以集装箱作为一个货物单元进行运输、装卸、搬运的一整套运输工艺和运输组织形式。集装箱运输采用整体集装单元,坚固安全,通过专门的大型装卸机械和运输工具进行装卸、搬运作业和完成运输任务,从而更好地实现货物"门到门"运输,被称为 20 世纪的运输革命,具有巨大的社会效益和经济效益。

集装箱运输是社会生产大发展的产物，它不仅促进了水、陆、空各种运输方式的联运，解决了复杂而又零星的小件货物的零担运输问题，而且能运输大批量的整箱货物。在全球运输市场中，随着集装箱运输的广泛应用，集装箱运输的经济效益越来越明显，这也是集装箱运输迅速发展的根本原因。

现代集装箱运输已形成了完善的系统，包括专用基础设施、运输工具、操作规范、政策法规、管理制度、经营主体和社会需求。集装箱运输经过60多年的发展，已经进入以国际远洋船舶运输为主，以铁路运输、公路运输、近海内河水运、航空运输为辅的国际多式联运为特征的新时期。

## 1.2 集装箱运输的起源、发展与特点

集装箱运输起源于英国。1801年，英国的詹姆斯·安德森博士提出将货物装入集装箱进行运输的构想。1830年，英国利物浦及曼彻斯特铁路公司（the Liverpool & Manchester Railway）采用大箱子式的"炭箱"，将兰开夏的煤炭运到利物浦。这种箱子，四个装一节火车平板车厢，然后由起重机将一个炭箱吊到马车上转运。1845年，英国的铁路公司使用载货车厢互相交换的方式，酷似现在的集装箱，使集装箱运输的构想得到初步应用。19世纪末，全封闭的箱子在英国的各地铁路中使用开来，不仅有装煤炭的、装鱼的，还有装棉纱、棉布等的箱子。这些箱子通常为木制箱体，铁边加固，后端开门，在整个运输过程中作为一个整体，采用吊装的"lift van"，这是集装箱的雏形。另外，1848年美国开展的驮背运输（Paggy-back system）也是集装箱运输的雏形之一。

### 1.2.1 国际集装箱运输发展历程

国际集装箱运输的形成和发展历程可以划分为萌芽、开创、成长、扩张和成熟五个阶段。

**1. 萌芽阶段（1801—1955年）**

自从1801年安德森集装箱运输的构想提出之后，欧美发达国家都先后开始在本国陆上集装箱运输的探索。直到20世纪初期，西欧等资本主义国家工业带动运输量迅速增长，铁路运输得到了较快的发展。英国铁路正式使用早期简陋的集装箱运输，后来相继传到美国（1917年）、德国（1926年）、法国（1928年）及其他欧美国家。1928年，在罗马举行的世界公路会议上就有在国际交通运输中使用集装箱的论述，并探讨了铁路与公路合作运输的方案。1933年在巴黎成立了国际集装箱运输局（International Container Bureau，ICB）来协调有关集装箱方面的合作并开始进行集装箱所有人的登记业务。但由于公路和铁路的激烈竞争、集装箱及其运输方式都不统一，制约了陆上集装箱运输的发展，集装箱运输在萌芽初期发展缓慢。

第二次世界大战爆发后，美国陆军需要运输大量的军用物资，为了提高运输效率，成立了军事运输系统课题组，提出了货物运输需要成组化的原则，来实现门到门运输。战时促急就用，这一原则和目标迅速传播到海陆运输业和工商业界，于是利用托盘和集装箱作为载体的成组运输广泛应用，包括美军的"军用集装箱运输快速勤务系统"。

随后，西欧和美国都开始探索不同的集装箱规格，直到美国国防部将其军用集装箱标准定为 8 英尺高和宽，长为 10 英尺的倍数时才开始快速用于运输。1955 年，马克姆·麦克莱恩（Malcom McLean，1914—2001）的货运公司与工程师合作开发出了用厚波纹钢板制造的高和宽均为 8 英尺，长 10 英尺的现代航运集装箱，它们能有效地装入船舱并保证长时间海运时货物的安全。

萌芽阶段总体时间长，主要是西方早期工业化国家的尝试，发展缓慢；公路铁路因激烈竞争影响联运，集装箱运输的优势未能发挥。

## 2. 开创阶段（1956—1966 年）

前一阶段，集装箱运输仅限于欧美一些先进国家，主要从事铁路、公路运输和国内沿海运输方面的尝试。集装箱运输真正开始于"二战"后世界经济和国际贸易的迅猛发展以及大运量的海上船舶运输。美国首先用油船、件杂货船在沿海从事海上集装箱运输，并获得了良好的经济效益。

1956 年 4 月 26 日，美国泛大西洋轮船公司（Pan-Atlantic Steamship Co.）老板马克姆·麦克莱恩，采用起重机将集装箱吊装到由"二战"T-2 型旧油轮改装而成的"理想 X 号（Ideal X）"上，因装卸作业高效、成本得以显著降低。随后，这艘"理想 X 号"满载着 58 个集装箱开始了从纽瓦克港（Port Newark，New Jersey）到得克萨斯州休斯敦港（Port of Houston，Texas）的航程，首次开启了海上集装箱商业运输（如图 1-1 所示）。一年后，首艘全集装箱船舶"盖脱威城（Gateway City）"由该公司投入纽约至佛罗里达和得克萨斯的航线上。这艘船舶可以装载 226 个 8ft×8.5ft×35ft 的集装箱，它的投运标志着海上集装箱运输正式开始。麦克莱恩开创的集装箱海上运输取得了巨大的成功，仅装卸费就降到了普通货船装卸费的 1/37，即每吨由 5.83 美元降到 0.15 美元。随后他投入了更多的船舶开辟新航线，并于 1960 年将公司更名为海陆运输公司（Sea-Land Service，Inc.，现为马士基的子公司），开始国际集装箱运输和全球第一个集装箱码头——Port Newark-Elizabeth Marine Terminal 的建造。

图 1-1 "理想 X 号"每 7 分钟可吊装一个集装箱（左），麦克莱恩在集装箱港口（右）

开创阶段的集装箱船舶、集装箱及集装箱码头都还不够标准与专业，主要靠少数参与公司的探索，但这些探索即将引领一场运输革命。

### 3. 成长阶段（1966—1971年）

在成长阶段，集装箱运输从美国的沿海运输向国际远洋运输发展。出现专门从事集装箱运输的第一代集装箱船，其载箱量在 700～1 100TEU（Twenty Equivalent Unit，20英尺等价单位，即标箱），并有了集装箱专用码头，同时集装箱国际标准确立。

1966年4月23日，美国海陆运输公司以经过改装的全集装箱船"Fairland"载着236个集装箱开辟了纽约至欧洲鹿特丹（Rotterdam, Netherlands）的第一条国际远洋集装箱运输商业航线。当时美军开始大规模介入越南战争，美军后勤也开始采用集装箱远洋运输。集装箱运输被证明有利于国际运输，并且很快成为全球贸易的主要运输方式，尽管当时人们大多没有认识到这一点。

比海陆运输公司稍晚一些，美国马托松轮船公司（Matson Navigation Company）在美洲沿岸——夏威夷航线上用货船"马祥（Hawaiian Merchant）"号将 8ft×8ft×24ft 集装箱装载于舱面试运集装箱，一举获得成功。在此基础上，马托松公司既致力于促进干线运输的集装箱化，大力发展自己的集装箱船队，又关注主要港口间的放射状支线运输（Feeder service）的开发，建立了使用驳船在夏威夷诸岛之间运输集装箱的驳运系统（Inter Hawaii Island Container System）和以小型集装箱船为中心的支线运输网络，使集装箱货物从各地向主要港口集中，以进一步促进干线集装箱船的周转。1967年9月，马托松轮船公司将"太平洋贸易者（Pacific Trader）"号全集装箱船投入到日本至太平洋沿岸的国际远洋航线。随后，美国西海岸至远东的商业集装箱航运延伸到中国香港和台湾（1969年），以及新加坡、泰国和菲律宾（1971年）。

受到美国集装箱船舶运输活跃于大西洋和太平洋的启发，日本和欧洲各国的班轮公司也开始大量集中建造中型集装箱船，建立集装箱船舶经营体制，跨入集装箱运输行列。1968年，日本有6家轮船公司在日本至美国加州之间开展集装箱远洋运输。随后，日本与欧洲各国的轮船公司也先后在日本、欧洲、美国和澳大利亚等国家和地区开展了集装箱运输。

1968年，国际标准化组织（ISO）颁布了第一系列国际标准集装箱的分类和规格尺寸（ISO 668-Series 1 freight containers—Classification, dimensions and ratings），其中长度为 6.058m（20ft）和 12.192m（40ft）的标准集装箱后来成为国际集装箱运输中的常用箱。

### 4. 扩展阶段（1971—1989年）

在扩展阶段，集装箱运输的高效率装卸、低成本、良好的效益和运输质量，以及便于开展国际多式联运等优点充分展现，集装箱运输深受货主（即运输服务需求者，是托运人与收货人的统称）、轮船公司、港口及相关部门的欢迎。1971—1989年期间，集装箱运输发展极其迅速，集运国际远洋航线从欧美扩展到东南亚、中东及世界各地主要航线。1971 年末，总载重 51 139 吨、航速 26 节、载箱量 1 950TEU 的大型高速集装箱船"镰仓丸"号开始航行于远东—欧洲航线。1972 年海陆公司将全长 288 米，载箱量 1 968TEU、配备 12 万马力柴油机、航速达 33 kn 的超大型、超高速的全集装箱船投入营运。集装箱船从第一代发展到 2 000TEU 左右的第二代，载箱量提高 3 倍，航速快 3～5 kn。这时的集装箱运输船型进化到第二代，运输航线延伸到跨越两个大洋，并且形成集装箱支线运输网，也出现了陆桥运输。此时，发达国家的海上件杂货运输基本实现了集装箱化，不但海运发达国家尽力扩大本国的集装箱运输船队，发展中国家（包括我国）也打破壁垒，开始建立本国的集装箱船队，而且集装箱船公司的联合经营也开始出现。

到 20 世纪 80 年代，集装箱运输又有了新发展。面对石油危机和第一代船舶的更新淘汰期，出现了节能增效的第三代集装箱船舶。1984 年，长荣公司率先将"长园轮"和"长智轮"投入环球双向运输（Two-way，Round-the-world container services）。随着世界海上集装箱运输的发展，各国广泛建设集装箱专用码头，集运能力大幅提升，港口设施不断机械化、现代化，而且计算机技术也开始应用于集装箱运输，集运管理水平有了很大的提高。在美国出现了集装箱多式联运，并于 1980 年 5 月在日内瓦通过了《联合国国际货物多式联运公约》(*UN Convention on International Multimodal Transport of Goods*)。

### 5. 成熟阶段（1990 年至今）

20 世纪 80 年代末以来，世界航运市场走出了石油危机所带来的低谷，迎来了经济的全面复苏，国际集装箱运输的发展进入成熟期，发达国家件杂货运输的集装箱化程度超过 80%。据统计，到 1998 年，全球各类集装箱船舶达 6 800 多艘，总载箱量达 579 万 TEU。

集装箱运输的成熟阶段主要表现在：

（1）集装箱运输已遍及全球所有海运国家，各条航线上货运量稳定增长；

（2）集装箱运输突破了"港到港"的传统运输方式，进入多式联运和"门到门"运输阶段；

（3）集装箱运输船舶、码头泊位、装卸机械、集疏运的道路桥梁等硬件设施日臻完善；

（4）集装箱运输的经营管理、业务管理的方法和手段等软件配置越来越现代化。

"门到门"运输是一项复杂的国际性综合运输系统工程，先进国家为了发展集装箱运输，将此作为专门学科，培养了大批集装箱运输高级管理人员、业务人员和操作人员，使集装箱运输在理论和实务方面都逐步完善。

虽然世界集装箱运输已进入成熟阶段，并出现船舶大型化、码头深水化、运输组织的联盟化、竞争激烈化的发展趋势，但各国的发展并不平衡。集装箱运输是资本密集、管理技术要求高的产业，发展中国家由于资金和人才的短缺，起步也晚，还未进入成熟阶段。但集装箱优势锐不可当，也广泛服务于国际贸易，后发国家只有吸收先进国家的现代技术和管理经验，才能跟上集装箱运输的时代要求，适应国际贸易和经济发展的需要。

进入21世纪以来，随着中国、韩国等非传统航运国家集装箱船队的飞速发展，全球集装箱运输市场总体呈现供大于求的态势，各船公司之间的竞争愈演愈烈，加上全球经济发展在不同时期的显著变化，集装箱运输业也面临相对坎坷的发展道路，但竞争总体上促进集装箱运输的进步和发展。2005年，全球1 800万集装箱全年运输次数总计达2亿次；2009年，这一总次数翻了一番，中国占了其中的1/4。2009年，全球集装箱化程度达90%，即90%的非散货货物运输是由集装箱运输完成的。

近年来，集装箱运输已经走出2015—2016年的低谷。2017年，世界集装箱贸易量出现自2011年以来的最高增长率6.4%，总量达到1.48亿标箱；世界集装箱港口总吞吐量达到7.52亿标箱，比上年增加6%，净增4 230万标箱，超过上海港的年吞吐量。从三大航线的增长情况来看（表1-1），经济复苏也带来集装箱运输总量的增长；且贸易增长主要在东西贸易通道上，即亚欧、跨太平洋和跨大西洋航线上，其中跨太平洋航线上增长4.7%。三大航线之外的增长也很显著，如因为中国经济的增长，亚洲内航线增长6.7%。

表1-1 世界集装箱运输主要东西向航线分布与增长，2014—2018年  （百万标箱）

| 年　度 | 跨太平洋 | | 欧　亚 | | 跨大西洋 | |
|---|---|---|---|---|---|---|
| | 东向：东亚—北美 | 西向：北美—东亚 | 东向：北欧、地中海—东亚 | 西向：东亚—北欧、地中海 | 东向：北美—北欧、地中海 | 西向：北欧、地中海—北美 |
| 2014 | 15.8 | 7.4 | 6.8 | 15.2 | 2.8 | 3.9 |
| 2015 | 16.8 | 7.2 | 6.8 | 14.9 | 2.7 | 4.1 |
| 2016 | 17.7 | 7.7 | 7.1 | 15.3 | 2.7 | 4.2 |
| 2017 | 18.7 | 7.9 | 7.6 | 16.4 | 3.0 | 4.6 |
| 2018 | 19.5 | 8.1 | 7.8 | 16.9 | 3.2 | 4.9 |
| 年度增长率 % | | | | | | |
| 2014—2015 | 6.6 | -2.9 | 0.2 | -2.3 | -2.4 | 5.6 |
| 2015—2016 | 5.4 | 7.3 | 3.8 | 2.7 | 0.5 | 2.8 |
| 2016—2017 | 5.6 | 2.1 | 6.9 | 7.1 | 8.0 | 8.3 |
| 2017—2018 | 4.1 | 3.0 | 3.2 | 3.3 | 7.3 | 7.1 |

集装箱运输市场的增长给业内带来的是市场合并、联盟改组和大船订单。过去4年，全球性的航运公司已经从30多家减少到8家。如日本三家集装箱船公司——日本邮船（NYK）、川崎汽运（KLINE）和商船三井（MOL）合并为海洋网联船务（ONE）；法国达飞轮船（CMA-CGM）收购了美国总统轮船（APL）；德国赫伯罗特（Hapag-Lloyd）先后收购南美轮船（CSAV）和阿拉伯联合国家轮船（UASC）；中远与中海合并为中国远洋海运（COSCO Shipping）后继续收购董建华家族的老牌航运公司东方海外（OOCL），集装箱运输总运力已达全球第三。而排名第一的马士基（MAERSK）先后与海陆公司（即麦克莱恩建立的全球第一家集装箱运输公司）和铁行渣华重组合并，近年还收购汉堡南美

（HAM-SUD），集装箱运输总运力将达到 380 万 TEU，市场份额达到 18.6%。

这些购并（Mergers and acquisitions）使得集装箱船公司数量更少、集中度更高，并且形成现今的三家联盟（Alliance）：2M（马士基和地中海航运）、海洋联盟（中国远洋海运、达飞、长荣海运、东方海外）和 THE 联盟（赫伯罗特、阳明海运、ONE）占据全球集装箱运输的绝大部分运力（如图 1-2 所示）。从全球集装箱运输运力来看，一半是班轮公司自己拥有，一半是船东拥有。船东就是船舶租赁人，其中的 75% 是金融投资者，市场好的时候一拥而入，不好时纷纷离场。船东市场也在经历全球整合，按照全球最大独立集装箱船东塞斯潘（Seaspan）公司的分析，也许未来 5~10 年，集装箱船东公司会只剩下少数几家巨头。

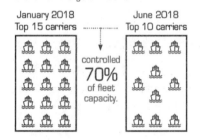 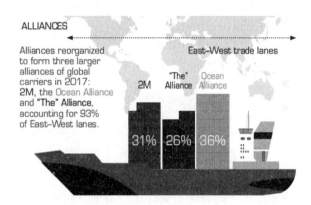

图 1-2　2017—2018 年集装箱船公司的大购并与联盟（来源：UNCTAD）

现代集装箱运输的意义，可以参考网易公开课《集装箱化：海上货物运输的革命》中上海海事大学王学锋教授的第一课"创新思维与现代集装箱运输"（http://open.163.com/movie/2013/10/I/H/M9AV4IU22_M9BE0EEIH.html），以及案例 1-1 所提及的马克·莱文森的《集装箱改变世界》。

## 案例 1-1　　没有集装箱，就没有全球化

当马克姆·麦克莱恩的"理想 X 号"静悄悄地从美国纽瓦克港起航时，地球还远不是今天这个样子。

那时，中国还不是世界工厂，日本的家庭还吃不上产自美国怀俄明州的牛肉，法国设计师还没有把高档服装放在土耳其和越南生产，苹果平板电脑的零件也并非来自中国西南地区一条流水线。

很难想象，在 55 年前的春天，"理想 X 号"在不经意间用集装箱将分散的大陆连接成了一个小小的村落。虽然在今天看来，那不过是一艘再普通不过的老油轮——上面装着 58 个 35 英尺长的铝制集装箱，表面有很多焊缝和铆钉，底部铺着木板，一端有两扇巨大的门。

1956年4月26日,麦克莱恩——一家航运公司的老板,邀请了100多位政商要人在纽瓦克港共进午餐,并观看起重机怎样将集装箱吊装到"理想X号"上。紧接着,麦克莱恩带着手下的高管,飞到休斯敦去迎接油轮进港。

所有的码头工人以及其他人都跑来观看。一位目击者回忆说,他们"吃惊地看到一艘油轮的甲板上装载了那么多的集装箱。人人都注视着这个庞大的怪物,人人都不敢相信自己的眼睛"。现场的人并没有意识到,这些集装箱即将引领一场革命。

根据美国经济学家马克·莱文森所著的《集装箱改变世界》,当时的码头不是今天这样蓝色、黄色、橙红色的集装箱整齐地排列在一起的样子,而是遍布着纸板箱、木板箱和木桶。装着洗涤剂或牛油的金属罐,散落在一包包重达200公斤的棉布或兽皮旁边。散放着的木料,一筐筐柑橘或橄榄,都可能是一船"混杂货"的一部分。

自动装卸车和手提车来回穿梭,工人像蚂蚁一样背着沉重的货物,腰几乎弯成一个直角。总之,码头乱成了一锅粥。按照这种运输技术,运费可能高达成本的25%。运输成本耗费在把货物从陆上转移到轮船上,以及到达目的地港时再把货物搬回卡车或火车上。甚至,6 000公里的海上运输所需的费用,可能只占把货物运抵出发港以及从到达港运走货物这两段16公里路上运输所需费用的50%。

是时候请集装箱来拯救世界了。准确来说,为人类作出这一巨大贡献的是运输业巨头,麦克莱恩先生。这个"满脑袋赚钱点子"的商人以巴伦坦啤酒作为研究对象,把啤酒搬运到一艘传统的近海运输船上,包括用卡车运输到港口、卸车、堆放到中转货棚、从中转货棚搬出、包裹到吊货网中、吊运到船上并堆放到货舱里,其成本是每吨4美元。如果使用集装箱的方案,在酿酒厂把啤酒装进集装箱,到了码头上直接把集装箱吊装到专门设计的船上,成本只有每吨25美分。

当然,对集装箱的大规模使用并不仅仅意味着将过去"散货散运"的方式改变为"整装整运"。起重机也悬挂上了"省钱的新设备"——扩张爪,它可以伸展开来罩住整个集装箱。在离地面几十米高的驾驶室里,起重机操作员可以在集装箱上方降下扩张爪,然后轻轻地按下开关让吊钩钩住集装箱的各个角。一旦集装箱被吊运到位,操作员再按一下开关就可以让吊钩脱离,根本不用地面上的工人去碰集装箱。

麦克莱恩认识到,降低货运成本所要求的不仅仅是一个金属箱子,而是一整套货物处理系统的新方式。这个系统的每个组成部分,港口、轮船、起重机、储存设施、卡车、火车以及发货人(托运人)自身的操作等,都必须作出改变。

各个大陆之间的航运得以低成本运转。蝴蝶效应延绵不绝,一位中国评论者说,"一个个冷冰冰的铝制或钢制大箱子,却堆积出了中国每年2万亿美元的出口总值。"《经济学家》杂志甚至用激情洋溢的笔调评价道:"如果没有集装箱,就不会有全球化。"

2001年,96岁的麦克莱恩去世。当他还是个年轻人的时候,他可不知道自己将成为"1950年以来改变世界的十个人"之一,他更不会想到,自己有生之年可以看到"地球是平的"。那时,白手起家的麦克莱恩生活在美国北卡罗来纳州一个叫作"鞋后跟"

的地方。"全球化"这样的学术语言几十年后才出现在字典里。那时,年轻人想和"鞋后跟"以外的世界发生联系,必须乘坐火车到镇上去打长途电话。【来源:《中国青年报》2011年9月7日】

## 1.2.2 我国集装箱运输的发展

我国集装箱运输起源于1955年,原铁道部成立集装箱运输营业所,有关部门也成立了专门机构负责集装箱业务。当时,曾试办了上海—大连、沈阳的水陆联运,开辟了天津、广安门站的集装箱国际联运,并开展"门到门"服务。不过,当时对集装箱运输认识不清,运输设备、场所设施不足,铁路集装箱运输多年处于徘徊停滞阶段。

1973年9月,到日本的集装箱海上国际运输开启,以件杂货船从天津、上海载运小型集装箱至日本的横滨(Yokohama)、大阪(Osaka)、神户(Kobe)等港口。1978年,由多用途船"平乡城"轮改造成集装箱船从上海港驶向澳大利亚,标志着中国第一条国际集装箱班轮航线正式开辟。同年,天津港开始建设国内第一座国际集装箱专用码头,至1981年建成。这一时期是我国集装箱运输的**试运期**,在组织、港航基础设施和技术方面的探索和努力,为下一阶段做了初步的准备。

第二阶段是**创业期**,从20世纪80年代开始。伴随着国际上集装箱运输的迅速发展,我国航运业开始启用大型船舶,沿海各主要港口也大力推进集装箱码头的建设。到1988年,十几个港口已有15个国际集装箱泊位,当年吞吐量近94.7万标箱。这一时期,我国建立起专门的组织机构,在制定规章制度、培养专业人才、建设集装箱船队和专用码头、配置大型机械设备等方面具有了一定的规模,同时也开辟了一批集装箱班轮航线。

第三阶段是**发展期**,从上世纪90年代开始,我国集装箱运输有了快速的发展,特别是港口吞吐量大幅增长,港口集装箱化比重有了很大的提高。上海、青岛、深圳、天津、广州等港口已跻身世界50大集装箱港口之列,并出现一批中外合资的集装箱码头企业。这一时期已初步建立了较为通畅的集疏运系统,构建了全球集装箱运输的干支线网络。然而在水路集装箱运输快速发展的同时,也凸现中国铁路、公路集装箱运输的不足,特别是在以国际集装箱为主导的集装箱多式联运业务中,铁路、公路虽然在运量上有所增加,但增长速度极为缓慢。

第四阶段是**成熟期**,从2010年上海港集装箱吞吐量完成2 905万标准箱,首次跃居世界第一开始,标志着我国的集装箱运输也进入成熟期,在港口、航线、船队、运量和集疏运等方面均居世界前列,甚至多项指标近年稳居世界第一。虽然我国海上集装箱运输起步较晚,但发展速度却是最快的,尤其是改革开放40年来的迅猛发展,我国集装箱运输引起了全世界航运界的热切关注。

综观我国集装箱运输的发展,主要表现在以下几个方面:①集装箱船舶运力发展迅速,航线不断增多;②加强基础设施建设,港口条件和内陆集疏运系统明显改善;③加强工业及科技应用,船舶、港机和集装箱制造等相关工业和集装箱运输技术水平有了明显进步;④加强法规建设,集装箱运输管理水平有了很大的提高。

如果我们把观察视线放大到整个交通运输业,在1978—2018年这40年的改革开放进程中,集装箱运输也是我国交通运输业显著成就中最灿烂的明珠之一。

## 1.2.3 潮涌40年,交通运输业的巨大成就

我国改革开放初期,全社会年货运总量及货运周转量数据很低。随着经济社会发展和货运市场的开放,货物运输得到了快速发展,到2012年,货运量和货运周转量分别较改革开放初期增加了12.8倍和17.4倍。

十八大以来,全社会货运量增加了15.2%,货运周转量增加了10%,物流成本占GDP的比重由2012年的18%,降低到2017年的14.6%,降低了3.4个百分点。交通运输进一步促进了物流业降本增效,对提升整个供给体系的质量和效率发挥了重要保障作用。我国铁路货运量、公路货运量及周转量、港口货物吞吐量和集装箱吞吐量均位居世界第一。近年来,随着电商的兴起,我国快递业发展迅猛,2017年,快递完成400.56亿件,也位居世界第一。

现今,中国国际海运量占世界海运量的1/3,海上运输承担了90%以上的外贸货物、98%的进口铁矿石、91%的进口原油、92%的进口煤炭和99%的进口粮食运输量,成为加快发展外向型经济的重要支撑。主要发展成就表现在以下几个方面。

### 1. 基础设施位居世界前列

改革开放40年,中国交通基础设施建设取得了巨大成就,各种运输方式实现快速发展,高速铁路、公路里程和港口万吨级泊位数量等均位居世界第一,成为社会主义现代化建设的重要支撑。

就集装箱运输来说,2017年投入运营的上海港洋山港区四期全自动化集装箱码头是目前全球规模最大、自动化程度最高的集装箱码头。目前,全球排名前十的港口中有7个位于我国。上海港集装箱吞吐量多年位居世界第一,2017年达4 030万标箱,详细如表1-2所示。按英国《劳氏日报》(*Lloyd's List*)发布的2019年全球百大集装箱港口榜单,中国内地21家集装箱港口上榜,除前20中的8家以外,还有营口港(第26位)、太仓港(第31位)、连云港港(第34位)、日照港(第41位)、东莞港(第46位)、福州港(第49位)、南京港(第53位)、烟台港(第60位)、唐山港(第61位)、泉州港(第77位)、珠海港(第81位)、海口港(第90位)、嘉兴港(第96位)。

### 2. 货物运输效率快速增长

改革开放初期,全社会年货运总量不到32亿吨,货运周转量不到1万亿吨公里。随

着经济社会发展和货运市场放开，货物运输得到快速发展，至 2017 年年底，全社会货运量 472 亿吨，货运周转量 192 588 亿吨公里，公路货运周转量占 34.7%，内河和沿海货运周转量分别占 7.76% 和 14.8%，远洋货运周转量占 28.6%，铁路货物周转量占 14%。中国铁路货运量、公路货运量及周转量、港口货物吞吐量和集装箱吞吐量均位居世界第一，民航货邮周转量 243 亿吨公里，位居世界第二。

表 1-2 2017 年全球 20 大集装箱港口（吞吐量：万标箱）

| 排名 | 港口 | 英文名 | Port UNlocode* | 所属国家（地区） | 货物吞吐量 2016 年 | 货物吞吐量 2017 年 | 增长率（%） |
|---|---|---|---|---|---|---|---|
| 1 | 上海 | Shanghai | CN SHG | 中国 | 3 713.3 | 4 023 | 8.3 |
| 2 | 新加坡 | Singapore | SG SGP | 新加坡 | 3 090.4 | 3 367 | 9.0 |
| 3 | 深圳 | Shenzhen | CN SZP | 中国 | 2 397.9 | 2 521 | 5.1 |
| 4 | 宁波-舟山 | Ningbo-Zhoushan | CN NBG | 中国 | 2 156 | 2 461 | 14.1 |
| 5 | 釜山 | Busan | KR PUS | 韩国 | 1 985 | 2 140 | 7.8 |
| 6 | 香港 | Hong Kong | CN HKG | 中国 | 1 981.3 | 2 076 | 4.8 |
| 7 | 广州 | Guangzhou | CN GZG | 中国 | 1 885.8 | 2 037 | 8.0 |
| 8 | 青岛 | Qingdao | CN QDG | 中国 | 1 801 | 1 826 | 1.4 |
| 9 | 迪拜 | Dubai | AE DXB | 阿联酋 | 1 477.2 | 1 544 | 4.5 |
| 10 | 天津 | Tianjin | CN TNG | 中国 | 1 449 | 1 521 | 5.0 |
| 11 | 鹿特丹 | Roterdam | NL RTM | 荷兰 | 1 238.5 | 1 360 | 9.8 |
| 12 | 巴生港 | Port Klang | MY PKE | 马来西亚 | 1 317 | 1 206 | -8.4 |
| 13 | 安特卫普 | Antwerp | BE ANR | 比利时 | 1003.7 | 1 045 | 4.1 |
| 14 | 厦门 | Xiamen | CN XMP | 中国 | 961.4 | 1 038 | 8.0 |
| 15 | 高雄 | Kaohsiung | TW KHH | 中国台湾 | 1 046.5 | 1 024 | -2.2 |
| 16 | 大连 | Dalian | CN DAG | 中国 | 961.4 | 971 | 1.0 |
| 17 | 洛杉矶 | Los Angeles | US LAX | 美国 | 885.7 | 934 | 5.5 |
| 18 | 汉堡 | Hamburg | DE HAM | 德国 | 891 | 900 | 7.7 |
| 19 | 丹戎帕拉帕斯 | Tanjung Pelepas | MY TPT | 马来西亚 | 828.1 | 833 | 0.6 |
| 20 | 林查班 | Laem Chabang | TH LCH | 泰国 | 722.7 | 776 | 7.4 |
| 合计 |  |  |  |  | 31 792.9 | 33 603 | 5.7 |

*UNlocode 是指联合国位置代码，由前两位国家地区码，后三位地名码组成，每一位置代码全球唯一。

### 3. 建成现代化的大型港口群

1978 年，我国主要港口拥有生产泊位 735 个，其中万吨级及以上深水泊位 133 个，内河没有万吨级以上泊位；1985 年后，大型化、专业化的港口进入了快速发展阶段；至 2017 年年底，全国港口拥有生产用码头泊位 27 578 个，其中万吨级及以上泊位 2 366 个（内河 418 个）。按港口货物吞吐量统计，全球货物吞吐量前 20 大港口如表 1-3 所示，其中中国（含香港）入围数量和吞吐量占比均超过70%。

近年来，我国港口吞吐量的增长也受益于太仓港、虎门港、日照港、福州港、唐山港和丹东港等新兴港口的飞跃式增长。例如太仓港与上海港联盟，分担拥挤的上海外高桥港区作业，2018年吞吐量超过500万标箱，跻身全国前十。太仓港已初步建成江海联运枢纽、长江水运集散中心，并全力打造"江苏强港"。

表1-3　全球货物吞吐量前20大港口，2016—2017年（吞吐量：百万吨）

| 排名 | 港口 | 港口代码 | 所属国家（地区） | 货物吞吐量 2016年 | 货物吞吐量 2017年 | 增长率(%) |
|---|---|---|---|---|---|---|
| 1 | 宁波—舟山 | CN NBG | 中国 | 918 | 1007 | 9.7 |
| 2 | 上海 | CN SHG | 中国 | 700 | 706 | 0.8 |
| 3 | 新加坡 | SG SGP | 新加坡 | 593 | 626 | 5.5 |
| 4 | 苏州 | CN SZH | 中国 | 574 | 608 | 5.9 |
| 5 | 广州 | CN GZG | 中国 | 522 | 566 | 8.5 |
| 6 | 唐山 | CN TGS | 中国 | 516 | 565 | 9.6 |
| 7 | 青岛 | CN QDG | 中国 | 501 | 508 | 1.4 |
| 8 | 黑德兰 | AU PHE | 澳大利亚 | 485 | 505 | 4.3 |
| 9 | 天津 | CN TNG | 中国 | 549 | 503 | -8.4 |
| 10 | 鹿特丹 | NL RTM | 荷兰 | 461 | 467 | 1.3 |
| 11 | 大连 | CN DAG | 中国 | 429 | 451 | 5.2 |
| 12 | 釜山 | KR PUS | 韩国 | 362 | 401 | 10.5 |
| 13 | 营口 | CN YIK | 中国 | 347 | 363 | 4.4 |
| 14 | 日照 | CN RZH | 中国 | 351 | 360 | 2.7 |
| 15 | 南路易斯安那 | US LU8 | 美国 | 295 | 308 | 4.4 |
| 16 | 光阳 | KR KAN | 韩国 | 283 | 292 | 3.1 |
| 17 | 烟台 | CN YTG | 中国 | 265 | 286 | 7.6 |
| 18 | 香港 | CN HKG | 中国 | 257 | 282 | 9.7 |
| 19 | 湛江 | CN ZNG | 中国 | 255 | 282 | 10.3 |
| 20 | 黄骅 | CN HUH | 中国 | 245 | 270 | 10.0 |
| 合计 | | | | 8 907 | 9 354 | 5.0 |

数据来源：上海国际航运研究所，2017。

### 4. 船公司的发展与壮大

中国大陆的船公司在改革开放进程中不断发展壮大，按2019年Alphaliner TOP 100（全球集装箱班轮运输公司运力前100名）统计中既有排名第3的中国远洋海运公司，也有泉州安盛船务（15位）、中谷物流集团（16位）、海丰国际（18位）、中外运集运（23位）、宁波远洋（33位）、大连信风海运（48位）、锦江航运（56位）、上海海华轮船（67位）、太仓港集装箱海运（68位）、广西鸿祥船务（84位）、大连集发环渤海集运（87位）、日照海通（96位）和海安运输（100位）等民营与国有企业。

中国远洋海运集团有限公司（以下简称中国远洋海运集团或集团）由中国远洋运输（集

团）总公司与中国海运（集团）总公司重组而成，总部设在上海，是中央直接管理的特大型国有企业。截至 2018 年 8 月 31 日，中国远洋海运集团经营船队综合运力 10 071 万载重吨 /1 296 艘，排名世界第一。其中，集装箱船队规模 298 万 TEU，居世界第三；干散货船队运力 3 855 万载重吨 /425 艘，油轮船队运力 2 365 万载重吨 /185 艘，杂货特种船队 413 万载重吨 /151 艘，均居世界第一。全球主要船舶按价值的注册数据见表 1-4，其中我国前面的国家主要是方便旗注册。

中国远洋海运集团完善的全球化服务铸就了网络服务优势与品牌优势。码头、物流、航运金融、修造船等上下游产业链形成了较为完整的产业结构体系。集团在全球投资码头 51 个，集装箱码头超 47 个，集装箱码头年吞吐能力 10 839 万 TEU，居世界第一。公司强调"价值·因运而生（We Deliver Value）"，以 361 艘集装箱船，355 条航线连接 85 个国家和地区的 267 个港口。集团公司全球船舶燃料销量超过 2 600 万吨，居世界第一。集装箱租赁规模超过 270 万 TEU，居世界第三。海洋工程装备制造接单规模以及船舶代理业务也稳居世界前列。

表 1-4　2018 年全球各船舶类型的主要注册国家（地区）（船舶价值：百万美元）

| 国家或地区<br>Country or territory | 油轮<br>Oil tankers | 干货船<br>Dry bulk carriers | 杂货船<br>General cargo ships | 集装箱船<br>Container ships | 气体船<br>Gas carriers | 化学品船<br>Chemical tankers | 离岸船<br>Offshore vessels | 轮渡及客船<br>Ferries & passenger ships | 其他<br>Other | 合计<br>Total |
|---|---|---|---|---|---|---|---|---|---|---|
| 巴拿马 | 12 546 | 46 799 | 3 909 | 13 601 | 8 027 | 5 286 | 20 889 | 9 920 | 7 506 | 12 8501 |
| 马绍尔群岛 | 22 749 | 28 088 | 504 | 6 743 | 13 604 | 4 881 | 24 667 | 1 316 | 2 456 | 10 4469 |
| 巴哈马 | 7 430 | 5 042 | 174 | 413 | 9 885 | 140 | 26 807 | 26 911 | 2 747 | 7 9551 |
| 利比里亚 | 15 284 | 21 158 | 1 039 | 16 388 | 4 548 | 2 045 | 11 022 | 151 | 1 648 | 7 3281 |
| 中国香港 | 9 370 | 24 785 | 1 968 | 14 983 | 3 589 | 1 982 | 324 | 50 | 122 | 5 7173 |
| 新加坡 | 10 764 | 13 346 | 1 188 | 10 686 | 5 011 | 2 799 | 7 617 | — | 1 778 | 5 3189 |
| 马耳他 | 8 769 | 11 684 | 1 815 | 7 911 | 4 106 | 2 246 | 4 977 | 10 045 | 594 | 5 2148 |
| 中国 | 4 900 | 13 811 | 2 583 | 2 568 | 915 | 1 557 | 7 192 | 4 693 | 2 304 | 4 0523 |
| 意大利 | 1 400 | 1 113 | 2 772 | 121 | 298 | 550 | 608 | 12 044 | 354 | 1 9260 |
| 希腊 | 8 832 | 3 935 | 187 | 237 | 4 364 | 63 | 1 | 1 447 | 100 | 1 9166 |

数据来源：UNCTAD 秘书处按 Clarksons Research 数据计算得出，只统计 1 000 总吨以上的船舶。

### 5. 开创集装箱运输中欧班列

国际道路运输拉动边境地区开放开发，中欧班列则推动对外开放从沿边沿海向内陆的整体转变。自 2011 年 3 月 19 日首趟中欧班列开行以来，重庆、成都、西安、武汉和郑州等内陆城市纷纷开通中欧班列，2018 年已覆盖中国 48 座城市（包括广州、青岛和厦门等沿海港口城市），到达欧洲 14 个国家 43 座城市，全年中欧班列整体开行数量达 6 363 列，同比增长 73%。依托中欧班列，中西部城市大力发展江海、铁水和铁空联运，内陆开放高地建设明显提速，陆海内外联动、东西双向互济的开放格局正加速形成。详细内容见后文第6章。

2018年10月26日，满载东盟地区海产品、水果和冻肉的冷链集装箱运输专列从广西防城港首发，3天后顺利抵达重庆铁路口岸，标志着北部湾连通西部地区的陆海新通道又添新成员。陆海新通道铁海联运班列以重庆、广西、贵州和甘肃等为重要节点，连通中国西南部省（区、市）与新加坡等东盟国家。目前，北部湾至新加坡的班列已实现常态化运营，经北部湾开行至重庆、兰州、贵阳、成都和昆明等地的班列已拓展到8条，充分发挥了桥梁作用。

### 6. "一带一路"布局国外港口

水运领域开放合作也多点开花。"一带一路"倡议提出以来，中国坚持互利共赢原则，与沿线国家合作建设支点港口。

40年以前是我们"引进来"，40年以后是我们"走出去"。2013年12月，招商局集团与吉布提政府合作投资吉布提港，招商局集团持股23.5%，投资项目包括吞吐能力600万吨的多功能码头、吞吐能力150万TEU的集装箱码头、17万平方米的吉布提港等。

2008年，原中远集团获得希腊比雷埃夫斯港2、3号集装箱码头特许经营权，2016年，中远海运集团接管经营比港港务局；由中国企业建设、运营的瓜达尔港于2016年11月通航，成为中巴经济走廊巴基斯坦的起点以及"一带一路"的海陆交会点；在斯里兰卡，由中国招商局集团主导投资、建设和运营的科伦坡港南集装箱码头吞吐量不断攀升；在欧洲，中远海运集团收购西班牙诺阿图姆港口公司51%的股权，全面运营比利时第二大港——泽布吕赫港码头……据统计，中国企业参与34个"一带一路"建设参与国的42个港口的建设经营，为"一带一路"建设发挥了重要的支点作用。

### 7. 互联互通全球领先

海运互联互通为海外市场的拓展奠定了坚实基础。目前，中国签署的双边和区域海运协定总数达38个，覆盖47个国家，海运互联互通指数保持全球第一（见表1-5）。如今，中国港口已与世界200多个国家和地区的600多个主要港口建立了航线联系，成为经济往来的重要纽带，并在"一带一路"建设中扮演着重要角色。

表1-5 海运互联互通指数前十国

| 排名 | 中国 | 新加坡 | 韩国 | 马来西亚 | 荷兰 | 德国 | 美国 | 英国 | 比利时 | 阿联酋 |
|---|---|---|---|---|---|---|---|---|---|---|
| 指数 | 187.8 | 133.9 | 118.8 | 109.9 | 98.0 | 97.1 | 96.7 | 95.6 | 91.1 | 83.9 |

数据来源：UNCTAD秘书处按2018年班轮航运连接指数（http://stats.unctad.org/lsci）计算得出。

1979年，中国港口集装箱吞吐总量仅为2521标箱，2018年，总量为2.51亿标箱，增长近万倍，其中本世纪2002—2008年每年的增长率都在22%以上。中国港口集装箱吞吐总量已多年位居世界第一，大幅领先其他国家，是第二名美国的4倍。从人均水平来看，我国2017年为0.15TEU/人，与日本0.17TEU/人、美国0.16TEU/人、英国0.16TEU/人相近，但低于世界平均值0.36TEU/人。

当然，也要看到我国目前的不足。例如全球集装箱70%的生成量在亚洲，而亚洲70%的集装箱生成量在中国，但全球排名前六的航运公司中国仅有一家入围；全球集装箱40%来自于租赁，而排名前十的集装箱租赁公司也大都来自于西方发达国家，这说明中国航运在服务能力、服务增值溢价及服务的效率方面水平还有待提高。

### 8. 集装箱运输相关先锋人物

改革开放是决定当代中国命运的关键。为庆祝中国改革开放40周年，党中央表彰一批为改革开放作出杰出贡献的"改革先锋"。与集装箱运输相关的先锋就有：袁庚、包起帆、许振超和许立荣等（见图1-3）。

图1-3　集装箱运输相关的改革先锋：袁庚、包起帆、许振超和许立荣

**袁庚**，男，汉族，中共党员，1917年4月出生，2016年1月去世，广东宝安人，招商局集团原常务副董事长，原蛇口工业区管委会主任。袁庚不断冲破思想禁锢，率先在深圳打响改革开放"第一炮"，提出"时间就是金钱，效率就是生命"这一改革口号，创办培育了中国首个外向型工业园区——"蛇口工业区"，成为中国改革开放的"排头兵"，并由此催生出招商银行、平安保险等一批优秀企业。袁庚的勇于探索和改革创新，为中国改革开放提供了宝贵经验，作出重要历史性贡献。荣获香港特别行政区政府"金紫荆勋章"。

**包起帆**，男，汉族，中共党员，1951年2月出生，上港集团原副总裁、技术中心原主任。包起帆是伴随改革开放成长起来的中国工人的缩影，研发新型抓斗及工艺系统，推进了港口装卸机械化，被誉为"抓斗大王"。参与开辟上海港首条内贸标准集装箱航线，参与建设中国首座集装箱自动化无人堆场，积极推进中国首套自动化程度最高的散矿装卸设备系统的研发，领衔制定集装箱—RFID货运标签系统国际标准。40年来，包起帆带领团队技术创新，获国家发明奖3项、国家科学技术进步奖3项，获巴黎、日内瓦等国际发明展金奖36项。连续五届荣获"全国劳动模范"称号，荣获"全国优秀共产党员"称号。

**许振超**，男，汉族，中共党员，1950年1月出生，山东荣成人，青岛前湾集装箱码头有限责任公司固机高级经理，中华全国总工会原副主席（兼职），第十一届、十二届全国人大常委。许振超练就了"一钩准""一钩净"和"无声响操作"等绝活，先后7次刷新集装箱装卸世界纪录，使"振超效率"享誉全球。在工作中创造出"振超工作法"，为青岛港提速建设发展提供了宝贵经验。在许振超的激励下，全国广大青年职工掀起了立足岗位、学习技能的热潮。许振超曾荣获"全国劳动模范"和"全国优秀共产党员"等称号。

**许立荣**，男，汉族，中共党员，1957年7月出生，江苏盐城人，中远海运集团党组书记、董事长。许立荣在担任上海航运交易所首任总裁期间，打造了中国首家国家级航运交易所，成为中国最早对外开放的航运交易窗口。2016年成功领导全球最大航运企业改革重组，直接策划指挥了中远集装箱货运体制改革，引领中国集装箱运输事业的发展，有力地推动了中国外贸运输改革，为更多中国企业"走出去"搭建了桥梁。积极落实"海上丝绸之路"建设任务，探索国际合作新模式，加快推进码头产业国际化经营，着力打造中国融入全球经济的海洋运输通道和物流通道，为"一带一路"建设提供有力保障。荣获"全国五一劳动奖章"。

### 案例1-2　纪念"中国集装箱运输之父"、原中国海运集团总裁李克麟先生

2018年2月1日，中国海运集团原总裁李克麟去世。李克麟是中国内地集装箱运输发展的见证者、参与者、实践者，被业界称为中国集装箱运输之父，从事集装箱运输的50多年是集装箱运输在大陆从起步到快速发展的时期。他在原中国海运集团创造了集装箱运输事业辉煌的10年，也正是内地集装箱运输一步步创造辉煌的10年。

李克麟于1959年开始从事海运工作，历任远洋船舶船长，上海远洋运输公司航运处副处长，上海远洋运输公司总经理，1993年起任中远集团副总裁及中远集装箱经营总部总经理，1997年起任中国海运集团总裁，2006年退休。

在中国海运集团掌舵中海的这九年，李克麟可谓中国远洋航运业的功臣。他对国际航运周期变化掌握极为准确，善于"逆势扩张"，从而将中海扭亏为盈，并创造了巨额效益。李克麟的三次传奇经历被业内津津乐道。

第一次是1997年下半年，亚洲金融危机过后，船公司纷纷低价往外甩船，中国海运集团趁机以低价租入一批2 000TEU以上的集装箱船，开辟了一系列远洋航线，在2000年迎来了第一个盈利年。

第二次是2001年的美国"9·11"恐怖袭击事件之后，航运市场一落千丈，造船市场低迷。李克麟大胆决策，以每艘近7 000万美元的价格订造了5艘8 500TEU船，而当时世界上最大的集装箱船不过才5 600TEU。不久，中国海运集团又订造了8艘9 600TEU的集装箱船。当航运市场开始复苏，其他船公司急着为建造大型集装箱船寻找船台之时，中国海运集团已手握一大批优质低价的新船订单了。

第三次是2002年中国海运集团在美国西海岸码头工人大罢工之前两个月调空箱回远东，并斥资订造了80 000个集装箱，罢工结束后，一下装运了满满13艘船。在短短28天里，就赚了6.5亿美元，成为全球班轮公司在此次事件中的唯一赢家。

李克麟生前接受采访时曾表示，2006 年因年龄原因，李克麟退出了中海集运，虽然不在其位，可 10 多年的感情让他无法割舍心爱的海运事业。退休后的李克麟担任了中海集装箱运输有限公司的顾问，每周他都要去一次办公室。退下来后，他搬出了中海集运最大的那间办公室，搬进了一个不大的房间。这个房间在三楼的一角，每次来公司时，他都可以不通过大堂的电梯，而是乘另一部电梯直接到办公室，这样很难碰到他在公司的那些老部下。

如今的中海集团与中远集团已在 2016 年 2 月 18 日正式揭牌为中国远洋海运集团。这位带领中海集团创造了令人惊叹的奇迹，被业界称为"中国集装箱之父"的老人，讲起话来语调沉稳，十分和蔼。聊起退休后的日子，他显得很平静、很满足。有位业界人士称："李克麟先生是我最敬佩的海运人，他有远见卓识，分析力惊奇不已，记忆力超群，对海运有挚着的热情，他是中国集装箱之父，世界集装箱呼风唤雨级的人物。他为人处世正直，我们为失去良师益友而悲伤。一颗巨星坠落。望他一路走好！"（根据航运界网整理）

## 1.2.4 集装箱运输的主要特点

集装箱运输已经走过 60 年，作为一种现代化的运输方式，它的主要特点主要体现在以下 6 点。

### 1. 高效益的运输方式

集装箱运输的经济效益高，从最早开创集装箱运输的海陆公司和 Matson 公司就充分表现出来了，这两家公司至今仍活跃在集装箱运输市场中。总的来说，高效益表现在以下方面：

（1）简化包装，大量节约包装费用

为避免货物在运输途中受损，必须有坚固的包装，而集装箱具有坚固、密封的特点，本身就是一种极好的包装。使用集装箱可以简化包装，像有些液体、气体、固体货物甚至无须包装，实现件杂货无包装运输，可大大节省包装费用，甚至像小汽车、客车、拖拉机都可以采用集装箱运输。

（2）减少货损货差，提高货运质量

由于集装箱是一个坚固密封的箱体，集装箱本身就是一个耐用结实的包装。货物装箱并铅封后中途无须拆箱倒载，一票到底，即使经过长途运输或多次换装，都不易损坏箱内货物。集装箱运输可以减少被盗、潮湿、污损等引起的货损和货差，深受货主和船公司的欢迎，并且由于货损货差率的降低，减少了社会财富的浪费，也具有很大的社会效益。

（3）减少营运费用，降低运输成本

由于集装箱的装卸基本上不受恶劣气候的影响，船舶非生产性停泊时间短，又由于装卸效率高、装卸时间短，对船公司而言可提高航行率，降低船舶运输成本；对港口而言可以提高泊位通过能力、从而提高吞吐量，增加收入。

### 2. 高效率的运输方式

传统运输方式具有装卸环节多、劳动强度大、装卸效率低、船舶周转慢等缺点，而集装箱运输完全改变了这种状况。据统计，大连港在20世纪80年代末有近20 000名工人，而现在这一数字是3 000人，集装箱运输和机械化就是主因。集装箱运输机械化提高效率详细情况在《集装箱改变世界》一书有详细深入的阐述。

首先，普通货船装卸，一般35吨/小时，而集装箱装卸可达400吨/小时，装卸效率大幅度提高。同时，由于集装箱装卸机械化程度提高，现在还向自动化与智能化迈进，因而每班组所需装卸工人数很少，平均每个工人的劳动生产率大大提高。例如我国的"改革先锋"、青岛港许振超为队长的桥吊（集装箱岸边起重机）队，创造出每小时381自然箱的码头装卸效率，被交通部认定为世界最新纪录。

另外，集装箱装卸效率很高，受气候影响小，船舶在港停留时间大大缩短，因而船舶航次时间缩短，船舶周转加快，航行率大大提高，船舶生产效率随之提高，从而提高了船舶运输能力。据Marine Traffic的统计，2016年、2017年现代各种船舶的平均在港时间分别是：集装箱船0.87天、0.92天，散货船2.72天、2.68天，油轮1.36天、1.30天，客货混装船1.10天、1.02天。集装箱船是在港时间最短的。因此在不增加船舶艘数的情况下，集装箱船可以完成更多的运量，增加船公司收入，高效率导致高效益。

### 3. 高投资的运输方式

集装箱运输是一种资本高度密集的行业，从船舶、港口到内陆集疏运都是如此。现今高投资还体现在集运行业的高集中度。

首先，船公司必须对船舶和集装箱进行巨额投资。有关资料表明，集装箱船每立方英尺的造价为普通货船的3.7～4.0倍。例如，2017年投用的OOCL"东方香港号"超级集装箱巨轮，长399.87 m，船宽58.5 m，型深32.5 m，设计吃水14.5 m，结构吃水16 m，可装载箱量21 413标箱，为当年最大集装箱船，造价高达9.5亿美元。根据UNCTAD的统计，2018年在中国大陆注册的集装箱船舶总值为25.68亿美元，中国香港注册的集装箱船舶总值为149.83亿美元，而全球的集装箱船的注册总价值超过1 000亿美元。集装箱的投资也是巨大的，按通用集装箱2万～3万元人民币、冷藏集装箱15万～20万元人民币计算，一般拥有100万TEU运能的船公司，集装箱需配备约需300万TEU，集装箱投资就需约1 000亿元人民币，当然部分集装箱可以采取租赁的方式降低一次投资成本。

其次，集装箱运输中港口的投资也很大。专用集装箱泊位的码头设施包括码头岸线和前沿、货场、货运站、维修车间、控制塔、门房和集装箱操作机械等，耗资巨大。例如，2005年完工的南京港龙潭集装箱码头一期工程5个泊位，岸线长度910 m，年处理100万

TEU，总投资额 8.2 亿元人民币；目前正在建设的全国最大集装箱码头——宁波梅山港区 6～10 泊位，岸线长度 2 150 m，可靠泊 22 000TEU 集装箱船，设计年吞吐能力 430 万 TEU，总投资高达 78 亿元人民币。

再次，为开展集装箱多式联运，还需要相应的内陆设施及货运站等。为了配套建设，就需要新建、扩建、改造、更新现有的公路、铁路、桥梁、涵洞等，这方面也需要巨额的投资。我国 40 多年的改革开放进程中在这方面投入巨大，建成了现今世界上最好的现代化大型港口群及配套设施。

集运行业的高集中度主要表现在全球主要集装箱船公司近年不断的购并和成立联盟（详见前文"国际集装箱运输发展历程"中的成熟阶段）。2018 年，全球前 5 名的集装箱船公司（"马地中达赫"：马士基、地中海航运、中国远洋海运、达飞集团和赫伯罗特）的运能已超过全球总运能的一半，前 10 名的集装箱船公司的全球总运能占比高达 70%。

### 4. 高协作的运输方式

集装箱运输涉及面广、环节多、影响大，是一个复杂的运输系统工程。集装箱运输系统包括海运、陆运、空运、港口、货运站以及集装箱运输有关的海关（含检验检疫）、海洋、海事、港口管理和船舶代理、货运代理、保险及公估等国内外经营机构和国家与地方不同政府管理部门。如果互相配合不当，就会影响整个运输系统功能的发挥。我国港口各地都有口岸办协调机构，尤其是近年自贸试验区在协作各方发挥了较好的作用。针对协作各方信息系统互不兼容的情况，政府牵头开发有"电子口岸"和"单一窗口"等方便货主客户的信息系统和 APP 手机应用。集装箱运输在"二战"后产生，各国就标准、规范和流程等方面基本形成统一的国际惯例，对提高协作水平具有基础性的作用。当前，集装箱运输更需要通过规范整合信息系统来实现整个运输系统各环节、各部门之间的高度协作。

### 5. 高风险的运输方式

集装箱运输的高风险体现在包括船公司在内的众多参与方的经营与管理风险、海上运输的风险和共同海损分摊，以及陆上运输的风险等。

从集装箱运输行业和船公司的总体经营风险来看，集装箱运输经营常常表现为大起大落的态势，高风险伴随着高收益，也可能带来巨大的损失。例如前面案例 1-2 介绍的中国海运集团总裁李克麟的第二次传奇就是典型。

从集装箱运输的日常运行风险来看，主要是船舶航行过程中的风险和箱内货物的风险。集装箱船舶甲板上箱体密集，会影响驾驶台的视线和消防通道的通畅。现代船舶船员少，在海上发生灾害时无法有效救援。货物装箱后，在途中无法知道箱内货物的状态。如果在装箱时处置不妥或忽视危险货物安全规程，集装箱运输海洋途中就几乎没有任何纠正的机会，由此可以引发比件杂货运输方式更为严重的货损。例如，2017 年 4 月 5 日，全世界最大集装箱船之一 MSC Daniela 轮因集装箱着火烧了 13 天 14 夜；2017 年 2 月 13 日，APL Austria 轮也因集装箱着火烧了 7 天 7 夜。2018 年 3 月 6 日，Maersk Honam 轮货舱内发生大火灾，成为史上最严重的集装箱火灾（参见案例 9-5）。这些大火烧毁了集装箱，也揪痛了货主心！因为不论自家货物是否受损，船东和货主都面临巨大损失——共同海损分摊（共同海损详见第 9 章）。典型事故风险如图 1-4 所示。除了大事故，小事故的风险也较大，尽管集装箱庞大笨重不易丢失，但据统计全球每年仍有 2 000 多个集装箱因各种原因在海里丢失。

图 1-4　集装箱海运风险，箱内货物着火燃烧（左），船舱集装箱倒坍（右）

此外，集装箱运输在陆地上还面临着自然和人为造成的诸多风险。例如 2018 年 9 月 4 日，台风"飞燕"在日本登陆，大阪港多座岸吊倒塌，码头集装箱堆垛也被吹塌。同年 9 月，台风"百里嘉"和"山竹"相继登陆我国广东，码头停止作业，船期严重延误。2015 年天津爆炸案就是因为货运站对危险货物集装箱处理严重不当造成的，损失超过百亿元，可能是集装箱运输陆地上最大的事故。

高风险的特性也不是集装箱运输特有的，整个海洋航运业都有类似的高风险。

### 6. 适合于多式联运

集装箱运输在初创设计时就充分考虑了要方便不同运输方式的转换，集装箱坚固密封，在不同运输方式间换装时，不需要再单独搬运箱内货物，机械化整体搬运集装箱安全快捷，这就大大提高了作业效率，适合不同运输方式之间的联合运输。另外，涉及跨境跨国运输时，一国的口岸监管机构检验加封放行后，另一国家的口岸监管机构一般只需验封即可转关放行。因为国际上主要国家均签署了《集装箱运输海关公约》等条约，相关法律法规也较统一，能够简化货物过境报关，从而实现迅速、安全、廉价的"门到门"运输。

此外，由于国际集装箱运输是一个资金密集、技术密集及管理要求很高的运输组织模式，是一项复杂的系统工程，因此要求管理人员、技术人员和业务人员必须具有较高素质，以胜任工作，充分发挥国际集装箱运输的优越性。

从以上主要特点来看，集装箱运输相比传统件杂件运输的确具有巨大的优势、巨大的经济效益和社会效益，集装箱运输已经遍布全世界每一个国家。一方面，这些优势使得集装箱运输很快得到普及，特别是在发挥多式联运的系统化、实现"门到门"运输中备受青睐；另一方面，多式联运的开展，也使集装箱运输的优势得以更好地发挥。

## 1.3 集装箱运输系统

集装箱运输已经进入成熟阶段，并形成了完善的运输系统，只有系统地把握集装箱运输，了解其结构、流程与功能，才能为集装箱运输管理奠定基础。

集装箱运输系统是运输大系统中的一个十分重要的子系统，也是涉及面最为广泛的复杂系统。这一系统在集装箱运输发展过程中不断完善，目前已经形成了世界范围内规模宏大的集装箱运输系统，其基本要素包括以下几个方面。

### 1.3.1 适箱货物

运输货当先，为了保证集装箱运输顺利进行，首先必须具备足够的货源。尽管集装箱运输是针对件杂货运输效率低而开始运用，但并不是所有种类的件杂件货物都适合集装箱运输。一般来说，适箱货物是物理及化学性质适合于装箱，且承受运价能力大的货物。随着集装箱运输的发展，适箱货源也不断增加，装载特种货物的专用集装箱也得到了很好的发展，现在全球件杂货的集装箱化率已达90%。

### 1.3.2 集装箱

集装箱是使货物标准化的装运工具和外包装，是集装箱运输的基本单元。为了保证集装箱运输顺利进行，运输中必须使用标准集装箱，以保证其在不同运输方式下的通用性和互换性，提高运输的安全性和经济性，使集装箱运输成为相互衔接、配套、专业化、高效率的运输系统。在运输过程中，它既是货物的一部分，又是运输工具的组成部分。提供适合于各种适箱货物要求的正确类型的集装箱并做好箱务管理工作，是集装箱运输正常进行的重要环节。有关集装箱的定义、条件、标准、种类、标志等，将在第2章中详细讲述。

在运输过程中使用的集装箱除少量属货主自有箱外，绝大多数都是由船公司或其他集装箱运输经营人提供的。

### 1.3.3 集装箱船舶与航线

集装箱船舶是集装箱运输的主要载运工具，是完成集装箱运输任务的重要手段。集装箱船与传统货船相比，具有船舶吨位大、功率大、航速高、货舱开口大、货舱尺寸规格化、稳定性要求高等特点。集装箱航线是指至少在两个港口间通过集装箱船舶定期往返或环绕航行承运集装箱货物的航线，其特征是采用集装箱从事班轮运输业务。目前，绝大部分集装箱航线都以班轮形式经营，各船公司在自己的主航线上使用的船舶基本上以大型全集装箱船为主，一般以固定的船型和班期投入运营。这些船舶载箱量大，航速高，营运成本较低，经济性好。

随着主要港口中转作用的日益提高，集装箱海上运输线路的概念发生了很大的变化，干支线分工不断明晰，支线运输的作用已变成向干线港集疏货物。目前，世界上各大船公司都形成以大型集装箱船舶为主体，配合中小集装箱船舶构成了世界各主要贸易区的干支线运输网络。

海上干线运输航线的设置，各干线上挂港数量及船型、班期的确定，一般由船公司按照以下因素来综合确定：①集装箱货物的流量与流向；②港口地理位置和泊位能力；③使用船型；④腹地与周边集疏运条件；⑤公司运输组织合理性、经济性和市场份额。干线运输航线是船公司关键的服务产品，其形式有钟摆式，也有环形航线。

有关集装箱船舶与航线的具体内容，将在本书第5章详细介绍。

### 1.3.4 集装箱码头与作业设施

集装箱码头（Container Terminal）是集装箱运输系统的关键节点，它包括港池、锚地、进出港航道、岸线、泊位等水域，以及货运站、堆场、码头前沿、办公生活区域等陆域范围，是能够容纳完整的集装箱船舶装卸操作过程的，具有明确界限的综合场所。它是集装箱装卸、堆存和分拨的地方，具有集装箱集疏和缓冲的功能，是不同运输方式停靠和换装的枢纽。做好集装箱码头的各项工作，对于加速车船和集装箱的周转，降低运输成本，提高整个集装箱系统的效率和经济效益，均有极其重要的作用。

随着国际集装箱运输及多式联运的迅速发展，集装箱化比例不断提高，集装箱运量不断上升，集装箱船舶日趋大型化和高速化，因而要求集装箱码头具备现代化的软硬件系统，实现装卸作业高效、环保及自动化，管理工作趋向现代化、标准化和信息化，以满足国际集装箱运输系统对集装箱码头的要求。

集装箱码头作为独立的经营者（CT Operator），有地方、港口企业、船公司参股或控制。有关集装箱港口和码头的详细内容将在第4章讲述。

### 1.3.5 内陆集疏运系统

在集装箱运输系统中，内陆集疏运子系统包括铁路、公路、内河航线、沿海支线和相应运输工具与集装箱货物集散点（Depot，包括码头堆场、货运站、内陆货站、铁路办理站、公路中转站、内河码头、支线港和货主工厂仓库等）等组成的覆盖枢纽港及其周边地区的网络系统，一般具有多级结构。内陆集疏运子系统的主要功能是完成集装箱货物的起运地（或目的地）与枢纽港码头堆场之间的集合或疏散运输任务，对发挥港口功能起着至关重要的作用，是集装箱运输能否发挥出高效率、高质量的重要环节。

内陆集疏运系统一般包括以下方面。

### 1. 公路运输及中转站子系统

公路运输机动灵活，简捷方便，是完成短驳、串联和"门到门"末端运输的最佳方式，它连接集装箱码头、场站、内陆货站、各级集装箱中转站，以及这些集散点与广大货主工厂和仓库，在集装箱运输系统中的"毛细血管"，具有不可或缺的地位。公路运输使用的运输工具是货车，目前运输集装箱的货车主要是由牵引车（或称拖车、拖头）和半挂车组成，即**甩挂运输**。

集装箱公路中转站一般作为港口码头、铁路办理站向腹地延伸的后方基地和公路运输枢纽，是内陆腹地运输的一个重要作业点。公路中转站（或称为无水港，陆地港）的主要功能是承担港口、车站、内陆货站与货主之间的集装箱中转和门到门的运输，并起着上述集装箱内陆货站的作用。公路中转站根据其在运输网中的位置亦可分为不同层次和级别。

### 2. 铁路运输及办理站子系统

铁路运输是指连接集装箱港口与其腹地广大地区的铁路线。使用的运输工具是由牵引机车和货车车箱组成的列车，我国铁路集装箱专用车长度通常是 16 m，而铁路货车换长是 11 m。多年来，随着集装箱运量的不断增加，各国都在不断地研究和改善专用车箱（如单层、双层），来提高运输效率。许多国家已在集装箱运量较大的线路上，在内陆铁路枢纽、大的货主专用线或集装箱内陆货站与集装箱港口码头之间采用专用列车，以定班或定期形式运输集装箱货物。

集装箱办理站是铁路上办理集装箱运输的车站，一般根据其能办理集装箱的尺度、重量和总量分成不同级别。铁路集装箱办理站的作用是组织集装箱的铁路运输，办理集装箱的装卸、到发、集并、装拆、存储、修理、清洗等业务。

### 3. 航空运输及办理站子系统

航空运输是一种现代化的运输方式，其特点是运送速度快、安全性能高、货物破损少、节省包装费、保险费和储存费；而且航行便利，不受地面条件的限制，可通往世界各地。航空货运办理站是机场办理集装箱运输的地点，设在机场附近或空港内。随着航空工业技术的发展，加之国际贸易市场对货物供应的要求，航空集装箱（器）货物运输在国际贸易货运中所占的比重越来越大。

关于集装箱公路运输及中转站、铁路运输及办理站、航空运输等具体内容将在第 6 章详细介绍。

### 4. 沿海与内河支线运输子系统

在集装箱运输系统中，随着干支线运输的出现和发展，一些大的干线港发展成为枢纽港，集装箱运输的集疏运系统一般围绕这些枢纽港来建设和布局。另外一些港口成为集装箱货物的喂给港（支线港），通过海上航线向枢纽港集疏货物。在有内河集疏条件的干线港，许多处于这些河流内陆地区的河港也通过内河航线向枢纽港集疏货物。这些支线港和内河港的码头堆场也是集装箱集疏运系统中重要的集散点，其作用、功能和结构与干线港类似，只是规模小一些，中转功能弱一些。

随着干支线分工越来越明确，连接枢纽港（干线港）与周围地区港口的每条支线也成为集疏运系统中的重要集疏线路，大量的集装箱货物由各支线港中转。支线运输一般采用相对小的集装箱专用船舶，随着干线船舶的大型化，许多原来用于远洋运输的船舶改用于近洋支线航运。

### 5. 集装箱码头堆场

枢纽港的集装箱码头堆场（Container Yard，CY），是集装箱货物集运的终点和疏运的起点，也是集装箱货物的交接地点之一。经干线运输到该港口的集装箱货物卸下后短期存放堆场，并由堆场经各种方式的运输线路和陆上支线向目的地疏运，或者在这里投入干线运输。

### 6. 集装箱货运站

集装箱码头附近的集装箱货运站（Container Freight Station，CFS）可以是码头的组成部分，也可以由其他运输经营人或运输代理人离港建立和经营。该类货运站的主要功能是完成拼箱货物的拆、装箱及交接、保管业务，并承担集装箱的堆存、修理、清扫等业务。集装箱内陆货运站是集装箱码头在内陆地区的延伸和发展，其基本功能一般是上述集装箱码头堆场与集装箱货运站两者的总和。内陆货站一般设置在内陆地区的交通枢纽之处，它与集装箱码头之间，与该地区的主要货主之间都应有便捷的运输线路。

有关集装箱码头堆场、货运站、办理站等具体内容将分别在第3、4、6章中详细介绍。

围绕各干线港（枢纽港）建立的集疏运网络系统是集装箱运输系统的重要环节，其覆盖面和规模都是十分庞大的。建立、改造和完善内陆集疏运系统需要投入大量的资金、设备和其他资源。发展中国家与发达国家集装箱运输系统的最大差距也在于这一方面。

## 1.3.6 集装箱运输管理系统

集装箱运输管理的内容相当广泛，它既包括行业管理，也包括企业管理；既有生产管理，又有经营管理和战略管理；既有对"硬件"的设备设施的管理，又有对人员、科学方法和现代化信息手段的"软"的方面的管理。集装箱运输系统中运输管理子系统一般包括以下几个方面。

### 1. 集装箱运输行政管理机构

这些机构一般是指国家和地方对集装箱运输进行行业管理的机构，使用行政管理的手段，对集装箱运输活动进行宏观政策调控，对集装箱运输企业进行监督管理，并通过制定相应的政策、管制措施、规划等对集装箱运输行业进行指导、协调和管理，从而实现和执行政府对集装箱运输企业及机关企事业单位的管理。在我国，交通运输部（含水运局、海事局等）、各省（市）交通运输厅、海事局、各市（县）交通、港航管理部门及三大水系的航务管理部门、各口岸管理部门都是这类机构。

### 2. 集装箱运输法规及标准体系

为保证集装箱运输不断发展，充分发挥其优越性，并协调托运人（Shipper）与承运人（Carrier）双方的责任、义务和权利，目前在集装箱运输中已经形成了较为完善的法规与标准体系。这些法规与标准根据其适用的地域和范围可分成国际与国内（地区）法规和标准两大类。

有关集装箱运输的国际公约有多个，如《国际多式联运公约》（Convention on International Multimodal Transport，1980）、《集装箱安全公约》（Convention for Safety Containers，CSC，1972）、《集装箱海关公约》（Customs Convention on Containers，CCC，1956）等，这些公约一般是在联合国（UN）、国际海事组织（IMO）、国际商会（ICC）等组织的协调组织下制定的。集装箱运输的有关标准化的规则一般是由ISO制定的，已得到全世界的承认。这些国际法规和标准，对集装箱在全世界范围内使用、维护，对集装箱运输的优越性的充分发挥起到了重要作用。

针对集装箱运输在各国或地区的开展情况，许多国家和地区也都制定了相应的国内法规与标准，这些法规、标准与国际法规、标准通常是一致的。我国有关法律由全国人大立法通过，相关法规和标准由国务院及下属机构颁布，如《中华人民共和国国际海运条例，2001》《中华人民共和国港口法，2003，2015年修订》《中华人民共和国海商法，1992》等。其他国家和地区也大多有相应的法规与标准。

### 3. 集装箱运输经营人及代理人子系统

该系统主要包括从事集装箱运输的企业（水运、公路、铁路、航空企业和无船承运人、多式联运经营人等）机构和接受他们（或货主）委托，从事集装箱运输的业务代理人。这些经营人和代理人在集装箱运输企业经营中不可或缺，由他们完成或组织完成集装箱运输中的各项活动与业务，是集装箱运输的具体管理者。

### 4. 集装箱运输信息系统

集装箱运输是一种运量大、流动频繁、环节众多的现代化运输方式，伴随着集装箱货物的流动而产生的信息及信息流，无论是从数量上和频数上讲，都比传统件杂货运输要复杂得多。集装箱运输的产生与发展也是计算机技术的发展时期，这种现代化的运输组织与管理自然需要与高效、准确、及时的计算机信息管理结合在一起。

集装箱运输系统中的运输管理信息子系统是一种人机结合的，为集装箱运输管理机构、运营企业等的行业管理、运营与作业管理及决策提供必要信息的计算机信息管理系统，它的基本任务是采集、存储、分析、处理和传递集装箱运输全过程中的有关各类信息，及时、准确地掌握集装箱运输的基本情况；为货主服务，向有关监管机构、运输企业和相关部门提供可靠的信息；为统计分析、运行组织和管理决策等不同层次的活动提供服务。

集装箱运输涉及面广、环节多，需要适应不同客户、机构、企业和行业各自不同的信息系统的需求；需要规范流程，互联互通；而且也要与贸易方面的信息系统联网。因此，集装箱运输管理信息系统除了具有服务客户、跟踪货物、集装箱、船舶等基本功能，还有运量、流向统计与分析、报表生成等分析功能，以及单证信息处理、制作、传递等业务功能，还涉及通过 EDI 及互联网的单证传递、预订舱位、海关申报等工作。这就要求服务于国内外贸易的集装箱运输信息系统必须与 EDI 紧密联系。

## 1.3.7 集装箱运输辅助子系统

集装箱运输具有高协作的特点，系统正常运行离不开其他要素的辅助与支持。集装箱运输系统中的辅助子系统是指那些对集装箱运行、管理有重大影响，但又不是专门为集装箱运输而建立的业务机构与实体。它们对集装箱运输的正常运行起到了支持和保障作用。集装箱运输辅助子系统主要由以下机构与实体构成。

### 1. 相关工业

特别是集装箱运输所涉及的集装箱、船舶、设备、工具和固定设施的设计、制造、建设和修理业。我国的中集（CIMC）、振华重工（ZPMC）、中船（CSSC）和中交（CCCC）等公司已位列世界前列，集装箱制造、岸桥设计制造居全球统治地位。2018 年，中国集装箱总产能达到 550 万 TEU，全年产量 425 万 TEU，较上年增长约 12%，创历史新高，全球市场占有率约 96.1%。

### 2. 金融业

集装箱运输是高投资行业，离不开银行等金融系统。银行是集装箱运输系统建设资金的主要提供者，并承担资金流动、结算等业务。特别是涉及信用证贸易的运输中，银行要承担集装箱运输单证的传递工作。

### 3. 集运服务业

直接服务集装箱运输的业态有船舶租赁业、集装箱租赁业、检测与认证机构、市场调查、航运信息与中介服务等,尤其是集装箱船舶租赁和集装箱租赁占据近一半的全球存量,为班轮公司减少投入、降低风险、灵活经营起到了很大的作用。一个成熟的行业都离不开这些直接服务业。

### 4. 保险业

集装箱运输风险高,需要为集装箱、运输工具和系统中的其他设备及货物提供运输所必须的保险,以减少运输经营人和货主的风险。

### 5. 有关国家机构

我国与集装箱运输有关的国家机构有海关(中国海关现合并了检验检疫)、边防、海事、交通救助、港口管理、口岸等政府机构及一些有公证性质的机构。

### 6. 通信业与计算机通信网络

集装箱运输日益深入广泛,其中数量巨大的信息交换、单证传递等工作都离不开现代的通信与网络。例如利用5G技术可以实现桥吊自动作业的实时遥控。

### 7. 运输市场与劳动力市场

国际集装箱的运输市场和劳动力市场都是全球范围的,不但需要国际协议与规则的支撑,也离不开高素质的各类人才。

要做好集装箱运输,必须明确这些集装箱运输系统的组成要素,我们在后面章节将详细介绍这些要素及实体,包括它们的构成、运作与交互作用。集装箱运输系统作为一个复杂庞大,范围遍及全球各地的系统,它的建立、运行与完善都需要投入大量的资金、人力、物力和其他资源,它的规划、设计、建造和运行管理必须根据系统工程的思想和方法来进行。

## 1.4 集装箱运输、国际贸易与物流

国际贸易作为主要的经济活动在全球化的背景下越来越活跃,从世界范围看,制造业和采掘业所体现的世界工业生产可用来衡量世界经济活动,包括世界GDP、商品贸易和海运贸易,它们之间的正相关性关系如图1-5所示。

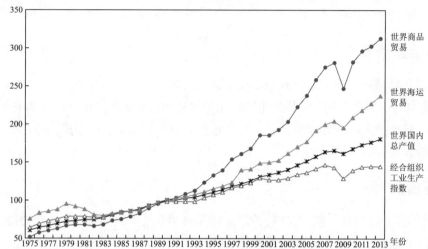

图1-5　经合组织工业生产指数与世界经济与贸易的关系指数(1975—2013)(1990年为100)

从集装箱全球运输开始,实证研究表明,集装箱运输对经济全球化和贸易的推动也是十分显著的,在22个工业化国家中,集装箱化在最初5年里促使双边贸易增长了3.2倍,在20年里则增长了7.9倍。集装箱运输主要服务于国际贸易中的货物贸易,而世界货物贸易的大多数是通过世界海运贸易(World Seaborne Trade)来实现的。根据联合国贸发会的最新统计(表1-6),2017年全球海运贸易总量达到了创纪录的107亿吨,同比增长4%,是近5年增长最快的。集装箱运输尤其是国际远洋集装箱运输从一产生就服务于国际货物贸易,尤其是制造业的产品,并且这一比重逐年增大,按照贸易量计算2017年已经达到17.1%,而按贸易金额计算则占一半以上。2017年全球集装箱运输的增长率高达6.4%,未来五年(2018—2023)预测的增长率可达3.8%。尽管增速放缓,但集装箱运输与世界经济和国际贸易的相互促进作用仍将持续,对我国更是如此。

表1-6　国际贸易货物海运量及集装箱运输的发展(百万吨)

| 年　份 | 1980 | 1985 | 1990 | 1995 | 2000 | 2005 | 2010 | 2011 | 2012 | 2013 | 2014 | 2015 | 2016 | 2017 |
|---|---|---|---|---|---|---|---|---|---|---|---|---|---|---|
| 集运 | 102 | 152 | 234 | 371 | 598 | 1001 | 1291 | 1411 | 1458 | 1532 | 1622 | 1660 | 1734 | 1834 |
| 其他干货 | 1123 | 819 | 1031 | 1125 | 1928 | 1975 | 2087 | 2188 | 2304 | 2392 | 2408 | 2471 | 2459 | 2526 |
| 主要散货 | 608 | 900 | 988 | 1105 | 1295 | 1711 | 2259 | 2392 | 2594 | 2761 | 2988 | 2961 | 3041 | 3196 |
| 油气 | 1871 | 1459 | 1755 | 2050 | 2163 | 2422 | 2772 | 2794 | 2841 | 2829 | 2825 | 2932 | 3055 | 3146 |
| 合计 | 3704 | 3330 | 4008 | 4651 | 5984 | 7109 | 8409 | 8785 | 9197 | 9514 | 9843 | 10024 | 10289 | 10702 |
| 集运(%) | 2.75 | 4.56 | 5.84 | 7.98 | 9.99 | 14.08 | 15.35 | 16.06 | 15.85 | 16.10 | 16.48 | 16.56 | 16.85 | 17.14 |

数据来源:Review of Maritime Transport, UNCTAD

说明:主要散货1980—2005年包括铁矿石、谷物、煤炭、铝土矿/氧化铝、磷矿石,自2006年起只包括铁矿石、谷物和煤炭,铝土矿/氧化铝、磷矿石列入其他干货。

集装箱运输要实现"门到门",全面满足货主的需求,不仅要从海上连接港口,还要深入内陆,完成集疏运。集装箱运输的内陆集疏运系统实际上就是集装箱货物的物流系统,不仅要合理运用各种运输方式来完成内陆运输,还要适时适量地在各场站节点的集散存储,更需要对接集装箱运输信息系统。只有这样，才能有序高效地完成货物的"门到门"流动工作，满足货主的需要。集装箱物流是整个航运物流的一部分，流动的"物"主要是高价值的制造业产品，涉及从货主、内陆物流、港口和船公司整个链条，数量大、价值高，是最有价值和最重要的物流业态之一。

从整个航运物流产业来看，一方面，全球集装箱运输业的剧烈波动造成了企业风险大增，从而导致大型航运企业期望通过向产业链上下游的延伸来抵消核心业务的波动性。例如我国中远海运集团公司就有很强的物流业务，由其子公司中远海运物流专门运营，包括项目物流、工程物流、综合货运、仓储物流、船舶代理、供应链管理、理货检验等业务领域，已覆盖全国各行政区及海外17个国家和地区的500多个销售和服务网点，形成了遍及中国、辐射全球的服务网络系统，为国内外客户提供全程物流解决方案。

由于大型船公司几乎都是全球承运商，它们的分支机构遍及几大洲，就地组织物流作业非常方便。集装箱船公司从事物流经营的优势还体现在集装箱运输是物流供应链诸环节中流通时间最长、费用最高的一环，价值与投资也最大。船公司从事物流经营往往从经营港口开始，因为船公司与港口的关系最密切，通过港口再与其他环节联合也比较方便。同时，从事港口业务的开发与经营可以提高航运服务的质量，降低港口使费，从而提高自身的竞争力。

另一方面，各大港口本身具有强大的物流能力，发挥着集散、装卸、仓储、包装等重要的物流作用。这些港口相关企业凭借当地发达的航运及经济状况，在物流领域大显身手。当地港口还有一大批货代、报关、理货、仓储、装卸、搬运、运输、配送及信息等相关物流企业，例如物流货代中的无船承运人（NVOCC，参见第8章）广泛服务于船公司和货主，已经占据船公司揽货业务的一半以上。再如现代集装箱的用途正在迅速扩大，冷藏箱集装箱运输已经取代冷藏船占主导地位，且比重仍在扩大中；液体化工原料罐式集装箱的比重也正在稳步上升；一些传统散运或裸运的货物，如粮食、原木等已经开始用集装箱运输；轿车专用集装箱已用多年。这些进步都将刺激集装箱运输及相关专业物流的发展。再加上各类贸易公司、进出口公司、供应链企业从商流、资金流和信息流方面对集装箱物流的巨大支持与促进作用，集装箱运输与物流在港口这个重要节点互相促进与提高，为港口城市和腹地区域的经济发展作出了重要贡献。

### 案例1-3　厦门国际贸易"单一窗口"促进物流及集装箱运输

2015年，在厦门自贸片区挂牌当日，厦门国际贸易"单一窗口"同步上线，进出口货物申报时间，从4个小时减至5～10分钟，船舶滞港时间由原来的36小时缩短为最快2.5小时……国际贸易"单一窗口"，实现了整个口岸业务办理的"一个窗口、一次申报、一次办结"，是全国参与部门最多、服务功能最多、服务企业最多、运行效果最好的，被称为"厦门模式"。

厦门国际贸易"单一窗口"是由36个部门共同建设和运营的口岸管理共享平台，

目前已上线近70项应用系统，形成货物申报、运输工具申报、贸易许可、港口物流、金融服务、对台贸易、政务服务、执法互助、公共查询等九大服务功能。也就是说，通过这个平台，生产、贸易、物流、中介等企业都可以一站式办理相关业务，不再需要多头跑。

据平台负责人刘少华介绍，"单一窗口"使进出口货物申报时间从4个小时减至5～10分钟，船舶滞港时间由原来的36小时缩短为最快2.5小时，日均单证处理量27万票，成为国内参与部门最多、运行效果最好的国际贸易"单一窗口"之一。

通过"单一窗口"的创新模式，厦门口岸通关时效显著提升。截至2018年9月，厦门口岸出口整体通关时间5.27小时，比去年底压缩43.03%，在全国十大沿海关区中排名第4；进口整体通关时间55.6小时，比去年底压缩28.84%。进出口整体通关时间均已完成压缩三分之一目标，进出口通关时间压缩比在沿海十大关区中排名第一。

此外，"单一窗口"的创新模式也为企业大幅度降低了成本。其中，推行单证无纸化，仅船舶出口岸联系单，每艘船能缩减约4个小时的窗口办理时间，可省掉257页的申报单证，每年为企业创造效益数千万元；全部取消口岸申报费用，实现进出口申报环节报关报检零费用，每年厦门口岸相关减免费用近4 000万元；政府购买服务免除海关集装箱查验服务费、航商超大型集装箱船舶伴航费，每年为企业节省1 600万元；关检"一站式"查验，每年为企业减少成本500多万元；取消船舶港务费，每年为企业减少成本2亿元。
（根据海峡导报·厦门新闻2018-11-20报道整理）

总之，集装箱运输、国际贸易与物流在港口这些重要节点相互支持、协同发展，与当地经济发展形成良性互动。

## 本章习题

1. 集装箱运输系统的基本要素有哪些？
2. 简述集装箱运输"五高一多"的特点。
3. 试述我国集装箱运输的发展沿革。
4. 请查阅有关船公司排名榜，在我国集装箱运输业中，除了中远海运还有哪些企业？请就外资、香港、台湾、民营和地方国有企业各举一例。
5. 查阅资料，分别就集装箱运输领域4位先进人物及李克麟先生等的资料、业绩与动人事迹，分小组进行展示介绍，并讨论所受到的启发。
6. 调查当地或就近港口，统计在当地开展集装箱运输业务的主要船公司及航线。
7. 访问中远海运集装箱运输有限公司网站，了解公司基本情况及主要业务与业绩。
8. 访问一家与国际贸易和物流有关的集装箱运输公司网站，分析该公司的基本情况、业务与经营。
9. 访问招商局港口控股有限公司，了解公司概况及业务，并与中远海运的港口业务进行比较；分析该公司管治及企业愿景；查看人力资源理念及招聘信息，分析可能的职业发展机会。

10. 我国港口集装箱人均吞吐量达 0.15TEU，请结合第 2 章内容计算在此人均吞吐量条件下的折算体积和重量。另外，若全年吞吐的 2.51 亿 TEU 全部平铺中国大地，面积占比有多少？

11. 结合表 1-4、案例 1-2 及集装箱船舶的高投资内容来探讨船公司的发展。

12. 集运服务业包括哪些具体业态？试作出其中一项的较详细调查。

13. 如何理解集装箱运输、国际贸易与物流之间的关系？

14. 试进入联合国贸发会网站（https://unctad.org/en/Pages/Publications/Review-of-Maritime-Transport-（Series）.aspx），下载阅读最新的 Review of Maritime Transport 有关集装箱相关章节。

15. 试进入英国《劳氏日报》网站，阅读"One Hundred Ports 2019"的有关内容（https://lloydslist.maritimeintelligence.informa.com/one-hundred-container-ports-2019）。

16. 试进入世界航运理事会网站，阅读"Top 50 World Container Ports"的有关内容（http://www.worldshipping.org/about-the-industry/global-trade/top-50-world-container-ports）。

# 第 2 章
# 集装箱设备及操作

集装箱运输离不开先进的集装箱设备以及这些设备有序配置所必须的操作。本章从集装箱标准开始，涉及国内外标准较多，中国标准可以通过"国家标准全文公开系统"（http://openstd.samr.gov.cn，http://www.gb688.cn）来查阅。

## 2.1 集装箱标准

集装是将许多单件物品通过一定的技术措施组合成尺寸规格相同、重量相近的大型标准化单元组合体。正是通过集装箱，件杂货才能装箱形成一个整体进行集合运输。集装箱是一种运输容器，在我国港台也称为"货柜"，但从不同角度来看，集装箱兼有运输容器、运输设备、运输用具、运输装备、包装工具和载运工具等功能，但需要满足强度、效率、积载、联运、规格等方面的条件。

### 2.1.1 集装箱定义

标准集装箱如图 2-1 所示。根据国际标准化组织（ISO 830：1999）及我国标准 GB/T 1992—2006 的定义，凡具备下列条件的运输容器，可称为集装箱（Freight Container）。
- 具有足够的强度，能长期反复使用；
- 中途转运时，不用搬动箱内的货物，可整体转载；
- 备有便于装卸的装置，能进行快速装卸；
- 便于货物的装入和卸出；
- 具有 $1m^3$ 以上的内部容积。

图 2-1　集装箱

1961 年 ISO/TC104 集装箱技术委员会成立，1964 年推出了第一个 ISO 集装箱标准，随后经过不断的修订，现行的 ISO 集装箱国际标准 668（ISO 668：2013 Series 1 freight containers—Classification，dimensions and ratings）和 1496-1（ISO 1496-1：2013 Series 1 freight containers—Specification and testing—Part 1：General cargo containers for general purposes）为第一系列标准，规定了分类、尺寸和分级等要求。当然还有更多的标准，规定诸如角件的技术条件，装卸和固定，代号、识别和标志，通用和专用箱技术条件和试验方法等。我国现有 79 项集装箱相关标准，因为集装箱运输的国际化程度高，我国相应的集装箱标准通常等同或等效采用。

## 2.1.2　集装箱基本名词术语

集装箱粗看就是一个大的六面体铁箱子，它的方位（Orientation）规定如下：前端（front）无箱门，后端（rear）有箱门；横向（transverse）是集装箱左右方向，对应左右两侧壁（side wall）；纵向（longitudinal）为前后方向；上下方向分别是底板（floor）和顶板（roof panel）。

集装箱标准规定其外部尺寸，即沿各边外部的最大长宽高尺寸；内部尺寸则是按集装箱内接最大矩形平行六面体确定的长宽高净空尺寸，不考虑顶角件凸入箱内部分。集装箱的容积是由内部尺寸来确定的。标准集装箱都规定有最大总质量（Max gross weight，或总重），减去它的空箱质量（Tare weight，T，或自重）就得到该集装箱的最大净载荷（Payload，P）。

**说明：** 最大净载荷和容积都是最大可能的上限，即使同型号，不同生产批次的可能略有差异。一般对重货以最大净载荷来限定，对轻货则主要看容积。现代包装货物通常为轻货，通常的容积利用率为 80% 左右，因为不同尺寸货物堆码并不能充分利用空间。还有货物和叉车等搬运工具能否进入集装箱还取决于集装箱的最小门框开口尺寸。

## 2.1.3 集装箱基本规格尺寸

目前,国际集装箱运输使用的都是现行的国际标准集装箱第一系列。第一系列的主要外部尺寸是:宽度全部相同,均为 8 ft(2 438 mm);高度主要有四种,即 8 ft(2 438 mm)、8.5 ft(2 591 mm,简记2.6 m)、9.5 ft(2 896 mm,简记2.9 m)和小于 8 ft,长度目前有 A、B、C、D、E 共 5 种,分别对应 40 ft、30 ft、20 ft、10 ft(公制简记为 12 米、9 米、6 米、3 米)、45 ft 标称长度,其长度组合配合关系如图 2-2 所示。

按长度和高度的组合,现行集装箱尺寸类型分为 15 种(4A+4B+3C+2D+2E),为统一计算集装箱的运量,采用集装箱 TEU(Twenty-feet Equivalent Units)为换算单位,即 20 ft 集装箱为 1TEU,称为一个标箱,40 ft 集装箱则为 2TEU。在北美还常采用 FEU(Forty-feet Equivalent Units)作为换算单位。但不管集装箱大小,每只集装箱都是一个整体单元,在集装箱装卸搬运中还常采用自然箱(unit),即使用集装箱的自然数来作为计算单位。

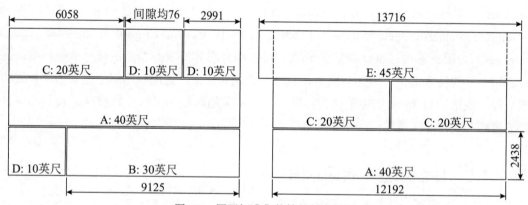

图 2-2 国际标准集装箱的长度关系

注意:20 ft 标准集装箱标称长度是 6058 mm,并不是 20 ft 实际折算的 6096 mm,就是因为图中两个 20 ft 集装箱摆在一起为一个 40 ft 集装箱长度,但 2 个 20 ft 箱子间有 76 mm(3″)的间隔,即每个箱子长度少 38 mm,也就是 6096-38=6058 mm。

未来集装箱尺寸总体的趋势是往大的方向发展,长 40 ft、45 ft 和高 9.5 ft 的越来越多,因而在美国集装箱运输采用 FEU 作换算单位。我国现行国家标准《集装箱外部尺寸和额定重量》(GB/T 1413—2008)等同 ISO 668:1995,Serial 1 freight containers—Classification, dimension and ratings,箱型尺寸见表 2-1。

表 2-1 集装箱箱型主要尺寸(ISO 668:2013,GB/T 1413—2008)

| 集装箱型号 | 通用英文名称 | 外部尺寸 | | 最小内部尺寸 | | 额定总质量(kg) |
|---|---|---|---|---|---|---|
| | | 长度(m) | 高度(m) | 长度(m) | 高度(m) | |
| 1EEE | 45 feet high cube | 13.716 | 2.896 | 13.542 | 2.655 | 30 480 |
| 1EE | 45 feet standard | 13.716 | 2.591 | | 2.350 | |

续表

| 集装箱型号 | 通用英文名称 | 外部尺寸 | | 最小内部尺寸 | | 额定总质量（kg） |
|---|---|---|---|---|---|---|
| | | 长度（m） | 高度（m） | 长度（m） | 高度（m） | |
| 1AAA | 40 feet high cube | 12.192 | 2.896 | 11.998 | 2.655 | 30 480 |
| 1AA | 40 feet standard | 12.192 | 2.591 | | 2.350 | |
| 1A | 40 feet | 12.192 | 2.438 | | 2.197 | |
| 1AX | | 12.192 | <2.438 | | — | |
| 1BBB | 30 feet high cube | 9.125 | 2.896 | 8.931 | 2.655 | 30 480 |
| 1BB | 30 feet standard | 9.125 | 2.591 | | 2.350 | |
| 1B | 30 feet | 9.125 | 2.438 | | 2.197 | |
| 1BX | | 9.125 | <2.438 | | — | |
| 1CC | 20 feet standard | 6.058 | 2.591 | 5.867 | 2.350 | 30 480 |
| 1C | 20 feet | 6.058 | 2.438 | | 2.197 | |
| 1CX | | 6.058 | <2.438 | | — | |
| 1D | 10 feet | 2.991 | 2.438 | 2.802 | 2.197 | 10 160 |
| 1DX | | 2.991 | <2.438 | | — | |

ISO668 标准 2013 年进行了修订更新，代替以前版本，并于 2016 年发布 2 个增补。我国等效标准有待跟进。

表 2-1 中，最小内部尺寸是针对通用干货箱的要求。第一系列所有标准集装箱外部宽度均为 2.438 米，内部最小宽度为 2.330 米。集装箱额定总质量除现在已经罕见的 D 型为 10 160 kg/22 400lb 之外，其他均为 30 480 kg/67 200lb（市面上还有老式标准的集装箱，额定总质量在 24 000 kg 或 20 320 kg）。低于 8 ft 集装箱主要是半高（4ft-3in，1.295 m）的板架集装箱或开顶集装箱，如图 2-3 左所示。

图 2-3　半高集装箱（左）及我国系列 2 超宽集装箱（右）

2018 年 7 月 1 日，国家标准 GB/T 35201—2017《系列 2 集装箱 分类、尺寸和额定质量》正式实施。这是我国第一个内陆集装箱标准，它规定了宽度 2 550 mm，最大额定质量 35

吨的系列 2 集装箱的技术条件，是内陆集装箱运输的重要基础性标准，例如图 2-3 右图所示的中铁"35 吨敞顶箱"。这一宽度超过现有国际标准第一系列的 2 438 mm，额定总质量也更大，但更符合我国内陆多式联运的状况。我国最新标准 GB1589—2016 规定的汽车总宽度是 2 550 mm（冷藏车 2 600 mm），以满足并排装载两排托盘的宽度要求（我国国标 1200mm×1000mm 托盘的宽度为 1200mm）。这一宽度规格，国外也称为双托盘宽度集装箱（Palletwide Container）。

## 2.2 集装箱类型与结构

针对各类货物不同的运载要求，有多种类型的集装箱，相应地需要标记不同的类型。这方面主要由国际标准 ISO 6346：1995 及我国标准 GB/T 1836—2017《集装箱 代码、识别与标记》来统一规范。

### 2.2.1 集装箱类型

现今集装箱用途广泛，类型众多，在保持集装箱外形尺寸标准化不变的情况下，可以通过内部细节设计来满足不同货物运输的要求。按最新国际标准 ISO1496（对应我国 GB/T3219、5338、7392、16563、17274、16564）的五个部分可分为四大类，即通用集装箱（ISO1496-1：2013 General cargo containers）、保温集装箱（ISO1496-2：2018 Thermal containers）、罐式集装箱（ISO1496-3：2019 Tank containers）和平台式集装箱（ISO1496-5:2018 Platform and platform based containers），其中无压干散货集装箱（ISO1496-4：1991 Non-pressurized containers for dry bulk）的箱式和漏斗型现分属干散货集装箱和罐箱。按照集装箱的用途，主要类型如下。

#### 1. 通用集装箱（General Containers for general purpose）

通用集装箱是使用最广泛的集装箱，分为无通风的普通干货箱（类型代号 GP）、有通风的通风集装箱（VH）、开顶集装箱（UT）、无压、箱型干散货集装箱（BU）和以货物命名的集装箱（专货集装箱，SN）。

（1）普通干货箱（General Container 或 Dry Cargo Container，类型代号 G）

也称作干货集装箱，常有 GP 和 HQ（高柜）的简称。干货箱是风雨密性的全封闭式集装箱，具有刚性的箱顶、侧壁、端壁和箱底，至少在一面端壁上有门，可供在运输中装运尽可能多的货种。多数通用集装箱的箱壁上带有透气孔。通用集装箱，以装运文化用品、日用百货、医药、纺织品、工艺品、化工制品、电子机械、仪器、机械零件等杂货为主。其使用数量占全部集装箱的 70%～80%。典型的 40 ft 通用集装箱如图 2-4 所示。

图 2-4　通用 40 英尺高柜集装箱(置于半挂车上)

通用集装箱箱内设有一定的货物固定装置,地板通常为木质(包括实木、复合木,也有竹质),必要时可钉钉子固定(如图 2-5 所示)。通用集装箱在使用时要求清洁、水密性好(例如图 2-5 左的湿度检测袋子,箱内顶部有凝结水,所挂干袋已吸潮变色),通常对装入货物要有适当包装,不直接装散货。

除了 ISO1496-1:2013 General cargo containers for general purpose 国际标准,相关标准还有 ISO 668:1995(见前文)、ISO830: 1999 Freight containers—Vocabulary、ISO6346:1995 Freight containers—Coding, identification and marking 等,我国一般等同或等效采用。

长度 20 ft 和 10 ft 的通用干货箱可以在侧面设置叉车叉孔,适合大型叉车作业。20 ft 和 10 ft 箱的叉孔中心间距分别为 2 050 mm、900 mm,孔宽 355 mm、305 mm,净孔高 115 mm、102 mm。叉孔离底角柱底板至少 20 mm。对 20 ft 箱为方便空箱叉起,还可设置间距 900 mm 的第二套侧面叉孔。

图 2-5　通用集装箱内部:系环(左)和地板固定装置(右)

(2)通风集装箱(Ventilated Container,类型代号 V)

通风集装箱(英文简称 VH)用于装载需要通风和防止潮湿的货物,如蔬菜、水果和食品等。一般在集装箱的侧壁或端壁设有 4～6 个通风窗口,从而保证新鲜货物在运输途中不会腐烂损坏。通风集装箱较少,因为在船舶和堆场内密集堆码,无动力的通风效果与仅有通风孔的通用集装箱相比效果提升可能也不明显,而且可以通过旧的干货集装箱改造而来。更高要求的通风保温需要有机械制冷、通风和保温功能的保温集装箱。

（3）开顶集装箱（Open Top Container，类型代号 U）

开顶集装箱（英文简称 UT）用于装运较重、较大、不易在箱门掏装的货物，采用吊车从顶部吊装货物。其上部、侧壁及端壁为可开启式，按顶的结构分为硬顶和软顶，硬顶由薄钢板制成，软顶则由帆布或塑料布（参见图 2-3）制成，如图 2-6 所示。开顶集装箱长度为 20 英尺以装重货，利用起重机械从顶部吊入货物来装箱，并在箱内固定。

图 2-6　开顶集装箱：硬顶（左）和软顶已装大型货物（右）

（4）干散货集装箱（Dry Bulk Container，类型代号 B）

干散货集装箱是指主要用于装运无包装的固体颗粒状和粉状货物的集装箱。干散货集装箱适用于各种谷物类货物、饲料类货物和原料类货物，包括大米、大豆、麦芽、干草块、元麦片、树脂、硼砂等。干散货集装箱要承受在运输无包装固体干散货物过程中由于装卸货物和运输活动所产生的压力，需加强侧壁。干散货集装箱有封闭式（BA）和气密式（BB），以及后端、前端和侧边卸货等细类，如图 2-7 所示。干散货集装箱需设置可开合的装卸料口（如图 2-7 左的顶部）和相关配件；为防止干散货受潮，箱的内壁用整张的防水胶合板进行内衬并涂上玻璃钢。但近年我国有用通用集装箱加塑料衬袋的简易方式来装干散货，这时需注意货物密度和装载高度，以防止过重压鼓、压坏集装箱侧壁。

封闭式和气密式的干散货集装箱，如图 2-7 所示。请注意右图中装水泥的 25B4 型干散货集装箱与罐式集装箱有较大的相似性，但区别是这里的罐子是无压型的。

图 2-7　干散货集装箱：封闭式（左）和气密式（右）

（5）以货物命名的集装箱

以货物命名的集装箱主要是用来装运特定货物的，类型代号为 S，如汽车集装箱（S1），专门装运小型轿车，可装载两层小轿车。但装载双层汽车的集装箱通常高度超过 2.9m，一般不是国际标准集装箱。还有专门用来运装活牲畜的动物集装箱（Live Stock Container，S0）和活鱼集装箱（S2）等。动物集装箱一般置于甲板上空气流通，便于清扫和照顾，但载重较小，不允许堆装。

还有服装集装箱，就是在普通干货箱的基础上增加挂杆及挂钩等结构，如在箱内增加横杆及挂钩等结构来更方便装纳特定货物，以利于高档服装运输并防止压皱。因为整体钢结构耐用，所以旧的通用集装箱还可以改造为活动房屋等。

### 2. 保温集装箱（Thermal Container）

保温集装箱分为冷藏集装箱（RE）、冷藏及加热集装箱（RT）和自备动力集装箱（RS）、冷藏和（或）加热设备可拆卸集装箱（HR）和隔热集装箱（HI）5 种。其中隔热集装箱相对简单，只是在普通干货箱的基础上填充隔热材料增加壁厚，其他 4 种都需要机械制冷和或加热设备。

（1）冷藏集装箱及设备

保温集装箱中以冷藏集装箱最为常见，也称"冻柜""冷箱"，用于运输那些需要低温保存的新鲜水果、鱼、肉、水产品、饮料及药品。目前，国际上保温集装箱采用的冷藏设备有内置式和外置式两种，但较常用内置式（图 2-8），即集装箱前端装有冷冻机组，通过接电制冷保持箱内需要的温度。因为现代船舶都有电力，自备动力的比较少见，但我国中欧班列横跨多个不同国家铁路系统，所用的冷藏集装箱就是自备动力的 40 ft 或 45 ft 集装箱，即自带油箱与发动机来制冷，可中途加柴油。

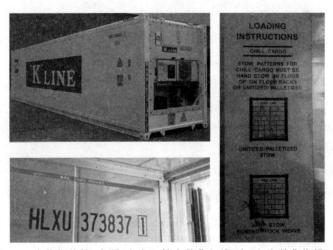

图 2-8　冷藏集装箱：全图（左上），箱内装货红线（左下）和装货指导（右）

同普通冰箱类似，冷藏集装箱外观一般都是白色的，因为白色最不容易吸收外界热量，更有利于保温冷藏。但相对于家用冰箱不到 0.3 $m^3$ 的容积，冷藏集装箱至少有 30 $m^3$ 的容积。冷藏集装箱要求所有冷藏货物必须预冷到所需的温度才能装入，因为没有那么高的制冷效果和成本效率能将室温货物迅速降低到所需温度。

冷藏集装箱的用电插头为专门的三相电四柱插头，电压 380～460V，电流 32A，供电需要专门的插座，但电源线较长，一般达 18 米，完全可以跨一个集装箱的长度。制冷机组温度可控可调，制冷功率可达 5～6kW，有冷藏（Chill）、冷冻（Frozen）和除霜（Defrost）模式，最低制冷设定温度可达 -30℃。机组有进风（SS）和回风（RS）、控制传感器（Control Sensor）和环境温度（AMBS）监测点，还可配 3 处美国农业部（USDA）果肉温度监测和外界湿度（SHu%）和箱内湿度（Hu%）监测。装在集装箱前端的制冷机组体积紧凑，可以拆卸下来修理或更换，制冷机组厂家主要是 Carrier、Daikin 和 Thermo King 三家，典型控制面板如图 2-9 所示。

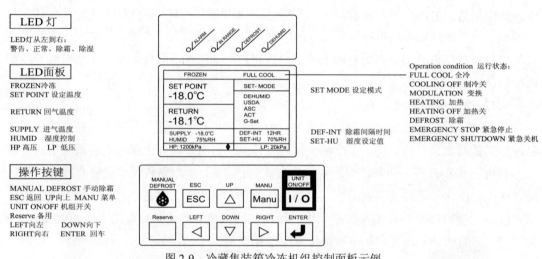

图 2-9 冷藏集装箱冷冻机组控制面板示例

（2）冷藏集装箱特性及使用

冷藏集装箱是价格最昂贵的集装箱之一，主要原因在于：①有冷冻及加热机组；②箱壁需要设置保温隔热材料；③内壁需要设置多个温度检测装置，保证箱内温度达标及均衡；④内壁材料基本为铝合金和不锈钢材料；⑤地板为横截面为 T 形的专门铝合金地板。因此它的制造成本高达 15 万～20 万元，是通用干货箱的 6～10 倍，而且冷藏箱的维修与配件成本也很高。

冷藏集装箱的使用要求也高，在装货运输途中及带货存储时都需要通电制冷，因此集装箱船舶、港口、车辆都需配备专门的供电设施。冷藏集装箱还需要专门的行前检查（Pre-trip Inspection，PTI），以保证设备在整个行程中能完好工作，货物也要预冷到规定温度才能装箱。装箱货物不能全部填满，上部不能超过红线（至少离顶 120 mm，见图 2-8 左下），中间还要留出适当空隙，以形成完整通畅的空气流通通路。

冷藏集装箱能提供鱼肉蛋禽果等冷冻生鲜、药品等货物最合适的运输保障环境，随着我国经济的发展和人民生活水平的提高，需要大量进口水果、鱼肉生鲜和药品等需冷藏货物，冷藏箱的使用越来越普遍。冷藏集装箱已现占全球总箱数的 6%，仅马士基公司一家的冷藏集装箱就超过 27 万只。

## 3. 罐式集装箱（Tank Container，Tanktainer，罐箱，类型代号：老 T，新 K、N）

罐式集装箱（英文简称 TK）的基本特征是框架围着的圆柱形主罐体，最早是装运液体物料的，如各种酒类、油类、液体食品、化学药品等，现也可装气体和颗粉状物料。按适装货物分有压和无压、是否危险品等细类。其中装载液体和气体的压力罐箱类型代号为 K；装颗粉状干货的罐内有压力及无压力的罐箱类型代号为 N。

罐箱主要由液罐和框架两部分组成，液罐顶上一般设有圆形的装载口（Manhole），罐底设有卸载阀（Bottom outlet），还有空气阀、安全阀、压力仪表等诸多附件。对于非危液体化工品、工业油脂和食品类油剂，可用罐袋（Tankbag）衬于罐箱以减除清洗之烦。

（1）罐箱的特殊结构

普通罐式集装箱都是 20 ft 长，但在厚实金属罐体之外还有坚实的钢框架结构加以支撑保护，并安装角柱、角件用于堆码装卸（图 2-10）。

图 2-10　各式罐式集装箱

根据《ISO 1496-3: 2019》的要求，罐箱不设置叉槽（Forklift pockets），因为叉车搬运罐箱很危险，故不允许用叉车（铲车）叉举搬运，罐箱两侧张贴"禁铲标"（参见图 2-10 右，图 2-12 左）。对于无底梁的罐箱不能叠放。

图 2-11　罐式集装箱(左)及主要参数(右)

罐箱"罐子加框架"的结构设计比我国常见的整体式槽罐车更安全，这将大大改变中国目前危险货物运输的现状。我国危险货物年运输量达 16 亿吨，居世界第二，但大多以槽罐车、铁桶或液袋等传统方式运输，安全隐患风险较大，危险货物道路运输重特大事故时有发生。而罐箱发生交通事故时罐、车分离，框架先承受冲撞压力，罐体不易破碎泄漏（图 2-11 左）。还有一点就是图 2-10 左边所示的彩色框架，按照联合国《化学品分类及标志全球协调制度》（我国等效 GB13690—2009）给框架涂上红、橙红、黄、蓝和绿色的不同颜色表示能装不同危险性等级的货物。

(2) 罐箱的技术参数与标准

罐式集装箱的典型技术参数如图 2-11 右图所示，它的最大总质量可达 36 吨，大于通用集装箱的容量，但因为罐体厚实，空箱质量也很大（图中 3.7 吨）。罐体容量取决于不同设计，因为有些液体为重货，容积也受总重（Maximum Gross Mass，MGM）的限制，常见标准的罐箱容积常在 24 000～26 000 L 之间，如本例 25 000 升（25 m³）。除了 2.6 m 高的罐箱，还有 2.9 m 高的罐箱主要用于运输植物油、润滑油等普通液体，容积可达 29.5 m³，装乙醇、白酒等介质的可达 32.5 m³（尺寸类型代码 25K2，详见下文"集装箱标记"）。为避免液体在运输过程中的震荡，IMDG 规定填充率不低于 80%（即俗话"满罐子不响，半罐子响叮当"的原理），但也按不同液体的扩展性规定了最大填充率。

罐箱最新标准《ISO 1496-3: 2019》将原来的 T 改为 K（适用液体或气体的有压罐式集装箱）和 N（适用干货的有压或无压罐箱），细分规格型号更多，以适应越来越多货物的需要。罐式集装箱还有多种标准规则，如联合国移动罐（UN Portable Tank）分类，有 T 码的多种型号（液体罐箱 T1～T23、常温液化气体 T50、低温液化气体 T75），如最常见的 T11 可以装运上千种有害化学品散货。T11、T22 等外形尺寸不变，但罐体为适应不同压力，壁厚分别达 6 mm 和 10 mm，并有对应箱型代码 22K2、22K3（图 2-12 左）。T 码罐箱罐体的成本很高，常用不锈钢制成并内部涂覆一层聚亚安酯或铝质绝热保护层，为控制温度还可以加冷冻机组。还有 ADR（关于公路运输危险货物的欧洲协议）和 RID（国际铁路运输危险货物规则）规则。有些罐箱通过多种规则认证，认证标志都贴在罐的外壁。

(3) 罐箱的扩展

现代罐箱的功能进一步扩展，可以装运液体、气体、粉状及颗粒散货。其中液体分为非危险品和危险品，前者包括牛奶、啤酒、葡萄酒、果汁等食品（威士忌等可燃烈度酒除外）。装运粉状及颗粒散货（如水泥、石灰粉等）的罐箱，但尺寸箱型代码考虑是无气相压力的干散货仍归类为干散货集装箱，如 25B4 散装水泥罐装集装箱（图 2-7 右）。

虽然大多数罐箱的长度都是 20 英尺，但长度也有 10 英尺、40 英尺和特殊长度的。例如现在有专门的 LNG/LPG 集装箱，长度达到 40 英尺（见图 2-12 右），能满足液化天然气作为低温（Cryogenic）气体的要求。这些气体以高压液态状态存装在罐内，对压力、温度、震动更加敏感，除了高的设计制造要求外，也需要专门的检测与控制措施，以保证安全生产与运输。相比油气船和岸上储气设施，LNG 罐箱更便捷，目前国内外 LNG 罐箱都有小批量投入运营,未来将会有更多 LNG 罐箱。

图 2-12　高压气体集装箱(左)和 40 英尺 LPG 集装箱(右)

特殊长度主要是适用欧洲公铁运输的可交换箱(Swap body 或交换车体)罐箱,长度有 7 820 mm 和 7 450 mm 两种,如图 2-13 所示。另外还有多个小长罐子并列组成的多单元气体集装箱(Multiple Element Gas Container,MEGC),主要用于运送工业气体,长度有 40 英尺和 20 英尺,如图 2-14 所示。我国也推出了 JT/T 1195—2018《多式联运交换箱标识》推荐性标准。

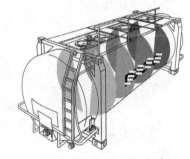

图 2-13　欧洲可交换箱体罐箱(长×宽×高 mm:7 820/7 450×2 550×2 750)

图 2-14　多单元气体集装箱,40 英尺 48T9(左)、20 英尺 20TG(右)

(4)罐箱的特性及应用

罐式集装箱具有优异的安全性、多式联运的便捷性、可循环使用的经济性,是国际化学品的主要物流运输方式,在欧美国家已有几十年的应用历史。近年罐式集装箱的数量增长很快,按国际罐箱组织(ITCO)2019 年的调查,全球罐箱已达 60.5 万自然箱,比上年增长 10.81%,约占全球集装箱总数的 0.75%,大多数归运营商或租箱公司所有。罐箱进入我国只有十余年时间,已迅速得到了化工物流行业的青睐和广泛认可;在 2018 年全球生产的 59 700 只罐箱中，中国生产的就有 51 100 只，其中中集集团公司一家就有 29 500 只，占全球的 50%。我国罐箱使用率逐年提高，拥有明显优势的罐箱在化工、能源和食品原料领域越来越受欢迎，其发展前景非常广阔。

## 4. 平台式集装箱（Platform and Platform-Based Container，类型代号 P）

平台式集装箱用于装载长大件、超重件，如重型机械、钢材、钢管、裸装机床和设备等。它没有箱顶和侧壁，箱端壁也可以拆卸或折叠，只靠加强的箱底和 4 个角柱来承受载荷，故又分为平台（PL）、固定式（PF）、折叠式（PC）、上部结构完整（PS）和按货物命名（PT）等细类，如图 2-15 所示。平台式集装箱可以从前后、左右及上方进行装卸作业；承重的箱底厚，强度高；没有水密性，怕水湿的货物不能装运，或需用帆布遮盖装运。

其中按货物命名的平台式集装箱更具针对性，如 P7 是运载小汽车的，P9 是运载卷状货物的。如卷钢专用折叠式平台式集装箱，图 2-15 下所示为我国泉州安通物流专门的卷钢箱，底板上三个凹槽专门按卷钢尺寸设计，装载稳定可靠，并有专门篷布保护卷钢。

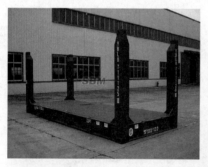

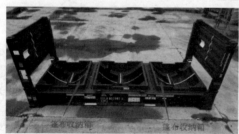

图 2-15　平台式集装箱：固定式（左上）、折叠后的平台箱（右上）、带篷布的卷钢箱（下）

此外，还有更罕见的空/陆/水联运集装箱（类型代号 A）。

按制造材料，集装箱可分为钢制、铝合金、玻璃钢和不锈钢 4 类。钢制集装箱空箱质量大、强度高、价格低，是最常用的集装箱，使用年限可达 11～12 年；但钢制集装箱在高盐度海洋上使用防腐能力差，一般每年需要进行两次除锈涂漆，这也给集装箱场站提供维修保养业务的机会。铝合金集装箱空箱质量轻、造价高；玻璃钢集装箱隔热性好，适用于干散货，易清扫，但不耐用；不锈钢集装箱空箱质量略轻、价格较高、抗腐蚀性强，主要用于罐箱体。

## 2.2.2 通用集装箱结构

集装箱是坚固的长方体，主要包括三部分：框架结构、箱体和零部件。框架结构是承重部件，由高强度钢制成，正如长方体的 12 条棱，框架构件是"八梁四柱"即承重的底梁、端梁、侧梁和角柱，它们与八个角件（Corner fitting）焊接成一个坚实的整体。箱体就是外表 6 个面，由 2 个侧壁、1 个端壁、1 个箱顶板、1 个箱底和 1 对箱门组成，如图 2-16 所示。其中箱底、四柱是主承重结构，对 40 英尺集装箱，箱底还有鹅颈槽结构加强承重。零部件包括门锁装置、箱门搭扣件等，当然，不同类型集装箱的部件也不同，如冷藏集装箱前端还有冷冻机组，罐式集装箱一般没有侧壁、端壁，但有阀门、仪表等部件。

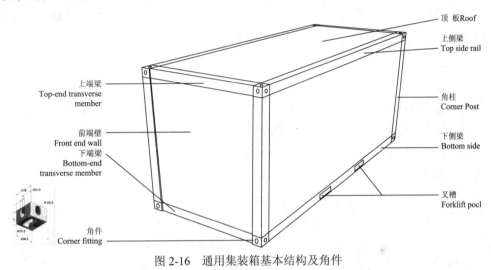

图 2-16 通用集装箱基本结构及角件

角件是集装箱特有的、巧妙实用的机械结构，共有 8 个，分别位于箱体 8 个角。角件的三个外露表面均有专门的互通孔，分别是上下方向的顶孔/底孔、前后方向的端孔和左右方向的侧孔。角件的这种特殊设计与集装箱吊具（Spreader）配合在集装箱的快速起吊、搬运、固定、堆码和拴固等作业中都起着关键作用。

## 2.3 集装箱标记与施封

统一的集装箱标记与施封用于在全球运输与使用中整体识别与管理集装箱，这也是集装箱运输优点的保证措施之一。

### 2.3.1 集装箱标记

为了便于集装箱在国际运输中的识别、管理、交接和信息传输，国际标准（ISO

6346:1995，我国等效 GB/T6346—2017）详细规定了集装箱标记的内容、标记的字体尺寸和位置等要求。集装箱标记分为必备标记（Mandatory marks）和自选标记（Optional marks）两类，每一类标记中又细分为识别标记（Identification system and its associated marks）与作业标记（Operational marks）。必备标志首先是识别标志，即箱号和尺寸与箱型代码，其次是作业标记，包括最大总质量和空箱质量、空/陆/水联运集装箱标记、箱顶防电击警示标记、高度警示标记。自选标记中的识别标记有国家或地区代号、最大总载荷、容积；作业标记有国际铁路联盟标记和超高标记。此外，国际集装箱运输还需要通行标记，如 CSC 安全合格牌照、CCC 海关牌照和检验合格徽。

从现行集装箱标记实践来看，首要是箱号（含箱主代码、设备识别码、系列号及校验码）和尺寸与箱型代码，它在集装箱前、后、左、右和顶面 5 个面都要清楚标识，以便于从事机械作业的司机的识读。下面介绍主要标记。

## 1. 箱号

箱号也称为识别系统（Identification system，Reporting mark），它唯一标识每个集装箱，由箱主代码（Owner code）、设备识别码（Equipment category identifier）、箱号数字（Serial number，6 位数字）和校验码（Check digit，1 位方框数字，或称为核对数字）组成，参见图 2-1 箱门上部的"KKTU7452638"。

ISO 标准规定，箱主代码（Ownership Code）由 3 个大写的拉丁字母表示，主要说明箱主、经营人；设备识别码说明集装箱的类型，其中"U"代表集装箱，"J"代表带有可拆卸设备的集装箱，"Z"代表挂车和底盘车架。例如 CBHU、CCLU 和 OCLU 开头的标准集装箱是表明箱主和经营人为原中远集运、中海和东方海外。箱主代号由驻在法国的国际集装箱局（Bureau International des Containers，BIC）统一管理颁发，也称为 BIC 码。

箱号数字用以区别同一箱主的不同集装箱，由 6 位阿拉伯数字组成，不足 6 位的，前面以 0 补足。校验码是为了防止记录和传输出错，计算方法如下。

（1）将箱主代号按表 2-2 转换成相应数字，注意没有 11 及其倍数。

（2）因箱主代码、设备识别码和箱号数字共计 10 位，设箱主代码对应等效数字与顺序号数依次为 $X_0$，$X_1 \cdots X_9$，按式（2-1）计算 $N$

$$N = \sum_{i=0}^{9} X_i \cdot 2^i \tag{2-1}$$

（3）校验码就是将上式整数 $N$ 除以 11 所得的余数，余数为 10 时可记为 0 或干脆不要该箱号。

表 2-2 箱主代号及设备识别码等效数字表

| 代码字母 | A | B | C | D | E | F | G | H | I | J | K | L | M |
|---|---|---|---|---|---|---|---|---|---|---|---|---|---|
| 等效数字 | 10 | 12 | 13 | 14 | 15 | 16 | 17 | 18 | 19 | 20 | 21 | 23 | 24 |
| 代码字母 | N | O | P | Q | R | S | T | U | V | W | X | Y | Z |
| 等效数字 | 25 | 26 | 27 | 28 | 29 | 30 | 31 | 32 | 34 | 35 | 36 | 37 | 38 |

> **例 2-1**　**求集装箱 COSU 600123 的校验码**
>
> 解：COSU 的等效数字分别是 13、26、30、32，则
> $N=13 \times 2^0+26 \times 2^1+30 \times 2^2+32 \times 2^3+6 \times 2^4+0 \times 2^5+0 \times 2^6+1 \times 2^7+2 \times 2^8+3 \times 2^9=2713$
> 除以 11 的余数为 7，即校验码为 7。记为 COSU 600123[7]，英文及数字共 11 位。

集装箱箱号校验码计算的各种程序代码可参见 https://en.wikipedia.org/wiki/ISO_6346。

在计算集装箱检验码操作中，若遇到箱号字母或数字不清或有差异时，可按上述方法校核。

### 2. 尺寸与箱型代码

尺寸与箱型代码（Size and Type Code）现已成为最重要的标记之一，通过简洁统一的 4 位代码，世界各地都能知道具体所对应的集装箱类型。尺寸与箱型代码包括前 2 位尺寸代码和后 2 位箱型代号，例如图 2-1 中右门第 2 行的 22G1，指箱长为 20'（'即 ft），箱宽为 8'和箱高为 8.5'，上方有透气孔的通用集装箱；图 2-10 中的 22T6 指箱长 20'箱高 8.5'的罐式集装箱，装载危险液体，最低试验压力 600kPa；45R1 指箱长 40'箱高 9.5'的冷藏集装箱，采用机械制冷（冷冻压缩机）和加热。

按照国际标准，尺寸代码由 2 位字母和数字组成，第一位表示箱的长度，如：4、3、2、1 分别代表长 40'、30'、20'和 10'，L 代表 45'，M、P 分别代表未来可能采用的 48'、53'；第二位表示宽度和高度，在第一系列集装箱统一宽度 8'的情况下，常见 0、2、5 分别代表高度 8'、8.5'和 9.5'。6 代表超过 9.5'，8 代表半高 4.25'（参见图 2-3，图 2-14 左）。超过 8'宽度的其他系列集装箱第二位用字母代表，如我国 2 550 mm 宽度的系列 2 集装箱（GB/T 35201-2017）分别用 R、L、N 代表高度 8'、8.5'和 9.5'（参见图 2-3 右）。

箱型代码也由两位数字或字母组成，第一位用字母表示集装箱类型（参见本章前文"集装箱类型"），第二位表示该类型下的详细规格，二者形成细代码（Detailed type code）。常用的集装箱箱型及主要规格尺寸见表 2-3。标准的箱型代码详细的尺寸代码和类型代码分别如书后附录 1、附录 2 所示。

### 3. 最大总质量和空箱质量

最大总质量（MAX G W）和空箱质量（TARE）（图 2-1 箱门第 2 格），俗称为总重及自重，现设计数值要求见表 2-1。集装箱空箱质量依集装箱类型、尺寸和制造材料等不同而不同，通常在 2～4 吨之间。这两项标记均要以千克和磅同时标示。上述两项的差值即为最大净载荷（MAX CW），另外，集装箱容积（CU. CAP），用公制与英制单位并列标出。最大净载荷和集装箱容积为可选作业标记，但一般在集装箱上均列出（板架类除外）。

表 2-3　常用集装箱箱型与规格尺寸　（外部宽度均为 8'即 2438mm）

| 箱型代码 | 类型 | 外部尺寸 | | | | 内部尺寸（典型值） | | | 总重 kg | 自重 Kg | 载重 kg | 容积 m³ |
|---|---|---|---|---|---|---|---|---|---|---|---|---|
| | | 长度 | mm | 高度 | mm | 长度 | 宽度 | 高度 | | | | |
| 22G1 | 通用 | 20' | 6058 | 8.5' | 2591 | 5.89 | 2.35 | 2.39 | 30480 | 2260 | 28220 | 33 |
| 42G1 | 通用 | 40' | 12192 | 8.5' | 2591 | 12.03 | 2.35 | 2.39 | 30480 | 3780 | 26700 | 67 |
| 45G1 | 通用 | 40' | 12192 | 9.5' | 2896 | 12.02 | 2.35 | 2.70 | 30480 | 4000 | 26480 | 76 |
| L5G1 | 通用 | 45' | 13176 | 9.5' | 2896 | 13.55 | 2.35 | 2.70 | 30480 | 4820 | 25660 | 86 |
| 22R1 | 冷藏 | 20' | 6058 | 8.5' | 2591 | 5.45 | 2.29 | 2.27 | 30480 | 3060 | 27420 | 28 |
| 45R1 | 冷藏 | 40' | 12192 | 9.5' | 2896 | 11.55 | 2.29 | 2.24 | 34000 | 4060 | 29940 | 66 |
| 22T6 | 罐式 | 20' | 6058 | 8.5' | 2591 | — | — | — | 36000 | 3700 | 32300 | 25 |
| 22U1 | 开顶软 | 20' | 6058 | 8.5' | 2591 | 5.89 | 2.35 | 2.37 | 30480 | 2350 | 28130 | 32 |
| 42U6 | 开顶硬 | 40' | 12192 | 8.5' | 2591 | 12.02 | 2.34 | 2.38 | 30480 | 4700 | 25780 | 67 |
| 22P3 | 平台式 | 20' | 6058 | 8.5' | 2591 | 5.63 | 2.22 | 2.23 | 40000 | 2940 | 37060 | — |
| 45P8 | 平台式 | 40' | 12192 | 9.5' | 2896 | 11.65 | 2.32 | 2.26 | 55000 | 5900 | 49100 | — |

说明：内部尺寸、自重、载重及容积为典型值，因制造公司及材料而略有差异，容积值在此取整数。

### 4. 超高警示标记

凡箱高超过 2.6 m（8ft 6in）的集装箱均应有黄底黑字加黑框的超高标志（Height mark），尺寸不少于 155mm 高，115mm 宽，参见图 2-8 左上。每个超高集装箱上就要标打两个超高标记，位于两个侧板的右手边。另外在集装箱每端和每侧角件间的顶梁（门楣）和上侧梁上还要标打黄黑相间的警告带（Yellow and black stripe）。在集装箱前端面或角柱还可贴超高标志的镜像（参见图 2-8 左上冷冻机组左边角柱上的镜像文字 "WARNING 9'-6″HIGH"）。

### 5. 箱顶防电击警示标记

凡装有梯子的集装箱（一般为罐式集装箱）的梯子附近应标打箱顶防电击警示标记（Warning sign of overhead electrical danger），以警告登箱顶者有触电的危险。该标记为黄底黑色三角形标，闪电箭头的高度至少 175mm，三角边长不小于 230mm，参见图 2-10 右和图 2-11 左扶梯旁的标记。

### 6. 通行标记与 CSC 铭牌

通行标记通常显示在 CSC 铭牌（或称安全合格牌照，CSC Safety Approval）上，每一只参与国际集装箱运输的集装箱都必须有 CSC 铭牌，《集装箱安全公约（CSC）》要求检验机构（在我国是中国船级社）对符合 CSC 标准并经检验合格的集装箱在箱门处加贴 CSC 铭牌（图 2-17 右）和检验合格徽，无箱门的特种箱铭牌钉在后角柱或下底梁上。

CSC 安全合格牌照、海关加封运输批准（Approved for transport under Customs seal）CCC 牌照应相对集中设置或与免疫牌以及箱主和制造厂铭牌等组合为一块标牌，如同集装箱的身份证，采用永久、耐腐蚀、防火的金属材料压制，信息丰富，经久耐用，但要时常检查，保证不被外力毁损或撬失。

图 2-17 中二排船级社检验合格徽从左到右、从上到下依次是中国船级社（CCS）、挪威船级社（DNV）、英国劳氏船级社（LR）、美国船级社（ABS）、德国劳氏船级社（GL）和法国船级社（BV）。

图 2-17　主要的船级社及集装箱 CSC 铭牌

右边的 CSC 铭牌显示箱主 Taxtainer 为集装箱租箱公司，箱号为 TGHU645112[2]，箱号、尺寸、重量信息均与集装箱门上的大字相同。该集装箱由厦门太平货柜制造有限公司生产，获 BV 认证。

这些标记在集装箱各面的标注位置如图 2-18 所示。

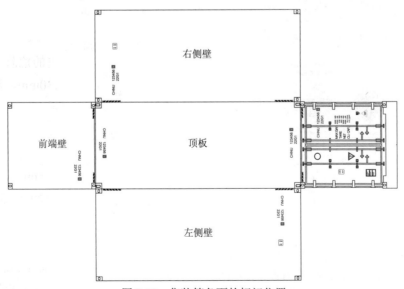

图 2-18　集装箱各面的标记位置

## 7. 其他标记

空/陆/水运联运（Air/Surface）集装箱标记针对需要空运的集装箱，虽然是必备标记，但实际使用极少（将在第6章说明）。其他的标记还有国际铁路联盟标记，它为方框标记上部为框起来的 iC 字母，下部数字为各铁路公司代号，我国中铁总公司为33。例见图2-8上左箱侧壁的 iC 87 及图2-21门中的 iC 33。

因为集装箱地板所用的裸露木材（或竹子）按照有关规定经过免疫处理，应设置免疫牌，如图2-17中右小框所示：

TIMBER COMPONENT TREATMENT　　（木材防腐处理）

IM/Radoleum FHP-60/2010　　（免疫/瑞达乐姆 FHP-60 防腐杀虫剂/2010年）

对于冷藏箱、罐式箱等根据设备和货物的要求还需要贴制冷剂、超重、危化品等标签；例如装有危险货物的集装箱，应有至少4幅 IMDG 危标并贴于外部四边明显地方（例见2-12右"昆仑能源"下面）。IMDG（International Maritime Dangerous Goods）是指《国际海上危险货物运输规则》，以国际海事组织（IMO）为主编制的 IMDG 危险货物共分9类，各类标志如图2-19所示。最新的 IMDG 规定，自2017年1月1日起生效，危险品货物运输的危标必须为45度正菱形标识，每个菱形尺寸至少100mm×100mm。

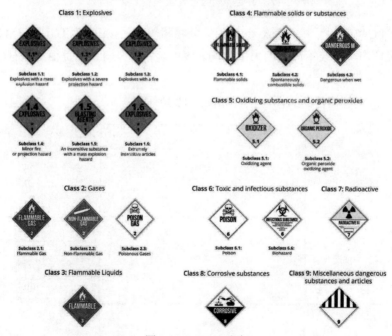

图2-19　IMDG 危标

第1类：爆炸品；第2类：气体；第3类：易燃液体；第4类：易燃固体、易于自燃的物质、遇水放出易燃气体的物质；第5类：氧化性物质和有机过氧化物；第6类：毒性物和感染性物质；第7类：放射性物质；第8类：腐蚀性物质；第9类：杂项危险物质和物品，包括危害环境物质。

这些标记很多是通过带自粘胶的 PVC 薄膜印制粘贴，例如本次装危货的通用箱，下次不装危货，危标可以揭除。详见 GB/T 26936—2011《集装箱自粘标贴》的详细规定。

比标记更直观的是颜色区分，通常箱主会给集装箱刷上专有颜色（但冷藏箱主体均为白色），并印上自己公司的标识和其他认证等标志，参见前面诸照片。

未来的集装箱将向智能化迈进，通过二维码、RFID、AEI 等自动化识别技术，将大大提高集装箱在运输各转换环节的交接效率。我国的 GB/T 26934—2011《集装箱电子标签技术规范》就规定了 RFID 电子标签的作业要求、技术要求和工作频率。AEI（自动识别设备）的码板位置按 GB/T 17894—1999 的规定安排。2017 年 12 月全球智能集装箱产业联盟发布《集装箱二维码通用技术规范》团体标准，二维码应用的技术方案不断提出。如中铁铁龙集装箱物流股份有限公司的集装箱二维码系统实现了集装箱设备的资产管理。大型船公司集装箱数量庞大，成本高，更需要数字化和智能化管理，如马士基的远程集装箱管理系统 RCM 可能会成为集装箱运输数字化潮流的引领者。

### 2.3.2 集装箱门及施封

施封（Seal）就是对集装箱施加铅封，即通俗的"上锁"，但首先需要了解集装箱的门与"锁"。左右两扇集装箱门位于集装箱后端，因为门绞链设在角柱外端，箱门开合幅度达 270 度，即箱门打开可以靠贴侧壁，既减少占用空间，又便于进出作业。集装箱门有门楣与门槛，当叉车进入时要注意门楣的高度，而门槛需要专门斜板叉车才能开进去，如图 2-20 所示。

图 2-20　集装箱门及进箱叉车

图 2-21 为通用集装箱箱门端的主要组成示意图。箱门上有特殊的门锁装置，它由箱门锁杆、锁杆托架、把手、把手锁件、箱门橡胶密封圈等组成，因为橡胶密封圈紧密封闭，关门时需要一定的压力，锁杆上还有凸轮及凸轮座，安装在门楣和门槛上。

集装箱装好货物并正确地关闭箱门后，就可以上锁施封，即由特定人员施加集装箱铅封（Container Seal，图 2-22）。集装箱铅封根据施加人员不同可分为海关封识和商业封识。

集装箱铅封是带编号的一次性金属锁扣,一经锁上,除非暴力破坏(即剪开)则无法打开,破坏后的集装箱铅封无法重新使用。每个集装箱铅封上都有唯一的封识号,现在甚至可以采用二维码和安全智能锁。具体参见我国标准 GB/T 23679—2009《集装箱 机械箱封》和 GB/T 29752—2013《集装箱安全智能锁通用技术规范》。

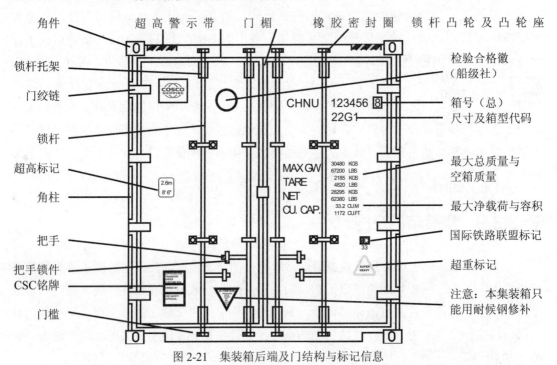

图 2-21　集装箱后端及门结构与标记信息

图 2-22　通用集装箱铅封

只要集装箱外观完整,集装箱门正确关闭,集装箱铅封正常锁住,就可以证明该集装箱在运输途中未经私自开封,箱内情况由装箱人在装箱时监督负责。

验封(Seal Inspection)是对集装箱封志的查验,在集装箱重箱进出关和整箱交接时均要实行。只要集装箱外观完整,集装箱门正确关闭,集装箱铅封正常锁住且铅封号与记录一致,就可以证明该集装箱在运输途中未经私自开封。

## 2.4 集装箱操作搬运设备

集装箱这个"大铁柜"必须使用机械设备才能搬运,自集装箱运输诞生开始,各种起重与运输机械设备就被专门开发出来并投入使用,机械化与自动化程度越来越高。

首先集装箱能够快速装卸就是因为角件与吊具的巧妙设计与配合。集装箱吊具(Container spreader)是装卸集装箱的专属用具,它通过其端梁四角的转锁与集装箱角件的连接来实现起吊集装箱;吊具设计、制造及使用安全高效可靠,通过伸缩装置和导板装置快速起吊集装箱,四角转锁有机械装置保证安全联锁,开锁时间少于 1.5 秒,是集装箱高效机械作业的关键。集装箱吊具分为固定式、伸缩式和组合式。其中伸缩式使用最广,常用于岸桥和场桥,可以起吊不同尺寸的集装箱。但吊具本身质量较大,可达 9～10 t,吊具额定起重量不低于 30 500 kg(GB/T 3220—2011)。

集装箱主要的操作是在船舶与港口、场站以及其他运输工具之间搬运移动,主要机械设备如下。

### 1. 集装箱岸边起重机

集装箱岸边起重机(Quayside container crane)又称为岸桥或桥吊,是高大的码头前沿机械,承担集装箱在陆地和船舶之间的搬运作业,如图 2-23 左所示。岸桥是集装箱专用码头的高效装卸机械,一般效率可达 20～35TEU/h,起重量 35～45 t,外伸距为 35～45 m,内伸距为 8～16 m,轨距一般为 16 m。随着集装箱船舶的增大,岸桥也相应要增大,并以电力为动力。例如上海振华港机 3E 级超大型岸桥专门针对 18 000TEU 集装箱大船,起升高度 48～52.5 m,外伸距大于 70 m,能装卸甲板上 10 层超高箱的极端情况。

图 2-23 集装箱岸边起重机(左)和跨运车(右)

因为集装箱船舶装载量大,泊位与岸桥的数量比通常是 1∶3。现在还有双吊式岸桥,如振华双小车岸桥结合双起升和双小车的优点,超高效率,技术世界领先,适用于自动化码头,在美国 LBCT 码头效率达 103TEU/h。

## 2. 跨运车

跨运车（Straddle carrier）如图 2-23 右所示，它是一种专门用于集装箱码头短途运输和堆码的双龙门式起重机械。跨运车在作业时，以门型车架跨在集装箱上，并由装有集装箱吊具的升降系统吊起集装箱进行搬运和堆码，通常可堆 3 层。跨运车的机动性好，既可在码头前沿至堆场运输，又可在堆场堆码运输。但价格昂贵，驾驶员视野有待改善。为适应港口绿色化需要，现也有油电混合型。

## 3. 集装箱叉车

集装箱叉车（Container Forklift）是集装箱码头常用的大型叉车，一般以柴油为动力，机动灵活，可用于装卸、搬运及堆码作业。集装箱叉车在门架上装有吊具，但作业效率和高度通常不如跨运车，如图 2-24 左所示。

图 2-24　带吊具的集装箱叉车（左）和大型叉车叉取 20 英尺集装箱（右）

另外，因为 20 英尺集装箱侧面有叉槽，可用大型平衡重式叉车来进行叉取作业（见图 2-24 右），但操作层数为 3 层以下。

## 4. 集装箱正面吊

集装箱正面吊（Reach stacker）是用于中小型码头及场站的专门集装箱搬运机械，能较迅速完成集装箱装卸、堆码和水平运输作业。正面吊有粗长的起重臂，作业范围比集装箱叉车更广，堆码更高、更深，可以操作堆码四列深度的集装箱（见图 2-25 左）。

图 2-25　集装箱正面吊（左）和空箱堆高机（右）

### 5. 空箱堆高机

空箱堆高机（Skystacker 或 Empty container handler）是集装箱堆场、集装箱运输的关键设备，广泛用于港口、码头、铁路和公路中转站及堆场内的集装箱空箱的堆垛和转运，具有堆码层数高、堆垛和搬运速度快、作业效率高、机动灵活、节约场地等特点。

空箱堆高机与集装箱叉车较相似，但以专门的门架和吊具从侧面抓取空集装箱侧面的两个角件，甚至可以一次抓取两只集装箱（见图 2-25 右）。空箱堆高机机动灵活，性能可靠，可一机多用，既可做水平运输，又可做堆场堆码和装卸搬运作业，使用维修方便。目前市场上有起升高度最高达到 20 m、堆码 9 层、门架高度 13 m 的空箱堆高机。

### 6. 集装箱龙门式起重机

集装箱龙门式起重机（Container gantry crane）简称场桥，主要用于集装箱堆场或货运站场，分为轮胎式（RTG，轮胎吊）和轨道式（RMG，轨道吊）两种。轮胎吊机动性好，更为常见。

集装箱龙门式起重机主要两个倒"U"形门框与底梁组成的门架、大车行走机构、小车行走机构和起升机构组成。轮胎吊依据型号不同，可堆垛高 3～6 层、跨度根据需要跨越的集装箱排数来决定，最宽为 60 m 左右。例如跨 6 排集装箱和一个车道，跨度超过 23 m，如图 2-26 所示。集装箱龙门起重机与集装箱跨运车相比，它的跨度和门架两侧的高度都大得大，提箱和起升速度也更快。

图 2-26　集装箱龙门起重机，轮胎式（左）、轨道式（右）

### 7. 集装箱卡车

集装箱卡车（简称集卡）是运输集装箱的主要车辆，现在主要采用甩挂式，即由拖头和骨架式半挂车（底盘挂车）组成，如图 2-27 所示。集装箱半挂车前部无轮轴，支架可在与拖头脱离后起前端支撑作用。

我国 GB1589—2016 规定半挂车长度最大限值为 13.75 m（运送 45 英尺集装箱的半挂车长度最大限值为 13.95 m），半挂车通过连接器与拖头连接成一体，国标允许总长最大限值为 20 m。半挂车骨架四角设有扭锁插头，能与集装箱角件相互锁紧。有些半挂车还有鹅颈设置与箱底带鹅颈槽（Gooseneck tunnel）的集装箱（40英尺及以上）配合。半挂车高度超过1 m，加上最高集装箱2.9 m，通常总高会超过4 m。拖头有2～3轴，加上半挂车，整列车有5～6轴，最大总重限值分别是43 t和49 t。

图2-27　集装箱拖车（左）和骨架式半挂车（右）

港口接驳短途专用集装箱半挂车不设扭锁插头，而是采用围角结构，以适应快速装卸。现代集装箱港口还向全自动化码头发展，通过计算控制锂电池动力的自动导航运载车（AGV）在码头进行无人化自动运输（见图2-28），目前，我国已经先后在厦门港、青岛港和上海洋山港实现，具有安全高效、经济环保等特点。未来集装箱的装卸运输将向更自动化和智能化的方向发展。

集装箱的水路与铁路运输工具，如船舶、铁路车辆将分别在后面第5章、第6章介绍。

图2-28　集装箱自动导航运载车

## 本章习题

1. 通用集装箱的5种类型可简记为GVUBS，请分别说明各字母类型的含义。

2. 假设通用集装箱和罐式集装箱都满载不超载货物，密封良好，突然掉入海中，请按表2-3的有关数据及集装箱各自特性分析它们在的海中的沉浮状况。

3. 粮食运输大批量的是通过散货船运输，那么小批量的能用集装箱运输吗？用什么类型的集装箱，有什么好处？

4. 现代的成品小汽车跨海运输，大批量的是通过专门的滚装船运输，那么小批量的能用集装箱运输吗？用什么类型的集装箱，有什么好处？

5. 读出图2-11右边罐式箱的主要技术参数并翻译成中文。

6. 读出图 2-17 右边 CSC 铭牌的主要内容并翻译成中文。

7. 计算下列集装箱的校验码：① MAEU574547[ ]；② MSCU705451[ ]；③ CBHU891986[ ]；④ DNVU200237[ ]；⑤ HPGU389021[ ]；⑥ TBJU103125[ ]。

8. 罐式集装箱通常用来装液体货物，一般只有 20ft 的长度，但是装 LNG/LPG 的罐式集装箱长度已达 40ft，请查阅资料认识一下 LNG/LPG 货物，并从"20ft 装重货、40ft 装轻货"的基本原则来说明。

9. 搜集通用集装箱箱体上的各种标志及其位置，对标志进行分类，解释其含义，还可针对冷藏、罐式和台架类集装箱分组专门进行。

10. 仔细观察集装箱的角件，它的三个面都是什么孔，大小一样吗，能互通吗？

11. 集装箱按是否装有货物分为空箱（或吉箱，Empty container）和重箱（或实箱，Loaded container）。空箱重量都是明确标注的，那么重箱究竟有多重？平均装多少货呢？根据交通运输部统计，2015 年全国港口共完成集装箱吞吐量 21 156 万 TEU，按重量计算为 24.55 亿吨。试计算：①假设这些集装箱均为重箱，请计算我国重箱每 TEU 平均总重；②假设按表 2-3 所列 11 种集装箱自重的加权平均数来计算集装箱每 TEU 平均自重，假设上述 11 种的权重分别是：35、10、40、5、2、2、2、1、1、1、1（通常干货箱占 90%，并注意不同箱型折合的 TEU 数），请计算我国重箱每 TEU 平均货重。③假设上述港口集装箱吞吐量中 20% 为空箱，空箱重量按 2 问求出自重计，请重新计算重箱每 TEU 平均总重。

12. 按《中国船务周刊》，我国外、内贸集装箱平均箱重分别为 10、15 吨/TEU，内贸环渤海甚至超过 20 吨/TEU，试分析差别的原因。

13. 汽油桶自"二战"时德国就开始使用，它的外尺寸为 $\varphi 580 \times 930$，容积为 220 L（升），在 22G1 集装箱单层摆放如下图 2-29 左所示。已知油桶自重 15kg，汽油密度为 0.75kg/L，油桶满装。试求：①按 22G1 集装箱尺寸，确定油桶堆码层数，及在集装箱内最多能放多少油桶，总重为多少，是否超重。②同上问，此时的容积利用率是多少？（不计油桶自身体积）③常见 22T6 罐箱的主要技术参数见图 2-29 右，它的容积和最大总重各为多少？同上述油桶装干货箱的方式相比，它满载能够多放或少放多少（以百分比计）？是否超重？

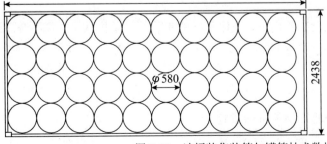

图 2-29　油桶装集装箱与罐箱技术数据

# 第 3 章
# 集装箱货物及箱务管理

本章主要介绍集装箱货物、集装箱选用与货物装载、货物流转与程序、集装箱箱务管理,包括场站内的管理和船方的管理,始终紧扣集装箱与货物的交互关系,从匹配选用、装箱、货物流动、货随箱走到箱务管理。

## 3.1 集装箱货物

集装箱运输以"高效率、高效益、高投资、高协作、高风险和适合多式联运"的特点大幅取代件杂货和普通散货运输,现在全球件杂货的集装箱化率已达 90%。集装箱货物就是适合集装箱运输的货物,一般来说满足两个基本要求:一是能较好地利用集装箱载货重量或容积;二是价格足够高,集装箱运输的成本不会对货物的销售造成比较大的负担。随着货源的增加和专用集装箱的发展,集装箱货物的种类越来越多,需要进行适当的分类。

### 3.1.1 集装箱货物的分类

货物分类有利于合理组织集装箱运输,优化不同的集装箱运输方式,消除不合理运输。最常见的货物分类就是按性质分类。

#### 1. 按货物性质分类

集装箱货物按性质分为普通货物和特殊货物。

(1) 普通货物

普通货物又称为件杂货或杂货,其货物性质不需要特殊方法保管和装卸的货物,当然主要使用的是通用集装箱。普通货物批量不大，品种较多，按有无污染又可分为清洁货物和污货物两类。

清洁货物是指货物本身清洁干燥，在保管和运输时无特殊要求，和其他货物混载时不易损坏或污染其他货物，如纺织品、棉麻、小五金、玩具等。污货物则是本身的性质和状态容易发潮、发热、发臭等，容易对其他货物造成严重湿损、污损或熏染的货物，如水泥、石墨、油脂、沥青、樟脑、胡椒等。

（2）特殊货物

特殊货物是指在货物形态上具有特殊性，运输时需要用特殊集装箱装载的货物，包括超尺寸（超高、超长、超宽）、超重的货物，以及液体或气体货物、散件货、散货、动植物检疫货、冷藏货、贵重货物、易腐货物等。

①超尺寸、超重货物（Oversize cargo and Heavy cargo）。这两类货物是指货物尺寸超出国际标准集装箱的尺寸的货物，或单件货物重量超过集装箱的最大载重量的货物，如大型机械设备、大卷动力电缆等，常称为大件货物。

②冷藏货物（Refrigerating cargo）。需要保持在常温以下进行运输的货物，如肉类、鸡蛋、水果、蔬菜、奶类制品等，采用冷藏集装箱运输。

③液体、气体货物（Liquid and gas bulk cargo）。无包装需装在罐式集装箱内进行运输的散装液体或气体货物，如乙醇、酱油、葡萄酒、食用油、乳胶、天然气、液化气等。

④干散货物（Bulk cargo）。散装的颗粒货物，如盐、谷物、麦芽、树脂、黏土等。

⑤活动植物（Live stock and plants）。需要提供维持正常生命活动环境的货物，如活的鸡鸭、猪、牛羊、马等家禽家畜，花卉、树苗、树木等植物。

⑥危险货物（Dangerous cargo）。具有易燃、易爆、毒害、腐蚀和放射性危害而需要安全防护的货物，如鞭炮、白磷、汽油、天然气、炸药、氧气、氢气、硫酸等。按照IMDG（国际海运危险货物规则）共分 9 类：火药类、高压气体、易燃液体、可燃固体、氧化物和有机过氧化物、毒害品和感染性物品、放射性物品、腐蚀品和杂类（参见图2-19），各有专门的标记。

⑦贵重货物（Valuable cargo）。单件货物价格比较昂贵的货物，如精密仪器、高档电子产品、珠宝首饰、文物等。如装满笔记本电脑的一个 40ft 干货集装箱总重量 11 869.18 kg，价值达 1 212 590 美元。

## 2. 按照货物是否适合装箱分类

货物是否适合于集装箱运输，主要从经济特性和货物物理特性两个方面来衡量，分为适箱货物、边缘货物和非适箱货物。

（1）适箱货物（Suitable containerizable cargo）

适箱货物本身的价值较高，运价承受能力较好；其尺度和重量等属性合适，可以有效地装载于集装箱内部。常见适箱货物有 12 个品类，即：交电、仪器、小型机械、玻璃陶瓷、工艺品；印刷品及纸张、医药、烟酒食品、日用品、化工品、针纺织品和小五金等。

(2) 边缘货物（Marginal containerizable cargo）

这类货物也可用于集装箱装运，但由于货物本身的价值和运价都较低，使用集装箱运输不够经济，大批量一般采用其他的运输方式（如散货船、油轮、滚装轮）；而且从货物外形尺度和重量等来看，使用集装箱运输较为困难，需要更多的加固措施，如钢材、木材、煤炭、瓷砖、小型构件等。边缘货物实际是否运输取决于特定条件下的货方和船方。例如，长江某些航段集装箱运输双向的不平衡，船方为避免回程返空而装运煤炭、瓷砖等边缘货物。再如因为货方赶不上散货的船期、货量达不到散货船的最低额或者为了方便收货人，边缘货物的发货人就只能选择集装箱班轮运输或者多式联运。

(3) 非适箱货物（Non-containerizable cargo）

非适箱货物是由于自身属性一般不能用集装箱运输，有易于污染和腐蚀箱体的货物，如散装水泥、炭黑、化肥、盐、油脂、生毛发、牲骨等和易于损坏箱体的货物，如生铁块、废钢铁、无包装的铸件和金属块等，还有大型构件、大型机械设备、大型车辆、石油和天然气等，这些货物可采用专门的运输，如甲板货或散货船、专用船舶。例如振华港机生产的集装箱岸边起重机就是通过自有的专门船舶运到所需的集装箱码头。再如我国的集装箱不办理军事运输，部队或军工企业办理集装箱海运运输的，按商运办理。军事运输使用自备集装箱的，不再按集装箱运输条件办理。

现在通过对集装箱的不断开发，不少原来不适于集装箱运输的货物现在也可以采用集装箱运输，例如我国采用 40 英尺罐式集装箱运输，可以将加拿大的天然气"一罐到底"运至目标用户。散装水泥、沥青都有专门的集装箱来运输。

## 3.1.2 货物的特征

在集装箱货物运输中，为了船、货、箱的安全，必须考虑货物的特征，根据货物的性质、种类、容积、重量和形状等特点来选择适当的集装箱；否则，不仅对某些货物不能承运，而且也会因集装箱选用与装箱不当而导致货损。

集装箱货物的特征主要包括：货物的名称、种类、海关编码、尺寸、重量、包装、性质和原产地。

### 1. 货物的名称与种类

为了保证集装箱运输过程中货物能够完整无损地交到收货人手中，只知道单证上的货物名称是不够的，只有明确货物的种类，才能更好地安排合适的集装箱。例如：对于危险品货物，必须了解它是属于哪一种危险货物，是爆炸品、易燃品还是腐蚀性货物，危险品的国际标准代码是什么。还要了解具体的货物正式的中英文名称，尤其是英文名称不能有拼写错误。

## 2. 货物的海关编码

进出口货物的名称种类还要与海关编码相对应。海关编码即 H.S. Code，其全称为《商品名称及编码协调制度的国际公约》(International Convention for Harmonized Commodity Description and Coding System)简称协调制度（Harmonized System，缩写为 HS）。HS 编码"协调"涵盖了《海关合作理事会税则商品分类目录》(CCCN) 和联合国的《国际贸易标准分类》(SITC) 两大分类编码体系，是系统的、多用途的国际贸易商品分类体系。它除了用于海关税则和贸易统计外，还适用运输商品的计费、统计、计算机数据传递、国际贸易单证简化以及普遍优惠制税号的利用等，目前全球贸易量 98% 以上使用这一目录，已成为国际贸易的一种标准语言。货物归类了全球统一的 H.S. Code，一定要对应准确的品名描述，以便于海关清关和税费缴纳。

HS 采用六位数编码，把全部国际贸易商品分为 22 类，98 章。章以下再分为目和子目。商品编码第一、二位数码代表"章"，第三、四位数码代表"目"(Heading)，第五、六位数码代表"子目"(Subheading)。前 6 位数是 HS 国际标准编码，HS 有 1241 个四位数的税目，5113 个六位数子目。有的国家根据本国的实际，已分出第七、八、九位数码。

从 1992 年 1 月 1 日起，我国进出口税则采用世界海关组织 HS 制度，适用于税则、统计、生产、运输、贸易管制、检验检疫等多方面。我国进出口税则采用十位编码，前八位等效采用 HS 编码；后两位是我国子目，它是在 HS 分类原则和方法基础上，根据我国进出口商品的实际情况延伸的两位编码。

现在我国海关在商品归类与编码方面已经很透明，可以通过税则、门户网站，甚至 APP 查询，非常方便，详见以下案例。

### 案例 3-1

想咨询关于电脑出口商品归类信息，HS84714140（微型机）和 HS84714940（以系统形式报验的微型机）两者不好对应，如何区分？对于品牌电脑是否有额外授权要求？

天津海关回答：您好，目前您可以从如下途径了解具体商品归类：

1. 可通过查阅《中华人民共和国海关进出口税则》《报关实用手册》《进出口税则商品及品目注释》等工具书，按照《税则》规定的目录条文和归类总规则、类注、章注、子目注释以及其他归类注释，对申报的进出口货物进行商品归类，并归入相应的税则号列。

2. 涉及具体商品申报前的归类咨询，可向总署官方互联网站归类信息自助查询或在直属海关现场咨询，方式包括：①海关总署互联网门户网站在线服务在线查询"归类决定和裁定""重点商品表"；②关注"天津归类分中心"微信公众号或者下载"中国海关归类化验"手机 APP，在该公众号或者 APP 中自助查询，以上查询数据来源相同，均为官方发布数据，参考性强。③进出口人或其代理人携带详尽商品资料到进出口地海关现场分析商品材料，咨询商品归类。

> 3. 可依据《中华人民共和国海关预裁定管理暂行办法》（中华人民共和国海关总署署令第 236 号）的要求向注册地直属海关提出归类预裁定申请。根据《中华人民共和国海关进出口货物商品归类管理规定》有关规定，进出口货物的商品归类应当按照收发货人或者其代理人向海关申报时货物的实际状态确定。故所有类型的咨询答复仅为进出口人提供便捷海关政策指引与服务，不具备法律效力，以上说明，谢谢。
>
> 根据《中华人民共和国知识产权海关保护条例》，知识产权权利人可以将其商标专用权、著作权和与著作权相关的权利、专利权向海关总署备案。详见"知识产权海关保护备案子系统（http://202.127.48.148/）"及"备案申请须知"。
>
> 如有其他问题，您可以拨打 022—12360 咨询，感谢您的提问。（根据海关总署网整理）

我国的进出口税则每年会适当调整，最新的是 2019 版。中国国务院关税税则委员会 2018 年 12 月 29 日公布《中华人民共和国进出口税则（2019）》（下称《税则》），自 2019 年 1 月 1 日起实施。

《税则》包括"使用说明""进口税则""出口税则"三个部分。"使用说明"主要对各种税率的适用范围、国别代码、计量单位等进行解释和说明。"进口税则"涉及 8549 个税目，"出口税则"涉及 102 个税目。法律、行政法规对进出口关税税目、税率调整另有规定的，仍依照法律、行政法规实行。

《税则》是《中华人民共和国进出口关税条例》的组成部分，包括根据国家关税政策以及有关国际协定确定的进出口关税税目、税率及归类规则，是海关计征关税的依据。当前公布完整版《税则》，有利于推动《税则》法制化建设进程，有利于与国际接轨，促进对外开放，有利于提高关税政策透明度，为公众提供更多便利。（来源：中国新闻网）

### 3. 货物的尺寸与重量

了解货物的尺寸与重量主要是用以衡量所需箱数、箱型和箱内能装载的数量，我们将在货物装载小节详细讲述。特别是那些长大件和不规则货物，由于集装箱的角件突出在箱内，集装箱的净空高度比名义高度小，而且箱门的高度也小于名义高度，有时会出现按名义高度可以放下的货物实际装载不下的情况。

任何情况下，集装箱所装货物的总质量都不得超过集装箱的载重，并且出口货物装箱人要进行 VGM 申报。由第 2 章可知，虽然平台式集装箱最大总重可达 55 吨，但这么重的货物在船上、进出港口时都受到限制，有些国家对集装箱总重还有比集装箱额定载重更严格的要求。有时，货物的重量虽小于载重，但由于该货物有脚支撑，使货物对箱底形成了集中负荷，这时必须采取措施，利用货垫来分散集中负荷。

### 4. 货物的包装

通常货物按包装分为散装、裸装和包装三类。散装货物（Bulk cargo，如矿石、煤等）

无须包装，可直接装入运输工具中；裸装货物（Nude cargo，如钢材、铝锭）在形态上自成件数，不必包装或者略加捆扎即可成件；而包装的种类很多，如箱、桶、袋、包等，不同的包装具有不同的包装强度。货物的包装强度和包装材料应符合航线上的运输条件和装卸条件的要求，例如澳大利亚航线对木、草包装有特殊的检疫要求。没有包装或简陋包装的货物需要按具体情况考虑，如液体、气体，甚至小颗粒等无包装货物现在都可以用罐式集装箱运输。

### 5. 货物的性质

除了前面的种类之外，不同的货物有不同的特征，例如危险性、易碎性、对温湿度的要求等，还有不能混装或称不兼容的货物（Incompatible goods），一般应避免混装，包括：扬尘货避、气味货避、潮气货避、尖角货避和干湿货避。例如樟脑与茶叶、咖啡与奶酪不能装于同一个集装箱。

例如冷藏货物中的水果，在常温下有易腐性，例如皱缩、发霉腐烂、失去芳香和维生素等都会失去色香味形，甚至无法食用。冷藏果蔬的普遍特征是水份含量高（大约70%～90%）、例如香蕉、菠萝、柑橘、苹果、车厘子、浆果、蔬菜、土豆和洋葱等植物类食品，以及肉、鱼、蛋、脂肪、奶酪等动物类食品。冷藏货物变质的原因：①微生物，如真菌、霉菌、细菌和酵母，会破坏食品中的碳水化合物、蛋白质和脂肪，从而导致发霉和腐烂。②生物化学变化，包括酶的作用、呼吸作用、植物相克；③物理变化，包括货物因相对湿度、温度和空气活动而产生的干瘪、低温导致的霜冻等。这些性质都要求在包装和装箱中采取相应措施。

## 3.2 集装箱货物流转与程序

集装箱货物的流动都是货主（即运输服务需求者，是发货人/托运人与收货人的统称）及代理人按进出口程序与要求来进行的，体现这些企业有组织的经营行为，并与集装箱运输流程和要求相匹配，才能真正完成最终货物的流动。

### 3.2.1 集装箱货物的组织与交付

#### 1. 集装箱货物的组织方式

在集装箱运输中，按货主一次货物组织量多少可以分为整箱货（Full Container Load，FCL）和拼箱货（Less Than Container Load，LCL）。

整箱货是指发货人一次托运的货物数量较多，以整箱为单位来托运，但同时满足"四个一"条件(即一个集装箱、一个发货人、一个收货人、一个目的地)的货物,否则就是拼箱货。整箱货一般由发货人直接装箱、计数、负责填写装箱单、场站收据并在海关或理货公司监管下施加铅封,拼箱货则由集装箱货运站负责装箱、填单和施封。整箱货的拆箱由收货人实施或委托承运人在货运站内拆箱,而拼箱货只能在货运站内拆箱。

对于整箱货,承运人以自然箱为交接单位,承担在箱体完好和封志完整的状况下接受并以相同状况交付整箱货的责任。在整箱货的提单上,通常要加注"Shipper's load and count and seal,SLACS(货主装箱、计数并施封)""Said to contain,STC(据称箱内包括)""Said by shipper,SBS(据货主称)"等不知条款。对拼箱货,承运人应负责在箱内每件货物外表状况明显良好的情况下接受并以相同状况交付。

整箱货正好体现集装箱运输以箱为单元的初衷与便利,货源组织更广、更方便,可以在内地整箱来组织,进出港口统一,运费及相关费用结算简单;海关查验、封关和放行都以整箱为最小单位,整箱货一个出口商、一个进口商,单据简洁完整,只要合理合法,出口海关和进口海关办妥相关手续和征收相关税费以后,均会很快予以通关放行。

拼箱货比整箱货的通关手续更复杂,花费的时间更长,费用更高。因为出口海关必须对出关的集装箱做好关封以后才允许载货集装箱出境。因此,拼箱中任何一家货物不通关,势必影响其他货物的及时出口和运输。而且,拼箱货需要额外招揽并合理搭配,装运港、目的港、交货期、货物的品种、体积、重量等各方面的条件都相配的货物有时很难集齐一箱,因而通常只能在港口集货交货,要求多、难度大,需要的时间也比较长。拼箱货与整箱货相比,总价值更小,交易成本并不小,相关的流程和服务反而更多,时间更长,因此费用更高。

### 2. 集装箱货物的交接方式

货物运输的交接地点是指根据运输合同,承运人与货主交接货物,划分责任风险和费用的地点。集装箱运输中货物的交接地点,即集装箱运输系统中的节点:门(DR)、场(CY)、站(CFS)。

相互的交接方式共9种,即:DR/DR、DR/CY、DR/CFS、CY/CY、CY/CFS、CY/DR、CFS/CFS、CFS/CY、CFS/DR。交接方式与组织方式的关系如表3-1所示,其中整箱接整箱交(FCL/FCL)的有4种(DR/DR、DR/CY、CY/CY、CY/DR),效果最好,有利于发挥集装箱运输"门到门"的优势,但多数班轮公司主要关注海上业务,最常采用CY/CY整箱方式。其次是拼箱接整箱交(LCL/FCL)的2种(CFS/DR、CFS/CY),便于出口方集拼经营人揽货。而整箱接拆箱交(FCL/LCL)的2种(DR/CFS、CY/CFS)对承运人而言最不利,一般海运承运人会利用自身优势规避这样的风险;但是对于货代和物流公司来说却可能是提高服务的方式,即可以通过代货主拆箱收取服务费,减少货主还箱的麻烦,若货主的货物还要分送多处,还可以进一步提供物流配送服务。拼箱接拆箱交(LCL/LCL)的仅站到站(CFS/CFS)一种,是集拼经营人承运拼箱货时常采用的交接方式。

表 3-1　交接方式与组织方式的关系

| 交接方式 | DR/DR | DR/CY | DR/CFS | CY/CY | CY/CFS | CY/DR | CFS/CFS | CFS/CY | CFS/DR |
|---|---|---|---|---|---|---|---|---|---|
| 组织方式 | FCL/FCL | FCL/FCL | FCL/CL | FCL/FCL | FCL/CL | FCL/FCL | LCL/CL | LCL/CL | LCL/CL |

需要说明的是，集装箱运输还有少许传统的船边交接方式，如对危险品货物和锚地作业的货物的交接。例如我国的烟花、爆竹等第 1 类爆炸危险品只允许少数认证港口的车船直取。锚地作业如香港的中流作业，母船与驳船在海上锚区完成集装箱船边交接。

### 3.2.2　集装箱货物运输流程

不管是整箱货还是拼箱货，都需要装入集装箱后才能进行集装箱运输，我们称未装货的集装箱为空箱（Empty Container）或吉箱（粤港澳），装货后称为重箱或实箱（Loaded Container）。集装箱货物运输的一般流程如图 3-1 所示，其中实线为集装箱货物流动，虚线不含货物流动，仅为空箱流动。从中不难看出，与传统运输相比，集装箱运输增加了"空箱调运—装箱—拆箱—还箱"等业务内容，因而拆装箱业务和箱管业务成为集装箱运输业务中的重要内容。

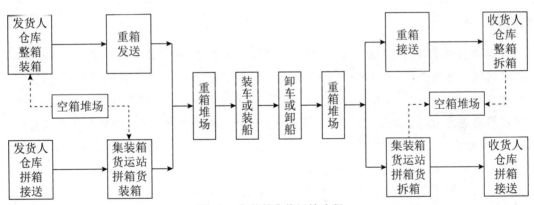

图 3-1　集装箱货物运输流程

## 3.3　集装箱选用与货物装载

了解了集装箱货物的特征与流转后，本节重点介绍集装箱的选用和货物装载，这是实际工作中非常重要而且频繁的工作，涉及内容比较多。

### 3.3.1　使用前准备

为了更好地选用、使用集装箱，除了了解货物本身外，还需要做的准备工作有：了解集装箱运输全过程、集装箱的选定、装载量及货物装载方面的考虑。

### 1. 了解集装箱的运输全过程

集装箱运输通常是通过几种不同的运输方式实现门到门联运，了解集装箱运输全过程对确定货物的运输要求有重要的作用。

（1）集装箱运输路线

应了解完成运输任务需要通过哪几种运输方式，如需要通过铁路和公路转运，则在铁路和公路上换装时，应怎样操作，采用什么机械；运输过程中的外界条件如何，是否需要通过高温、高湿地区（如巴拿马运河）等。所选用的集装箱的种类的装箱方法都要考虑路线问题，需要在订舱时多加明确。

（2）到达最终目的地所需的时间

集装箱班轮航线的时间各船公司都会定期公布。如果集装箱需要转换其他运输方式，则要考虑在换装地点是否需要停留。有时为了结关，必须在集装箱场站上有较长时间的存放，装箱时必须考虑停留与存放时间内，货物会不会变质。因为多种不确定性，可能较长时间的停放也会有变质。

**案例3-2**

> 原告福州某茶厂与被告某航运公司签订经上海中转至青岛运输12 000 kg茉莉花茶的水路联合运输合同。货物分别装于5个集装箱，由原告自行检查箱体并装箱施封。原计划9月15日装船，但由于台风影响，9月27日才启运，启运时箱体完好，铅封完整。这期间启运地受到3次台风袭击，连降暴雨和大雨，集装箱按规定及惯例始终露天置放。直到10月5日到达青岛公司仓库，开箱发现5个集装箱底部均有不同高度的水湿，茶叶受潮霉变。法院审判认定滞运期间雨水渗入集装箱是造成茶叶湿损的唯一原因，已超出托运人承担"装箱施封"的责任范围，应由被告承担损失责任。

（3）收货方式与交货方式

集装箱货物的交接地点两两组合共有9种方式（表3-1），需根据实际情况选用。集装箱运往这些地点时，公路、铁路的设备条件如何，路面和桥梁能否承受其载荷，公路限高、铁路涵洞能否通过等问题可能都需要考虑。

（4）拆箱地点的设备和条件

应考虑集装箱拆箱地点采用何种装卸机械，其起重量多大，拆箱地点有何装货平台。必须注意，有些集装箱拆箱地点无法完成40ft集装箱作业。

（5）有关各国特有的法令和法规

不同于海运和铁路有广泛的协议，在公路运输中，各国对车辆的容许长度、重量、净空高度等有不同的限制和规定。有的国家对动、植物检疫有特别的手续和要求。在装箱作业前只有充分掌握这些规定和要求，才能顺利地完成运输任务。例如厦门某公司出口越南8吨松木皮（Radiated pine rotary veneers），虽经货代多次提醒要考虑熏蒸，而该公司认为松木制品需要，松木皮不需要。最终在越南港口检疫后拒收，造成全部弃货和集装箱滞期使用费的双重损失。

### 2. 集装箱的选定

掌握上述货物特征和运输过程中的条件后，托运人或其代理根据具体货物的要求，来选择最合适的集装箱。在选用集装箱时要考虑以下问题。

（1）运输线路上的外界条件与特殊要求

在国际多式联运中，如果要通过欧洲大陆，则集装箱从卸货港经过陆上运输进入另一国家时，必须满足"国际公路运输海关公约（TIR）"的规定。如上章的罐箱就有TIR认证。在澳大利亚航线上运输的集装箱，该国规定集装箱上所使用的木材，如未经防虫处理不得使用。因此集装箱需要有农林徽及防虫处理。集装箱在横穿大陆或通过个别山区地带时，有时温度和湿度相差很大，对于一些敏感货物，要尽量选用绝热性能良好的集装箱，或在箱内铺设具有吸湿性的衬垫材料等措施保护货物不受损坏。

（2）装货作业上的要求

根据货物的特征，必须用木材来固定货物时，应尽量避免选用玻璃钢集装箱和箱底无木制底板的金属底集装箱，以免钉上钉子后破坏了集装箱的水密性。

（3）装卸机械上的要求

有些重货不使用机械就不能装载，而在拆箱地点又无装货平台设备时，就需要使用开顶集装箱以利用吊车进行装载，但注意开顶集装箱无水密性。

（4）货流条件

有些航线上由于货流不平衡，或者来回航线上的货种不同，可能会造成某些专用集装箱回空，所以应尽可能选用回程时也能装载另一种货的集装箱，避免集装箱回空运输。

## 3.3.2 典型集装箱使用

### 1. 通用集装箱

通用集装箱是使用最广泛的集装箱，但使用之前需要判定货物是重货还是轻货，然后再根据集装箱的最大装载量和有效容积，计算出货物所需的集装箱数量。如果算出货物是重货，则用货物总重量除以集装箱最大的载货重量，即得所需集装箱数量，如果货物是轻货，则用货物总体积除以集装箱的有效容积，即得所需集装箱数量。我们在第2章表2-3列出了常见集装箱的载重和容积，但注意对轻货，不同包装尺寸的货物并不能充分利用集装箱的容积，一般取容积利用率为80%。

### 案例 3-3

现有瓦楞纸板箱包装的电气制品，计 750 箱，体积为 117.3m³，重量为 20.33t，试确定需要多少只通用集装箱。

解：先计算货物密度，货物密度 = 重量 / 体积 = 20330kg/117.3m³ = 173.3kg/m³

根据表 2-3，考虑选用 20 英尺或 40 英尺集装箱，有 22G1、42G1 和 45G1 三种，计算出它们在 80% 容积利用率下的单位容重分别是 28220/（33×0.8）、26700/（67×0.8）、26480/（76×0.8），即 1068.9、498.1 和 435.5 kg/m³。

对比可以看到，我们的货物属于轻货。若采用 22G1 集装箱，所需数量为 117.3/（33×0.8）= 4.44，即需要 5 只。若采用 45G1 集装箱，所需数量为 117.3/（76×0.8）= 1.93，即需要 2 只。比较集装箱运价，采用 45G1 集装箱更有利。

此外，如果是拼箱货，则装箱时在考虑同一货主货物尽量集中的情况下，考虑轻重搭配，以使得集装箱的装载量和容积趋满，巧妙搭配装货，充分利用集装箱装载率积载，减少集装箱的使用量，对承运人和货主都十分有利。

如果经常需要计算装箱及数量，可以考虑集装箱装箱软件，如智火（图 3-2）、CubeMaster 等。这类软件采用运筹学的三维装箱问题算法来求解，不仅适用于等同尺寸货物，更适合于多种不同尺寸货物的混装，能得到快速高效的装箱方案。

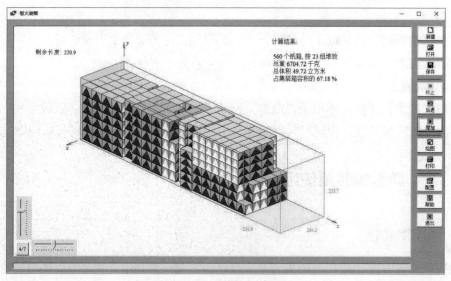

图 3-2 三维装箱软件示例

虽然通用集装箱使用广泛，但一些易污染损坏集装箱内部的货物并不受集装箱承运人喜爱，甚至禁止这些货物装入集装箱，主要有以下类别：①易留异味且不易清除的农药化肥类产品，如有机肥、复合肥、农药、动物粪便等；②留异味且不易清除的动物饲料类产品，如饲料、鱼粉、贝壳粉、海带、海蜇、鱼油等；③易污染箱体且无法通过水洗消除的货物，如颜料、染料、木炭、炭黑、炭粉、废旧轮胎、地沟油、废机油等；④易划伤地板箱体类货物，如脚手架、钢管、线材、角铁型钢、井盖等钢材类货物；裸装木片、裸装木材、原木等。

因为各家公司规定不同，类似货物能否采用集装箱运输需要具体接洽分析。

### 2. 冷藏集装箱

根据企业实际的使用与管理经验，一般冷藏集装箱使用管理规定如下：

（1）严格执行装货前进行 PTI（Pre-Trip Inspection）检测；PTI 检测是冷藏箱装货前必须执行的一项基础操作。冷藏箱 PTI 检测每次有效期是 30 天，超过有效期需重新检测。

（2）货物必须预冷并规范装箱；冷藏箱仅具备保温冷藏功能，不具备强冷冻功能，必须明确要求客户对货物进行预冷，并预冷至冷藏箱设定温度方可装箱。冷藏箱装货有严格的装箱规范要求，严禁超过箱内红线或其他不规范装货，否则因气道受阻易造成货损。

（3）严禁进口冷藏箱送货车队送货采用甩柜模式操作；车队采用甩柜（重箱放在收货人仓库，卸空后车队再去安排拖空箱回场）模式操作时，时间过长不可控，易造成箱内的残留物质出现腐烂，引起箱体腐蚀，维修成本高。

（4）冷藏箱原则上禁止套箱操作；冷藏箱提空箱出场装货严禁套货出场，进口重箱拆空后原则上不允许套货回场，绝对禁止冷藏箱套装散货。

（5）严格做好箱体交接，所有拆空箱回场强制清洗；冷藏箱为高价值箱体，要求严格做好箱体交接，箱体检查包装箱体内外部、机组单元，特别是机组电源插头和电缆等易盗物品，以明确交接责任；所有进口冷藏箱拆空后，车队必须回到指定场地进行清洗，保持箱内清洁，避免因货物残留产生大量氨气等腐蚀性气体而导致箱体机组部件腐蚀。

（6）爱护箱体，确保箱体安全。冷藏箱电源插头为三相电专业插头，与普通插座无法正常匹配连接，相关单位应向客户做好宣传，要求客户配套专业的冷藏箱插座或配置冷藏箱专接插头。冷藏箱箱体材料基本为铝材料和不锈钢材料，地板采用 T 型铝质地板，损坏后维修成本高，要引导客户人工进箱装卸货物，轻拿轻放保护箱体。如果确实需叉车进箱作业，则要求为 3.5 吨以内小型叉车进箱，严控其他大吨位叉车进箱，以确保箱体安全。

（7）箱体运行出现异常报警时应及时反馈。冷藏箱机组均具有计算机控制系统，在机组运作出现故障时会进行判断并发出警报提示，显示屏会显示相应的故障代码，因此在出现报警时应及时通知箱管人员，以便进行应急处理。（来源：安通公司）

冷藏箱入场检查内容：①检查是否有污水外溢和刺鼻异味，如有异常应及时处理或隔离存放，避免污染场地和其他集装箱或货物；②检查电子显示屏显示的设定温度（Set Point，SP）是否符合货物装箱单记载的要求或冷藏货物说明；③查看制冷机组控制器内的历史温度记录和融霜时间；④检查压缩机有无异常的噪声或过热，检查发电机和压缩机工作是否正常；⑤检查通风口开度与货物装箱单记载的要求或冷藏货物说明是否一致；⑥检查电源电缆和插头是否完好；⑦检查各指示灯的工作和指示是否正常；⑧检查制冷剂量是否正常，含水量是否正常；⑨检查送风温度（Supply Air Temperature Sensor，SS）和回风温度（Return Air Temperature Sensor，RS）；⑩设有发电装置的冷藏箱，应检查发电电压是否正常。

### 案例 3-4　　　　　　　　　进口阿根廷冻鱿鱼案

原告福建某进出口贸易有限公司诉称：2013 年 9 月 25 日，被告亚利安莎航运有限公司、被告汉堡南美阿根廷分公司负责运输 7 493 包冰冻阿根廷鱿鱼，起运港阿根廷德塞阿多（Puerto Deseado），目的港为厦门，收货人为原告，提单编号为 ANRM536508689023；载货集装箱为 3 个 40 英尺冷藏箱，编号分别是 SUDU4705430、SUDU5193220 和 SUDU5294381。2014 年 1 月 2 日，货物抵达中国厦门，厦门港海关人员常规检查中发现，编号 SUDU5193220 的集装箱内货物有化冰、漏水等情况。被告汉堡南美（中国）船务有限公司厦门分公司委托北京华泰保险公估有限公司厦门分公司对货物进行公估，现场确认，该集装箱内货物在交货前曾处于持续高温环境下解冻再冷冻，导致该货物不同程度出现变质、腐烂。

公估报告叙明："经过现场查勘，我们发现 SUDU5193220 号集装箱铅封号完整（铅封号 GY98000286）并处于完好状态之下，但在其箱底发现有未知融水，并不断往外泄漏；货物包装于透明塑料袋之中，货物上有冰屑覆盖，且每只冷冻鱿鱼上均覆盖着大量再冷却冰晶"；"我们随机抽查了船上几袋鱿鱼，发现包装内有许多再冷却冰晶，且货物中有很多融化的血色冰块。与该船同一承运人同一批运输的完好冷冻鱿鱼相比，SUDU5193220 号集装箱里的货物有明显异味"，"查勘发现许多袋货物已经潮湿并变形，越底层越糟糕"。该集装箱内 2 582 袋货物中，"1 452 袋（15 746 kg）货物完全融化、变色且能闻到腐臭，收货人拒绝接受"，另外 740 袋（8 025 kg）货物有"轻微变色""有明显异味"。报告以货物发票价格计算，扣除残值，确定"具体货损金额总计为 31 413.24 美元"。

法庭查明：公估报告附有由被告提供的案涉冷藏箱的行程记录报告（图 3-3），从 2013 年 9 月 11 日至 2014 年 1 月 25 日，涵盖了货物装箱至交付期间。报告记录的温度为每小时一次。冷藏箱设定温度除第一周为 -25℃外，以后均为 -20℃，送风温度基本都在 -22℃~-17℃ 之间，也偶有在 -17℃ 以上的，尤其冷藏箱由电池供电时，送风温度较高。回风温度在温度报告里无数据显示，皆以 "***" 替代。行程报告的第 64 页记载表明：2013 年 11 月 29 日 19:00，吸气传感器失效（Suction gas sensor failure）。

法庭认定：货物在 -20℃ 的设定温度下冷冻和运输，自起运至交付时间将近四个月，交付时仍发现融水、潮湿情况，应认为集装箱在运输途中温度出现异常。货损发生于承运人责任期间，被告亚利安莎航运有限公司未尽谨慎管货义务，应对此承担赔偿责任。《中华人民共和国海商法》第 46 条规定，承运人对集装箱装运的货物的责任期间，是指从装运港接收货物时起到卸货港交付货物时止，货物处于承运人掌管之下的全部期间。

在承运人的责任期间，货物发生灭失或者损坏，除另有规定外，承运人应当负赔偿责任。原告作为收货人，有权向承运人对发生在其责任期间的货损提出索赔。【改编自（2014）厦海法商初字第 391 号案】

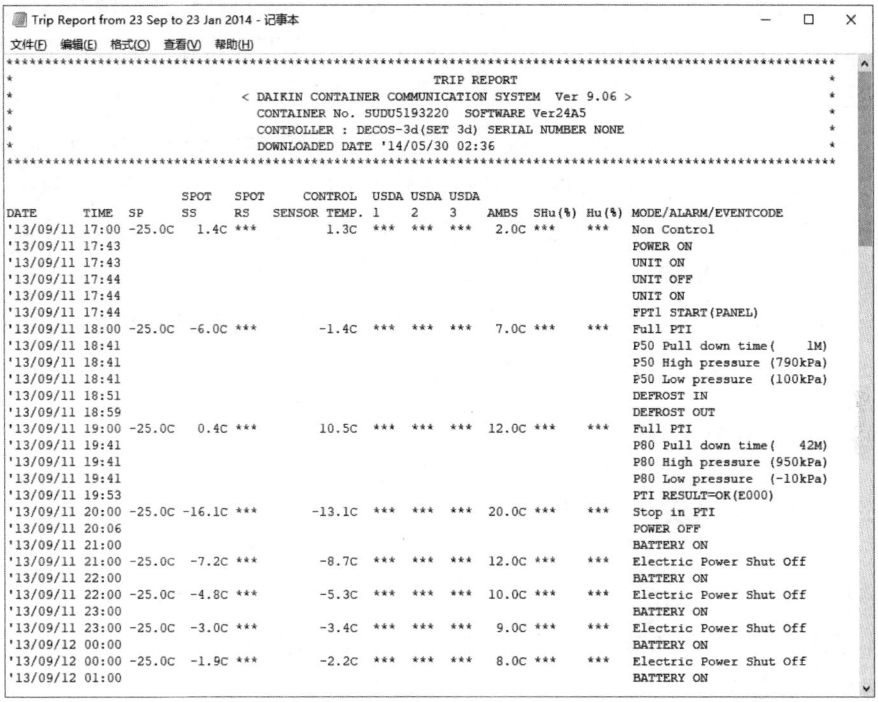

```
Trip Report from 23 Sep to 23 Jan 2014 - 记事本
文件(F)  编辑(E)  格式(O)  查看(V)  帮助(H)
****************************************************************************************************
*                                        TRIP REPORT                                               *
*                        < DAIKIN CONTAINER COMMUNICATION SYSTEM  Ver 9.06 >                       *
*                          CONTAINER No. SUDU5193220  SOFTWARE Ver24A5                             *
*                          CONTROLLER : DECOS-3d(SET 3d) SERIAL NUMBER NONE                        *
*                          DOWNLOADED DATE '14/05/30 02:36                                         *
****************************************************************************************************

                           SPOT   SPOT       CONTROL  USDA USDA USDA
DATE      TIME  SP         SS     RS    SENSOR TEMP.  1    2    3     AMBS  SHu(%)  Hu(%)  MODE/ALARM/EVENTCODE
'13/09/11 17:00 -25.0C   1.4C ***           1.3C ***  ***  ***   2.0C ***     ***   Non Control
'13/09/11 17:43                                                                     POWER ON
'13/09/11 17:43                                                                     UNIT ON
'13/09/11 17:44                                                                     UNIT OFF
'13/09/11 17:44                                                                     UNIT ON
'13/09/11 17:44                                                                     FPT1 START(PANEL)
'13/09/11 18:00 -25.0C  -6.0C ***          -1.4C ***  ***  ***   7.0C ***     ***   Full PTI
'13/09/11 18:41                                                                     P50 Pull down time(    1M)
'13/09/11 18:41                                                                     P50 High pressure (790kPa)
'13/09/11 18:41                                                                     P50 Low pressure  (100kPa)
'13/09/11 18:51                                                                     DEFROST IN
'13/09/11 18:59                                                                     DEFROST OUT
'13/09/11 19:00 -25.0C   0.4C ***          10.5C ***  ***  ***  12.0C ***     ***   Full PTI
'13/09/11 19:41                                                                     P80 Pull down time(   42M)
'13/09/11 19:41                                                                     P80 High pressure (950kPa)
'13/09/11 19:41                                                                     P80 Low pressure  (-10kPa)
'13/09/11 19:53                                                                     PTI RESULT=OK(E000)
'13/09/11 20:00 -25.0C -16.1C ***         -13.1C ***  ***  ***  20.0C ***     ***   Stop in PTI
'13/09/11 20:06                                                                     POWER OFF
'13/09/11 21:00                                                                     BATTERY ON
'13/09/11 21:00 -25.0C  -7.2C ***          -8.7C ***  ***  ***  12.0C ***     ***   Electric Power Shut Off
'13/09/11 22:00                                                                     BATTERY ON
'13/09/11 22:00 -25.0C  -4.8C ***          -5.3C ***  ***  ***  10.0C ***     ***   Electric Power Shut Off
'13/09/11 23:00                                                                     BATTERY ON
'13/09/11 23:00 -25.0C  -3.0C ***          -3.4C ***  ***  ***   9.0C ***     ***   Electric Power Shut Off
'13/09/12 00:00                                                                     BATTERY ON
'13/09/12 00:00 -25.0C  -1.9C ***          -2.2C ***  ***  ***   8.0C ***     ***   Electric Power Shut Off
'13/09/12 01:00                                                                     BATTERY ON
```

图 3-3　某冷藏集装箱行程记录报告（部分）

## 3. 罐式集装箱

罐箱通常装运危险货物，对安全要求最高，需要严格、专业的管理制度。

（1）充罐前，应确保罐箱是空的、干净的；

（2）当运输液体蒸汽为危险介质时，充装时在气相口有必要联接一回收软管，以收集罐箱中被排放的蒸汽；

（3）给罐箱充装准确的充装量，留下要求的剩余空间，决不能过充；

（4）当罐箱装载危险液体时，按规定必须至少充装 80%；

（5）运输前，对所有关封点施行海关封；

（6）罐箱应当准确地标记和标贴；

（7）运输前应确保所有证书和文件准确无误。

罐箱使用的注意事项：①务必打开空气阀；②每次打开阀门时，不宜过快，防止流速过快产生静电；③金属软管的法兰应定时更换垫片，以防泄漏；④一般装车宜避免中午阳光直晒和温度较高时进行；⑤装卸料时必须打开呼吸阀，装卸料前后应确认脚阀状态；⑥必须使用专业的吊装设备吊装，严禁使用叉车；⑦禁止使用老化以及不安全的半挂车运输；⑧运输之前所有的阀门和装载口（或称人孔盖，Manhole）保持密封。

操作者安全注意事项：①所有需要登高的作业人员必须配戴安全帽、安全带；②登高操作人员应沿步道行走，罐箱顶部步道外区域不能踩踏；③进入罐体内部时，应首先确认内部清洁；④接触液体产品装卸时，应配戴防护眼镜；⑤接触液体产品装卸时，应配置无静电产生的工作服装；⑥卸料时，操作人员不得穿化纤衣服和带铁钉的鞋，不得站在底阀的正面位置。

罐箱内部清洗。清洗是一项标准要求，除非罐箱卸载后装载了相容的液体，否则卸载后马上进行清洗。由于罐箱能装载有害特性的某些物料，内部清洗变得异常复杂，应由专业机构和专业人员加以处理，并对罐箱内残留的有害液体以及清洗后的清洗液由专业机构进行处理以避免发生环境污染。

目前罐箱的生产、出租和运营的集中度都很高，如生产商前三为中集、南通罐箱和胜狮，出租商前三为 EXSIF、Eurotainer 和 Seaco Global，运营商前三为 Stolt、Hoyer 和新桥中化，集中在专业公司对使用的效率和安全有更好的保障。

### 3.3.3 集装箱货物装载

集装箱货物装载（stuffing 或 loading）关系到整个集装箱运输过程的安全，货主及代理、港航等诸方都必须重视，并掌握基本的方法。本小节主要包括集装箱的检查、基本要求、操作指南和装箱方法。

#### 1. 装箱前的箱体检查

托运人或承运人在货物装箱前应当认真检查箱体，不得使用影响货物运输、装卸安全的集装箱，这是货物安全运输的基本条件之一。一般来说，集装箱检查着重外部、内部、箱门、附件和清洁状态的检查，主要项目如表 3-2 所示。具体请参照国标 GB/T11601—2000《集装箱进出港站检查交接要求》的详细规定，必须使集装箱完全符合技术要求之后才能装货。

表 3-2 通用集装箱检查项目及要求

| 检查项目 | 判 定 要 求 | 检查方式和要求 |
| --- | --- | --- |
| 外观标识 | 集装箱标识完整清晰<br>集装箱铭牌完整清晰 | 人工检查，符合 GB/T1836 要求<br>人工检查，符合集装箱运营检验要求 |
| 外观质量 | 框架结构完整、无破损、变形<br>壁板无破损、变形不超限<br>箱门、装货口、卸货口结构完整，无破损、变形<br>箱门锁杆等配件无破损、变形<br>箱门胶条、通风器无损坏，箱体密封性能完好<br>角件结构完整、无开裂、变形 | 人工检查，符合 GB/T12418—2001《钢质通用集装箱修理技术要求》 |
| 安全卫生 | 箱体内部清洁、干燥、无异味<br>确认装箱货物不具易燃、爆炸等性质 | 人工检查，根据货物种类判定 |

## 2. 装箱的基本要求

集装箱作为一种货物运输装货容器，可以容纳多种类型的货物，但最多的还是件杂货及有包装的货物。对于这类货物如能托盘单元化最好，不仅货物规整便于计数，而且也便于机械化作业，提高集装箱装箱的质量和效率。

### 案例 3-5　　托盘货物装集装箱及空隙处理

国际上托盘有多种标准类型，我国优先推荐 1 200×1 000 mm（工业托盘）和 1 100×1 100mm（日式托盘）两种标准规格尺寸。其中方形的日式托盘在集装箱内最能充分利用空间，在20ft和40ft通用集装箱内单层分别放 10 个和 20 个。常见托盘还有欧式 1 200×800 mm 和美式 48×40 in。图 3-4 左上下分别是工业托盘和欧式托盘在 40ft 英尺集装箱内单层装载的平面图，它们的最多数量分别是 21 个和 24 个。图中黑色是空隙，如何处理呢？对于大空隙需要采取固定的方式，小空隙则采用图 3-4 右边的充气袋方式，这种袋子外层为牛皮纸，内中有充气塑料薄膜，吹起后有很好的缓冲作用，也算一种"吹牛皮"吧。

如果托盘上堆码的是袋装货物，还要注意有些袋装货物装得比较松，会将下层袋子压扁，而集装箱壁通常是波纹状的，这些袋子被压扁后也成波纹状，卸货就比较困难，这时可考虑用薄木板或硬纸板隔离。对于托盘单元大小的集装袋也同样处理。

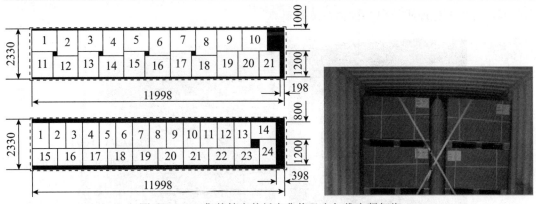

图 3-4　40ft 集装箱内装托盘货物及充气袋塞紧捆绑

集装箱货物千差万别，装载的情况也各不相同，但一般满足以下基本要求。

（1）货物的合理积载

积载（Stowage）是指各集装箱具体装哪些货物和怎样装载的计划安排。无论是发货人（整箱交接）还是运输经营人（拼箱交接）在货物装箱前都要做好货物的积载工作。同类货物装箱要按轻、重货不同来考虑积载，尽量降低集装箱的使用数量。当不同各类货物拼装同一箱时（混装），应根据货物的性质、包装形态、单件重量及强度、卸箱顺序等分区、分层堆放。我们将在下一小节再详细介绍混装。

(2) 重量的合理分配

首先计划装载的重量应不超过集装箱的允许净载重量。装货后集装箱总重应不大于集装箱CSC铭牌所标明的总重并满足航线集装箱总重限制要求。对于钢材、铜材、石材等重货，要按重量限制装箱，通常在箱内实占体积很小。

根据货物的体积、重量、包装的强度以及货物的性质进行分类，把外包装坚固和重量较重的货物装在下面，外包装较为脆弱的货物装在上面。装载时要使货物的重量在箱底上形成均匀分布，不得偏离重心，负荷不能偏在一端或一侧，在半个箱长范围内积载不超过60%的货重；特别是要严格禁止货物重心偏在一端的情况，否则有可能造成箱底脱落或底梁弯曲。如果整个集装箱的重心发生偏移，在用扩伸吊具起吊时，集装箱有可能发生偏斜。此外，还将造成运输车辆前后轮重量分布不均，影响行车安全。

(3) 货物的必要衬垫

装载货物时，要根据包装的强度来决定对其进行必要的衬垫（Dunnage）。

对于外包装脆弱的货物，易碎货物应夹衬缓冲材料，防止货物相互碰撞挤压。为填补货物之间和货物与集装箱侧壁之间的空隙，有必要在货物之间插入垫板、覆盖物之类的隔货材料。

要注意对货物下端进行必要的衬垫，如装载机械设备、石材、卷钢（图3-5）等重货时，货物底部应加木头或底座、卷钢衬垫专用草垫或其他类似的废轮胎、橡胶垫等符合收、发货地法规要求的衬垫材料，尽量使负荷分散（参见图2-6右）。对出口货物，采用木质衬垫还要考虑防疫处理或改用非植物对象材料。

图3-5 集装箱内货物的支架固定（左）及衬垫捆绑固定（右）

(4) 货物的合理固定

货物在装箱后，一般箱、货之间都会有空隙，需要进行固定处理以免运输中摇晃对货物及箱体造成损坏，同时，货物系固方法本身也不应导致货物或集装箱的损坏或变坏。固定的方法主要有：

(1) 支撑，用方形条木等支柱、支架使货物固定（图3-5左）；

(2) 塞紧，货物与集装箱侧壁之间用方木等支柱在水平方向加以固定，货物之间插入填塞物、缓冲垫、楔子等防止货物移动；

（3）系紧，用绳索、钢带等索具或网具等捆绑货物（图3-5右）。

**案例3-6　　　　　　　　几种重货的装箱要求**

> 石板材、玻璃等板材类货物本身由于货物笨重，货物属于易破碎货品，运输需要有稳固的包装、合理的装卸工艺。货物与集装箱之间的空隙必须支撑、塞紧。与底板接触方木需与集装箱底横梁呈垂直方向，避免集中受力产生损失（图3-5左）。
>
> 卷状类钢材货物（包括彩钢板、冷卷、热卷、不锈钢板、钢绞线、马口铁、电缆等同类型货物）装箱，为防止运输途中因摇摆产生对箱体四壁的冲撞，须在箱底用楔木木桩作为固定底座架住货物，并用钢丝绳将货物与集装箱侧壁的锁扣连接捆扎，方木与底横梁垂直接触并尽可能跨多根底横梁以分散受力。必要时，须在箱门口或箱体内侧予以木板加固。
>
> 长件类钢材货物（包括钢管、型钢、角铁、螺纹钢、线材、导轨等同类型货物）在长度方向上容易滑动，因此，对端壁和箱门要特别注意防护，对集装箱两端一定要加衬垫，货物与集装箱有空隙必须支撑、塞紧。与底板接触如采用方木撑垫，建议木条斜跨集装箱多根底横梁，避免集中受力产生损失。
>
> 瓷泥类货物（含高岭土、陶泥、陶土等陶瓷原料），由于货物自然属性，含水率高、黏性大、具有流动性。货物未加隔离直接装箱，极易造成集装箱地板泡腐损坏，产生塌底泄露；集装箱箱门崩开；目的港自卸车卸货困难，产生倾翻事故。为确保运输安全，要求：A类箱严禁装载散装陶土类货物（如有外包装货物经我司确认可用A箱）；箱底板采用彩布条铺装；箱侧板粘贴塑料薄膜，确保箱货隔离；箱门锁扣要求采用子弹头铅封，其他未施封箱门锁扣宜采用钢丝合理绑固。【来源：安通物流箱管部】

### 3. 装箱操作要领

通用集装箱的装箱主要是人工和机械的搬运作业，一些规则货物也可以采用机器手等自动化的作业。装箱搬运操作时要注意货物包装上的搬运图示标识，如图3-6所示。

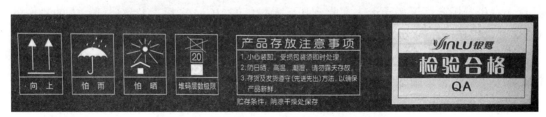

图3-6　货物包装箱上的包装储运图示标志

我国 GB191/T—2008《包装储运图示标志》参照国际标准 ISO780: 1997，共有17种标志。这是一套全球通用的图示符号，一般不加文字也能看懂。但最新的ISO780标准已更新为2015版《包装-物流包装-搬运及存储包装图示符号》（*Packaging-Distribution*

*Packaging-Graphical symbols for handling and storage of packages*），因为集装箱货物全球运输，包装上很可能会看到这些符号。

人工或叉车装货时要正确使用装货工具，避免拖拽。装卸卷钢类重货的叉车必须与之匹配，应适当悬空叉进叉出，严禁拖拽。比如10 t的卷钢必须配备至少承重10 t的叉车，避免拖拽时损坏货物及地板。

用进箱型叉车装卸将受到叉车的自由提升高度、门架高度等条件的限制。在条件许可的情况下，可一次装两层，但上、下面应留有100 mm左右的间隙。如条件不允许一次装两层，则在箱内装载第二层时，要考虑到叉车的自由提升高度和叉车门架可能提升的高度，避免损伤箱顶。另外还要注意货物下面如没有托架或叉槽，一定要另加垫木，以便货叉能顺利抽出，避免损伤货物及地板。在箱内操作的叉车，提升重量限定为2.5 t。

### 4. 集装箱总重量验证（VGM）

为了提高海运的安全性，国际海事组织（IMO）修改了《国际海上人命安全公约》（*International Conventions for the Safety of Life at Sea*，简称SOLAS），规定所有托运人，货物装船前必须在指定的截关日期/时间内向船公司或者当地港口码头申报集装箱的实际总重量，即集装箱总重量验证（Verified Gross Mass，VGM），自2016年7月1日实施。"No VGM，No loading"，码头操作者有义务确保有核实重量的集装箱才能登船。VGM是装货集装箱的总质量，包括货物重量、衬垫固定材料重量和集装箱自重。SOLAS规定有两种获得VGM的方法：

（1）直接称重法。采用已校验和认证的计重设备直接称出已装载货物并施封集装箱的总质量。

（2）计算法。计算总重，实箱总质量＝货物质量＋所有包装材料（如托盘、衬垫材料和加固材料）的质量＋集装箱自身质量。但计算法对有些货物可能既不合理也不适用，如废钢、散装颗粒状货物，这些散货用衬袋装箱也难以计算，这时就必须用称重法。

VGM要求申报重量和托运人信息的授权人提供签名（可以是电子签名），如果相关国家政府机关要求，可能要提供其他信息和/或文件。无船承运人相对海上承运人来说是托运人身份，因此，无船承运人在收到托运人提供的VGM之后，负责以托运人的身份将VGM提供给承运人。

有了VGM，集装箱重量数据可靠，船舶积载可以更科学合理，更有利于航行安全。例如图3-7中集装箱跟踪中，载于EVER SMILE轮0226-091E航次的一个45 ft集装箱的VGM为17 987.46 kg，采用的是方法2。

现在很多船公司的系统中都有上传申报VGM的功能，在订舱确认中都有VGM要求。托运人对VGM申报一定要重视，误差可以是货重的5%或者是1吨（两者取小），VGM现在抽查率是5%，起运港、中转港、目的港都抽查，如美国海岸警卫队、英国海事和海岸警卫队等。所以托运人要遵守VGM规定，不要有侥幸蒙混心理。

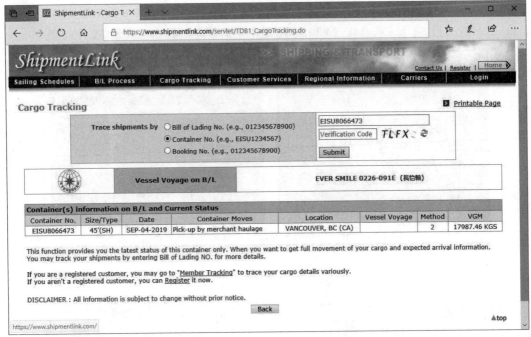

图 3-7　一个 45ft 集装箱的 VGM

## 5. 同种货物装箱方法

同种货物是指外形包装尺寸相同的货物,如常见的瓦楞纸板箱、托盘单元、桶包类、集装袋类等。同种货物装箱或称同质装箱(Homogeneous packing)将同样尺寸或包装的货物装入大容器,按其形状或外包装,可分别采取不同的装箱堆放方法。对于轻货,同种货物的装箱要充分考虑利用集装箱的容积空间,尽量达到或超过通常 80% 的空间利用率。

(1) 长方体货物

对于最常见的长方体货物,如纸箱、木箱、托盘单元等,层放是指分层装载、装箱,将包装好的货物层层堆叠,保证从上到下整齐一致。要求侧面紧密贴合,并要确保整体固定,如图 3-8 所示。为防止多层叠放之间的局部压力过大,可以在适当的层间加衬垫,如图 3-8 右每三层中间的薄木板衬垫。

捆包货和袋装货虽然不一定是规则的长方体,但基本上可按长方体货物来对待,可横向或竖向装载,但多层一般都要用木板等进行衬垫。常见的捆包货有纸浆、板纸、羊毛、棉花、棉布、其他棉织品、纺织品、纤维制品以及废旧物料等。袋包装的种类有麻袋、布袋、塑料袋等,主要装载的货物有粮食、咖啡、可可、废料、水泥、粉状化学药品等。

若长方体尺寸不能以整数倍或近似整数倍放于集装箱内时,可以采用纵横交错的烟囱式堆放(Chimney-style stow)或称转轮式堆放(Pinwheel stow),如图 3-9 所示,它们都是 180°旋转式对称,组成的外廓整齐规则。采用转轮式堆放上下层还可以 180°交错式堆码,能更好地压住货物,更具稳定性。转轮式堆放样式特别适合托盘单元化,如图 3-9

左右分别是我国标准的日式托盘和工业托盘规格。在集装箱内堆码可参见图 3-4，左上托盘 1、2、12、11，左下 13、14、24 和 23 组成中空的旋转对称烟囱式堆放，规则整齐。

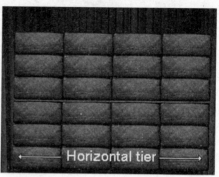

图 3-8　40ft 集装箱内装托盘货物及充气袋塞紧捆绑

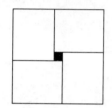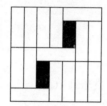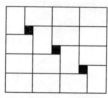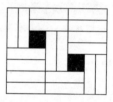

图 3-9　矩形货物交错堆码的转轮样式

（2）圆柱体货物

圆柱体货物有桶装货和滚筒货，桶装货一般包括各种油类、液体和粉末类的化学制品、酒精、葡萄酒、糖浆等，其包装形式有铁桶、木桶、塑料桶、胶合板桶和纸板桶等 5 种。除桶口在腰部的传统鼓形木桶和小型结实钢桶（参见图 3-15）采用卧装外，桶装货在集装箱内均以桶口向上的竖立方式堆装。滚筒货包括卷纸、卷钢、钢丝绳、电缆、盘元等卷盘货，塑料薄膜、柏油纸、钢瓶等滚筒货，以及轮胎、瓦管等均属于滚动类货物。滚动货装箱时大多采用卧式，但一定要注意消除其滚动的特性，做到有效、合理地装载。

圆柱体货物应尽可能在箱内竖立堆装，主要有列兵式（Soldier stow）和偏移式（Offset stow）两种堆装方式，如图 3-10 所示俯视图。列兵式堆放就是如同士兵队列一样前后左右对齐，装箱操作简单方便，但若尺寸不是整数倍，采取偏移式堆放，可有图 3-10 右中的 60°规则式或不规则式。

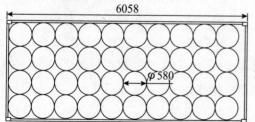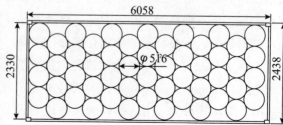

图 3-10　圆柱体装集装箱示例：列兵式（左）和偏移式（右）

（3）异形货物堆码

异形货物通常是裸装货物，如各种型材、管件、铸件、锻件、空腔件、壳体、工件毛坯、座体、轮胎等。它们的外形复杂不规则，堆放要根据具体情况采用不同的形式。对于尺寸不大的异形货物，常用形式有交错堆叠（图3-11）、编织交叉堆码、嵌套式堆码（图3-12）。这类堆放总的原则是利用空间，合理交错、嵌套组合，形成相对稳固的织构，但不能损坏货物本身。

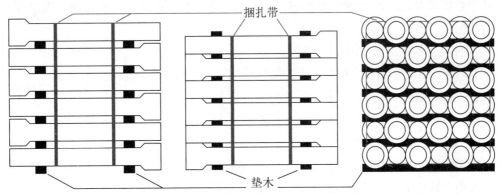

图3-11　管状货物交错堆叠（正视、俯视和侧视）

交错堆叠（Cross-tie stow）能够更好地利用空间并平衡重量分布，但间隙要填充，如：用垫木衬垫底部及层间，并捆扎形成一个整体。嵌套式堆码（Nested stow）主要适用于有凹入部分的货物，如槽钢、工字钢、穹顶、半球壳体等，以更好地利用空间。不过像槽钢、工字钢等型材一般在出厂前就嵌套堆码并捆扎好了，编织交叉堆码（Braiding，图3-12右）因费时复杂，边界处理难，也不一定能一直保持规则织构，使用较少。

图3-12　槽钢的嵌套式堆码（左）和轮胎的编织交叉堆码（右）

## 3.3.4　混装、特殊装载及其他

集装箱装箱是复杂的工艺，随着集装箱化程度的提高，除了装箱基本要求、同质货物装箱等之外，还需要考虑混装等许多特殊情况。

### 1. 混装

混装（Mixed loading）就是至少两种不同的货物一起装在一个集装箱内，或称异质装箱（Heterogeneous packing）。集装箱货物的混装很常见（参见图 3-2），各类拼箱货都需要混装；同一货主的整箱货也因为有不同货物、不同规格尺码等而需要混装；整套设备的不同部件也需要混装。通常混装的货物之间要具有兼容性。不同货主的货物拼箱混装时，货物的流向要一致。

不同种类货物在混装时要注意下列事项：

（1）应做到重货在下，轻货在上，液体货物在下，固体货物在上。

（2）包装强度较弱的货物要置于较强的货物之上。

（3）不同形状、不同包装的货物尽可能不放在一起。

（4）会从包装中渗漏出灰尘、液体、潮气、异味等货物尽量不要与其他货物装在一起，如不得不混装时，就要用帆布、塑料薄膜或其他衬垫材料完全隔开，地板也要用衬垫材料铺好，避免对地板造成无法清洗的损坏（更换集装箱地板费用将达数百美元）。

（5）带有尖角或其他突出物的货物，要把尖角或突出物保护起来，防止其损坏其他货物和箱体。

（6）禁止混装的货物还有：食品与有毒物品、重件货物与易脆货物、会发生化学反应的货物。

### 2. 特殊装载

（1）大型货物

超大尺寸、超重、超高的货物现在也可以采用集装箱运输，主要是采用平台式集装箱，如图 3-13 所示。这类货物可能需要多个平台箱并联使用，要做好紧固措施。同时在船舶上只能放在舱底、舱面等特殊位置，并需要并联吊具或其他吊机特别作业。

图 3-13　平台式集装箱装载：变压器（左）和螺旋桨（右）

（2）冷冻货物

货物装入冷藏集装箱时，首先要预冷到指定的温度。要根据货物的性质与包装形状来选择正确的装载方法。装货时必须注意货物不能堵住通风口，装箱堆码高度不能超过冷藏集装箱内的红线（参见图2-8）。为了冷气循环通风，货物堆码时还要考虑留出通风道，如图3-14所示。当然，冷藏集装箱地板为T形铝合金槽铺就，本身有利于通风。必须注意冷藏货比普通杂货更容易滑动，也容易损坏，因此要对货物进行固定，固定货物时最好使用网具等衬垫材料，这样不会影响冷气的循环和流通。

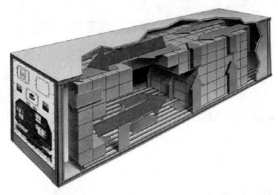

图3-14　冷藏集装箱货物装载要留出风道（左上部深色箭头为回风方向）

冷冻货物在装箱时应停止冷冻机运转，以免凝水过多，影响蒸发器工作。垫木和其他衬垫材料也要适当预冷，要选用清洁卫生的衬垫物，以免其污染货物。不应使用纸、板等衬垫材料作衬垫物，以免堵塞通风管和通风口。

货物装箱后必须保证冷藏箱持续通电工作正常，以保证箱温符合设定温度。如箱体或制冷机组出现问题应及时与原提箱堆场或当地箱管代理联系。

（3）危险货物

凡装有在国际海事组织《国际海运危险货物规则》（IMDG）、GB6944和GB12268中所列的危险货物的集装箱，包括危险货物残留物和危害性未被消除，仍标有危险货物标志、标记的集装箱，认定为危险货物集装箱（Dangerous cargo container）。我国标准GB/T 36029—2018《港口危险货物集装箱堆场安全作业规程》于2019年4月1日实施，对危险货物集装箱的运作有严格详细规定。

海运危险货物的包装应经国家认可的专业检测、检验机构检验合格，持有相应的合格证明，并按规定显示检验合格的包装标记代号。装箱前，应了解危险货物的特性、处理方法和应急措施等情况。

应选择无阳光直射，无热源和火源，通风良好的地点进行危险货物装箱作业，作业地点应有足够的场地和必要的设备。危险货物装箱对集装箱及货物的检查更严格，装载过程中应轻拿轻放，禁止肩扛、背负、冲撞、摔碰、翻滚，以防包装破损。若在装载过程时危险货物包装发生损坏、渗漏，应在装箱检验人员的监督下，立即按货物特性进行有效处置。渗漏的危险货物会造成爆炸、自燃、毒害或类似重大危险的，应立即将人员撤离到安全地带，并通知有关应急部门。

从事海运危险货物装箱作业的单位应将每次危险货物装箱作业情况按要求如实记录。记录内容应包括：积载计划、装箱时间、装箱货况、集装箱箱体状况、货物包装状况、装箱衬垫、加固情况等事项。装箱作业情况应由负责装箱的现场检查员记录。应将危险货物装箱情况拍摄存档。

使用集装箱装运危险货物的，应提交装箱检查人员检查后签发的《集装箱装箱证明书》。

危险品货物的安全事故损失惊人，如，2018年3月"马士基浩南"轮（Maersk Honam）在从新加坡驶往苏伊士运河途中，因集装箱危险品瞒报造成货舱内发生严重火灾，造成5名船员死亡。"集装箱危险品瞒报"引发火灾，造成人员伤亡和财产损失已不是第一次了：2012年7月，MSC FLAMINIA轮发生火灾并造成两人丧生；2017年2月13日，运力为6 350TEU的集装箱船APL AUSTRIA因为货柜着火烧了7天7夜；2017年4月5日，运力为13 798TEU的集装箱船MSC DANIELA因为货柜着火烧了13天14夜……在这些令人心痛的事故面前，如何更加有效地防止危险品瞒报迫在眉睫，需要发货人、港、航、场、站和海关海事等监管机构共同努力！

### 3. 集装箱装载质量与责任

集装箱装载质量对运输安全有较大影响，由于"马士基浩南"轮危险品事故的重大影响，运营商越来越重视装箱货物的检查。例如，安通公司规定对订舱客户自装箱（Merchant-Stuffed Container）货物进行必要检查，要求客户在装船前提供装箱照片：货物照片、货物外包装照片及装货后半开门带箱号照片（左门打开，右门关闭带箱号），共计三张有效照片。照片必须清晰、信息齐全，并且保证装箱货物与订舱品名一致。

集装箱货运场站也重视装箱质量，如果出现货损，赔偿金可能远远超过运费，因此要通过加强质量管理来减少风险。例如现场参观一处装箱场地，看到装的货物有汽车、有木箱货物。装箱时工人使用尼龙带、钩锁和三角挡木、铁钉等材料将货物固定在箱内，如果是汽车还可能涉及爬装问题。而因为装载不牢固造成途中货损责任由理货员承担，因为工人装箱完毕后理货员需要对装载状况进行检查，确认装箱质量合格后签字，签字之后就要承担装载不牢固造成的货损责任。现在的理货员具有监督装箱、防止营私舞弊的职能，这项职能以前是由海关关员负责的。有时根据具体情况，外轮理货公司的人员还要负责监装，起到公证人的作用。

### 4. 拆箱作业

按图3-1流程，拆箱作业发生在最后，是装箱的逆作业。拆箱也称为掏箱，主要程序为：①集装箱运抵拆箱区域，集装箱保持固定状态；②检查施封完好后打开施封；③打开箱门，作好安全防护，箱门完全打开并固定后方可进行拆箱作业；④货物卸载，解开捆扎系固时，要注意安全，防止货物滚落，机械卸货时不撞砸箱体和货物；⑤集装箱清理，做到清洁、干燥、无味、无尘；⑥锁闭箱门，确认密封良好；⑦集装箱运离拆箱区域。

与装箱作业一样，拆箱主要采取人工和叉车等机械方式，对一些规则货物，如果数量多，也可以采用机器手等自动化的作业，例如图 3-15 所示的拆箱码托盘自动系统。

图 3-15　某集装箱货物自动装卸及托盘化一体作业系统

## 3.3.5　装箱单证

集装箱装箱单证除常规装箱单外，对特殊货物还有专门的单证，主要类型如下。

### 1. 集装箱装箱单

集装箱装箱单（Container Load Plan，CLP）是由装箱人根据已装入集装箱内的货物制作的，记载箱内所装货物的名称、数量、重量、交付方式及箱内积载顺序（由里到外）的单证。虽然集装箱标准规定了最大总重，也有 VGM 要求，但必须注意不同船公司、港口对集装箱总重的更严格要求，例如到美国的集装箱货物对集装箱总重的要求很严格，因为后面涉及公、铁运输的限重要求，一般 20GP 限 17.3 吨，40HQ 限 19.5 吨。对于特殊货物还应加注特定要求，如对冷藏货物要注明箱内温度的要求。

CLP 是集装箱运输的辅助货物舱单，主要用途如下：

（1）向承运人、收货人提供箱内货物明细的清单；

（2）作为集装箱货物向海关申报的重要单证之一；

（3）货方、港方、船方之间货、箱交接的凭证；

（4）船方编制船舶积载计划的依据，是辅助货物舱单；

（5）办理集装箱货物保税运输、安排拆箱作业的资料；

（6）集装箱运输货物索赔的依据。

集装箱装箱单应每个集装箱一份，一式五联，其中码头、船代、承运人各一联，发货人/装箱人两联。集装箱货运站装箱时，CLP 由装箱的货运站缮制；由发货人装箱时，CLP 由发货人或其代理的货运站填制。典型 CLP 如图 3-16 所示。

| Reefer Temperature Required. 冷藏温度<br>℃. ℉. | CONTAINER LOAD PLAN<br>装 箱 单 | | | SINOTRANS SHANGHAI CORPORATION LTD.<br>中国外运上海公司<br>(4) shipper's/packer's copy<br>发货人/装箱人 联 | |
|---|---|---|---|---|---|
| Class 等级 / IMDG Page 危规页码 / UN No. 联合国编号 / Flashpoint 闪点 | | | | | |
| Ship's Name/Voy No. 船名/航次 | Port of Loading 装港<br>SHANGHAI | Port of Discharge 卸港 | Place of Delivery 交货地 | SHIPPER'S/PACKER'S DECLARATIONS:We hereby declare that the container has been thoroughly cleaned wighout any evidence of cargoes of previous shipment prior to vanning and cargoes has been properly stuffed and secured. | |
| Container No. 箱号 | Bill of lading No. 提单号 | Packges&Packing 件数与包装 | Gross Weight 毛 重 | Measurements 尺 码 | Desciption of Goods 货 名 | Marks & Numbers 唛 头 |
| Seal No. 封号 | | | | | | |
| Cont.Size 箱型<br>20' 40' 45'<br>Cont Type 箱类<br>GP=普通箱 T<br>RF=冷藏箱 PF=平板箱<br>OT=开顶箱 HC=高箱<br>FR=框架箱 HT=挂衣箱 | | | | | | |
| ISO Code For Container Size/Type. 箱型／箱类ISO标准代码<br>40HQ*1 | | | | | | |
| Packer's Name/Address. 装箱人名称/地址 | | | | | | |
| Packing Date. 装箱日期 | Received By Drayman 驾驶员签收及车号 | Total Packages 总件数 | Total Cargo Wt 总货量 | Total Meas 总尺码 | Remarks：备注 | |
| 货柜信息：包括司机电话，车牌、柜号，运单号 | Received By Terminals/Date Of Receipt 码头收箱前站和收箱日期 | | Cont.Tare Wt 集装箱皮重 | Cgo/Cont Total Wt 货/箱总重量 | | |

图 3-16 集装箱装箱单

装箱单所载事项必须与场站收据及报关单中的对应项完全一致，即货物名称、代码、数量与单位必须完全一致。如不一致，海关会怀疑走私，进入缉私部门则后果严重。

发货人或装箱人将货物装箱，缮制 CLP 一式五联后，连同装箱货物一起送至指定码头堆场。集装箱堆场业务人员在五联单上签收后，留下其中的码头联、船代联和承运人联（其中堆场自留的码头联用以编制装船计划，船代联和承运人联要分别送船代和船公司，用以缮制积载计划和处理货运事故），并将发货人 / 装货人两联退还给发货人或集装箱货运站。发货人或集装箱货运站除自留一份备查外，将另一份寄交收货人或卸货港的集装箱货运站供拆箱时使用。

目前，我国绝大多数集装箱码头已实行集装箱装箱单电子化。实行电子装箱单的码头不再接受凭纸质装箱单进港。我国 GB/T 18156—2000《海上国际集装箱货物交付单证》及交通部相关规定以装箱单报文（COSTCO）替代装箱单。该报文应包含船舶信息、卸港信息、货物信息、货物描述、唛头、危险品信息和集装箱信息。发货人 / 装货人通过 EDI 中心网站上公布的已订舱的船舶信息，按规定格式制作电子装箱单，并最迟在集装箱进港前 30 分钟，经 EDI 中心向码头等相关方发送。EDI 中心及相关码头在收到电子装箱单之后，均及时发出通信回执（RECEIVED 和 SENT）。码头在该箱进港时电子核对相关信息放行，将该集装箱的运抵报告通过 EDI 中心发送给海关及相关方，并实时在 EDI 中心的网站上公布。例如图 3-17 所示为查询宁波港口 EDI 中心的集装箱信息等。

图 3-17　EDI 中心查询集装箱信息、船期信息等

## 2. 集装箱装运危险货物装箱证明书

危险货物的集装箱装箱点必须事先得到海事局的审核批准，需有船舶载运危险货物集装箱装箱现场检查员。现场检查员需经海事局（海危防[2017]548号）培训包装、集装箱装箱、散装液体和散装固体方面的专业知识并经考核合格取得监装从业资格证书。

装箱人应按照我国《海运危险货物集装箱装箱安全要求》或联合国《国际海运危险货物规则（IMDG规则）》的规定从事危险货物集装箱装箱工作。

装箱前，应认真审核危货集装箱的申报单证，严格落实集装箱箱体和危险货物包装、标志、标记等检查措施，核对标识，保证与申报信息一致。经检查合格后，则装箱现场检查员签署《集装箱装运危险货物装箱证明书》，并由装箱单位核盖公章。该证明书一式两份，一份交海事局，另一份进港时交承运人。

采用无纸化单证时，按照交通运输部《海上国际集装箱运输电子数据交换电子报文替代纸面单证管理规则》，以危险品通知报文（IFTDGN）替代危险品性能说明书、危险品货物申报单、危险品货物准运单、危险品船运申报单。该报文应包含船舶信息、装卸港信息、货信息和集装箱信息。以危险品清单报文（IFTIAG）替代危险品清单（Dangerous Cargo List）、危险品性能说明书。该报文应包含船舶信息、装卸港信息、危险品货物清单和装箱信息。

## 3.4 集装箱箱务管理

集装箱在陆上的存放地就是各种场站，具体包括集装箱码头内的堆场、码头外空箱堆场、货运站、中转站、保税物流中心、陆地港、集装箱服务公司等。场站按照与船公司的协议规定代管集装箱。场站对掌管期内的集装箱及其内货物负责，按照集装箱运输的程序和要求来管理集装箱，这一过程就是箱务管理，即对集装箱的备用、租赁、调运、交接、发放、检验及修理等业务的计划、组织、协调等工作。箱务管理涉及港、航、路、站、场等诸多部门。本节主要介绍在场站业务集中的集装箱的发放与交接、堆存保管和报关报检，下一节再介绍以船方为主的箱务管理，包括集装箱租赁、调运、灭失、损坏、逾期还箱的处理和跟踪管理。

### 3.4.1 集装箱发放与交接

#### 1. 集装箱发放与交接的依据

集装箱管箱人与用箱人应根据进口提货单、出口订舱单、出口场站收据以及这些文件所列明的集装箱交付条款，实行"集装箱设备交接单（Equipment Interchange Receipt，EIR）"制度。用箱人/提箱人必须凭箱代理签发的 EIR 办理集装箱的提箱（发箱）、交箱（还箱）、进场（进港）、出场（出港）等手续。

集装箱设备交接单是集装箱所有人或其代理签发的，用以进行集装箱等设备发放、收受等交接手续并证明交接时箱体状况的书面凭证，在港台地区俗称"提柜纸"。

我国标准 GB/T 16561—1996《集装箱设备交接单》详细规定了国际集装箱运输过程中集装箱设备交接单的作用、印刷、内容和格式，以及设备交接单的填写、交接要求。集装箱设备交接单主要内容与国际接轨，为中英文对照，但我国填写中文，如图 3-18 所示。它分为进场和出场两种，均为三联：箱务公司留底联（白色）、码头堆场联（白色）和用箱人、运箱人联（黄色）。

目前，我国厦门港、上海港、宁波舟山港已经实现设备交接单的无纸化管理，正在向全国范围推广。例如厦门自贸片区在全国首创的集装箱智慧物流平台，以设备交接单电子化（图 3-19）为主线，整合码头、船公司、船代、客户、堆场、物流公司等港口物流六大服务领域的参与方相关信息资源，实现了从船代订舱开始到集装箱进码头闸口前、从进口办单到提货还箱的各方物流信息汇集与实时共享。

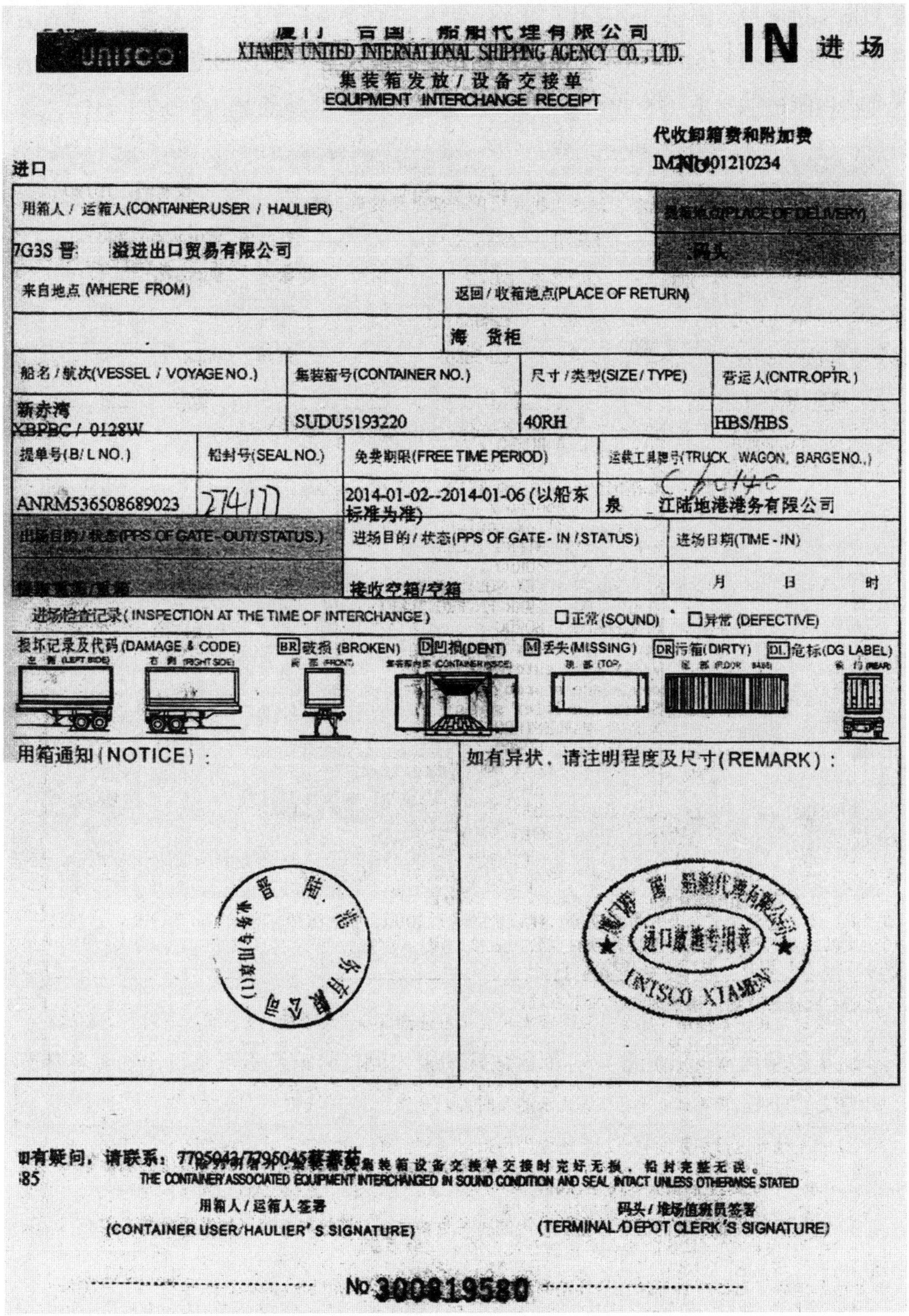
UNISCO

厦门　　　　　船舶代理有限公司

XIAMEN UNITED INTERNATIONAL SHIPPING AGENCY CO., LTD.

IN 进场

集装箱发放/设备交接单

EQUIPMENT INTERCHANGE RECEIPT

代收卸箱费和附加费

进口　　IM NO. 401210234

| 用箱人/运箱人(CONTAINER USER / HAULIER) | | | | 提箱地点(PLACE OF DELIVERY) |
|---|---|---|---|---|
| 7G3S 晋　溢进出口贸易有限公司 | | | | 码头 |
| 来自地点(WHERE FROM) | | 返回/收箱地点(PLACE OF RETURN) | | |
| | | 海　货柜 | | |
| 船名/航次(VESSEL / VOYAGE NO.) | 集装箱号(CONTAINER NO.) | 尺寸/类型(SIZE / TYPE) | 营运人(CNTR.OPTR.) | |
| 新赤湾 XBPBC / 0128W | SUDU5193220 | 40RH | HBS/HBS | |
| 提单号(B/L NO.) | 铅封号(SEAL NO.) | 免费期限(FREE TIME PERIOD) | 运载工具牌号(TRUCK, WAGON, BARGE NO.) | |
| ANRM536508689023 | 274177 | 2014-01-02--2014-01-06 (以船东标准为准) | 泉　江陆地港港务有限公司 | |
| 出场目的/状态(PPS OF GATE-OUT/STATUS) | 进场目的/状态(PPS OF GATE-IN/STATUS) | | 进场日期(TIME-IN) | |
| 提取重箱/重箱 | 接收空箱/空箱 | | 月　日　时 | |

进场检查记录(INSPECTION AT THE TIME OF INTERCHANGE)　□正常(SOUND)　□异常(DEFECTIVE)

损坏记录及代码(DAMAGE & CODE)　BR 破损(BROKEN)　D 凹损(DENT)　M 丢失(MISSING)　DR 污箱(DIRTY)　DL 危标(DG LABEL)

用箱通知(NOTICE)：

如有异状，请注明程度及尺寸(REMARK)：

如有疑问，请联系：7795043/7795045

除列明者外，集装箱设备交接单交接时完好无损，铅封完整无误。

THE CONTAINER/ASSOCIATED EQUIPMENT INTERCHANGED IN SOUND CONDITION AND SEAL INTACT UNLESS OTHERWISE STATED

用箱人/运箱人签署　(CONTAINER USER/HAULIER'S SIGNATURE)

码头/堆场值班员签署　(TERMINAL/DEPOT CLERK'S SIGNATURE)

No 300819580

图 3-18　纸版集装箱设备交接单示例

集装箱智慧物流平台在全国率先实现设备交接单电子化流转，节省大量纸张、无需舟车劳顿送单，而且一次采集全程共享。此外，依靠平台的智能闸口和远程管理中心，一辆集装箱拖车过闸口，图像自动采集、识别、验残、自动放行，全程无人值守，通过效率从每辆车96秒提升到26秒。平台带来明显的提质增效，全面提升物流通关效率，也为港口各类企业大幅降低成本。仅2017年就为港口各类企业降低成本达1.28亿元。

图3-19 电子版集装箱发放/设备交接单示例

## 2. 交接责任的划分

参加集装箱运输的各企业应对各自掌管期限内的集装箱及货物负责，加强各环节的管理，明确交接责任。

（1）船方与港方的交接以船边为界；

（2）港方与货方或其代理人、内陆（公路）承运人交接以港方闸口为界；

（3）堆场、中转站与货方或其代理人、内陆（公路）承运人交接以堆场、中转站道口为界；

（4）港方、堆场中转站与内陆（水路、铁路）承运人交接以车皮、船边为界。

## 3. 重箱交接

重箱交接要求箱体完好，箱号清晰，封志完整无误，特种集装箱的机械、电气装置运转正常并符合进出口文件记载要求。

（1）出口重箱交箱进场的交接

出口重箱进入港口，托运人、内陆承运人凭出口装箱单或场站收据、进场 EIR 到指定港区交付重箱并办理进场集装箱设备交接。港口依据"场站收据""集装箱装箱单"和"设备交接单"收取重箱并办理进场集装箱交接。

（2）进口重箱提箱出场的交接

进口重箱提离港区、堆场、中转站时，提箱人（货方或其代理、内陆承运人）应持海关放行的"进口提货单"到集装箱代理人指定的现场办理集装箱发放手续。

集装箱代理人依据"进口提货单"、集装箱交付条款和集装箱运输经营人有关集装箱及集装箱设备使用与租用的规定，向货方或其代理人、内陆承运人签发出场设备交接单和进场设备交接单。

货方、内陆承运人凭出场设备交接单到指定地点提取重箱，并办理出场集装箱设备交接；凭进场设备交接单将拆空后的集装箱及时交到集装箱代理人指定的地点，并办理进场集装箱设备交接。

### 4. 空箱的发放和交接

空箱提离港区、堆场、中转站时，提箱人（货方或其代理、内陆承运人）应向集装箱代理人提出申请。集装箱代理人依据"出口订舱单""场站收据"或"出口集装箱预配清单"向提箱人签发"出场设备交接单（图 3-19）"或"进场设备交接单"。

提箱人凭"出场设备交接单"到指定地点提取空箱，办理出场设备交接；凭"进场设备交接单"到指定地点交付集装箱，并办理进集装箱场设备交接。

因检验、修理、清洗、熏蒸、退租、转租、堆存、回运、转运需要，空箱提离场站、中转站，由托运人、收货人、内陆承运人或从事集装箱业务有关企业向集装箱代理人提出申请。集装箱所有人依据有关协议签发出场或进场集装箱设备交接单。

### 5. 收、发箱地点应履行的手续

指定的收、发箱地点，凭箱管部门或其代理人签发的"集装箱设备交接单"受理集装箱的收、发手续。凭"出场设备交接单"发放集装箱，办理出场集装箱交接；凭"进场设备交接单"收取集装箱，并办理进场集装箱设备交接。

集装箱交接地点应详细认真进行检查，参见前面表 3-2 的项目和要求。如有损坏，填写设备交接单上的损坏记录及编号。

## 3.4.2 集装箱堆存与保管

集装箱进入场站后，按照不同的船公司将空箱与重箱分别堆放。空箱按完好箱和破损箱、污染箱、自有箱和租箱分别堆放。

### 1. 重箱的堆存与保管

为避免集装箱码头内集装箱的大量积压，集装箱码头经营人往往规定了出口重箱应在限定的入港时间和截止时间内将重箱运至指定的堆场存放；同时，对于进口重箱，也规定了免费堆存期，促使收货人及时提取货物，一旦超期，就要收取集装箱的堆存费用。

### 2. 空箱的堆存与保管

集装箱所有人或箱管部门所管理的空箱一般在码头堆场、码头外的货运站堆场和专门的集装箱空箱堆场（如集装箱服务公司）等地存储和保管。集装箱所有人一般委托箱管代理或各堆场经营人作为自己的代理人行使实际管理并向堆场支付堆存、保管及装卸费用。这些费用也是集装箱运输成本的组成部分，所以加强空箱的堆存、保管也有重要意义。

箱管部门或其代理人在正确掌握各堆场的空箱类型、数量的前提下，应充分利用各堆场入场初期的免费条款，将堆存期较长的集装箱调运出该场，作为出口载货用箱或调运至需要空箱的地方。各堆场经营人在安排空箱堆存过程中，应将各航运公司和租箱公司的集装箱分类堆放，同公司的集装箱应按不同箱型分别堆放，便于提箱。在搬运过程中应注意安全，防止出现集装箱工残。在收箱时做好检查工作，出现集装箱损坏时，及时通知箱主，安排修理事宜。

我国的一些集装箱堆场采用堆存费包干的形式，船公司可以充分利用这一条件将空箱运至这类场站堆存。

### 3. 特种箱的堆存与保管

冷藏箱应放于有供电架的冷藏箱区，并按要求检查冷藏箱设定的温度，接通电源启动开关，让冷冻机按规定温度进入工作状态。

危险品箱应放于危险品专用箱区，并由专职人员管理。危险品箱区要有明显的警告标志，并有与其他箱区隔离设施及防护设备。对进入的危险品箱，还应按国际危标的隔离要求堆放，并做好相关记录。危险品箱不能擅自装卸，必须事先取得船申报单证。

开顶箱、平台箱、罐箱、通风箱等特种箱必须堆放于特种箱区。对四超箱（超高、超长、超宽、超重，参见图3-13）限堆放一层高，并采用相应的特种集装箱操作工艺作业，如高架提箱装卸工艺、钢丝绳底角件吊装工艺、货物拆箱分体装卸工艺等。

## 3.4.3 集装箱报关报检

集装箱箱体既是一种运输设备，又是一种货物，在进出国境关境时涉及报关报检的问题。

### 1. 集装箱监管

集装箱箱体作为运输设备属于暂准进口货物，进口免税、免征，作为货物进口需征税。根据我国加入 CSC 的协议，海关对经营用于运输海关加封货物的国际集装箱进行业务监管。

（1）国际集装箱牌照的核发

海关总署授权中国船级社（www.ccs.org.cn）统一办理集装箱的中国海关批准牌照，境内、境外集装箱制造商均可向中国船级社申请，集装箱制造、维修工厂还可申请中国船级社的工厂认可证书。符合规定的集装箱，无论是否装载货物，海关准予暂时进境和异地出境，营运人或其代理人无须对集装箱体单独向海关办理报送手续。

（2）进出口集装箱的报关

从国外购买的集装箱视同一般进口货物管理，应填写进口货物报关单向进境地海关申报，并提供有关单证，缴纳进口关税和进口环节税。国内生产的出口集装箱视同为一般出口货物管理，应填写进口货物报关单向进境地海关申报，并提供有关单证。海关核实后验放出境。暂时入境的集装箱若属于国内经营人，海关对符合规定的予以登记，无论是否装有货物，进出境无需对集装箱单独申报；若属于境外经营人，承运人应对集装箱单独向海关申报，按暂时进出口货物办理海关手续，并于入境之日起 6 个月内复运出境。

（3）国内空箱调运

自 2014 年 9 月 28 日起，取得我国交通运输部核发的国际班轮运输经营资格登记证书的班轮公司均可从事我国沿海港口之间的空集装箱调运，不再需要国际集装箱班轮空箱调运备案及海关手续；海峡两岸间空箱调运备案由事先审查性备案改为事后告知性备案，经营者应在行为发生之日起 15 日内向交通运输部备案，并按照《两岸海上直航运量统计报表制度》要求，按月及时上报所运送的两岸间空集装箱数量。

### 2. 集装箱检验检疫

我国出入境检验检疫的对象包括进出境的商品（包括动植物产品）、运载商品的交通工具、运输设备，以及出入境人员等，即通常说的三检：商检、检疫和卫生检疫。

最新的机构改革已将检验检疫机构整体并入海关，详见中国海关网站检验检疫办事指南（http://www.customs.gov.cn/customs/302427/302442/1482039/index.html）。

集装箱具有装载容器和运输设备的双重属性，需要接受检验检疫。中华人民共和国国境卫生检疫法（2018 年修正）》规定，入境的集装箱、货物、废旧物等物品在到达口岸的时候，承运人、代理人或货主，必须向卫生检疫机关申报接受卫生检疫，以防止传染病通过集装箱传入传出。《中华人民共和国进出口商品检验法》规定，对装运出口易腐烂变质食品的船舱和集装箱，承运人或者装箱单位必须在装货前申请检验。未经检验合格的，不准装运。

（1）集装箱检验检疫的内容

1）强制性检验

检验范围：对装运出口易腐烂变质食品、冷冻品的集装箱，在装运前实施清洁、卫生、冷藏效能、密固状态等适载性检验。

检验内容：箱体、箱门完好，箱号清晰，安全铭牌齐全；箱体无有毒有害危险品标志；箱内清洁、卫生，无有毒有害残留物，且密封状态良好；箱内温度达到冷藏要求，符合《中华人民共和国进出口商品检验法》及其实施条例的规定。

2）非强制性检验鉴定

主要包括：集装箱载损鉴定、集装箱货物装箱鉴定、集装箱货物拆箱鉴定、集装箱承租鉴定、集装箱退租鉴定、集装箱单项鉴定。需要说明的是，这些非强制检验鉴定项目不需要由国家检验机关进行，可以由第三方检验检疫公司按市场化来承担，如中国检验认证集团（CCIC）和国际上的 SGS、TÜV、BV、DNV 等检验机构及船级社。涉及保险理赔的还常有保险公估类公司来承担损失鉴定工作。

3）集装箱检疫

主要检查集装箱是否来自疫区；是否被人类传染病和动物传染病病原体污染；是否带有植物危险性病、虫、杂草以及其他有害生物；有无啮齿动物、蚊、蝇、蟑螂等病媒生物；是否被有毒有害物质污染；是否清洁；是否带有土壤、动植物残留物；有无废旧物品、特殊物品、尸体、棺柩等，并按规定实施卫生除害处理，包括集装箱熏蒸消毒。

（2）集装箱检验检疫方法

集装箱检验检疫方法比通用集装箱的检查项目（表3-2）要求更高，主要分为箱内、外两方面的检疫检查，如表3-3所示。

表 3-3　集装箱检疫检查方法

| | 箱体外表检疫查验 | 箱内检疫查验 |
|---|---|---|
| 检查内容 | 1）目视检查箱号，查看集装箱箱体是否完整；<br>2）检查集装箱箱体是否有免疫牌；<br>3）检查集装箱外表是否带有土壤、非洲大蜗牛等。携带土壤的，清除土壤并进行卫生除害处理。 | 1）检查箱内有无啮齿动物、病媒昆虫或其粪便、足迹、咬痕、巢穴以及其他有害生物等，若有，要采样。<br>2）检查箱内有无植物危险性病、虫、杂草、土壤、动物尸体、动植物残留物等，若有，要采样并进行卫生除害处理。<br>3）检查箱内有无被病原微生物或理化因子污染可能，如发现，采样送实验室检验，并作消毒处理。 |

（3）集装箱熏蒸

集装箱熏蒸（Container Fumigation）针对集装箱装载的进出境动植物产品、木质包装及铺垫材料、水果等鲜活货物和空集装箱，是集装箱检验检疫的基本工作之一。

最新海关行政许可 26002 "从事进出境检疫处理业务的单位及人员认定"按《中华人民共和国进出境动植物检验法实施条例》第五十五条"从事进出境动植物检验熏蒸、消毒处理业务的单位和人员，必须经口岸动植物检疫机关考核合格"。故从事熏蒸处理的单位和人员均应取得熏蒸处理资格和人员从业资格证书。

熏蒸基本要求：熏蒸集装箱区应远离生活或工作区并张贴明显警告标志，待熏蒸的集装箱应单层平放在平整场地，熏蒸密闭期间不能挪动，集装箱箱间距 0.5m 以上。

在熏蒸之前应检查集装箱箱体有无明显的破损或漏洞，是否适合熏蒸，箱内货物有无不透气的包装材料。了解货物和气象情况，根据被熏蒸货物及有害生物等，拟订熏蒸方案并报监管部门审核。

集装箱熏蒸要测定温湿度并密封集装箱，应在熏蒸密闭空间内的温度高于 5℃ 的情况下实施。溴甲烷熏蒸应采用药剂汽化装置投药，汽化装置水温不低于 65℃，药剂出口温度不低于 20℃。集装箱熏蒸处理熏蒸剂浓度检测应具备数据实时采集上传功能，其检测数据上传至中国检疫处理监管信息平台。

具体方法和步骤详见 GB/T36854—2018《集装箱熏蒸操作规程》。

## 3.5 船方箱务管理

本节介绍以船方为主的箱务管理，包括集装箱配置与租赁、集装箱责任及处理和集装箱跟踪管理。

### 3.5.1 集装箱配置与租赁

集装箱按所有权分为承运人箱（Carrier Owned Container，COC）、出租箱（Lender Owned Container，LOC）、货主自有箱（Shipper Owned Container，SOC）和单程箱（One Way Container，OWC）。其中前三者占绝大多数，都是可重复使用的，需要考虑空箱回运问题。承运人箱和出租箱是集装箱运输的主体箱，只有一些专业性货主才有少量 SOC。OWC 通常是仪器设备专门配套采用，买方（收货人，Consignee）买货又买箱，提货时必须连箱带货，无须考虑空箱回运。

**1. 集装箱配置与租赁**

为了保证集装箱运输的正常开展，集装箱船公司必须投资配备一定数量的集装箱，供航线运输中航、港、场、站装货、揽货的需要。船公司一般要根据航线特点，货源情况、港口堆存期及内陆周转期等因素来确定所需的集装箱数量，一般来说是航线运力的 2～3 倍。据克拉克森研究公司（Clarksons Research）统计，2017 年末全球集装箱运力为 2 080 万 TEU，集装箱数量为 3 950 万 TEU。配备如此多的 COC 集装箱需要巨额投资，船公司为了减少投资及风险，都在租用 LOC 集装箱。

集装箱租赁是指集装箱租赁公司（Container lessor）与承租人（一般为船公司，或铁路、公路运输公司等）签订协议，用长期或短期的方式把集装箱租赁给承租人。在协议执行期间，集装箱由承租人管理使用，承租人负责对集装箱进行维修保养，确保避免灭失。

《集装箱海关公约（CCC）》的生效使得集装箱本身可以免税进入协议国家，再免税装货出口，从而极大地方便了集装箱作为一种运输设备活跃在全球租赁市场。我国也签订了 CCC 公约，现规定集装箱在我国境内停留 180 天而无需报关和征税。

### 2. 集装箱租赁业

据统计，现今全球供出租使用的集装箱数量已达 2 040 万 TEU，占全球现有集装箱总量的 51.8%，并有继续增长的趋势，2020 年将达 54%。2017 年全球新产集装箱的 55%（203 万 TEU）被集装箱出租公司买走，有相当规模的国际集装箱出租公司有 100 多家。集装箱租赁是一项长期稳定获利的业务，一直为欧美基金和投资人所青睐，其利润主要来源于付清集装箱采购成本、管理成本和财务成本后的租箱收益和集装箱处理残值。但国际集装箱出租业务需要巨额资金，专业性强，需要在多国乃至全球开展业务，租箱公司主要集中在美国加州、英国伦敦、新加坡和百慕大等地，如 CAI、SeaCube、Florens、Textainer、Touax、Triton、Cronos、Beacon、Gold、Seacastle、TAL、Seaco、UES 等，中资公司有香港的 Florens（佛罗伦，中远海发控股）、UES（景阳），而海航旗下的渤海租赁先后并购 Seaco 和 Cronos，位列全球第 2 位。

特殊集装箱的租赁更加专业，按照国际罐箱组织 ITCO 2019 年的统计，在全球 60.5 万只罐箱中，用于租赁的有 28.6 万只，属于 35 家罐箱出租公司，租给 212 家全球运营商。其中罐箱出租公司前 5 家（EXSIF 海特、Eurotainer、Seaco Global、Trifleet Leasing 和 Triton）就占 63% 的份额，前十家占据了 82% 的份额。而罐箱的主要租赁人为船公司、独立运营商和货主等，与通用集装箱租赁不同的是，除船公司外，罐箱独立运营人在罐箱货物运输中作用更大，按罐箱数量前六名公司是 Stolt Tank Containers、Hoyer Group、Newport/ SinoChem（新港 / 中化）、Bulkhaul、Bertschi Group 和中铁物流。

集装箱租赁业作为集运的直接服务业，对集装箱租赁双方都有好处。对出租方来说：投资风险相对较小，参与并加强了集装箱运输的专业分工，还能提高集装箱的利用率，提高租赁收入。对承租方来说：可有效降低初始投资，避免资金被过多占用；节省空箱调运费用，提高集装箱利用率；避免置箱结构的风险。因此集装箱租赁业发展壮大，已超过全球置箱的半壁江山。

### 3. 集装箱租赁方式

（1）期租

期租（Term lease）是指租用人一定时期内租用集装箱的租赁方式，在租期内租箱人可以像自己拥有的箱子一样自由调配使用。按租期长短分为长期租赁（Long term lease）和短期租赁（Short term lease）。长期租赁租期以年为单位计，短期则以租箱人实际需要的使用期限来租赁，一般几个月。

长期租赁又可分为金融租赁（Finance lease）和实际使用期租赁，两者租期都较长，但区别在于金融租赁有购买选项（Purchase option）是在租用期满后，租箱人按协议买下租用的箱子；后者则退还。购买选项对于租箱人选配已用过的新集装箱很有好处。

长期租赁对租箱公司来说，可以保证较长时间的稳定收入，租金相对较低；短期租赁则较为灵活，租箱人可以根据自己的需要确定租箱时间、地点及租期，但租金相对较高。

（2）程租

程租也称作即期租赁，即租期由航程时间决定的租赁方式，可分为单程租赁（One way lease）和来回租赁（Two way lease）两种。

单程租赁时，租箱人仅在起运港至目的港的单程使用集装箱，主要用于航线上来回货源不平衡的情况。对于租箱人来说在起运地租箱，在目的地还箱，可以减少空箱回运。但如果从集装箱租赁行情好的地方采用单程租赁到行情差的地方，租箱人还需支付提箱费或还箱费，以弥补租箱公司调运空箱的费用。

来回程租赁一般用于来回程都有货运的航线，这种方式的租期由来回程所需的时间来决定，有时可不限一个来回程。

在程租方式下，一般对提箱、还箱地点有严格限制，且租金较期租更高。

（3）灵活租赁

灵活租赁（Flexible lease 或 Master lease）是在租期上类似于长期租赁（一般为一年），而在集装箱的具体使用上类似于短期或程租的租赁方式。在灵活租赁合同中，除明确租期外还规定租箱人每月提箱、还箱的数量和地点。以这种租赁方式，租箱人在租期内至少保证租用一定数量的集装箱，但在具体使用过程中，箱数并不是固定不变的，租箱人可根据自己的实际需要，在合同规定的时间、地点、数量下随租随还。这样，租箱人就可以更好地适应货源不平衡、季节不平衡等变化的需要。

无论采用以上哪一种租赁方式，租金都按租箱人实际使用集装箱的天数来计算。租金是指每箱每天需要支付的租费，一般以美元计。

### 4. 集装箱租赁实施及合同

租赁是一种常见的经济活动，租赁双方考虑服务与需求的要约匹配最终达成租赁合同。作为主要的租箱人，班轮公司在实际租箱业务中一般考虑以下几个原则：

（1）班轮公司开辟新航线或扩大运输规模时，一般采用长期租赁或金融租赁的方式承租一定数量的集装箱，如果租金水平看涨时，采用3～5年的长租期，否则1～2年短租期。

（2）当班轮公司似自备一定数量的集装箱却缺乏足够资金时，可采用金融租赁的方式租入一定数量的集装箱，期满后按购买选项买入。

（3）当班轮公司经营航线单一，挂靠港口较少时，针对航线来回程货源不平衡的情况，可通过单程租赁来解决空箱回运问题，货源平衡时则采用来回租赁。

（4）当班轮公司经营多条航线时，因各条航线相互衔接，集装箱流动较大，散布且不平衡，可通过灵活租赁来解决集装箱不足问题。

集装箱租赁合同（Container lease agreement）是规定出租人和承租人在租箱业务中双方的权利、责任、义务及费用的法律文件。承租人与出租人在签订租箱合同之前，一般就租金、租箱方式、数量、交还箱期、租退租费用、交还箱地点、损坏修理责任和保险等内容进行洽谈。

集装箱租赁合同的主要条款有交箱、还箱、损害修理责任、租金及费用支付、转租和设备标志更改等条款。其中损害修理责任条款（Damage Protection Plan）简称DPP条款，是承租人在支付不予退还的DPP费用的前提下，归还集装箱时不对租赁期间集装箱的损坏负责，可避免承租人对处体损坏所需的修理、查核、支付修理费等繁杂事务。

### 案例3-7　　　某集装箱租赁合同主要条款

> A租箱人与B租箱公司订立如下租箱合同条款。
> 租期：5年（1998-10-30—2003-10-30）；
> 租金：每只20 ft箱2美元/天，每只40 ft箱3.5美元/天；
> DPP费用：每只20 ft箱0.5美元/天，每只40 ft箱1美元/天；
> 提箱地点：中国沿海主要港口；
> 还箱地点：美国沿海主要港口；
> 还箱费：每只20 ft箱50美元，每只40 ft箱100美元；
> 租金支付方式：按月支付。
> 注：A租箱人每月必须做到至少租用20 ft箱100只（40 ft箱可作为2只20 ft箱计算）。如在事实上每月租用未足100只20 ft箱时，B租箱公司则仍按100只20 ft箱计收租金。

## 3.5.2　集装箱调运

作为船方的集装箱班轮公司应做好调运工作，及时为货方、内陆承运人提供足够数量、类型齐备的集装箱。集装箱调运工作，关系到集装箱的周转效率和利用程度，与企业的服务质量、成本和经济效益有直接关系。

集装箱调运分为重箱调运和空箱调运，对前者应做的工作是重箱的跟踪和及时追还拆空的集装箱；而后者才是最主要的调运工作。近年来，集装箱管理成本已经成为班轮公司运营成本的第二大项，约占1/5，而空箱调运成本则占集装箱管理成本的1/4。从运量来看，空箱调运总体占集装箱总运量的1/5。

### 1. 空箱调运产生的原因

（1）客观原因

①港口进出箱量和箱型的不平衡。全球各主要集装箱班轮公司的航线几乎都存在着货

物运输的季节性变化，加上航线两端国家或地区的贸易不平衡问题，货流量总是不平衡的。如在跨太平洋航线上，由于美国与中日韩存在的巨大贸易逆差，造成东行货流远高于西行货流；在远东至欧洲航线上，由于进出口货物种类和性质上的差异以及运费和装卸费收费标准不同，造成了进出口箱型的不平衡，如日本多用 40 ft 集装箱向欧洲出口电器、化工产品这类轻货，而欧洲多使用 20 ft 集装箱向日本出口纸浆、食品、化学品等重货，使此航线上形成了西行 40 ft 集装箱运量大于东行 40 ft 集装箱运量。

②集装箱的生产地和投入地之间的空箱调运。我国现在是集装箱的主要制造国，干货箱和罐箱的产量均占全球的 90%，如中集集团 CIMC 自 1996 年，集装箱产量一直是全球第一，现在产能超过 200 万 TEU，市场份额超过全球的一半。大量新的空箱必须通过空箱调运从各产地运往全世界。

（2）主观原因

①空箱积压。内陆集疏运能力低容易造成集装箱周转时间延长；集装箱流转环节也可能因为单证流转不畅、交接手续复杂等造成港口内部压箱严重，降低集装箱周转速度。班轮公司为了满足货主的用箱要求和保证船期，不得不从邻近港口或地区调运空箱。

②管理水平。由于班轮公司及其代理之间的集装箱管理信息系统尚不完善，管理水平落后，严重影响集装箱周转速度，为应急船方不得不调运空箱。

③租箱协议中有关退租地点的限制。由于班轮公司租箱比重较高，租箱公司在租箱合同对还箱地点、数量和费用有严格规定，班轮公司在租期届满时应按合同将集装箱调运至指定的还箱地点。

④区域间修箱成本和修箱标准的差异。因各区域修箱费用和各班轮公司对修箱要求的不同，班轮公司出于经济上、质量上或管理上的考虑，不得不将空箱调至修理成本较低或技术水平较高的修理厂家所在的港口或地区进行修理。

空箱调运涉及船公司、租箱公司、港口、场站等部门，需要箱管部门掌握集装箱的利用情况，做好集装箱调运计划，力求高效率、低成本地完成调运工作。

## 2. 空箱调运的方式

（1）港到港的调运

①国际间调运。船公司的箱管部门应与货运部门配合，尽快掌握各港的空箱数量以及需求量，及时做好调运计划，通过在各港的船代部门（或集装箱代理人）做好报关、装运工作，及时根据调运计划安排的空箱，按其类型、数量调运到指定的港口。一般情况下尽可能安排本公司船舶运输空箱，委托其他公司成本将更高。

②国内调运。国内调运不需海关手续，做好调运计划后，安排船舶将空箱调运至目的港。

（2）港到场站之间的调运

空箱在港口积压时，也可以调运到各堆场、货运站和中转站等地。箱管部门宜尽早掌握空箱的到达时间、数量，及时为各堆场、货运站、内陆运输部门签发 EIR，联系运输单位，采用直取方式或尽早调运到指定地点。

此外，港场间调动空箱时，经常是将各堆场的空箱调运到港口，箱管部门也必须尽早掌握信息，及时联系，适时调运。

（3）场站之间的调运

空箱除部分在港口堆存外，大部分在堆场和货运站内堆存。只要场站之间出现空箱使用不平衡，箱管部门应按需求量，进行堆场、货运站等地之间的空箱调运。

场站之间调运时，箱管部门应制定调运计划，联系拖车公司或其他运输公司，签发集装箱设备交接单，将空箱从指定的提箱地点运至指定的收箱场站。

（4）临时租用箱的调运

在集装箱运输过程中，本公司在某些地区的空箱储备不足时，可以采用前述方法进行调运。但由于调运需要时间，难以满足目前的需要，此时箱管部门必须向租箱公司或其他船公司临时租用集装箱。箱管部门应向租箱公司或其他船公司提出租用申请，经其同意并取得集装箱设备交接单后，联系运输公司，到租箱公司或其他船公司指定的场地，将空箱运至本公司协议的堆场或货运站等地，并做好设备交接手续。用毕后按协议将空箱返还至租箱公司或其他船公司指定的场地。

（5）还箱的调运

集装箱成本是集装箱运输成本中的重要组成部分，所以船公司租用集装箱一般同时采用长期、短期或临时租箱方式。在集运市场不景气或货源不足的情况下，及时返还部分租用的集装箱是降低运输成本的重要手段。箱管部门应与租箱公司联系还箱的手续，按租箱公司指定的地点运还空箱并办理交接手续。

（6）其他调运

拆空的集装箱一般由货方或其代理、内陆承运人负责还箱运输。箱管部门应及时掌握该集装箱的动态，使空箱及时使用。集装箱在修理、清洗、改装、熏蒸、检验时，箱管部门应做好调运计划，联系运输公司将集装箱运到指定场所，以使集装箱满足载货要求。

## 3.5.3 集装箱责任及处理

集装箱责任主要体现在损坏、灭失和滞期还箱。为避免这些责任所造成的损失，集装箱通常也需要保险。

### 1. 集装箱损坏、灭失、逾期还箱的处理

货方或其代理人、内陆承运人或从事集装箱业务的有关单位不得将集装箱及其设备用作集装箱设备交接单规定之外的目的使用，必须按规定的时间、地点交还集装箱，而且应保持集装箱及其设备的完好性。

凡不按规定地点交还集装箱者，港区、堆场、货运站、中转站均应拒绝收箱。尤其是实行了电子交接单的港口及场站，不符合进场规定的集装箱及车辆根本就进不去。

集装箱损坏时，应根据前述的交接责任划分，确定责任者，根据损坏程度确定赔偿金额，责任者有义务向集装箱所有人或其代理支付赔偿费用。

集装箱逾期使用时，根据集装箱超期使用费标准，向集装箱代理人支付超期使用费。集装箱超期使用费标准（Demurrage and Detention Rate，DND rate）参见表3-4，其中OB（Outbound）出港，IB（Inbound）进港。不同公司、不同地区标准可能有所不同。

一般地，超过41天不交还集装箱者，可推定集装箱及设备灭失，集装箱代理人有权要求责任方赔偿，集装箱灭失、推定灭失赔偿标准参见表3-5所示。

表3-4 某船公司集装箱超期使用费标准（华南地区，金额单位：人民币）

| 集装箱类型 | | GP（20ft/40ft） | 40HQ | 45HQ | OT/FL/PL（20ft/40ft） | RF/RQ | |
|---|---|---|---|---|---|---|---|
| 内贸 OB/IB DND | 1-7天 | 免费 | 免费 | 免费 | 免费 | 1-5天 | 免费 |
| | 8-14天 | 75/150 | 185 | 185 | 160/240 | 6-10天 | 200/400 |
| | 15-21天 | 150/300 | 370 | 370 | 260/390 | 11-20天 | 400/800 |
| | 22+天 | 220/440 | 550 | 550 | 360/540 | 21+天 | 800/1 600 |
| 外贸 OB/IB DND | 1-7天 | 免费 | 免费 | 免费 | 免费 | 1-7天 | 免费 |
| | 8-14天 | 120/240 | 260 | 300 | 190/300 | 8-12天 | 330/600 |
| | 15-21天 | 240/480 | 520 | 600 | 380/600 | 13-22天 | 660/1 320 |
| | 22+天 | 360/720 | 780 | 900 | 600/1 000 | 23+天 | 900/1 800 |

表3-5 集装箱灭失、推定灭失赔偿参考标准

| 箱 型 | 尺寸（ft） | 价格（美元） | 年折旧率（%） | 最低赔偿额（美元） |
|---|---|---|---|---|
| 干货箱 | 20/40 | 3 200/4 300 | 5 | 1 280/1 720 |
| 开顶箱 | 20/40 | 4 000/5 000 | 5 | 1 600/2 000 |
| 平台箱 | 20/40 | 4 500/6 000 | 5 | 1 800/2 400 |
| 冷藏箱、罐箱 | 20/40 | 25 000/33 000 | 5 | 12 500/16 500 |

## 2. 集装箱保险

集装箱保险是指自身而非货物的保险，以赔偿箱体灭失、损坏而产生的经济损失。集装箱自身保险一般由集装箱所有人投保。在租赁集装箱情况下，由租借人（Lessee）作为准所有人（Quasiowner）来投保。租箱人若决定投保保险公司，租箱合同中不再需要DPP条款。另外，租借人也可以把其对所有人的责任加以投保，此时，租借人需签订赔偿责任保险的合约。

集装箱自身保险为定期保险，每个集装箱作为一个单独保险单位，分为全损险和综合险。保险公司对共同海损分摊、救助和集装箱受损后，被保险人立即采取的有效抢救措施

和防止损失扩大而支付的合理费用也负责补偿(集装箱综合保险详见第9章)。

### 3.5.4 集装箱修理与维护保养

集装箱在运输、装卸、搬运、堆存过程中由于各种原因造成的损坏,由箱管部门对集装箱的维修做出统筹计划并组织实施,港口箱管代理可在授权范围内按照报修程度组织修理。修理可由公司内部修理部门或经认证的集装箱服务公司进行,我国GB/T 34587—2017规定了钢质冷藏集装箱修理技术要求。

根据CSC规定,新箱在出厂24个月内要进行内箱检验,满5年要进行箱体检验,并在以后每30个月检验一次。为此,箱管部门应对此项工作充分重视,确认CSC铭牌的有效日期,统一安排,做好集装箱维护保养工作,保证集装箱满足CSC规定要求。

罐箱检验、维修与保养有更严格的标准,包括罐箱在清洁、框架、罐体、保温、阀配件及试验和检验等方面的可接受标准,为箱主、营运商、承租人、货主、堆场和运输公司之间的交接;为负责维修的承包商提供了清晰的指导。这些标准适用于租赁罐箱的起租,也适用于退租。

### 3.5.5 集装箱跟踪

集装箱数量宠大且分布在全球各地,集装箱运输时间跨度长、风险高。为了能够随时掌握和控制集装箱在周转使用过程中的各种状态,集装箱船公司必须建立高效率的集装箱跟踪管理系统,以提高集装箱的周转率,防止集装箱丢失,降低集装箱运输成本,同时为货主提供更好的服务。

集装箱跟踪管理已广泛采用计算机网络全球管理方式,在船舶、各运输场站节点按集装箱唯一标识——箱号采集流动信息,存储于数据库中,供公司监控及相关企业、货主查询。例如,中远海运的EMS集装箱管理系统,采用一级调度、三级管理体制,对中远全球集装箱实行跟踪和管理,集装箱跟踪查询示例,如图3-20所示。

集装箱跟踪涉及全球各地场站和船舶等的数据采集、交换与传输,ISO有国际标准ISO/TS 18625:2017"Freight containers - Container Tracking and Monitoring Systems(CTMS):Requirements(海运集装箱-集装箱跟踪及监控系统要求)"。实际上,集装箱跟踪与监控系统只是集装箱船公司信息系统的一部分,不少船公司还集成了集装箱运输的很多功能,如箱务管理、订舱管理、提单管理等。例如在中远海运集装箱运输公司网站,货主不仅可以按集装箱号,还可以按订舱号、提单号来跟踪货物,而公司为建立统一高效的集装箱运输管理系统,制定了《集装箱统一管理手册》等诸多内部规则与标准,以保证管理体制、系统流程和管理技术的充分结合。对于集装箱跟踪管理等功能,不同的公司系统安全策略也不一样。有的公司仅注册用户才能查询集装箱状态,如赫伯罗特;有的需要运单号和箱号同时输入才能查询，如安通公司。

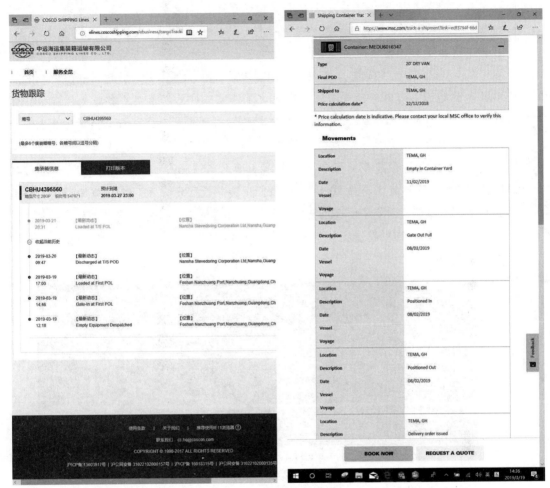

图 3-20　集装箱跟踪

**本章习题**

1. 集装箱货物有哪些类型？
2. 查阅所在省市统计年鉴的对外经济部分，例如，福建省2018年统计年鉴（http://tjj.fujian.gov.cn/tongjinianjian/dz2018/index-cn.htm）"5-8 按类分进出口总额"列出初级产品和工业产品几十项，结合数量，判断哪些是适合集装箱运输的货物。
3. 对案例 3-3，若按 100% 容积利用率下 22G1、42G1 和 45G1 三种集装箱的单位容重各是多少？原货物还是轻货吗？
4. 集装箱货物的交接形态、交接地点、交接方式有哪些？
5. 集装箱在装箱前应做哪些检查？
6. 集装箱货物装箱的基本要求是什么？
7. 某集装箱装有玻璃幕墙模块，采用 2 个 "A" 字形集装架，每集装架各装 9

块幕墙玻璃及配套铝型材。但在运输中车辆与市内道路限高架发生碰撞，导致货物一角洞穿集装箱地板，开箱发现箱内货物受损：集装架1的9块幕墙玻璃完好，但铝型材受损，集装架2的9块幕墙玻璃受损，铝型材受损，损失金额达129 587.45元。试讨论这类宽大货物如何安全装箱。

8. 一批钢管共324捆，体积540m³，重量322 643kg，装在18个同样的45G1普通集装箱内。假设平均装载，试回答：①计算装好后的单个集装箱内的捆数、体积和总重（箱自重参见表2-3，不计包装衬垫材料重量）；②判断是轻货还是重货；③假设钢管为9 m的定尺长度，在集装箱内如何装箱与固定？

9. 220L盛装番茄酱的圆锥形开口桶，直径555 mm，高990 mm，总重约240 kg，在22G1集装箱可满载80桶，①请作出装箱及固定方案。②若每4桶放在合适托盘上，上部捆扎固定（图3-21），用什么托盘合适（包括托盘类型与尺寸重量）？此时在20ft干货箱装载情况如何？③若装在45G1集装箱中而不超重，求带托盘和不带托盘的合适的方案。

图3-21 大桶装番茄酱货物

10. 对于200 L和100 L的桶装货物，集装箱冷链运输需要置于45R1或22R1的冷藏集装箱中，请分别作出装箱方案，已知200 L和100 L的包装桶尺寸分别为$\varphi 560\times 850$ mm和$\varphi 430\times 720$ mm，单桶货物质量分别为170 kg和90 kg。

11. 使用冷藏集装箱应注意哪些问题？

12. 某公司进口的货物为盐湿羔羊皮，对于装箱时货物本身的温度和湿度均有一定的要求，需要采用冷藏集装箱，装箱时也要求托盘的摆放不能妨碍冷风在集装箱内的循环。试问：在装箱时，对这批货物和集装箱还有什么具体要求？

13. 罐式集装箱使用应注意哪些问题，如何保证安全？

14. 查阅GB/T 191—2008，熟悉17种包装储运图示标志，并对照身边货物包装箱上的标志采用，分析对作业人员搬运是否显眼合理。

15. 某单出口双肩背包共七种型号，详细数据如表3-6所示。试问：①这票货的总件数、总体积和总重量各是多少？②适合用什么箱型的集装箱？③此时容积利用率是多少？④这票货是轻货还是重货？⑤填写图3-16所示集装箱装箱单的主要内容。

表 3-6  出口双肩背包装箱数据

| 货　　号 | 包装箱数 | 单箱重 kg | 每箱件数 | 长 cm | 宽 cm | 高 cm |
|---|---|---|---|---|---|---|
| 1-105 | 105 | 12.52 | 24 | 60 | 41 | 38 |
| 1-81 | 86 | 12.64 | 24 | 60 | 42 | 40 |
| 1-98 | 100 | 12.25 | 28 | 60 | 40 | 40 |
| 1-70 | 69 | 8.32 | 24 | 68 | 38 | 32 |
| 1-95 | 100 | 12.52 | 28 | 52 | 39 | 38 |
| 1-106 | 100 | 12.52 | 28 | 62 | 39 | 34 |
| 1-92 | 86 | 12.76 | 24 | 65 | 43 | 39 |

16. 同种货物的装箱方式分为哪几类？到麦德龙之类仓储超市观察并分析每类货物的装箱。

17. 查阅卷钢的规格尺寸和重量，并就图 3-5 右的干货箱装载和上一章图 2-15 下的专门卷钢箱装载两种方式，从多方面进行对比分析。

18. 日式托盘有 1 100×1 100 mm 和 1 140×1 140 mm 两种规格，它们在 20 ft、40 ft、45 ft 通用集装箱内分别能放多少个？请参照上章表 2-3 内部尺寸来计算，并画出图形。

19. 我国重点推荐的托盘规格 1 200×1 000 mm，在 22R1 和 45R1 冷藏集装箱内单层分别能放多少个？请参照上章表 2-3 内部尺寸来计算，并画出图形。

20. 集装箱装箱单的作用有哪些？

21. 集装箱发放与交接的依据有哪些，请就进、出口货物和空箱调运分别说明？

22. 特种货物的集装箱如何堆存？

23. 我国集装箱监管有哪些内容？

24. 集装箱按所有权分为哪几类？为什么需要租赁集装箱？

25. 如何进行集装箱的调运，分别由谁来组织和实施？

26. 在有些航线上集装箱运输存在着集装箱类型和数量的双向不平衡，例如中国—澳大利亚航线，南行主要货物为日用百货、服装、轻工业产品、电子产品等，采用通用集装箱；北行以肉奶等冷藏货物为主，结果造成冷藏箱多过通用箱，船公司不得不调运空箱。现试图采用冷箱干用（Non-Operating Reefer，NOR）来减少空箱调运，试分析可行性及要注意的问题。

27. 对比图 3-7 和图 3-20，解释主要英文含义并比较结果。

28. 请分别访问马士基、地中海航运、中远、赫伯罗特等大公司网站，看看非注册用户可以查询、使用哪些功能，并试用其集装箱跟踪功能；对内贸集装箱运输，访问安通、中谷公司网站的集装箱跟踪功能。

29. 进入中国裁判文书网（wenshu.court.gov.cn），输入"海上货物运输合同"从检索结果中再输入"石材"，阅读检索结果第 5 项：（2015）厦海法商初字第

1330号案,就石材装箱注意事项进行讨论。

30. 如何理解"滞箱费系承运人与托运人或收货人之间的约定,存在于特定的运输合同关系之中,但对特定运输合同以外的第三方不具有约束力",请在裁判文书网检索"滞箱费"及"扬州市"查阅(2017)沪民终143号案并进行讨论。

31. 在中国裁判文书网中检索"集装箱租赁合同"从检索结果中查看推荐案例的(2015)大海商初字第84号案,讨论集装箱租赁合同及租赁双方应当注意的事项。

# 第 4 章 集装箱码头业务

海上集装箱运输自 1956 年 4 月在美国兴起,经历了 60 多年的发展历史。1960 年,集装箱运输开创人麦克莱恩将公司更名为海陆运输公司(Sea-Land Service, Inc., 现为马士基的子公司),开始国际集装箱运输和首个集装箱码头(Port Newark–Elizabeth Marine Terminal)的建造。随着集装箱运输的高速发展,专用集装箱码头应运而生并不断发展。在阐述集装箱码头之前,我们先了解一下码头。

## 4.1 码头概述

人类很早就发明了舟楫来利用水运的便利,只要有船舶,就需要码头来连接水陆。码头是海边、江河边专供船舶停泊,让乘客上下、货物装卸的人工建筑物。码头是人员与货物集中地,以水陆交通的便利促进了城市与区域的发展。

### 4.1.1 港口与码头

港口英文 port 一词源于拉丁文 porta,义为"位于海岸的门户,有水陆接运"。港口通常是码头的集合,汇集一个地方所有专用码头和多用码头。港口是具有水陆联运条件和设备的交通枢纽,是客货运输集散、贸易商品生产和交换的场所。现代港口充分考虑船舶的需要,建设配置水陆运输设备和条件;是船舶安全进出和停泊的运输枢纽;是水陆交通的集结点,工农业产品和外贸进出口货物的集散地;也是国际物流全程运输与国际贸易的服务中心与服务基地。

### 1. 港口及服务发展

港口是内地的货物、旅客运往海外，或船舶靠岸后起卸客、货运送至本地或内陆各地的交汇地。它通常是人工构筑物，具有完备的船舶航行、靠泊条件和一定的客、货运设施的区域，范围包括水域和陆域两部分。现代港口除了交通运输物流服务功能之外，还有信息服务功能、商业功能和产业功能，在国家和区域经济发展中扮演着重要角色。

从世界上看，国际贸易港口约有 2 500 多个，位于世界上各海洋的要道，各国/地区的货物在这些港口聚集并转运到世界各地。不同时期，世界的知名大港都是全球的发达城市和工商业中心，如伦敦（London）、鹿特丹（Rotterdam）、纽约（New York）、马赛（Marseille）、汉堡（Hamburg）、安特卫普（Antwerp）、新奥尔良（New Orleans）、神户（Kobe）、横滨（Yokohama）、新加坡（Singapore）、上海、香港等世界大港，在世界贸易和国际航运物流中占有重要地位。

此外，港口还可以带动诸多临港产业的发展，如港口机械、船舶建造、石油化工、贸易加工等。还有相关服务业，如加油港，因为现代船舶航行离不开燃油，通常将提供锚地（或泊位）加油的港口被称为加油港，纽约港、鹿特丹港和新加坡港是全球著名的国际型加油港。以新加坡港为例，数据显示，2017 年，新加坡保税船用燃油市场消费量为 4 860 万吨，而我国大陆同期大约为 850 万吨左右。

### 2. 中国港口及发展

从中国来看，改革开放 40 多年是港口不断发展的黄金时期。目前，上海港以集装箱吞吐量超 4 000 万 TEU、宁波舟山港以货物吞吐量超 10 亿吨而多年名列全球第一。各地港口不断发展，全国港口类上市公司已达 23 家，不仅包括上海港、宁波舟山港、厦门港务、天津港、青岛港、皖江物流、唐山港、广州港、大连港、重庆港九、秦港股份、锦州港、日照港、营口港、北部湾港、深赤湾 A、珠海港、连云港集、南京港和盐田港等沿海沿江主要驻地港口公司，还有招商局港口和中远海运港口等港口综合服务商。以上海港为例，上港集团是上海港公共码头的运营商，是目前我国大陆地区最大的港口类上市公司，也是全球最大的港口公司之一。上港集团 2017 年实现营业收入 374.24 亿，同比增长 19.34%，其中集装箱业务板块收入 134.81 亿，占集团总收入的 36%，港口物流板块收入 197.11 亿，占比超过一半。除了集装箱业务及相关物流业务，上海港的航运服务功能已从基本的码头装卸、物流配送向航运金融、船舶交易、航运经纪、航运仲裁、航运教育、信息交易等多个产业方向延伸。随着我国新一轮对外开放的深入和"一带一路"的发展，以及数字化技术带动的港口智慧化、自动化、智能化和绿色化的加快推进，我国港口的发展前景依然广阔。

随着近年经济进入新常态，我国港口产能相对过剩，整合港口资源蔚然成风。2019 年，湖北、山东、广西、辽宁、安徽、四川等省区已经开始或基本完成整合，广东、江苏、海南等省持续推进，上港集团和浙江海港集团还签署跨省的《小洋山港区综合开发合作协议》。

### 3. 码头及分类

港口是一个区域内各类码头的总称，码头（Wharf，Pier，Quay）是船舶靠泊和进行装卸作业的必要设施，是港口的主要组成部分。码头从广义上理解为码头建筑物及装卸作业地带的总和，即除码头建筑物自身外还有装卸设备、库场和集疏运设施，这样码头才能完成靠船、系船、进行装卸作业、上下旅客和对船舶进行必要的补给等多种功能。因此，码头是完成水陆货客转换机能设施组合的总称。

码头的种类繁多，分类方法也不尽相同。从技术角度，按照码头的平面布置进行分类，可分为顺岸式、突堤式、墩式等形式；按结构形式进行分类，可分为重力式、板桩式、高桩式、斜坡式、墩柱式和浮码头等形式。按照码头周围水域是否有掩护进行分类，可分为开敞码头和有掩护码头（天然掩护和人工掩护）两种形式。尽管码头形式有所差异，水域环境和自然环境有所不同，但进出港、靠离泊操纵的方式并没有本质上的差别。

从经济角度，主要是按用途进行分类，码头可分为一般件杂货码头、专用码头（渔码头、油码头、煤码头、矿石码头、集装箱码头等）、客运码头、轮渡码头、邮轮码头、游艇码头、供港内工作船使用的工作船码头、行政码头以及为修船和造船工作而专设的修船码头、舾装码头等。

## 4.1.2 港口口岸

我国的港口遍布江河湖海，尤其是沿海港口在改革开放进程下发展日新月异。在港口管理由原来的政企合一到港口企业与港口行政管理部门的分离的情况下，港口企业（或港口经营人）抓住改革开放的大好时机，取得迅猛的发展并带动相关辅助产业与机构的发展。另外沿海大型港口都是我国对外交往的口岸，接受国家口岸相关机构的管理。

### 1. 港口口岸相关主体

口岸是指经国家批准对外开放，供中外籍人员、货物、交通工具和国际包裹邮件出入国（关）境的港口、机场、边境铁（公）路车站、通道，以及经国家批准，可以与境外开展直达运输的内陆铁（公）路车站等。出入口岸的人员、货物、交通工具和国际包裹邮件必须接受口岸查验机关（海关、边检）的检查，以防止偷渡、走私、贩卖枪支和毒品，防止危害农作物的病虫害及危害人民身体健康的传染性疾病传入传出。口岸是国家对外开放的门户，从事国际集装箱运输的港口就是水运口岸。因为口岸管理涉及机构多，我国各级政府一般设立有口岸办的协调管理机构。

通常来说，港口指的是整个港口口岸，是个广义概念。港口口岸是跨境贸易的交汇点，各类主体在此办理和开展相关业务，沟通贸易信息、流转业务单证、完成货物装卸、仓储、转运等跨境贸易流程。以集装箱货物贸易为例，集装箱海运进出口从海运订舱开始至货物最终运抵库场，涉及的经营主体有船公司、码头企业、堆场企业、代理企业、拖车企业等。

更详细的港口口岸相关主体分类,如表 4-1 所示。

表 4-1  我国港口口岸相关主体分类

| 分　类 | 相　关　主　体 |
| --- | --- |
| 政府口岸监管部门 | 海关、海事、边检、港口行政管理部门 |
| 物流服务业务 | 船公司、集卡车队、仓储堆场企业、码头企业 |
| 辅助服务业务 | 引航企业、拖轮企业、理货企业、提供消毒熏蒸、船舶供应或船舶污染物接收处置等相关服务企业 |
| 代理业务 | 船代、货代、报关/报检代理、放箱公司、口岸信息平台公司 |

数据来源:中国港口协会《2019 我国港口企业营商环境报告》。

正如第一章所述,这些主体组织分工协作,共同服务港口各项功能业务,促进业务便利和物流畅通。

### 2. 港口管理及电子口岸

港口管理贯穿港口规划、建设、维护、经营、管理及其相关活动,是维护港口的安全与经营秩序,促进港口的建设与发展的重要工作。我国的港口已经实行"政企分开",即港口经营企业与港口管理部门分立,《港口法》及地方港口条例等的实施为港口行政管理工作提供了法律保障。港口行政管理职能主要涉及规划与建设管理、港口经营的审批与管理、港口安全与监督管理,以及港口行政性收费。

**案例 4-1　　　　　　　集装箱出口港前杂费**

> 2012 年 5 月,一个 40 英尺集装箱货物提单从厦门港发往墨西哥港,所涉及的费用除以美元计的海运费外,还有以人民币计的单证费 350 元、改单费 670 元(USD50+RMB350)、电放费 350 元、THC 1 100 元、操作费 300 元、刷单费 100 元、订舱费 80 元、AMS 165 元、检疫费 8 元、边检费 4 元、港建费 96 元、申报费 2 元,合计 3 225 元。从中可以看到港口行政性收费主要是港口建设费和申报费,所占比例很低。当然,对船舶访问港口还有一定的行政性收费,详见后面第 8 章 8.2 节"船舶代理"。

作为对外开放的港口,大量涉及口岸管理工作。港口口岸运营涉及众多机构,业务繁杂,信息众多,为此我国推出了"电子口岸",即中国电子口岸执法系统,分为中国电子口岸和地方电子口岸两个层面。中国电子口岸(https://www.chinaport.gov.cn)由国务院 16 个部委共同建设,中国电子口岸数据中心承建,主要承担国务院各有关部门间与大通关流程相关的数据共享和联网核查,面向企业和个人提供"一站式"的口岸执法申报基本服务。地方电子口岸建设由各地方政府牵头,主要承担地方政务服务和特色物流商务服务,地方电子口岸是中国电子口岸的延伸和补充。

中国电子口岸是国家进出口统一信息平台,是国务院有关部委将分别掌管的进出口业务信息流、资金流、货物流电子底账数据集中存放的口岸公共数据中心,为各行政管理部门提供跨部门、跨行业的行政执法数据联网核查,并为企业提供与行政管理部门及中介服务机构联网办理进出口业务的门户网站。目前,中国电子口岸已经与海关(含国检)、国税、外管等执法部门联网,提供了海关报关、加工贸易、外汇核销单、出口退税等业务功能。中国电子口岸目前主要开发全国统一的执法功能和网上备案、数据报送企业办事业务。现在各个地方都在建设电子口岸。

中国电子口岸不断深化项目应用,提升服务保障能力,基本实现了口岸大通关核心环节信息共享,在促进政府部门间信息共享、提高效率、加强监管,为进出口企业和航运物流企业提供贸易便利、加快通关速度、降低贸易成本等方面发挥了重要作用,进一步促进了贸易便利化,改善了营商环境,为落实"三互"推进大通关建设要求、服务"一带一路"倡议提供了有力支持。

### 4.1.3 集装箱码头及经营

集装箱码头(Container Terminal,CT)向外延伸国际远洋运输航线,向内连接国内的铁路、公路和水路运输,它是水陆联运的枢纽站,是集装箱货物转换运输方式时的缓冲地,也是货物的交接点,示意图及典型实景图(如图4-1所示)。

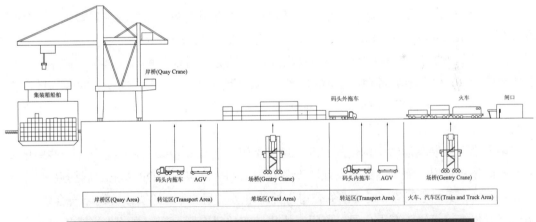

图4-1 集装箱码头示意图及典型实景图

## 1. 集装箱码头的基本要求

随着国际集装箱运输及多式联运的迅速发展，集装箱化比例不断提高，集装箱运量不断上升，集装箱船舶日趋大型化，对集装箱码头的要求也越来越高，要有现代化的软硬件系统来实现装卸作业高效化、自动化，管理工作现代化、标准化和规范化。

集装箱码头分为海港型和河港型两类，在江海选址建设集装箱码头时，需要考虑经济条件、地理条件、与腹地的关系、港口条件、气候条件和职工条件。为此，集装箱码头应满足以下基本要求：

（1）具有供集装箱船舶安全进出港的水域和方便装卸的泊位；
（2）具有一定数量技术性能良好的集装箱专用机械设备；
（3）具有宽敞的堆场和必要的堆场设施设备；
（4）具有必要的装拆箱设备和能力；
（5）具有通畅的集疏运条件；
（6）具有现代化的计算机管理系统和集装箱运输专业人才。

## 2. 集装箱码头的经营

集装箱码头自20世纪90年代以来迅猛发展，现今国际集装箱码头经营实体主要有三大类型。

（1）专业的码头经营公司，专职经营和管理集装箱码头，如香港和记黄埔港口控股港务公司（Hutchison Port Holdings）和招商局港口控股有限公司。

（2）国有的码头经营机构，由当地港务局和港务公司以各种形式直接控制集装箱码头的经营管理，如上港集团（原上海港务局）、新加坡港务局、迪拜港务局（DP World）等。

（3）航运公司自行经营的码头，如穆勒-马士基集团的APM Terminals、中远海运集团的中远海运港口有限公司等。

随着当今集装箱运输全球化的深入，这三类码头公司互相渗透和国际化，一些驻地港务公司向外地发展，如上港集团有九江港务有限公司、迪拜港（DP World）业务从阿联酋发展到印度、罗马尼亚等；或者港务公司与外地港务公司、专业码头或航运公司合资合作，如福州青州集装箱码头有限公司、厦门嵩屿集装箱码头有限公司、泉州太平洋集装箱码头有限公司。经营方式有自主经营、合资经营和租赁经营等多种形式。例如新加坡港务集团（PSA）主营新加坡港和安特卫普港，并在亚、欧、美洲、中东和地中海等地的18个国家建立了50家沿海港口、铁路和内陆集装箱运输终端。我国的中远海运集团和招商局港口也在国内外大力发展集装箱码头业务。

按英国Drewry公司预计，2019年对全球集装箱码头业来说将是一个不错的年份，全球港口吞吐总量预计将超过8亿标箱，码头公司的税息折旧及摊销前利润（EBITDA）将超过250亿美元。

## 3. 我国的集装箱码头经营

按照我国的港口法和港口经营管理规定，港口经营是指港口经营人在港口区域内为船舶、旅客和货物提供港口设施或者服务的活动，我国的码头经营应当申请取得港口经营许可，有固定的经营场所和与经营范围、规模相适应的港口设施、设备。

我国的港口经过几十年的建设，现有万吨级及以上集装箱泊位 328 个，占全国专业性泊位（包括集装箱、煤炭、金属矿石、原油、成品油、液体化工和散装粮食泊位）总数的 1/4 以上。2018 年，中国全年港口集装箱吞吐量达到 2.5 亿标准箱，比上年增长 5.2%。全国枢纽港集装箱码头公司 60 多家，集装箱吞吐量超 200 万标箱的集装箱码头公司有 29 家，盐田国际集装箱码头有限公司和宁波港集团北仑第三集装箱有限公司更是超过 1 000 万标箱。

我国集装箱码头从南到北不断发展，相互赶超，经营状况的对比可以用中国港口协会集装箱分会的多个单项评比指标来衡量，以 2018 年的数据，除各港口集装箱吞吐量外，还有内贸集装箱吞吐量（广州港南沙港务有限公司，570 万标箱）、江河港口集装箱吞吐量（太仓港上港正和集装箱码头有限公司，130 万标箱）、海铁联运量（营口港务股份有限公司集装箱码头分公司，40 万标箱）、水水中转量（广州港南沙港务有限公司，460 万标箱）、国际中转量（盐田国际集装箱码头有限公司，170 万标箱）等数量指标，其中括号内为单项最佳码头及数值。以及集装箱码头作业及效率指标，如集装箱码头桥吊作业效率平均每台时超 30 自然箱（第一：厦门海沧新海达集装箱码头有限公司）、船舶装卸效率平均每艘时超 100 自然箱（第一：天津港联盟国际集装箱码头有限公司）、每米岸线吞吐量超 2 000 标箱集装箱码头（第一：广州港南沙港务有限公司）、每标箱消耗电力和燃油最低集装箱码头（第一：大连集装箱码头有限公司）。

为提高效率、方便客户，响应国务院优化口岸营商环境促进跨境贸易便利化的工作方案，宁波舟山港制定了集装箱码头作业时限标准，如表 4-2 所示。

表 4-2 宁波舟山港集装箱码头作业时限标准

| 环节 | 具体项目 | | | 时效 |
| --- | --- | --- | --- | --- |
| 装卸船 | 大型船舶岸边桥船时效率* | | | 130 自然箱每艘时（M/H） |
| | 1.8 万 TEU 载箱量船舶岸边桥船时效率 | | | 145 自然箱每艘时（M/H） |
| 进提箱 | 外集卡进提箱作业时间承诺 | | | 60 分钟（平均 30 分钟） |
| 查验作业 | 人工掏箱作业 | 20ft 集装箱 | 普通货物 | 全掏 60 分钟，半掏 30 分钟 |
| | | 20ft 集装箱 | 特殊货物 | 全掏 60 分钟，半掏 30 分钟 |
| | | 40ft 集装箱 | 普通货物 | 全掏 60 分钟，半掏 30 分钟 |
| | | 40ft 集装箱 | 特殊货物 | 全掏 60 分钟，半掏 30 分钟 |
| | 人工装箱作业 | 20ft 集装箱 | 普通货物 | 全掏 60 分钟，半掏 30 分钟 |
| | | 20ft 集装箱 | 特殊货物 | 全掏 60 分钟，半掏 30 分钟 |
| | | 40ft 集装箱 | 普通货物 | 全掏 60 分钟，半掏 30 分钟 |
| | | 40ft 集装箱 | 特殊货物 | 全掏 60 分钟，半掏 30 分钟 |

*船时效率：船舶装卸箱量和进行船舶装卸作业时间的比值。

这些码头的经营竞争将大力提升我国集装箱码头的经营和绿色、环保、智能、安全、高效等目标的达成。例如，大连港湾集装箱码头有限公司（DPCM）是大连港适应当今全球港航合作经营集装箱码头的发展趋势，与新加坡港务集团、马士基集团、中远集团共同经营的国际化集装箱码头。公司共拥有六个集装箱泊位，集装箱年处理能力达到300万标箱。在国内率先采用无人值守、集装箱道口智能交通管理系统，能最大限度地缩短货主提箱用时和车辆在港停时，被业内港航权威机构评为中国科技创新最佳集装箱码头。

### 案例4-2

2017年5月，青岛港成功投产前湾港区四期全自动化集装箱码头，该码头有6个泊位，岸线长2 088米，纵深784米，前沿水深−20米，年通过能力520万TEU，可停靠世界载箱量最大的20 000TEU以上的集装箱船舶。传统码头上，无论是岸桥、运载车、还是场桥，都是由驾驶人员操作的。但在全自动化集装箱码头，这三者完全根据计算机系统指挥自动运行，配合天衣无缝，且可24小时不间断工作。整个码头上的作业计划全部智能化，后台只需要几名工作人员远程监控就能完成货物的运输调配工作。全自动码头的"无人化"包括了岸边装卸无人化、水平运输无人化、堆码提箱无人化和闸口查验无人化，因而称作"魔鬼码头"，该自动化码头运营第一年成绩如下：完成船舶装卸作业663艘次，完成集装箱吞吐量79.48万标准箱，船舶准班率达100%。而更值得一提的是，一年来该码头多次刷新作业效率，平均单机装卸效率由运营之初的26.1自然箱/小时，增长到33.1自然箱/小时，比全球同类码头高出50%。2018年4月21日，在"中远希腊"轮作业中，青岛港全自动化集装箱码头创出单机平均效率42.9自然箱/小时、船时效率218.1自然箱/小时的新世界纪录。

### 案例4-3

上海洋山港集装箱码头（上海盛东）码头岸线全长3 000米，配备9个深水泊位。码头前沿水深−16米，可接纳目前世界上最大的集装箱船舶靠泊作业。有桥吊34台，轮胎吊105台。港区陆域面积240万平方米，其中堆场面积149万平方米，堆箱量为15万标箱，包括冷藏箱容量3 528标箱，危险品箱容量2 296标箱。港区设置智能道口20道，出场道口13道。新建成的洋山港四期岸线长达2 350米，拥有2个7万吨级泊位和5个5万吨级泊位，16台桥吊、88台轨道吊、80台自动导引车已全部投产，设计吞吐能力初期达到400万标准箱，远期将达到630万标准箱。经过一年多的磨合，上海洋山港四期全自动化码头运行成熟，运能得到进一步释放，在其智能化和自动化24小时不间断的作业模式下，2019年上半年，洋山四期集装箱吞吐量由去年同期的60多万标箱增长至150多万标箱，同比增长近160%。由此可见自动化码头的高效率！

## 4.1.4 集装箱码头设施

集装箱码头装卸作业是机械化大生产方式,要求各项作业密切配合,实现装卸搬运系统的高效作业。这就要求集装箱码头布局合理,设施配置到位,形成一个有机的整体,以高效率达到各种运输工具和集装箱在码头内的作业时间最短,加速车、船和集装箱的周转,降低装卸成本和运输成本,实现码头的效率和效益。

图4-2是厦门嵩屿国际集装箱码头的平面布置图,从中可以看到集装箱码头的基本构成。

图 4-2　厦门嵩屿国际集装箱码头平面布置及交通图

### 1. 泊位(Berth)

泊位是供集装箱船舶停靠和作业的场所,一艘集装箱船舶靠泊所需要的岸线位置称为一个泊位。泊位通常有三种形式:顺岸式、突堤式和栈桥式,集装箱码头通常采用顺岸式。泊位除足够的水深和岸线长度外,还设系缆桩和碰垫。泊位是集装箱码头的关键设施,泊位长度和水深是集装箱码头的主尺度。

**泊位长度**以该泊位所停靠的集装箱船的长度而定,一般分为单个泊位和连续泊位两种长度。对单个泊位,其长度只需要等于集装箱船货舱部位的长度就可以了,而对于几个泊位连成一线的泊位长度，一般应大于集装箱船舶长度 10～20 m。连续泊位的长度就是岸线总长。泊位的水深是由船舶吃水、船舶的倾斜度和泊位前的底质来决定的。以前的泊位水深在 -11～12 m，现在 2 万 TEU 船舶吃水 -16 m。例如图 4-2 所示集装箱码头共 3 个泊位且在限定条件下可同时满载靠泊两艘 20 万吨级集装箱船舶，泊长（岸线总长）：1 246m，水深：-17 m。当今最大的 2 万 TEU 以上级集装箱船长度和宽度几乎接近 400 m 和 60 m，型深 30 m，最大载重量达 20 万吨，能接纳的集装箱码头泊位长度和水深也要与之适应。

再如我国目前建设的最大集装箱码头宁波梅山港区 6～10 号泊位是目前国内等级最高的集装箱码头，总投资约 78 亿元，将建设 2 个 20 万吨级和 3 个 15 万吨级集装箱泊位（码头水工结构兼顾 20 万吨级）及相应配套设施，码头全长 2 150 m，水深 -17 m，设计年通过能力 430 万标准箱。

表 4-3 为厦门集装箱码头集团海天码头各泊位的长度与水深，主要停靠东南亚、南美、日韩、港台等航线的集装箱船舶。

表 4-3　海天码头各泊位的长度与水深

| 泊 位 | 5# | 6# | 7# | 8# | 9# | 10# | 11# | 岸线总长 |
|---|---|---|---|---|---|---|---|---|
| 水深（m） | -13.1 | -12.2 | -12.2 | -13.5 | -13.5 | -13.8 | -13.8 |  |
| 长度（m） | 260 | 170 | 177 | 303 | 190 | 210 | 200 | 1 510 |

## 2. 码头前沿（Quay）

码头前沿是指泊位岸线至堆场的这部分区域，主要用于布置集装箱岸边起重机和集装箱运输车辆通道，并临时存放集装箱船舶舱盖板。码头前沿的宽度按岸桥和其他装卸机械来确定，一般为 40m 左右。码头前沿和堆场是集装箱码头的主要陆地部分，其纵深和和相应的码头面积也是集装箱码头的主尺度。

## 3. 堆场（Container Yard）

堆场是集装箱码头堆放集装箱的场地，要有足够的纵深和面积来容纳进出的集装箱。例如嵩屿集装箱码头的堆场纵深达 520 m，总面积 643 637 $m^2$，堆场面积在 353 300 $m^2$。

为提高码头作业效率，把堆场分为前方堆场和后方堆场两个部分。前方堆场称为集装箱编排场（Container Marshalling Yard），用于分类排列堆放即将装船的集装箱和即将卸下的集装箱，通常布置在码头前沿与集装箱堆场之间，主要作用是保证船舶装卸作业快速而不间断地进行。在集装箱编排场上按集装箱的尺寸预先在场地上用白线或黄线画好带箱位号的箱位，当集装箱装船时，可按照船舶的配载图找到这些待装箱的箱位号，然后按序进行装船。

后方堆场紧靠前方堆场，也直接称为集装箱堆场，是指进行集装箱交接、保管重箱和安全检查的场所，有的还包括存放底盘车（集装箱半挂车）的场地。堆场面积的大小必须适应集装箱吞吐量的要求，应根据船型的装载能力及到港的船舶密度、装卸工艺系统、集装箱在堆场上的排列形式等计算、分析确定。

### 4. 道路及掉头区（Road and turning zone）

道路及掉头区按需设置在集装箱堆场内部及周围，供集装箱运输车辆及作业机械进出及掉头使用。道路通常采用双向四车道，掉头区大小依集装箱码头面积而定，但至少要满足大型车辆（拖头加载有 40/45 英尺集装箱半挂车）频繁方便的调头作业。

### 5. 闸口（Gate）

闸口也称为大门或卡口，即集装箱码头的出入口，也是划分集装箱码头与其他部门责任的地方。所有进出集装箱码头的集装箱均在闸口接受检查，办理交接手续并制作有关单据。对于国际集装箱码头，闸口由海关监控。

### 6. 控制塔（Control Tower）

控制室又称中心控制室，是集装箱码头作业的指挥中心，用于组织、监督、协调、控制船舶装卸作业和堆场作业。控制塔应设在码头的最高处，以便观察和监控码头所有集装箱箱位及全部作业情况。

### 7. 集装箱货运站（Container Freight Station，CFS）

集装箱货运站是拼箱货物 LCL 进行装箱和拆箱及货物储存、保管和收发交接的场所。CFS 根据需要可设在码头之内和/或码头之外。货运站应配备拆装箱及场地堆码用的小型装卸机械及有关设备，货运站的规模应根据拆装箱量及不平衡性综合确定。

### 8. 维修车间（Maintenance Shop）

维修车间是对集装箱及其专用机械进行检查、修理和保养的场所。维修车间的规模应根据集装箱的损坏率、修理的期限、码头内使用的车辆和装卸机械的种类、数量及检修内容等确定。维修车间应配备维修设备，以保证码头生产能持续地正常进行。

### 9. 集装箱清洗场（Container Washing Station）

主要任务是对集装箱污物进行清扫、冲洗、熏蒸等，以保证空箱符合使用要求。清洗场一般设在后方并配有多种清洗设施。

### 10. 码头办公楼（Terminal Building）

集装箱码头办公大楼是集装箱码头行政、业务管理的大本营，目前已基本上实现了计算机网络化管理。国际集装箱码头通常也有海关人员进驻办公。

## 4.2 码头作业

集装箱码头作业可分为三个部分：泊位作业（Berth operations）、堆场作业（Yard operations）和闸口作业（Gate operations）。从作业对象来看，主要是船舶相关的作业和货物相关的作业，后者还涉及货运站管理。本节先介绍泊位作业（包括船舶装卸作业和码头前沿作业），其他的在后续各节介绍。

泊位作业主要是船舶到（离）港、船舶服务和船舶集装箱装卸作业。到离港和船舶服务是港口针对船舶的基本服务，包括海事协助（Nautical aids）、引航（Pilotage）与拖船（Tug）、系泊（Mooring）、锚区移动（Anchoring area moving）、靠泊管理（Berthing management）、船舶加油（Bunkering）、海员服务（Crew service）、水电服务（Energy and water service）等。

### 4.2.1 船舶装卸作业

集装箱船舶靠泊后，最重要且最多的工作是船舶装卸作业（Stervedoring）。船舶装卸作业是指将集装箱装上船或从船上卸下的作业过程，专业集装箱码头都是采用集装箱岸边起重机（Quay Crane，岸桥或桥吊）来进行，包括出口装船作业、进口卸船作业和倒载作业。

**1. 出口装船作业**

根据船期预报和确报，在船舶抵港前预先做出堆场配置工作、船舶配载计划，以及泊位、场地、机械、人力调度计划。在具体操作上，应当做好以下工作：

（1）编制出口作业计划。码头调度员要做到：装船前把场站收据送外轮理货并进行签证交接；按船舶代理的出口装载清单统计到港集装箱数；核对场站收据、危险货物说明书、特种箱与舱单；编制实配船图。

（2）实施出口作业计划。调度员应将实配船图送船长或大副审核，经船方签字确认后，根据实配图编制集装箱装船顺序表送码头堆场箱控，由后者组织装船作业。

（3）资料管理。出口装船作业完毕，调度员将场站收据相关联、装载清单等送主管签字后，分别交由船舶代理、海关以及码头收费部门。同时调度员将各种单证资料整理归档，并填写单船计划员单船记录，妥善保管，以便查询。

**2. 进口卸船作业**

根据船期预报、确报，在船舶抵港前做出堆场配置计划及场地、机械、人力调度计划。

（1）编制进口作业计划

依据和参考进口舱单、进口船舶积载图、离港报告、船型、潮汐、船舶性能、堆场情况等做好安排。

（2）实施进口作业计划

①码头调度员接到船公司、货代公司以及货主转来的进口货运单证后，核对进口舱单、船舶积载图，分清本港卸箱和过境箱；核实在本港卸箱总数以及中转箱、特种箱、冷藏箱、危险货物箱的箱数；核实堆场提供的卸箱场地及箱位。

②根据作业线、机械出勤、堆场场地、船舶技术要求、进口箱装载以及出口箱预配等情况，合理分配各条作业线的卸箱量并打印卸船顺序表。

③根据堆场堆存条件，空重箱分开堆码，重箱分票堆码，冷藏箱、危险货物箱、超限箱、中转箱应在专用堆码区堆码，特种箱直提等作业要求，分别在卸船顺序表上编制卸箱场位。

④在卸船顺序表封面上注明各种箱型的箱数以及总箱数。

⑤进口单船作业计划编制完成并签字后，连同其他有关卸船资料交码头堆场箱控室，由后者组织卸船作业。

### 3. 倒载作业

船舶倒载作业是指已经装上船的集装箱需要改变装载位置所进行的作业。虽然积载船图是经过计算机编制的，但由于船舶挂靠港口和装卸箱量的增加或发生变更，或为了保证船舶航行安全的需要，已经装上船的集装箱仍然可能改变其装载位置。这种作业会造成作业与支出的浪费，但有时却不可避免。调度员应尽量减少倒载作业的发生。

### 4. 紧固作业

集装箱的紧固作业是指为防止已经装上船甲板的集装箱坍塌、移位，必须用栓固杆件和螺栓扣件进行交叉紧固，使集装箱上下左右牢固定位的作业（码头中称为"打加固"，如卸船则相反称为"拆加固"）。尽管集装箱装卸作业已经实现机械化，但紧固作业仍需人力完成，如图 4-3 所示。

集装箱运输区别于传统件杂货船边交货，船方自有吊机装卸货物的不同，港口向船方提供上述有偿码头服务，因而船方向货主收取码头作业费（THC, Terminal Handling Charge），是运费的组成部分，属于"市场调节价"的范畴。2019 年 3 月 20 日开始，国内外主要班轮公司宣布自愿降低在中国大陆地区收取的码头作业费标准。至此，中国作为世界第一货物贸易国、第三船东大国，作业费标准在全球基本处于中等偏低水平。

## 4.2.2 码头场地作业

集装箱码头场地作业包括堆场作业（Yard operations）和闸口作业（Gate Operations）。

一方面堆场作业要配合前沿的吊运作业；另一方面是堆场各区域内的作业，主要由拖挂车辆（或 AGV）、场桥（轮胎吊或轨道吊）、跨运车、集装箱正面吊和叉车等来完成。为保证码头作业高效、有序、安全地进行，需要有计划的组织和管理工作，主要包括以下方面。

图 4-3　集装箱船上紧固作业

（1）作业计划系统应根据船期、船舶到港、船型、装卸方式、堆场进出箱等信息对入场作业的装卸机械和车辆进行优化配备和安排。箱务管理人员应合理安排集装箱进出场和箱位，有效控制和降低翻箱率，优先采用"重进重出"水平运输工艺。

（2）进入箱区内的车辆和作业机械均应按规定的路线、方向、区域和速度行驶，严禁横穿箱区和逆向行驶。车辆和作业机械应按规定的位置停车，不应停泊或滞留在影响其他车辆或作业机械安全和通行的行车通道上。作业机械宜设置显示安全操作指示的装置或警示标记，作业人员指挥和配合机械作业时，应选择安全位置，发现异常情况应及时避让。

（3）进入箱区的作业人员和管理人员应穿戴荧光警示服、安全帽和相关的劳动防护用品，并严格遵守相关规定。与作业无关的人员和车辆不应进入作业区域，工作人员、车辆不应进入集装箱正面吊、龙门吊和集装箱叉车等装卸机械的安全作业警示区。

（4）对于专门在码头内行驶的拖挂车辆，因为行驶距离短，不采用普通的凸出转锁装置，而采用边角导位或限位装置以方便快速装卸集装箱。外部进入的、使用转锁等栓固装置固定的集装箱，卸载前应解开固定。40 ft 挂车装一个 20 ft 集装箱时，应将集装箱装在靠车尾的一端或载箱面的中间位置。

（5）在箱区内等待、装卸时，应根据装卸车的顺序、机械吊运路线和箱型等变化情况，随时调整停车位置，且前后拖挂车应保持安全距离。在箱区内行驶时，应支道让主道，不抢挡，不横穿箱区，并注意其他各种车辆和机械的作业动态，尤其在进入叉车或正面吊作业区、轮胎吊转向区域时，在尚未明确机械动态前不应盲目通行。

在厦门远海、上海洋山、青岛新前湾等一些自动化集装箱码头，船舶装卸作业和配套的堆场端作业已经实现现场无人化作业，例如不再需要桥吊司机爬上高达 40 m 的桥吊驾驶室操纵集装箱的装卸，而是在后方办公室通过远程控制操作集装箱的装卸。青岛港自动化集装箱码头已在 2019 年上半年完成了基于 5G 连接的自动岸桥吊车的控制操作，实现了通过无线网络抓取和运输集装箱。这是全球首例在实际生产环境下的 5G 进程吊车操作。而岸上集装箱的移动则是由计算机系统控制的 AGV 自动完成。自动化码头请参阅中央电视台"超级工程第 2 季"第 4 集《中国港》，如在腾讯视频中搜索"中国港"。

码头作业有关要求可参阅《港口货物作业规则》（中华人民共和国交通部第 10 号令）。

## 4.3 堆场管理

集装箱码头堆场是集装箱陆海交接的缓冲之地，不仅集装箱在此装卸暂存，还有保管、交接和集疏运的作用。堆场管理是集装箱码头现场生产管理的中心环节之一，涉及码头堆场的分类和箱位的安排、堆垛规则，以及集装箱的堆积、保管、发放、交接、装卸、中转、装箱、拆箱等诸多生产业务。

### 4.3.1 堆场箱区及箱位

集装箱码头负责船舶停靠及集装箱的装卸。对于待装船集装箱，应按航次在规定的时间窗口内到达码头堆场指定的出口箱区堆存；对于卸下船的集装箱，如果不是即时运离码头，就要在码头堆场的进口箱区暂存。码头装卸的速度不仅取决于岸桥的数量与作业速度，也取决于码头堆场箱区的作业效率，包括场桥、集装箱正面吊等作业机械的效率，也受箱区箱位的影响。合理安排的箱区箱位，不仅能减少翻箱率，减少车辆与岸桥的等待时间，提升码头整体作业效率，而且还能提升码头场地利用率和吞吐能力，降低码头作业成本。

#### 1. 堆场布置与箱区划分

堆场管理的效率首先依赖于堆场的布置，即场地、道路与箱区的合理安排（见图 4-1，图 4-2）。堆场四周应设置必要的围栏隔离设施，场地应坚固平坦，无障碍物及突出物，排水良好；有良好的安全措施，如照明、防雷接地、消防器材和监控系统。堆场内应划定不同的箱区，并按作业需要划出车道线，标出行车方向。

集装箱箱区（Container storage area）是用于装卸、交接、堆存、保管、查验等特定功能和用途的集装箱专用区域。堆场的集装箱箱区可有多种划分，如按进出口业务分为进口箱区和出口箱区；按集装箱货种分为普通箱区、危险品箱区、冷藏箱区、特种箱区和中转箱区；按集装箱装载状态分为重箱区和空箱区。

其中冷藏箱区需要有供电电源支架，箱区位置相对固定；危险品箱区需要相对远离，并配备喷淋等消防装置和隔离栏；中转箱区虽无需特殊设备，但海关部门有特殊要求，也是相对固定的。

因为集装箱外形尺寸较统一，箱区堆存按标准箱位进行堆码，堆码应整齐稳固，上下箱的角件应充分接触。堆场管理如同单元化仓库的管理：按基本的人工管理原则来安排箱区时，采用分区式存储策略，各箱区堆放箱类相对固定；采用计算机系统管理时，根据码头进出箱数据、实际堆存数据、船舶到港情况和船公司用箱情况等数据，适当调整各箱区的比例或采用计算机程序优化管理箱区箱位。

### 2. 箱区基本条件及要求

箱区进出口处应设置《进场安全须知》《箱区平面布置图》《箱区应急告知及疏散路线图》。箱区道路应满足消防通道、消防逃生及施救的要求，其宽度应满足装卸机械运行要求，并应设置标划明显的装卸机械行车路线、车道线、行驶方向等交通标识。

首先按箱位线堆码。堆码的垛型（即排数与层数）应与装卸机械的能力、集装箱类型及堆场设计要求相适应。从我国现在码头的实践来看，重箱垛型可达 6 排 6 层高，其上主要采用场桥（如某型号轮胎式集装箱门式起重机跨度 23.47 m、起升高度 18.2 m）来作业，跨度为 6 排集装箱加一个集卡车道宽度。

集装箱堆放时只允许由集装箱的四个底角件来支承重量，上下层集装箱的角件应充分接触。由于江河海港多风，尽量不要采用单排高箱垛，应采取措施减少风对箱垛的影响，特别应注意受风面较大的集装箱及空箱的影响。尽管集装箱较重但也要降低垛高并采取拴固措施来抵抗强风，详见 GB/T 35551—2017《港口集装箱箱区安全作业规程》。

### 3. 平面标准箱位及箱位线

平面标准箱位，即标箱平面尺寸 2 438 mm×6 058 mm。40 ft 集装箱占用两个平面标准箱位，45 ft 集装箱尺寸更大，平面箱位宜单独设置在箱区边缘。

画出箱位线，并标明箱位编码。箱位线应明显划在每个平面标准箱位外，线宽 100 mm，如图 4-4 所示。

### 4. 箱区、箱位编码方式

集装箱在堆场堆放时，一般在堆放场地上按照集装箱的箱型、尺寸预先划出标准区域，并用一组代码来表示其地堆场内的位置，这个位置就是堆场位置，即"场箱位"，它是组成集装箱堆场的最小单元,相当于库位。为便于标识,需要在场箱位线端部标出编号,即"场箱位号"或"场位号"。场位与场位之间要留出场地装卸机械和运输车辆通道。

场箱位由箱区(Stack)、位(Bay)、排(Row)、层(Layer)组成。

(1) 箱区

箱区的编码通常采用一位字母加数字表示,如图 4-2 中的 C1 ~ C9,数字超过 10 的可以用字母,如 CA ~ CD。

(2) 位(贝)

一个箱区由若干个"位"组成,但有 20 ft 箱位和 40 ft 箱位之分,前者用奇数表示,后者由占据连续 2 个箱位奇数的中间值偶数表示,见图 4-5。位数与堆场箱区的长度有关,而箱区的长度往往与泊位的长度或纵深相对应。

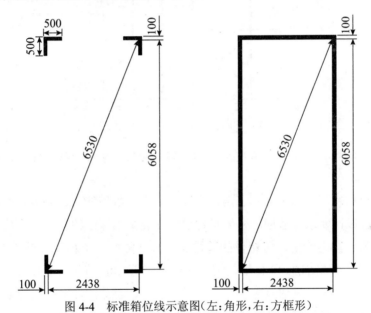

图 4-4　标准箱位线示意图(左:角形,右:方框形)

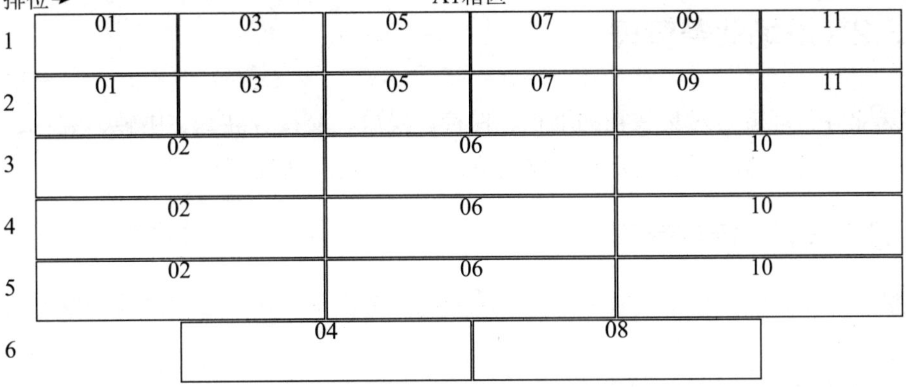

图 4-5　堆场平面箱区、排、位示意图

(3) 排

"排"用一位阿拉伯数字表示。排数由轮胎吊的跨度决定，一般"6+1"轮胎吊跨度 23 m～24 m，箱区排数为 6，另有一车道。

(4) 层

"层"用一位阿拉伯数字表示。层数由轮胎吊的高度决定，不同轮胎吊堆垛高度不同，一般 4～6 层。如图 4-6 所示为 4 层，但因为集装箱常有 8.5 ft 和 9.5 ft 两种箱高，累积高度差别更明显。

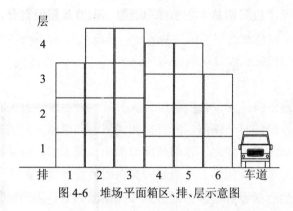

图 4-6 堆场平面箱区、排、层示意图

这样集装箱的场箱位可以用 6 位来表示，如 A10222 为 A1 箱区 02 贝第 2 排第 2 层、40 英尺集装箱。

集装箱码垛的垛型（用上述排、层、位衡量）应与机械能力、集装箱类型、箱内货物的特性以及箱区设计要求相适应。一般货物通用集装箱堆存区的每箱位排数、箱高层数按起重机的堆垛设计能力确定，每箱位的首排和末排宜降低一个箱高（见图 4-6），箱门同向堆放。宜在箱区两端堆放 40 ft 集装箱或在两端空置 20ft 箱位（见图 4-5 第 6 排）。尺寸超限的集装箱堆存区，堆放宜为一层；对货物超长、超宽的，应根据超限的情况，以多个标准箱位堆放，且箱间应保持更大距离。

### 4.3.2 堆场业务管理

堆场业务管理就是对集装箱的堆积、保管、发放、交接、装卸、中转、装箱、拆箱等具体业务的专门管理。下面主要介绍收提箱、堆存管理和清场管理。

**1. 堆场收箱、提箱管理**

集装箱码头的收、提箱是装卸船外最频繁的业务活动。出口装船之前需要收箱，而进口卸船之后需提箱。

(1) 收箱业务

收箱业务就是进入码头的集装箱交接，包括出口重箱交接、码头货运站装箱后重箱返回堆场交接，以及受船公司委托返空箱的交接。其中重箱在堆场出口箱区内进行交接，返空箱的交接则在空箱堆存区内进行。具体业务流程如下：

①拖车公司将拖车开到闸口检查桥地地磅上称重，过磅理货员在计算机上输入箱号、箱型、车号，打印过磅计量单；拖车公司凭 EIR 和其他相应业务单证，在检查桥进场通道与大门理货员办理集装箱进场交接。

②大门理货员核对 EIR，检查箱体、箱号、铅封、船名、航次、车队、车号后，双方签字，理货员留下 EIR 两联存底，第三联交运箱人。大门理货员在出口箱入场单加盖箱检章、过磅章。

③运箱人将拖车开到堆场指定场位卸箱。

④堆场箱管根据堆场积载计划安排，指挥场地机械将重箱卸到指定场位、箱位。

⑤堆场理货员编制堆场箱位图并输入计算机，供调度部门编制出口装船计划。

货运站装箱出口重箱返场作业大致与上述程序相同，但是属于码头内部交接，由码头堆场理货员与货运站理货员之间进行交接。

空箱返回进场业务是码头堆场受船公司委托而进行的，其进场交接程序与出口重箱交接相同。码头堆场对进场空箱按照不同船公司分别堆码。

（2）提箱业务

提箱作业就是出场集装箱的交接，涉及业务有：进口重箱出场交接；货运站交货重箱出场交接；进口超期箱转栈出场交接；调运空箱出场交接。提箱流程如下：

①拖车公司凭集装箱提货单、设备交接单、交货记录在检查桥出场通道与大门理货员办理出场交接；

②大门理货员核对运箱人所持集装箱提货单、设备交接单、交货记录、费用结算单证，有效放行单证，并经双方检查箱体、施铅封后在设备交接单上签字、交接；

③运箱人凭大门理货员开具的出门证从检查桥出场通道运箱出场；

④堆场理货员将提箱信息及时输入计算机，及时变更堆场箱位图。

货运站交货自堆场提重箱需向调度部门提出"摆重计划"，由货运站与堆场办理重箱提离手续并进行交接，将重箱运至货运站拆箱作业场地，进行拆箱作业。

## 2. 堆场堆存管理

集装箱货物在进出码头堆场时的换装过程中，需在码头停留一段时间，因而产生堆场堆存管理，这是码头堆场的主要职能。

（1）集装箱堆垛的基本要求

集装箱堆场堆垛的基本原则是保证集装箱堆放安全，减少翻箱率，充分利用堆场面积。集装箱类型不同、工艺不同、箱内装载货物不同，堆垛方式也不同。具体要求如下：①根据集装箱的不同箱型状态分开堆垛；②根据集装箱内装载货种不同分开堆垛；③满足堆场作业机械的工艺要求；④堆码层高应视码头具体条件及载荷而定；⑤合理安排出口重箱进场堆放；⑥合理安排进口重箱进场堆放；⑦合理安排空箱进场堆放。这些基本要求是做好箱务管理的基础。

（2）堆场堆存管理业务

集装箱码头堆场管理业务主要有堆场配载、堆场调度和堆场箱控。

堆场配载是根据船公司或其代理人提供的出口集装箱装货清单或预配清单、集装箱预配图、结合码头进箱堆存实际情况，编制出口集装箱实配图。

堆场调度是堆场管理的关键业务，它根据船舶靠泊计划和堆场实际堆存能力规划重箱、空箱进出口区；根据大门理货员整理的"门票"为收箱指定箱位，并编制堆场箱位图和堆场作业计划图；根据靠泊船舶的各项载图编制装卸船计划。

堆场箱控就是执行调度编制的装卸作业计划和堆场作业计划，具体操作包括进出场作业、验关移箱作业和装卸船作业。

### 3. 堆场清场管理

集装箱地码头堆场上的位置随着装船、卸船作业不间断地变化，如果堆场空间紧张，碰到进口或出口核心班轮集中到达时，堆场的合理利用至关重要。这时为保证核心班轮进出口作业正常进行，需要为它们提前做好场地安排计划并适时清场腾空所需空间。清场作业流程如下：

（1）堆场箱控部门根据调度部门下达的清场单中明确的箱位、箱量，通知调度员对需要清理的进出口场地组织作业；

（2）调度员视清场作业的倒箱量配备场地及水平搬运机械，按照清场单进行倒箱作业；清场作业后，堆场理货员将发生移动的集装箱箱号、场位号重新输入计算机系统并通知相关部门中以卸箱的场位。

### 案例 4-4

> 2015年，广州远太鑫三利集装箱工程有限公司与韩进公司签订《堆场服务协议》，约定鑫三利公司在黄埔港为韩进公司提供空集装箱从码头到集装箱堆场、货运站间的往返运输服务，在鑫三利公司的集装箱堆场、货运站的集装箱装卸服务，空载或载货集装箱的储存服务，空载或载货集装箱的外观检查服务、集装箱填装或拆箱服务等，以及文件服务包括设备交接单在集装箱堆场、货运站进行接收、交接服务，提供每周活动和现有库存报告。【来源：（2017）粤民终2332号民事判决书】

## 4.3.3 冷藏集装箱堆场

冷藏集装箱专用堆场是指平面标准箱位在50个以上，场地形状规则，连成一片，有固定的供电电源设施，具有堆存冷藏箱各项条件的冷藏集装箱专用场地。其堆场技术条件要求有面层、照明、供电（三相四线）插座（380V 32A）和冷藏箱电源支架。

## 1. 冷藏集装箱堆存区设置

冷藏集装箱堆存区堆码高度一般为 2～5 层箱高，应设置专用电源装置和登高作业桥架（见图 4-7），并配建专用的变电站。堆高超过 2 层的冷藏箱堆场应配置固定式电源支架，支架内安装电源配电箱控制整个支架的冷藏箱电源插座和照明灯。支架尺寸、局部照明和护栏设置应满足不同高度冷藏集装箱插接电源、巡视和检修的要求，并保证操作人员安全。

图 4-7　冷藏箱区电源装置和登高作业桥架

为保证装卸箱作业安全和方便查验箱号，平面标准箱位间应留有间距，在无机械通道和不设电源插座处，集装箱间的纵横间距 $a$、$b$ 均为 400 mm，如图 4-8 所示，$c$ 为电源支架最大宽度，$d$ 为操作宽度，一般取 500～700 mm。而带地面插座的箱位示意图如图 4-9 所示，其中 $e$ 为地面插座最大宽度，$f$ 为检修通道，宽度为 1 000 mm。

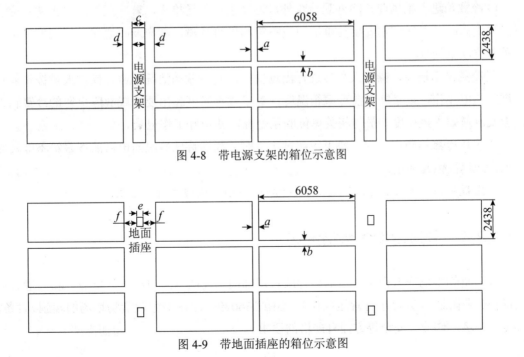

图 4-8　带电源支架的箱位示意图

图 4-9　带地面插座的箱位示意图

为提供更好的服务，新建专用冷藏集装箱堆场应考虑采用冷藏箱温度集中监测系统及设施。冷藏堆场的上下水及消防等设施，应按港口工程的有关标准及规范执行，而且应具备电气设备的消防能力。未设固定式电源支架的冷藏箱堆场或堆高不超过2层的冷藏箱堆场，应配置移动式的巡视及检修设施。冷藏集装箱堆场应配备满足堆场作业要求的集装箱专用机械设备、专业管理人员和操作人员、适用的通迅设备和劳动保护用品。

**2. 堆场技术管理**

（1）冷藏集装箱堆场的技术管理要求

①冷藏箱堆场除按普通集装箱堆场管理外，还应由专业人员负责电源设施、冷藏箱制冷设备及箱内温度的巡视检查、电源插接、故障排除和检查维修等方面的工作，同时应配备相应的仪表和工具。

②冷藏箱堆场应建立完整的系统单箱信息资料，建立完善冷藏箱日常检查制度和异常情况报告流程，建立完整的冷藏箱故障报修资料。

③接电运转的冷藏箱应定时（2～4h）进行运转巡视和温度监测，设有温度集中监测系统的堆场，人工巡视间隔可延长2～3倍。

④对不需要PTI检查和不必插电的冷藏空箱，应集中堆存。

（2）出入场交接要求

①冷藏箱进出堆场交接除普通集装箱手续外，还应交接制冷设备及记录货物温度。

②装货的冷藏箱入场前应向堆场提交"冷藏货物说明"，内容包括箱号、箱型、货物名称、货物重量、温度要求、湿度要求、通风要求、除霜间隔时间及注意事项等。

③冷藏箱进入堆场前，除外观检查外，还需进行入场检查，若冷藏箱情况正常，应及时接通电源；若发现设定温度与单证记载不符和机组故障，则应及时通知中控调度人员与相关单位联系处理。

④冷藏箱出场前，操作人员应进行出场检查，若冷藏箱情况正常，操作人员按作业指令进行断电操作，记录断电前冷藏箱温度；对于货物温度超出要求或故障报警的冷藏箱，则应及时通知中控调度人员与相关单位联系处理，并做好工作记录。

⑤出场冷藏箱断电时间一般不应超过1小时；如遇特殊情况断电后的冷藏箱不能及时出场，应尽快恢复通电。

详细规定参见GB/T 13145—2018《冷藏集装箱堆场技术管理要求》。

## 4.3.4 危险货物集装箱堆场

危险货物堆场应取得所在地港口行政管理部门颁发的《港口经营许可证》和《港口危险货物作业附证》，方可进行营运或作业。GB/T 36029—2018对危险货物堆场的设施、设备、人员、车辆、作业、安全等方面有严格的要求。

### 1. 设施设备要求

堆场应实行封闭式管理，要求：①采用封闭的围栏或实体围墙，并设置防穿越设施，围墙的高度不低于 2.8 m；②设有明显的安全警示标志、标牌；③无关人员和车辆不应进入；④堆场出入口不应少于两处。

堆场地面应平整无突出物或其他障碍物，应使集装箱只由四只角件支承，装卸运输机械的工作载荷及额定的集装箱堆存层数不得超过设计载荷。

堆场道路标志和标线应清晰可辨，堆场箱位和通道的划定应满足应急要求。应按货物特性使用降温喷淋装置，并处于良好的工作状态。防雷和接地设施应定期检测并保持技术状况良好；消防器材应符合标准规定，并定期检查确保使用；火警报警系统应保持完好适用状态。视频监控系统应达到堆场作业和堆存状态监控的要求，堆场有符合条件的照明设施，电气设备应处于适用状态。

堆场应根据所装卸的危险货物的特性配备用于个人防护的相应器材，如空气呼吸器、过滤式面具、洗眼器、耐酸碱手套和套鞋、储运第 7 类危险货物所需的放射性监测计量仪表、可燃气体检测仪等，配置数量应满足现场所涉人员防护需要，并有专柜存放，专人负责管理。

### 2. 人员及管理要求

堆场企业主要负责人，危险货物装卸管理人员、申报人员、集装箱装箱现场检查员以及其他从业人员应按相关法律法规的规定，取得相应的从业资格证书，方可上岗作业。企业应为所有从事危货装卸的作业和管理人员提供专项培训，并保留培训记录。

堆场应对危箱、车辆、人员进出场进行登记、资料核对和管理。堆场应设有专人昼夜管理，应在醒目处明示《港口危险货物作业附证》、责任人职责范围和堆场示意图；并存有完整的人员、车辆出入场和危货箱出入场（包括危险货物信息、进出堆场时间、箱号、堆存箱位等）的登记记录，以及管理人员工作交接日志等有关资料。

人员和车辆需遵守相关入场制度，经许可才能进入堆场。具体入场制度包括：①车辆应装有火星熄灭器和车辆静电拖地带，静电释放带应触及地面；②人员应按规定穿戴安全防护用品；③入场时车辆车速应不大于 5km/h，场内行驶的车速不大于 10km/h；④不应携带火种；⑤不应使用手机、无防爆性能的普通对讲机等无线通讯设备；⑥不应在场内滞留、休息和进行车辆的检修排放；⑦不应扔弃各类杂物（特别是含有油脂类的废弃物）。

### 3. 堆存及堆箱作业

堆场应严格划分各类危货箱的堆存区域，并按照《港口危险货物作业附证》所载明区域范围、数量品种和作业方式进行作业。如因特殊情况需要超限定存放危货箱的，应报经港口管理部门重新核准。

不得入场堆存的危货箱有：①提供的信息资料有误；②未粘贴危险品标志或未按国际危险运输公约相关规定粘贴危险品标志；③箱体损坏或有渗漏现象；④铅封损坏、缺失和无铭牌。

各类危货箱的堆存区域还应满足：①危险特性相冲突的，应进行隔离堆存；②灭火方法互相抵触的，应分区堆放；③按危险货物特性，采用箱门朝外的堆垛方式；④罐箱不宜堆放在近车道的首列箱位。

危货箱堆场作业，应在装卸管理人员和现场指挥或者监控下进行。使用集装箱叉车堆码时，应严防叉车顶戳集装箱箱壁，易燃易爆和放射性物品的危货箱宜使用有顶框架的叉车进行作业，罐箱禁止使用叉车装卸作业。

使用集装箱起重机械进行作业时，除按所用机械的一般操作要求外，还应满足以下要求：①确认吊具与集装箱连接牢靠；②取箱应缓速铅垂提升，不应拖曳起吊；③水平位移应平衡，避免箱体倾斜造成箱内货物移动；④堆箱应缓慢放落，减小货物震动；⑤吊运作业时，不能同时进行垂直升降和水平位移。

使用非集装箱专用机械进行危货箱起重作业时，应使用专用集装箱吊具。

### 4. 安全管理要求

建立现场检查制度，采用安全检查表逐项检查，并有应对台风等气候影响和突发情况的措施。

进出堆场的车辆应按照规定的路线行驶。车辆进入堆场后，司机不应离开驾驶室。

场内运输危货箱的车辆，应挂有"危险品"铭牌，并按规定配备灭火器材。

载有危货箱的社会车辆还应持有道路危险货物操作证（押运员）、危险货物（列车）运输资格证（驾驶员）、道路危险货物运输（国际集装箱）证（车辆、挂车）。

危货箱堆存区域内不应进行：①危货箱的拆、装箱作业；②集装箱清洗和熏蒸作业；③车辆、机械维修；④其他可能产生热和火星的作业。例如天津大爆炸事故就是因为现场危货箱拆装箱作业不规范引进的连锁反应。

对有温度和压力控制要求的危货箱，应检查温度和压力变化情况，采取必要措施，做好记录及反馈，确保温度与压力处于正常范围内。罐式集装箱不得擅自打开任何罐盖和封口。

高温季节应定时对箱区及箱体进行测温，根据气温和箱体温度变化情况和危险货物的理化性质，采取喷淋、空箱置顶、遮阳等降温措施。

发现危货箱堆场内的集装箱有渗漏、异味、箱体变形等异常情况时，应立即报告上级和相关部门，并查明出现异常的集装箱及箱内危险货物的品名、特性及预防措施，在采取堵漏、截流、隔离等措施后疏运到专业单位，防止沿途污染和危害的扩散。

按相关规定制定危货箱堆场应急预案，并进行评审、备案、培训和演练，当发生险情或事故时，应立即启动专项应急预案。

## 4.4 货运站业务

集装箱货运站（Container Freight Station，CFS）是提供拼箱货物装箱和拆箱的场所，集装箱货运站经常作为集装箱运输经营人的代表接受和交付货物，并承担集装箱清扫、熏蒸、修理等辅助服务。CFS满足了客户拼箱货（LCL）的需要，是国际集装箱运输及多式联运中重要的环节，在此可以有效进行货物的集合和疏运，实现集装箱的"门到门"运输。

### 4.4.1 集装箱货运站分类

集装箱货运站通常分为码头货运站和内陆货运站。

码头货运站设在码头内或码头附近，是整个集装箱码头的有机组成部分。集装箱货运站的设施设备有存储货物的仓库、拆装箱和堆码作业的装卸和搬运机械设备，以及一定面积的拆箱区用于集装箱拆箱、堆存与货运。

在集装箱运输初期，集装箱货运站主要布局在集装箱码头堆场内，但实践证明，这一方式影响了集装箱码头整箱货的作业。自20世纪80年代后期开始，国内大多数集装箱码头将货运站设在码头外的附近地区，承担的业务没有改变，但避免了与集装箱堆场的相互干扰，促进了集装箱运输的发展。

内陆货运站通常设于内陆主要城市及外贸进出货物较多的地方，主要承担货物的集疏、装拆箱和内陆运输组织工作，它是港口向内陆的延伸，具有集装箱货运站和码头堆场的双重功能。内陆货运站是联系沿海港口与经济腹地的纽带和桥梁，位于内陆交通重要节点，既可以是公路运输中转站，也可以是铁路集装箱运输办理站或中心站，甚至兼具公路、铁路等多种运输方式。

内陆货运站也称为集装箱中转站（Container depot），是具有集装箱中转运输与门到门运输和集装箱货物的拆箱、装箱、仓储和接取、送达、装卸与堆存的场所。集装箱中转站是港口功能在内陆地区的延伸，具有运输、堆存、拆装、装卸、货代及内陆口岸海关边检和信息服务等功能，因而也称为"无水港"和"陆地港"等。例如西安国际港务区依托"西安综合保税区、西安铁路集装箱中心站、西安公路港"三大核心平台，形成了以"长安号"国际货运班列、"西安港"、一类开放口岸、跨境电子商务试点为基础的对外开放格局，创立了"港口内移、就地办单、海铁联运、无缝对接"内陆港模式。

### 4.4.2 集装箱货运站的业务与设施

**1. 集装箱货运站的主要业务**

（1）货物收付与运输组织服务，包括集装箱及其货物的运输、发送、中转到达等作业的运输组织与管理，运输工具与方式的选择。

（2）集装箱装卸、堆存与中转服务，包括为货主提供装卸、堆存、保管、包装等服务，场站内的各种装卸运输与堆存作业，空箱与重箱的堆存和保管，整箱货的中转。

（3）集装箱装拆箱及货物仓储服务。集装箱货物装箱、拆箱，包括进出口拼装货的积载、进口拼箱集装箱的拆箱，以及对客户货物的仓储、保管和相关统计工作。

（4）单证与结算服务，包括货运单据的交接和签证处理，运费、堆存费等的结算。

（5）集装箱相关服务，包括集装箱的还箱、检查、清洗、熏蒸和维修服务，以及集装箱车辆的服务。

（6）信息服务，包括集装箱及其货物跟踪、仓库管理、运费结算等业务，以及提供货源、运力、货流信息和车货配载信息等。

（7）辅助服务，包括办理海关手续、保险业务、货代业务，车辆停放、清洗、加油、维修、保养等服务，以及为货主、司乘人员提供食宿服务等。

### 2. 主要配套设施

（1）办理集装箱货物交接和其他手续所需要的的门房和营业用房；

（2）接收、发放和堆存拼箱货物及装拆箱作业需要的场地、库房及机械；

（3）集装箱堆存及堆场作业需要的机械设备；

（4）开展集装箱检验、修理、清洗等业务的车间和条件；

（5）拖挂车和汽车停车场及汽车装卸的场地和机械设备；

（6）铁路运输装卸车作业的装卸线及装卸设备；

（7）与港口码头、铁路站所及货主、运输经营人等进行信息处理的条件与设备；

（8）为海关派员及办理海关手续所需的条件与设施。

为了加强集装箱货运站的管理，促进我国集装箱运输事业的发展，我国先后颁布了《中华人民共和国港口法》《中华人民共和国国际海运条例》《港口经营管理规定》《道路货物运输及场站管理规定》和《铁路集装箱运输规则》等政策法规。集装箱货运站应该严格遵守这些法规，加强管理，为货主及客户提供更好的服务。

## 4.5 闸口管理

集装箱码头闸口，也称为码头大门或检查桥，是进出集装箱和各种运输机械的出入口，是区分码头内外责任和交接集装箱相关资料的地点。

### 4.5.1 集装箱码头闸口的设置

集装箱码头闸口管控集装箱进出口操作，任务重，责任大，对设置及管理要求较高。

基本要求是：

（1）集装箱码头大门闸口位置一般设在面向马路、背靠港池的适当地点；

（2）大门的建筑结构，一般是钢结构框架两层通道式建筑，上层为通道式走廊，下层为检查桥及若干工作间；

（3）大门上方安装电子显示屏和其他标识牌，方便车辆及人员获取进港装卸箱信息；

（4）大门的跨度（即车辆通道数）要考虑设置进港、出港通道、超高箱和港口机械通道和行政通道（码头工作人员通道）；

（5）大门面向公路的一侧应有面积宽敞的场地，用于车辆等候、箱体检查及停车等；

（6）进港通道上应设置先进的地衡计算机计重系统，以便对集装箱实施计量；

（7）设有联网计算机终端，对进出箱进行计算机管理。

集装箱码头进出集装箱频繁，闸口设置的目的是集装箱快速、方便、准确地进出，因而要求办理集装箱进出手续方便、高效和安全，典型大门闸口，如图4-10所示。

图4-10　某集装箱码头大门闸口

## 4.5.2　集装箱闸口工作及要求

集装箱闸口的基本工作是：①检查集装箱箱体和铅封，进行集装箱交接；②审核集装箱单证出口集装箱计重；③配合堆场作业，指定收箱或提箱堆场箱位；④进场、出场集装箱的信息汇总处理。闸口业务分为收箱（Container Receiving）和提箱（Container Drawing）两种，按贸易分为出口和进口两种。

国际集装箱进出港是口岸管理的重要工作之一，随着我国各港口进出口集装箱吞吐量的不断增加，传统的管理方式难以适应，需要采取现代化管理手段。一方面，相关规定进一步明确闸口作业的规范化；另一方面，随着信息技术的发展，最终出现智能闸口，提高集装箱物流效率，降低物流成本，提高信息准确性，实现码头闸口无人化操作。智能闸口系统包括箱号识别、集装箱验残系统、车牌号识别系统、地磅系统、语音对讲系统和交通控制系统等。这就要求码头与客户有规范的作业要求，例如下面某码头的智能闸口交接备忘录。

## 案例4-5　　某港口智能闸口集装箱交接备忘录

港口甲方与客户乙方在闸口交接集装箱所使用的纸面凭证及电子数据信息，经友好协商，达成一致并签订以下备忘录：

1. 乙方应将其名下相关司机及车辆的信息向甲方报备，甲方将根据乙方提供的司机名录发放进出闸口通行卡，乙方应管理好通行卡，确保进出闸的司机与通行卡一一对应。登记在乙方名下的司机代表乙方与甲方在甲方闸口对集装箱进行交接，乙方承担司机的相关责任。如非登记司机本人持有乙方通行卡进出闸口的，同样视为乙方的代表，应由乙方承担责任。

2. 甲方闸口安装集装箱箱号、车号等识别设备，对箱体进行拍照、视频记录，相关电子数据信息作为《闸口集装箱交接单》记录的依据。该电子数据信息（含照片及视频）由甲方按规定归档保存，乙方或相关单位有权调阅查询。

3. 乙方应按甲方要求提交与集装箱及货物相关的电子信息，包括但不仅限于车号、封铅号等，确保相关信息的真实性及完整性。

4. 乙方拖运的集装箱在进出甲方码头闸口时，以《闸口集装箱交接单》作为甲乙双方交接的唯一凭证，甲方不再使用和保存《设备交接单》。

5. 乙方拖运的集装箱在码头闸口交接时，重箱凭箱体外观状况及封志交接，空箱凭箱体外观状况交接。

6. 甲乙双方在集装箱交接时，应当分别检查箱号和封志的正确、完整，箱体、封志如有异常情况，甲方将做异常记录，甲方打印《闸口集装箱交接单》或《闸口集装箱交接异常单》由乙方签字确认，作为双方集装箱交接的纸面凭证。乙方收到异常单之日起五个日历日内未提出异议，视为同意甲方的异常记录。乙方应妥善保存这些纸面凭证。

7. 发生集装箱箱损或货损争议，双方确认《闸口集装箱交接单》和甲方保存的相关电子数据信息将作为责任划分的依据。第三人有权提供相应争议文件并按甲方审批程序申请调阅，甲方应予以配合。

8. 乙方应将甲方有关闸口集装箱交接的相关情况通知货方或相关单位，并确保货方或相关单位认可《闸口集装箱交接单》及甲方电子数据信息作为集装箱交接状况的证明。否则，由此给甲方造成损失的，应由乙方承担责任。

**本章习题**

1. 对于例 4-1 所说的港口行政性收费，请查阅有关政策与资料，尤其是主要港口管理部门的网站，说明对集装箱船舶访问港口如何收费。

2. 访问离你最近的港口，搜集港口运营及管理的基本情况，港口集装箱码头的具体情况，可以考虑分组介绍与讨论该港口及其邻近港口的情况。

3. 我国港口类上市公司已有 23 家，请查询介绍其中一家的主要信息，可以考虑班级分组展示与讨论。

4. 集装箱码头的基本设施有哪些？需配备哪些作业机械？

5. 集装箱码头堆场的堆码原则是什么？

6. 试分析图 4-6 中为什么左右两边箱高不一样。

7. 集装箱码头堆场管理的主要工作有哪些？

8. 冷藏集装箱堆存区设置与堆存要求是什么？

9. 集装箱货运站的形态与业务有哪些？

10. 集装箱闸口的工作及要求是什么？

11. 2015 年 6 月 15 日，原告深圳西部联合物流有限公司与被告韩进中国公司签订了服务协议，并于 2016 年 6 月 1 日续签。协议约定主要内容如下：原告作为服务商为作为承运人的被告提供码头至原告集装箱堆场/集装箱货运站之间的集装箱运输服务、吊装服务、存放服务、空箱或载货集装箱的保管服务、接收货物、外观检验、装箱拆箱以及前述服务附带的辅助服务。各项服务以协议所附的费率和收费表为准。上述服务协议和维修协议签订后，原告在其经营的盐田堆场和前海堆场为被告提供了协议集装箱服务，共涉及 1 232 个集装箱，其中 HJCU407643[4] 号等 1 174 个集装箱为状况良好或经修理好可正常使用的集装箱，其他 58 个集装箱为经修理亦无法正常使用的破旧集装箱。2015 年 8 月至 2016 年 8 月，以上集装箱在原告经营的两个堆场共产生吊装费、堆存费、干货箱和冷藏集装箱维修费、拖车费等共计 6 207 172.55 元，其中吊装费 410 713 元、堆存费 273 919.79 元、维修费 3 986 386.56 元、冻柜费 34 234.20 元、堆场内拖车费 1 501 919 元。

原告诉讼请求：①韩进中国公司和韩进海运连带向其支付集装箱仓储堆存费、吊装费、修理费、运输费用等人民币 6 421 972.55 元及其利息；②韩进中国公司和韩进海运连带向其支付自 2016 年 8 月 31 日起至本案 1 174 个集装箱被处置、拍卖提离原告堆场之日止，在原告堆场预期发生的集装箱仓储堆存费、吊装费及其利息 230 万元；③确认原告对本案由该公司保管的 1 174 个集装箱享有留置权，对于韩进中国公司和韩进海运应向原告支付的堆存费、吊装费、修理费等款项享有对被留置集装箱拍卖款优先受偿的权利；④被告和韩进海运连带支付原告诉前财产保全申请费 5 000 元并负担本案受理费。【来源：（2017）粤民终 1885 号民事判决书】

试讨论：集装箱空箱堆场通常能提供哪些服务？本案中集装箱空箱服务所涉及的费用应由谁承担？

12. 登录中国裁判文书网，检索"港口作业纠纷"，阅读《（2018）鄂民终1033号判决书》，试回答以下问题：①集装箱港口作业有哪些内容？双方协议中的集装箱港口作业包干费有哪些？②集装箱堆存保管费如何计算？需要区分箱型吗？区分重箱与空箱吗？为什么？③加上集装箱码头代收的费用，双方签订的港口场站服务费率协议约定的服务和费用支付有哪些？④对于港口作业合同纠纷，请查阅我国合同法相关条款，讨论它的适用合同类型与双方的责任与义务。

13. 某港口经营人在集装箱堆场c21区移动sud971.029-7号集装箱，该集装箱与该公司升降设备发生撞击，造成集装箱在离堆场原停放点5.9 m处坠落并摔坏。事故发生时仍然处在港口经营人在集装箱堆场内对集装箱货物仓储及作业的阶段，且货损事故发生时，不存在任何形式的海运提单或证明该集装箱货物已交付海运承运人掌控的初步证据。没有任何直接、合法、有效的证据能证明"货损事件发生时，该集装箱已交付海运承运人，海运阶段已开始"的基本事实。【来源：（2014）民申字第1188号民事裁定书】。试问：①集装箱货物交接的要求和依据是什么？②这一事故的责任人是谁？应当承担什么赔偿责任？

# 第 5 章
# 集装箱水路运输

集装箱水路运输是集装箱运输最主要和最经济的运输方式,按水域范围进一步分为国际远洋运输、国内沿海运输和内河集装箱运输。2018 年,我国港口完成集装箱吞吐量 2.51 亿 TEU,其中,沿海港口完成 2.22 亿 TEU,内河港口完成 2 909 万 TEU。可以看出,涉及沿海港口的国际远洋运输和国内沿海运输是集装箱运输的主体。码头、船舶与航线是集装箱水运的基本要素。

## 5.1 水运及集装箱水运

地球上 70% 的面积被水覆盖,单靠人力难以跨越,自从人类发明船舶之后,这一障碍逐渐被克服,人员与货物可以通过航行在水上的船舶来进行运输,这就开始了水运,从舟筏、帆船、蒸汽机船到柴油机船,从渡江河湖跨越到远洋运输。船舶是能航行或停泊于水域进行运输或作业的交通工具,按不同的使用要求而具有不同的技术性能、装备和结构型式。船舶及航海技术的进步以及世界经济与贸易的增长,不断推进着水运的发展,尤其是国际远洋货物运输。

### 5.1.1 水运概述

水运(Water Transport)就是水路运输或水上运输,包括水上旅客运输、水上货物运输及水上运输的辅助活动,其中水上旅客运输进一步分为海洋旅客运输、内河旅客运输和客运轮渡运输;水上货物运输按航行区域划分为远洋货物运输、沿海货物运输和内河(包括湖泊、水库)货物运输;水上运输辅助活动主要是服务前两者的客运港口、货运港口和其他水上运输辅助活动。限于本书范畴，以下所提水运均指水上货物运输。

水运具有运输能力大、能源消耗低、续航能力大、运费低、通过能力强和适合多种货物运输的特点，但受气候和港口限制，可靠性低、航速低。各种水运业态的不断发展，对国民经济和对外贸易有重要的支撑和推动作用，尤其是远洋运输。我们从第1章看到，2017年世界海运贸易量（World seaborne trade）达107亿吨，其中集装箱运输按照运量计算2017年已经达到17.1%，而按贸易金额计算则占一半以上。

水路运输的经营，由于具有国际性，易受国际政治、经济、法律及金融外汇的影响，难度远超过其他运输方式的经营，主要表现在：①投资额巨大且回收期长，国际化经营且竞争激烈，兴衰循环，运费收入不稳；②舱位无法储存；③要遵守相关国家法律、国际公约和国际惯例，以适应国际海运市场。

水运系统由船舶、港口及陆上设施构成。船舶这里限指民用运输船舶，分为客船、客货船和货船，其中货船进一步分为杂货船（General cargo ship）、冷冻船（Refrigerated vessel）、集装箱船（Container vessel）、散货船（Bulk carrier）、木材船（Timber carrier）、液体货船（Product/chemical carrier）、混装船（Combi carrier）、车辆运输船（Pure Car and Truck Carrier）、笨重船（Heavy lift shipping）和油轮（Oil tanker）等。港口及陆上设施主要包括组成港口水域的港池、航道和锚池和陆上的铁路、道路、仓库、港口机械，以及航标、灯塔、引航、救援等其他船舶与港口服务设施。

## 5.1.2 航次与运输组织

水运依靠船舶航运来进行，船舶运输的基本过程就是航次，进而船舶运行组织可分为航次形式和航线形式。

### 1. 船舶运输航次

在船舶运输生产中，将船舶从事货物或旅客运输的一个完整运输生产过程称为航次（Voyage）。航次所包括的作业可分为基本作业、辅助作业和服务作业三类，其中基本作业主要是装货和卸货或上下旅客、船舶航行；辅助作业为装卸货前的准备作业，包括办理文件、编制船队等作业；服务作业包括供应燃料、物料、淡水、食品和备品等作业。自上一航次终点港卸空所载货物时起，至本航次终点港卸空所载货物时止的时间为航次时间。航运企业往往通过制订航次计划组织每一航次的生产活动，并在此基础上进行航次估算；同时通过航次安排，航运企业可以拟定单船及企业的运输能力，进而制定整个航运企业的运输计划。

根据船舶运输组织的特征，航次可分为简单航次和复杂航次，前者是指船舶在两个港口间完成一次货物运输完整过程的航次，后者则是船舶在多个港口之间完成的航次。复杂航次不仅运输从始发港到终点港的货物，还在中途一个或多个港口装卸部分货物。

往返航次是指船舶在两个及以上港口之间从事客货运输，船舶到达终点港卸货后又启动返回始发港的航次。往返航次有三种类型：①单向运输货物的往返航次，单向货物运输，回程空载，如大多数专用散货船及油轮运输；②双向运输的简单往返航次，船舶在两港间运输，往返两次重载的简单航次；③双向运输的复杂往返航次，大多数班轮航线的运输组织都采用这种航次。

## 2. 航次形式

航次形式是指船舶的运行没有固定的出发港和终点港，船舶仅为完成某一项运输任务，按照航次计划运行的形式。航次形式船舶的使用性质，它所运输的货种、数量、发送港和发送期限及船舶的运行方向等，主要取决于货主的具体运输申请书。这样，容易造成船舶空驶，使船舶使用效率降低。另外，由于航次形式的不定期性，不利于与港口工作和其他运输方式的配合，但航次形式机动灵活，可对航线形式起调整与补充作用，并能满足临时发生的运输需要，所以它是船舶运行组织不可缺少的一种形式。

航次形式表现为不定期船运输（Tramp service）或租船运输（Charter service），它是按照货源的要求和货主对货物运输的要求安排船舶航线计划、组织货物运输。租船运输方式有航次租船（Voyage Charter）、定期租船（Time Charter）和光船租船（Bare Boat Charter）三种运输方式。租船运输的特点是：不定航线、不定船期、不定装卸港口、不定费率；适合运输大宗、低值货物；通过租船经纪人洽谈成交租船业务；租船合同条款由合同双方自由商定。世界上的主要租船市场有伦敦波罗的海商业及航运交易所（Baltic Merchantile and Shipping Exchange）、纽约航运交易所（New York Shipping Exchange，NYSHEX）和鹿特丹、奥斯陆、汉堡、中国香港、新加坡及东京的航运市场，以及我国的上海航运交易所和武汉水运市场。

## 3. 航线形式

航线形式是指在固定的港口之间，为完成一定的运输任务，选配适合具体条件的一定数量的船舶，并按照一定的工艺过程组织船舶运输生产活动的船舶运行组织形式，它的前提是有量大而稳定的货流。航线形式的主要优点是：①货物能够定期送达，有利于吸收和组织货源；②有利于各运输环节的协调配合并有节奏地工作，秩序稳定，从而缩短船舶泊港时间，提高运输效率；③为组成几种运输方式协调工作的联合运输创造了条件；④有利于加强船员熟悉航行条件，从而利于安全航行和缩短时间；⑤有利于对船舶的调度领导和管理；⑥有利于船员安排生活。

航线由在各航线工作的不同船型、供船舶停靠作业的港口码头及各种辅助设备构成，可按船舶航行区域、运行状况等分类。按船舶运行区域可分为内河航线、沿海航线和远洋航线；按运行状况分为定期航线和一般航线。定期航线又称为专线或班轮航线（Liner Transport）。集装箱运输大多是班轮运输，我们将在下一小节详细介绍。

这两类船舶运营组织形式既有分工又存在竞争，适应了不同货主的多样化需求，再加上技术的进步，推动着水运的不断发展。

## 5.1.3 集装箱水路运输

集装箱水路运输的组织主体是航运公司，不管是国际海上集装箱运输企业还是国内江海集装箱运输企业，它们都需要组织船舶，将集装箱货物以水运的方式从一个港口运至另一个港口。这也是集装箱运输最普遍、最经济的方式，从运输组织形式来看，就是航线形式的班轮运输。

### 1. 班轮运输

班轮运输，又称为定期船运输，是指船公司按照公布的船期表在特定的航线上，以既定的挂靠港顺序，进行预先规划的、反复的航行和运输的一种船舶运输方式。班轮运输包括杂货班轮运输和集装箱班轮运输。班轮运输是随着工农业生产的发展，在品种与运量都不断增加的条件下，为适应货物自身价值高、批量小、收发货人多、市场性强以及送达速度快的货物运输要求而产生与发展起来的。现在集装箱班轮运输已经成为国际贸易货物运输的主流业务。

班轮运输的主要特点是：①"四固定"，即航线固定、港口固定、船期固定和费率的相对固定；②由班轮公司负责货物和配载和装卸；③手续简便、方便货主；④班轮承运货物的品种、数量比较灵活，特别有利于一般杂货和小额贸易货物运输。

### 2. 集装箱水路运输企业

集装箱水路运输包括集装箱远洋运输、沿海运输和内河运输，但其中最大的主体是远洋运输，即海上国际集装箱运输；后两者我们在内贸集装箱运输一节再介绍。凡是从事经营海上国际集装箱运输、装卸和货物运输业务的企业都是海上国际集装箱运输企业，主要包括从事海上国际集装箱运输的航运企业及其代理企业；从事经营海上国际集装箱装卸业务的港口装卸企业和从事经营海上国际集装箱中转业务和拆装箱业务等的内陆中转站、货运站。我国为深入推进高水平开放，2019年3月国务院发布第709号令，删除了《国际海运条例》中对外商投资国际海运业及其辅助业相关股比限制的规定，在法规层面明确了国际海运业及其辅助业的全面对外开放。

我国的国际班轮运输实行登记制度。2019年最新修订的《中华人民共和国国际海运条例实施细则》规定，国际船舶运输经营者申请经营进出中国港口国际班轮运输业务，应当向交通运输部提出申请，并报送《中华人民共和国国际海运条例》第十二条规定的材料。交通运输部审核合格予以登记的，颁发《国际班轮运输经营资格登记证》。申请材料不真实、不齐备的，不予登记，但应当书面通知申请人并告知理由。

国际船舶运输经营者依法取得经营进出中国港口国际班轮运输业务资格后，交通运输部在其政府网站或者授权发布的网站公布国际班轮运输经营者名称及其提单格式样本。

取得《国际班轮运输经营资格登记证》的企业在经营国际班轮运输业务期间，应当确保有关证书、证明持续合法有效。即持续具备下列条件：①高级业务管理人员中至少 2 人具有 3 年以上从事国际海上运输经营活动的经历；②有持有与所管理船舶种类和航区相适应的船长、轮机长适任证书的人员；③有与国际船舶管理业务相适应的设备、设施。

目前在我国登记的集装箱国际班轮运输业务经营者有 146 家（交通运输部公布，截至 2016 年 2 月 29 日），其中注册地在外国的 77 家；注册地在我国的 69 家，其中香港 26 家，上海 11 家，台湾 4 家，天津 3 家。这一名单因集装箱班轮公司合并、破产重组而动态变化，但世界上大的集装箱班轮公司都在我国从事国际集装箱运输业务。

## 5.2 集装箱船舶及配积载

### 5.2.1 集装箱船舶

水运一直伴随着船舶技术的进步而发展，集装箱运输在水运中的普遍性和重要性已经无可撼动，我们先了解集装箱船舶这一集装箱运输的物质基础。

**1. 集装箱船舶的类型**

集装箱船舶是适应集装箱运输的一大类船型，大致分为吊装式、滚装式和载驳式三种类型。

（1）吊装式集装箱船（Lift-on/Lift-off Container Vessel，LoLo Container Ship）

吊装式集装箱船采用船上装卸设备或岸上装卸设备将集装箱从船上吊下或从码头前沿吊上船舶的，它进一步分为全集装箱船、半集装箱船和兼用集装箱船。

全集装箱船（Full Container Vessel）是集装箱专用型船舶，它的所有货舱是专用为集装箱运输而设计的，不能装载其他货物并采用岸上装卸设备来吊上吊下集装箱。全集装箱船没有封闭的货舱，而是分为开敞的贝（Bay）。如图 5-1 所示上下分别为全集装箱船示意图和船舶相关公开信息。

半集装箱船（Semi-container Ship）也称为分载型船，它的一部分货舱设计成专供装载集装箱，其他部分供装载一般件杂货。集装箱专用舱一般在船体的中央部分。例如英国 Combi King 45 半集装箱船总载重 45 000 吨（DWT，Dead Weight Tonnage，载重吨位），有 2127 标箱的集装箱舱容和 58 700 立方米的散货舱容。

兼用集装箱船（Convertible Container Ship），也称为可变换的集装箱船，船舱内有简易可拆装的设备,不装集装箱而装一般杂货或散货时,可将其拆下。散/集两用船或多用途船都属于兼用集装箱船。

图 5-1　全集装箱船(来源:中远海运),示意图(上)及船舶海事公开信息(下)

(2)滚装式集装箱船(Roll on/Roll off Container Vessel,ROCON Ship)

滚装是指以车轮滚上滚下的水平装卸代替起重机械的吊上吊下装卸。滚装船利用船弦、船首或船尾处的开口跳板,通过货车将货物(含集装箱)拖进船舱。例如"中远之星"是航行在海峡两岸最大的客货滚装式集装箱,船长 186 m,宽 25.5 m,载重 26 847 吨,共 8 层,其中第 4 层、第 5 层为集装箱层,有 256 个标箱位,含 85 个冷藏箱位,如图 5-2 所示。

图 5-2　"中远之星"客货滚装式集装箱船

（3）载驳式集装箱船（Barge Carrier）

载驳式集装箱船又称子母船，专用于运载能浮于水面的特殊集装箱驳船（子船），母船装卸作业无需港口装卸设备，只要有条件良好的水面即能完成驳船装卸。驳船可经水路直接拖至内河港口，载驳船适合于海河联运、干线和支线直达运输，但投资大，主要出现在欧洲。

### 2. 集装箱船舶的发展

随着集装箱运输的普及，越来越多的集装箱水运采用全集装箱船，尤其是集装箱远洋运输。从 1956 年的第一代改装型集装箱船算起，现在已经发展到第八代全集装箱船，载箱量在 20 000TEU 以上。全球已经有几十艘超过 20 000TEU 的超大型集装箱船舶。例如 2019 年世界上载箱量最大的集装箱船舶"地中海古尔松（MSC Gülsün）"轮，是第一艘 23 000TEU 级超大型集装箱船，船舶总长 399.9 m，宽 61.5 m，高 33.2 m，船头到船尾共 24 贝（对比图 5-1 上的 14 贝），每贝 24 排，舱盖上下各 12 层，能够搭载 23 756TEU，吃水 16 m 以上，载重量 197 500 吨，总吨位 21 万吨。再如"中远海运室女座（COSCO Shipping Virgo，图 5-1 下）"轮为中远海运的第 5 艘超大型集装箱船。读者可从图中识别诗相关技术数据；该船充分考虑航线揽货种类和配载操作的实际需求，加大配载灵活性，提高冷箱、危险品箱、重箱和高箱的有效装载能力，最大载箱量达到 20 119TEU，并配备 1 000 个冷藏箱插座。

集装箱船舶的箱位容量通常按标准箱 TEU 计量，但并不是说 20 ft、40 ft 集装箱的容量就是上述数据简单除以 1、除以 2。因为集装箱船内有专门的 40 ft 集装箱位，不能装载 20ft 英尺集装箱；还有船舶结构的原因，还有一些箱位只能装 20 ft 的集装箱。集装箱船还有特殊箱容量，即装载危险品箱、冷藏箱、非标准箱等特种箱数量的最大限额。

为了追求规模经济、降低单箱成本、提高燃油效率，实现节能低碳效果，完善服务，增强市场竞争能力，集装箱船向大型化、高速化、现代化发展的趋势非常明显。各航运公司在主要远洋航线上大力推动集装箱船大型化，对航运公司及港口都产生了重大影响。一方面是集装箱船舶资金和技术高度密集，例如一艘 15 000TEU 的集装箱船价值 2 亿美元，只需 13 名船员。另一方面是大型集装箱船对航道水深、宽度、净空高度、船闸、码头长度等的新要求。如果按照集装箱船能否通过相对狭窄的巴拿马运河，有巴拿马极限型（Panamax，约 4 000~5 000 TEU）和超巴拿马型（Post-Panamax，一般超过 6 400 TEU）。因巴拿马运河 2018 年扩建完成，"新巴拿马型"（Neo-Panamax）集装箱船应运而生，船长、船宽升至 366 m 和 49 m 宽，可达 19~20 列集装箱，载箱量 15 000TEU。集装箱船理论上新的极限将由连接印度洋和太平洋的马六甲海峡（Straits of Malacca）的深度决定，所谓的"马六甲巨型"（Malaccamax）集装箱船舶长度极限是长 470 m，宽 60 m。集装箱船舶大型化的发展可见一斑，但目前 2 万以上 TEU 船舶的建造已基本上告一段落，难以有更大船型的需求与发展。

根据交通运输部发布的《2018年交通运输行业发展统计公报》，2018年在我国大陆注册登记的集装箱船舶规模庞大，总箱位 196.78 万标准箱，其中内河、沿海和远洋运输的集装箱船舶箱位分别为 33.81 万、56.62 万和 106.34 万标准箱。相关信息还可见第 1 章表 1-4。

### 3. 集装箱船舶的结构特点

这里所说的集装箱船舶指的是吊装式全集装箱船舶，它利用集装箱岸边起重机（桥吊）将集装箱吊进吊出的操作方式，装卸更高效，船体结构也相对简洁。集装箱船舶的主要特点如下：

（1）集装箱船体线型相比散货船和油轮更削瘦，外形狭长，船艏、艉部呈流线型，方形系数小，有利于提高速度（俯视图如图 5-3 所示）。为防止波浪对甲板上集装箱的直接冲击，设置较高的船舷或在艏部设置挡浪壁。

 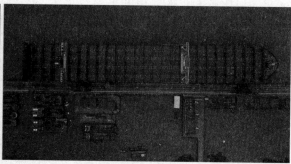

图 5-3　集装箱船俯视图，船体线型狭长，有利于提高速度

（2）集装箱船货舱舱口宽大。货舱口宽度与舱底一致，可达船宽的 70%～90%，以便于集装箱的装卸和充分利用货船容积。宽舱口设计能保证舱内装载的每一集装箱无须横向移动，只要通过起重机集装箱吊具的横向移动，就能顺利地吊进或吊出货舱。

（3）船型基本上都是偏尾机型。可使货舱尽可能方正，能够装载更多集装箱。同时还要考虑正常甲板装载条件下瞭望的要求，又不能过分靠后。

（4）集装箱船为单层甲板，甲板舱口盖可直接堆放集装箱。通常国际标准集装箱的强度可承受 8～12 层满载重箱的负荷，因而不需要散货船或滚装船的多层甲板。

（5）大型集装箱船为双船壳结构，有双层侧壁和双层底，这种结构增强了船舶的纵向强度，双层中间的空心部分还作为压载、油舱使用，以调整船舶的稳定性。

（6）舱内为箱格结构，装有垂直导轨，便于集装箱沿导轨放下。箱格结构便于堆码装箱，并防止船舶摇摆时集装箱移动。集装箱统一纵向布置，甲板上有专用的紧固件或捆扎装置。

### 4. 集装箱船积载装置和设备

全集装箱船中，集装箱沿长度方向一列列、一层层地置于集装箱船各贝（箱格）中，主要的容纳与支撑集装箱的装置和设备有箱格、舱口和舱盖，如图 5-3 所示。

（1）箱格（Bay）

全集装箱船中，舱口内外设有固定式或活动式的箱格结构，便于集装箱作业或定位，它利用角钢在货舱内设置箱轨、柱等组成固定集装箱用的蜂窝状格栅，把船舱按集装箱尺寸分成许多箱格。箱格导柱就是从货舱底部到舱口垂直设置的导轨，便于集装箱定位与装入。装有箱格导柱的集装箱专用舱为箱格货舱。舱内设有箱格即减少舱内的紧固作业，又能保证上下层集装箱堆码整齐稳固。因为箱格导柱与集装箱间的间隙小，为保证集装箱容易导入箱格，在导柱上端设置倾斜面的导向装置，称为"导口"。

（2）舱口（Hatch）

全集装箱船甲板以下采用大舱口，舱内采用箱格结构。集装箱船的舱口有单列、双列和多列，大型集装箱船都采用多列舱口，如图 5-4 所示，中间舱口为 4 列（装满白箱），右右两边均为 5 列舱口。

图 5-4　集装箱船各箱格及舱口（一箱格三舱口）

（3）舱盖（Hatch cover）

舱口上加舱盖使集装箱船分为甲板上下两部分，见图 5-5。由于甲板上也装载集装箱，舱盖上也要堆放数层集装箱，要求舱盖上有集装箱旋锁锁紧装置，且应有较大的强度，通常采用钢质箱型舱盖。舱盖一般重 30 吨左右，可以用集装箱吊具吊起，以便于开关舱。

图 5-5 集装箱船中间舱口舱盖上仍有集装箱,两边舱口打开,舱盖放岸上

有关集装箱船舶图文并茂的说明可参阅丹麦马士基高级船员 Ebbe Holsting 的网站 http://www.menkent.dk 上的图集（Galleries）。

### 5.2.2 集装箱船舶配积载

为了航行安全,集装箱船舶必须进行配积载。集装箱船舶积载（Stowage）是对集装箱在船舶内的放置与堆码方式作出合理安排,即在配载的基础上根据装货清单确定货物在各贝、舱口或舱面配装的品种、数量及堆码位置及正确的堆装工艺。积载的结果是编制计划积载图。

#### 1. 集装箱船舶箱位编号方法

集装箱船舶有了集装箱标准单元及箱格,就可以方便、准确地将集装箱船上每一个箱位标注出来,这里采用 ISO/TC104 国际统一的代码编号方法,每一箱位坐标以六位数字表示。其中前两位表示行号、中间两位表示列号、最后两位表示层号。

（1）行号

行号（Bay No.,或贝号,箱格）为集装箱箱位的纵向坐标（艏艉方向）。依据箱格位置从艏到船艉,装 20 ft 集装箱箱位依次以 01、03、05、07 等奇数表示。当纵向两个连续 20 ft 箱位用于装载一个 40 ft 集装箱时,该 40 ft 集装箱箱位以这两个连续 20 ft 箱位奇数行号之间的偶数表示，如图 5-6 顶行所示。

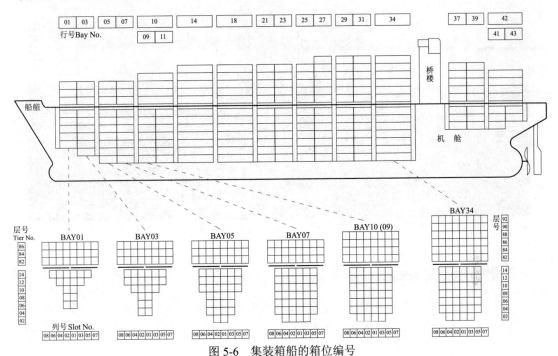

图 5-6　集装箱船的箱位编号

（2）列号

列号（Row No.）为集装箱箱位的横向坐标（左右方向）。以集装箱船纵中剖面为基础，自船中向右舷（Starboard Side，STB）以 01、03、05、07……的奇数表示，向左舷（Portside，PS）以 02、04、06、08……的偶数表示。若有居中一列，则该列号为 00。图 5-6 中下部为各贝对应的横截面，列号如最下行所示。

（3）层号

层号（Tier No.）为集装箱箱位的垂向坐标（上下方向）。舱内以集装箱船舱内最低层作为起始层，自下而上以 02、04、06、08……的偶数表示。舱面以集装箱船舱面最低层作为起始层，自下而上以 82、84、86、88……的偶数表示，如图 5-6 下部最左、最右所示。注意在图 5-6 中，因为集装箱船的船艏下部较窄，前几个贝的舱内箱格行列略少。

有了上述行、列、层编号后，集装箱船的每一个箱位都有一个唯一的六位数字箱位号。例如某一集装箱位为 100482，即为一个 40 ft 集装箱位于自船艏第 5（行号 09）、第 6（行号 11）两个 20 ft 箱位上，横向位于该船纵中剖面起向左舷的第 2 列上，垂直位于舱面的第一层。

请注意，集装箱船舱口和舱面之间并没有甲板，只是用舱盖分隔，在装舱内集装箱时，先要将舱盖吊出放在码头前沿地面上，如图 5-7 岸桥左边所示各舱盖。

图 5-7 集装箱船、岸桥及舱盖(岸桥左侧地面上)

### 2. 集装箱船配积载基本要求

为保证集装箱船舶的安全航行，配积载的基本要求如下：
（1）充分利用集装箱船舶的箱位容量；
（2）保证集装箱船舶具有适度的稳性；
（3）保持集装箱船舶具有适当的吃水差；
（4）保证集装箱船舶的纵向强度，不要形成艏、艉重，中间轻的中拱；
（5）保证集装箱船舶的局部强度；
（6）尽量满足装卸要求，避免中途港倒箱；
（7）满足特殊集装箱的积载要求；
（8）装卸作业中要保持船舶左右平衡；
（9）注意平衡舱时，箱量多时，应分舱装载，不要集中装在一个舱内造成重点舱。

### 3. 集装箱船舶的配、积载过程

集装箱船舶配积载分为预配、实配、审核和最终配积载四大步。预配是按该船本航次订舱情况编制在某挂靠港预配图。实配则是集装箱码头装卸公司按照预配图要求，根据码头实际进箱量及堆放情况进行的实际上船配置。

实配图和最终积载图都是以预配图为基础的，其编制过程如下：
（1）由船公司的集装箱配载中心或船上的大副，根据代理公司整理的订舱单，编制本航次集装箱预配图。
（2）航次集装箱预配图由船公司直接寄送给港口的集装箱装卸公司，或通过船舶代理用电报、电传、电邮或传真形式传给港口集装箱装卸公司。
（3）港口装卸公司收到预配图后，由码头船长或码头集装箱配载员，根据预图和码头实际进箱情况,编制集装箱实配图。由于实配图由码头制作,它又叫码头配载图(Container Terminal Bay Plan)。

(4)待集装箱船舶靠泊后,码头配载员持实配图上船,交由船上大副审查,经船方同意后由船方签字认可。

(5)码头按大副签字认可的实配图装船。

(6)集装箱装船完毕后,由理货公司的理货员按船舶实际装箱情况,编制最终积载图。

现在,先进的集装箱船舶广泛采用计算机系统来进行配积载,典型程序界面如图5-8所示。

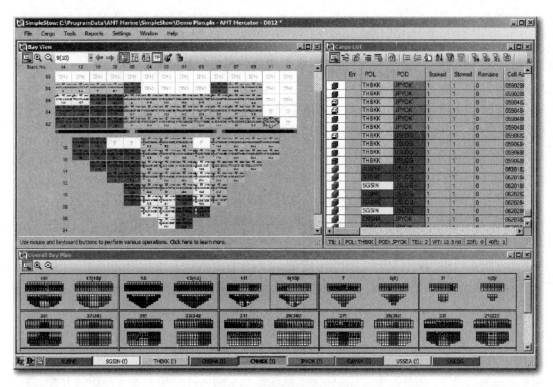

图5-8 集装箱船积载软件

## 5.3 集装箱班轮航线

世界各地水域,在港湾、潮流、风向、水深及地球球面距离等自然条件的限制下,可供船舶航行的一定路径称为航路。海上运输承运人在众多不同航路中,根据有关国家的经济与航运政策,综合安全、货运、港口和技术等因素,以经济效益最大的营运航路为航线。

## 5.3.1 集装箱航线及特点

如前所述,航线按照船舶经营方式区分,分为定期航线和不定期航线。定期航线又称为班轮航线,它以固定的船舶、固定的船期、航行固定的航线、靠泊固定的港口,以相对固定的运价经营海上运输。

### 1. 集装箱班轮航线概述

集装箱班轮航线是指至少在两个港口间通过集装箱船舶定期往返或环绕航行承运集装箱货物的航线,其特征是采用集装箱从事班轮运输业务。目前,大部分集装箱运输都以班轮形式经营,因此也常简称为集装箱航线。

自从美国海陆公司开辟纽约—休斯敦集装箱航线至今,全球水上集装箱运输迅猛发展,现已形成远东—北美、远东—欧洲、地中海和北美—欧洲、地中海三大全球集装箱航线和众多支线航线,还有环球航线。国际集装箱运输市场已经是一个成熟和充分竞争的市场,各航运公司都按照自己的市场定位和经营策略来确定公司经营服务的主要产品——集装箱航线,航线选择的好坏直接关系到企业的经济效率。例如台湾长荣公司在早期集装箱运输市场中冲破国外班轮公会阻力,独辟蹊径,于 1984 年率先开辟了环球东西向集装箱运输班轮航线(Two-way, Round-the-world Container Services),获得了巨大的成功,公司 1985 年的利润比上年增加了 150%,并跃居全球集装箱运输公司前列。

### 2. 集装箱航线挂靠港及范围分类

集装箱航线挂靠港分为基本港、枢纽港、喂给港等。基本港(Base Port)是船期表规定班轮公司的船舶一般要定期挂靠的港口。大多数位于沿海国家或地区的主要口岸,港口设备条件较好,货运需求多而稳定。运往基本港口的货物一般为直达运输,很少中途转船。基本港口以外的港口都称为非基本港(Non-Base Port)。到达非基本港的货物运费一般是在基本港的基础上,另外加收转船附加费。枢纽港(Hub Port)一般是指各种运输方式汇集,交通运输网络迅捷发达,方便货物集中或疏散的港口。在集装箱运输中,连接海上干线与水陆支线,具有良好的地理位置、自然条件,很强的集装箱装卸堆存和集疏运能力的大型港口,一般称为枢纽港。喂给港(Feed Port)一般指货量较小,通过支线运输,起到为枢纽港供给货源作用的港口。

集装箱航线按覆盖区域范围分为国际、国内两类。其中国际集装箱航线可分为主干航线、分支航线和直达航线。①主干航线(Mainline Service)。国际集装箱主干航线多为连接洲际的航线,需要投入大吨位的船舶,挂靠区域枢纽港。航线由规模较大的班轮公司运营,而且多采用联盟模式。②分支航线(Feeder Service)。分支航线距离较短。衔接紧密,多是为枢纽港供给货源或起中转作用。③直达航线(Direct Service)。由于两地间货量规模较大而开辟的航线,如大连—釜山航线。

国内集装箱航线分为：①外贸内支线。在国内港口之间为国际干线航线提供支线服务的航线。虽然是国内集装箱航线，但运输国际货物。②内贸线。专门运输内贸货物，不具有运输进出口外贸货物资格的航线。

### 3. 集装箱班轮航线设置及特点

集装箱班轮航线的设置，各航线上挂港数及船型、班期的确定由船公司按以下因素来综合确定：①集装箱货物的流量与流向；②港口地理位置和泊位能力；③使用船型；④腹地与周边集疏运条件；⑤公司运输组织合理性、经济性；⑥市场份额等。各公司海上运输主干航线的形式有钟摆式的，也有环形（甚至环球）航线。目前国际大船公司在集装箱干线上一般使用大型船舶，以固定的船型和班期投入运营。集装箱班轮航线呈现以下特点：

（1）航线往返路程可以挂靠不同港口。由于航路上不同国家、地区间的贸易流向、流量的不平衡，船公司在设计航线时，往返路程可以挂靠不同的港口，以保证船舶运力的充分利用。

（2）航线资源配置的相协调性。开辟一条航线通常需要由几条船舶组成一个船队，以提供定期的均衡运力，船队中的船舶规模和航速最好相同或相近。同时，航线上配置船舶的规模要与航线上的集装箱量相协调。

（3）航线配船少。与普通件杂货船相比，集装箱船舶的航行速度快、装卸效率高。所以，相同港口间运输同样数量的货物，所需的集装箱船舶数量大大少于普通件杂货船。例如中国华南到欧洲航线一般单程4周，开辟一条每周的定期往返航线，只需要8艘船。

（4）精选航线挂靠的港口。为了体现集装箱运输周转的高效性，越来越多的班轮公司在开辟航线时只挂靠一些主要港口、枢纽港或基本港，同时依靠一些小型班轮公司或自身再开辟支线将其他港口的箱源集中到挂靠港口，这样可以大大节约靠泊和港口作业时间，缩短航次时间。

### 4. 全球主要集装箱班轮航线

全球集装箱航线连接着北美、欧洲、亚洲、非洲等洲的许多国家，跨越太平洋、大西洋和印度洋，是国际间进行经济贸易和文化交流的桥梁与纽带。同时，集装箱航线及其规模的形成受各个国家、港口经济腹地发展状况的影响。目前，世界海运集装箱航线主要有以下8条。

（1）跨太平洋航线（远东—北美航线）。包括远东—北美西海岸航线、远东加勒比、北美东海岸航线。这些航线涉及中、日、韩与美国、加拿大，集装箱运量巨大。

（2）跨大西洋航线（北美—欧洲、地中海航线）。包括北美东海岸到欧洲航线和北美东海岸—地中海航线，连接世界上最发达与富庶的两个地区，集装箱水路运输竞争最为激烈。

（3）欧洲、地中海—远东航线。也统称为欧洲航线，是世界上最古老的海运定期航线，将欧洲、地中海与中、日、韩和东南亚的许多国家联系起来,现大量采用大型高速集装箱船舶,以满足宠大运量的需要。

(4)远东区域内航线(中、日、韩—东南亚航线)。该航线途经我国东海、我国台湾海峡、巴士海峡、我国南海,是中、日、韩至东南亚各港,包括越南、老挝、柬埔寨、泰国、缅甸、马来西亚、新加坡、印度尼西亚、文莱、菲律宾等国家和地区,经济增长迅速,航线繁忙。

(5)远东—澳新(澳大利亚、新西兰)航线。分为两条,中国北方沿海港口经韩国、日本到澳大利亚东海岸和新西兰港口的船舶需走琉球久米岛、加罗林群岛进入所罗门海、珊瑚海。南方沿海港口常在中国香港加载或转船后经南海、苏拉威西海、班达海、阿拉弗拉海,后经托雷斯海峡进入珊瑚海。

(6)澳新—北美航线。由澳、新至北美西海岸多经过苏瓦、火奴鲁鲁等太平洋上的重要港口到达;澳、新至北美东海岸则取道帕皮提,过巴拿马运河而至。

(7)欧洲、地中海—西非、南非航线。主要沿大西洋东岸从北到南航行。

(8)远东—南美西海岸航线。从我国北方沿海各港出发的船舶多经琉球庵美大岛、琉球列岛、威克岛、夏威夷群岛之南的莱恩群岛、穿越赤道进入南太平洋,到达南美西海岸各港,如秘鲁的卡亚俄;智利的阿里卡;伊基克、瓦尔帕莱索、安托法加斯塔等港。

## 5.3.2 集装箱班轮船期表

集装箱班轮船期表(Container Line Service Schedule)是班轮船公司根据班轮运输业务的需要,对外向托运人等货方发布的关于班轮运输安排的公告、通知。船期表对班轮公司和货方顺利完成运输、交货的任务有重要的作用。

班轮船期表的主要内容包括航线编号、船舶名称、航次编号、始发港、中途港、终点港的港名、到达和驶离各港的时间及其他有关注意事项等。船期表由船公司定期发布。

### 案例 5-1

2019年1月16日,海洋联盟(Ocean Alliance)的四家成员——中远集运、达飞轮船、长荣海运和东方海外发布2019年航线产品。40条航线中挂靠了上海港、宁波舟山港、深圳港、青岛港、香港港、厦门港、广州港、天津港、大连港,其中,上海港与宁波舟山港两大枢纽港处于同等重要的位置,两大港口都有25条航线挂靠。深圳港口由于其分为东部港区和西部港区,盐田港挂靠14条,蛇口挂靠11条,两大港区共计25条。北方港口中,青岛港处于绝对优势地位,有14条航线挂靠。香港港口近年来吞吐量持续下降,有12条航线挂靠。东南沿海港口群中,厦门港处于绝对优势地位,有10条航线挂靠。

作为服务客户的基本信息,航线及船期表在船公司网站可以查询。例如图 5-9 所示中远海运官司网航线查询得到的 AEU7 航线所经港口示意图,相应班轮船期表可在该船公司网站的"业务指南与下载"中便于查询下载。图 5-10 所示为中远亚欧往返第 7 线(Cosco Shipping Asia Europe Loop 7 Service,AEU7)的部分船期表。

AEU7 航线共挂靠 12 个港口,依次为:厦门(Xiamen,XMN)—南沙(NANSHA,NSH)—香港(Hongkong,HKG)—盐田(Yantian,YTN)—越南盖梅(Cia Map,CMP)—印尼巴生港(Port Kelang,PKG)—希腊比雷埃夫斯(Piraeus,PIR)—德国汉堡(Hamburg,HAM)—荷兰鹿特丹(Rotterdam,RTM)—比利时泽布吕赫(Zeebrugge,ZEE)—英国费利克斯托(Felixstow,FXT)—新加坡(Singapore,SIN)—盐田—厦门。航线经过埃及苏伊士运河(SZC),但它的往返航次并不对等,西向航次更多停靠在华南及东南亚港口,往返航程共 70 天(以厦门港为例,中远"英格兰号"船 2019 年 4 月 11 日离港出发,最终预期 6 月 19 日返回)。AEU7 为每周航线,一个航程周期需要 10 条船。

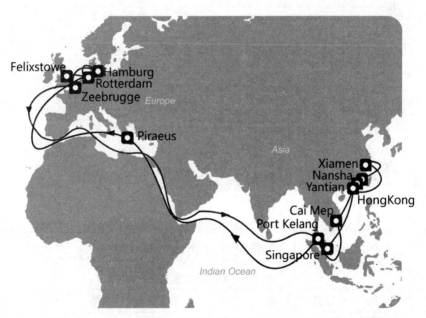

图 5-9　中远海运 AEU7 航线挂靠港示意图(箭头方向所指分别为东向、西向航次)

图 5-10 中,ETB 为预期到达泊位时间(Estimated Time of Berthing),ETD 为预期离港时间(Estimated Time of Departure)。西向航次如 029W 为厦门至鹿特丹,鹿特丹返回厦门为东向航次 029E。

集装箱班轮具有速度快、装卸效率高、码头作业基本不受天气影响等特点,所以相对于其他班轮的船期表,集装箱班轮船期表可以编制得十分精确。随着移动信息的加强,现在主流船公司均有 APP 供手机用户使用。

## COSCO SHIPPING ASIA EUROPE LOOP 7 SERVICE - AEU7 (NEU3)- D3

Ports Code: XMN-Xiamen, HKG-Hongkong, NSH-Nansha, SHK-Shekou, CMP-Cai Mep, PKG-Port Kelang, HAM-Hamburg, RTM-Rotterdam, FXT-Felixstow, ZEE-Zeebrugge, PIR Piraeus, SIN-Singapore

| WEEK | VESSEL NAME | OPR CODE | IRIS2 VSL CODE | VOYAGE IRIS2 | VOYAGE COMMON | 厦门 XMN09 ETB WED 16:00 | ETD THU 16:00 | 南沙 NSH04 ETB FRI 17:00 | ETD SAT 13:00 | 香港 HKG01 ETB SAT 20:00 | ETD SUN 16:00 | 盐田 YTN01 ETB MON 01:00 | ETD TUE 01:00 | 蛇口 CMP06 ETB WED 07:00 | ETD WED 22:00 | 巴生 PKG03 ETB SUN 04:00 | ETD SUN 04:00 | 苏伊士运河 SZC99 ETB THU 22:00 | ETD THU 17:00 | 比雷埃夫斯 PIR01 ETA SUN 14:00 | ETD SUN 15:00 | ETD MON 15:00 |
|---|---|---|---|---|---|---|---|---|---|---|---|---|---|---|---|---|---|---|---|---|---|
| 16 | COSCO ENGLAND | COS | CCQ | 029W | 029E | 029W | 029E | 10/04 | 11/04 | 12/04 | 13/04 | 13/04 | 14/04 | 15/04 | 16/04 | 18/04 | 18/04 | 21/04 | 22/04 | 02/05 | 03/05 | 05/05 | 05/05 | 06/05 |
| 17 | COSCO SHIPPING DANUBE | COS | CHA | 013W | 013E | 013W | 013E | 17/04 | 18/04 | 19/04 | 20/04 | 20/04 | 21/04 | 22/04 | 23/04 | 25/04 | 25/04 | 28/04 | 29/04 | 09/05 | 10/05 | 12/05 | 12/05 | 13/05 |
| 18 | COSCO SHIPPING DENALI | COS | CJD | 006W | 006E | 006W | 006E | 24/04 | 25/04 | 26/04 | 27/04 | 27/04 | 28/04 | 29/04 | 30/04 | 02/05 | 02/05 | 05/05 | 06/05 | 16/05 | 17/05 | 19/05 | 19/05 | 20/05 |
| 19 | COSCO SHIPPING AZALEA | COS | CJH | 001W | 001E | 001W | 001E | 01/05 | 02/05 | 03/05 | 04/05 | 04/05 | 05/05 | 06/05 | 07/05 | 09/05 | 09/05 | 12/05 | 13/05 | 23/05 | 24/05 | 26/05 | 26/05 | 27/05 |
| 20 | COSCO SHIPPING ANDES | COS | CJE | 004W | 004E | 004W | 004E | 08/05 | 09/05 | 10/05 | 11/05 | 11/05 | 12/05 | 13/05 | 14/05 | 16/05 | 16/05 | 19/05 | 20/05 | 30/05 | 31/05 | 02/06 | 02/06 | 03/06 |
| 21 | COSCO BELGIUM | COS | CCM | 039W | 039E | 039W | 039E | 15/05 | 16/05 | 17/05 | 18/05 | 18/05 | 19/05 | 20/05 | 21/05 | 23/05 | 23/05 | 26/05 | 27/05 | 06/06 | 07/06 | 09/06 | 09/06 | 10/06 |
| 22 | COSCO SHIPPING ALPS | COS | CJC | 009W | 009E | 009W | 009E | 22/05 | 23/05 | 24/05 | 25/05 | 25/05 | 26/05 | 27/05 | 28/05 | 30/05 | 30/05 | 02/06 | 03/06 | 13/06 | 14/06 | 16/06 | 16/06 | 17/06 |
| 23 | CSCL MARS | COS | SVA | 054W | 054E | 054W | 054E | 29/05 | 30/05 | 31/05 | 01/06 | 01/06 | 02/06 | 03/06 | 04/06 | 06/06 | 06/06 | 09/06 | 10/06 | 20/06 | 21/06 | 23/06 | 23/06 | 24/06 |
| 24 | COSCO ITALY | COS | CCR | 027W | 027E | 027W | 027E | 05/06 | 06/06 | 07/06 | 08/06 | 08/06 | 09/06 | 10/06 | 11/06 | 13/06 | 13/06 | 16/06 | 17/06 | 27/06 | 28/06 | 30/06 | 30/06 | 01/07 |
| 25 | COSCO SHIPPING ROSE | COS | CJI | 009W | 009E | 009W | 009E | 12/06 | 13/06 | 14/06 | 15/06 | 15/06 | 16/06 | 17/06 | 18/06 | 20/06 | 20/06 | 23/06 | 24/06 | 04/07 | 05/07 | 07/07 | 07/07 | 08/07 |

| WEEK | VESSEL NAME | OPR CODE | IRIS2 VSL CODE | VOYAGE IRIS2 | VOYAGE COMMON | 汉堡 HAM01 ETB TUE 05:30 | ETD THU 05:30 | 鹿特丹 RTM06 ETB FRI 07:15 | ETD SAT 13:15 | 则布鲁赫 ZEE03 ETB SUN 06:00 | ETD MON 02:00 | 菲利斯托 FXT02 ETB MON 12:00 | ETD WED 14:00 | 苏伊士运河 SZC99 ETB THU 22:00 | ETD FRI 17:00 | 新加坡 SIN02 ETB TUE 00:00 | ETD TUE 20:00 | 盐田 YTN01 ETB WED 03:00 | ETD WED 19:00 | 厦门 XMN09 ETB WED 16:00 | ETD THU 16:00 |
|---|---|---|---|---|---|---|---|---|---|---|---|---|---|---|---|---|---|---|---|---|---|
| 16 | COSCO ENGLAND | COS | CCQ | 029W | 029E | 029W | 029E | 14/05 | 16/05 | 17/05 | 18/05 | 19/05 | 20/05 | 20/05 | 22/05 | 30/05 | 31/05 | 13/06 | 13/06 | 18/06 | 18/06 | 19/06 | 20/06 |
| 17 | COSCO SHIPPING DANUBE | COS | CHA | 013W | 013E | 013W | 013E | EAST BOUND BLANK SAILING. 东向航次暂无 |||||||||||||||
| 18 | COSCO SHIPPING DENALI | COS | CJD | 006W | 006E | 006W | 006E | 28/05 | 30/05 | 31/05 | 01/06 | 02/06 | 03/06 | 03/06 | 05/06 | 13/06 | 14/06 | 27/06 | 27/06 | 02/07 | 02/07 | 03/07 | 04/07 |
| 19 | COSCO SHIPPING AZALEA | COS | CJH | 001W | 001E | 001W | 001E | 04/06 | 06/06 | 07/06 | 08/06 | 09/06 | 10/06 | 10/06 | 12/06 | 20/06 | 21/06 | 04/07 | 04/07 | 09/07 | 09/07 | 10/07 | 11/07 |
| 20 | COSCO SHIPPING ANDES | COS | CJE | 004W | 004E | 004W | 004E | 11/06 | 13/06 | 14/06 | 15/06 | 16/06 | 17/06 | 17/06 | 19/06 | 27/06 | 28/06 | 11/07 | 11/07 | 16/07 | 16/07 | 17/07 | 18/07 |
| 21 | COSCO BELGIUM | COS | CCM | 039W | 039E | 039W | 039E | 18/06 | 20/06 | 21/06 | 22/06 | 23/06 | 24/06 | 24/06 | 26/06 | 04/07 | 05/07 | 18/07 | 18/07 | 23/07 | 23/07 | 24/07 | 25/07 |
| 22 | COSCO SHIPPING ALPS | COS | CJC | 009W | 009E | 009W | 009E | 25/06 | 27/06 | 28/06 | 29/06 | 30/06 | 01/07 | 01/07 | 03/07 | 11/07 | 12/07 | 25/07 | 25/07 | 30/07 | 30/07 | 31/07 | 01/08 |
| 23 | CSCL MARS | COS | SVA | 054W | 054E | 054W | 054E | 02/07 | 04/07 | 05/07 | 06/07 | 07/07 | 08/07 | 08/07 | 10/07 | 18/07 | 19/07 | 01/08 | 01/08 | 06/08 | 06/08 | 07/08 | 08/08 |
| 24 | COSCO ITALY | COS | CCR | 027W | 027E | 027W | 027E | 09/07 | 11/07 | 12/07 | 13/07 | 14/07 | 15/07 | 15/07 | 17/07 | 25/07 | 26/07 | 08/08 | 08/08 | 13/08 | 13/08 | 14/08 | 15/08 |
| 25 | COSCO SHIPPING ROSE | COS | CJI | 009W | 009E | 009W | 009E | 16/07 | 18/07 | 19/07 | 20/07 | 21/07 | 22/07 | 22/07 | 24/07 | 01/08 | 02/08 | 15/08 | 15/08 | 20/08 | 20/08 | 21/08 | 22/08 |

图 5-10　中远海运 AEU7 航线部分船期表

### 5.3.3　中国出口集装箱航线及指数

改革开放以来，我国的集装箱运输迅猛发展，不断开辟进出口集装箱航线。上海航运交易所将中国出口集装箱航线分类组织为 12 类，如表 5-1 所示。

表 5-1　中国出口集装箱航线

| 序号 | 航　　线 | 英 文 名 称 | 主要国外挂靠港 | 参考运价 * |
|---|---|---|---|---|
| 1 | 日本航线 | Japan Service | 横滨、大阪、神户 | 331 美元 /TEU |
| 2 | 欧洲航线 | Europe Service | 鹿特丹、汉堡、安特卫普、费利克斯托 | 688 美元 /TEU |
| 3 | 美西航线 | W/C America Service | 长滩、洛杉矶、鲁伯特王子港、温哥华 | 1649 美元 /FEU |
| 4 | 美东航线 | E/C America Service | 萨瓦那、查尔斯顿、威明顿、巴拿马 | 2764 美元 /FEU |
| 5 | 韩国航线 | Korea Service | 釜山、丽水、仁川 | 219 美元 /TEU |
| 6 | 东南亚航线 | Southeast Asia Service | 新加坡、马尼拉、雅加达、丹戎、巴生 | 232 美元 /TEU |
| 7 | 地中海航线 | Mediterranean Service | 苏伊士、比雷艾夫斯、那波里、热那亚、巴塞罗那、瓦伦西亚 | 705 美元 /TEU |

续表

| 序号 | 航线 | 英文名称 | 主要国外挂靠港 | 参考运价* |
|---|---|---|---|---|
| 8 | 澳新航线 | Australia/New Zealand Service | 墨尔本、悉尼、布里斯班、亚历山德拉 | 348 美元/TEU |
| 9 | 南非航线 | South Africa Service | 德班、开普敦、约翰内斯堡 | 1135 美元/TEU |
| 10 | 南美航线 | South America Service | 桑托斯、布艾利斯 | 2014 美元/TEU |
| 11 | 东西非航线 | West East Africa Service | 特马、洛美、拉各斯 | 2179 美元/TEU |
| 12 | 波红航线 | Persian Gulf/ Red Sea Service | 迪拜、阿布扎比 | 782 /TEU |

\* 为作者根据不同时期数据制作，不具备实时性和现实性，仅供参考

上海航运交易所是经国务院批准、由交通运输部和上海市人民政府共同组建，于 1996 年 11 月 28 日成立的我国唯一一家国家级航运交易所。根据《国际海运条例》规定，该所受交通运输部指定。上海航交所作为运价备案受理机构，接受中国境内所有经营班轮运输的国内外班轮公司与无船承运人的运价备案，范围涵盖国际、海峡两岸和国内集装箱运输航线，规范了我国国际和国内集装箱运输市场价格行为，保障了运输各方当事人的合法权益，并促进了海运市场健康发展。

目前，我国有关集装箱领域的指数至少有 6 个，如表 5-2 所示，其中前 5 项可在上海航交所网站（http://www.sse.net.cn）查询。上海航运指数系列，不仅成为反映市场行情的"晴雨表"，还被政府采信，进入国家统计局大数据平台。此外，我国交通运输部官网（http://www.mot.gov.cn）每月都定期发布出口集装箱运价指数及分析报告，以及长江、珠江航运有关数据与分析。

CCFI 以 1998 年 1 月 1 日为基数 1000 点，2019 年 7 月 5 日该指数为 815.01，读者可以体会 20 年来的变化趋势。

国际上也有集装箱航运指数，如英国德鲁里（Drewry）公司发布的 World Container Index，是一种以来往美欧亚的 8 条主干航线为基础的复合运价指数，2019 年 7 月 11 日为 1 309.34 美元每 40 英尺集装箱。

表 5-2 中国集装箱运输领域主要指数

| 名称<br>Descriptions | 简称<br>Abbreviation | 发布频率<br>Frequency | 发布时间<br>Launch Time |
|---|---|---|---|
| 中国出口集装箱运价指数<br>China Containerized Freight Index | CCFI | 每周五<br>Friday | 1998 年 |
| 上海出口集装箱运价指数<br>Shanghai Containerized Freight Index | SCFI | 每周五<br>Friday | 2009 年 |
| 中国进口集装箱运价指数<br>China Import Containerized Freight Index | CICFI | 每周五<br>Friday | 2015 年 |

续表

| 名称<br>Descriptions | 简称<br>Abbreviation | 发布频率<br>Frequency | 发布时间<br>Launch Time |
|---|---|---|---|
| 台湾海峡两岸间集装箱运价指数 | TWFI | 每周三<br>Wednesday | 2014 年 |
| 东南亚集装箱运价指数<br>Southeast Asia Freight Index | SEAFI | 每周五<br>Friday | 2015 年试运行 |
| 泛亚内贸集装箱运价指数<br>Panasia Domestic Container Indicator | PDCI | 每周五<br>Friday | 2018 年 |

## 5.4 内贸集装箱运输

内贸集装箱航运是内贸航运市场中的重要组成部分，也是最具发展空间的细分市场，按照经营区域可划分为内河集装箱航运与沿海集装箱航运两大类。其中内河集装箱运输广泛采用驳船运输，驳船是本身没有动力装置，依靠其他船舶（拖船、推船）拖带或顶推运行的船舶，具有运量大、投资少和成本低的优点。内贸集装箱航运主要适合于远距离、货量大的重货进行运输，在成本与安全性上具有突出的优势，但受制于水路运输通道的天然局限性，其相较于公路和铁路集装箱运输方式缺乏灵活性。

与国际集装箱运输类似，内贸集装箱运输的主要参与者是航运企业、港口、场站、货主、货代、拖车等企业，但航运企业主要是中小规模的地方航运企业，它们与港口码头、场站、拖车车队等形成内贸集装箱运输基础服务供应商，向有内贸集装箱航运需求的企业客户（直接客户或货代企业）提供服务。

### 5.4.1 内贸集装箱运输概述

我国内贸集装箱运输发展还远落后于国际集装箱运输。目前，我国内贸货物的集装箱化率才突破 30%，与欧美等发达国家和地区的比率存在巨大差距。但集装箱运输的优越性在内贸行业已不断显现，内贸集装箱航运市场具有巨大发展空间。近年来，国内运输结构调整推动"散改集"运输和铁路水路联运快速发展，环渤海地区港口"散改集"运输发展较快；随着《长江经济带多式联运发展三年行动计划》的推行，对内贸集装箱运输的发展有很好的促进与带动作用。

**1. 内贸集运港口**

根据我国水上运输自然地理条件，从事内贸集装箱运输的港口分为沿海和内河两大类。沿海港口大致分布在 3 个区域：①环渤海港口群，以营口港为中心，主要有大连港、秦皇岛港、天津港、锦州港等港口。②华东沿海港口群，以上海港为中心，主要有青岛港、日照港、宁波港、连云港、南通港、温州港、盐城港、台州港等。③华南沿海港口群，以广州港为中心，主要有广州港、厦门港、佛山港、东莞港、泉州港、钦州港等港口。

我国拥有纵横交错的内陆江河湖泊，是天然的水运通道。主要内河水系发达，有相对优良的航道条件，尤其长江下游江阔水深，沿岸已经建成颇具规模的苏州、南京、南通、江阴等集装箱港口。而且江浙等南方许多细小支流集装箱运输迅猛发展，有16、32、48TEU的小型船舶配套，集装箱通过水路如同毛细血管一般汇集到干线。内河集装箱港口按内陆主要河流进行区分的结果如下所示。

（1）长江水系港口有重庆港、泸州港、宜宾港、宜昌港、荆州港、岳阳港、长沙港、武汉港、黄石港、九江港、南昌港、安庆港、芜湖港、马鞍山港、南京港、镇江港、扬州港、泰州港、常州港、江阴港、苏州港、南通港、上海港等。

（2）珠江水系港口有贵港港、梧州港、肇庆港、佛山港、东莞港、五和港、惠州港、江门港、广州港等。

（3）京杭运河水系港口有杭州港、嘉兴内河港、湖州港、无锡港、淮安港、宿迁港、蚌埠港等。

（4）黑龙江水系港口主要有哈尔滨港、吉林港等。

内河集装箱港口按吞吐量大小排序通常为苏州港、佛山港、南京港、武汉港、南通港、重庆港、芜湖港、江门港、肇庆港、梧州港等。

2018年，全国统计的主要港口的内贸集装箱吞吐量约6 934万TEU，占全国港口集装箱港口总量比例35.74%。表5-3为主要内贸港口内贸箱吞吐量及占比数据。随着我国内贸运输集装箱化的深入，未来内贸集装箱运输还有更大的发展空间。

表5-3  2018年中国内贸集装箱吞吐量排名前20的港口

| 港口 | 广州 | 天津 | 青岛 | 营口 | 上海 | 大连 | 日照 | 宁波舟山 | 苏州 | 连云港 |
|---|---|---|---|---|---|---|---|---|---|---|
| 排名 | 1 | 2 | 3 | 4 | 5 | 6 | 7 | 8 | 9 | 10 |
| 内贸吞吐量 | 1322.27 | 855.97 | 710.19 | 640.20 | 458.01 | 438.87 | 381.67 | 368.57 | 366.99 | 318.18 |
| 内贸箱占比（%） | 61.2 | 53.5 | 36.8 | 98.7 | 10.9 | 44.9 | 95.0 | 14.0 | 57.7 | 67.2 |
| 港口 | 东莞 | 厦门 | 佛山 | 烟台 | 泉州 | 南京 | 珠海 | 钦州 | 海口 | 锦州 |
| 排名 | 11 | 12 | 13 | 14 | 15 | 16 | 17 | 18 | 19 | 20 |
| 内贸吞吐量 | 307.82 | 293.78 | 249.49 | 245.14 | 229.81 | 211.59 | 195.43 | 183.30 | 173.36 | 161.41 |
| 内贸箱占比（%） | 96.4 | 28.7 | 62.5 | 81.7 | 95.6 | 66.0 | 84.7 | 78.9 | 93.9 | 99.5 |

数据来源：《中国港口》杂志2019年。

可以看到，广州港多年稳居内贸集装箱第一大港地位，引领粤港澳大湾区内贸集运。东北的营口港、锦州港的内贸集装箱运输占比居于绝对地位，海路铁路联运使它们在腹地经济下行的环境中仍然保持其独有的优势，成为当之无愧的东北两大内贸港。宁波舟山港作为集装箱运输世界第三大港,虽然内贸集装箱占比低,但内贸吞吐量仍位列第八,在浙江省海洋港口进入一体化时代之后,支线中转、海路内河联运等业务将为其内贸集装箱业务带来相当大的发展。

### 2. 内贸集装箱运输货源

虽然我国内贸运输集装箱化的比例还不高,但我国内贸集运的货源种类很多、结构丰富灵活、装箱率较高、市场适应能力强。主要货源按照货物属性和运价水平主要分为以下三类。

(1)基础货源,包括粮食、钢材、纸浆、建材、化工品等低附加值重货;

(2)优质货源,包括汽车、橡胶、家电等中附加值货物;

(3)辅助货源,包括水果蔬菜、饮料、白糖、日用品等高附加值货物。近年,由于"散改集"的大力推广,原先不宜装集装箱的大宗散货,如块煤、矿石等成为内贸集装箱航运的重要货源。

从适箱货源的生成地来看,主要分布在三大区域,占据内贸集装箱航运量的80%货源。

(1)环黄海渤海地区,以青岛、烟台、天津、营口、大连为代表,该地区经济发展较快,有我国的重工业基地、粮食生产基地、加工制造业基地等,主要货源为粮食和化工产品等。

(2)华东地区,以上海、苏州、宁波为代表,该地区是我国内贸集装箱航运开展较早和充分的地区,货源充足、水系发达、货种丰富,主要货源为纺织服装、化工产品、轻工业品等。

(3)珠江三角洲地区,以广州、深圳为代表,该地区经济快速发展、工业加工制造能力增强、水运交通网络完善,当地进口大量的工业原材料、半成品,然后加工成适箱程度高的产成品,再通过内贸集装箱航运方式运输到全国各大内河及沿海港口,主要货源为食品饮料、建材和机电产品等。

### 3. 内贸集装箱运输特征

我国内贸集装箱运输主要表现为以下特征。

(1)内贸集装箱运输流向与货源地域结构密切相关。从上面货源来看,我国南北、东西各地区的自然资源禀赋不同以及经济发展水平不同,出产的商品有较明显的地域性差异:①北方地区以玉米、大米、大豆等粮食类大宗商品为主,呈现"北粮南运"的粮食物流态势;②南方地区如珠江三角洲地区以家用电器、纺织服装、轻工食品、建材、造纸、中药等产业为主;③东部地区以纺织、化工、机械仪器等轻工业制品为主;④西部地区以煤炭、矿石、钢材等矿产资源类商品为主,但除长江上中游外,难以通过内贸集装箱运输。

(2)内贸集装箱运输季节性较强、运量波动性较大。即使船东调整船期也难对抗天然的货物的流向和流量波动。例如:西南地区的主要货源磷化肥,其主要输出地是东北地区，然而根据农作物生长周期，内贸船东需要在每年 3～4 月份之前将化肥运抵东北地区，而下半年运输量会大幅减少。

（3）因为内贸集装箱大部分基础货源为低附加值货物，对运价的承受能力较弱。价格始终是货主选择内贸集装箱班轮公司的主要指标，所以内贸集装箱航运具有价格竞争激烈的特征。

（4）内贸集装箱航运船舶体型小、载箱量低，尤其是内河船舶，少有超过 1 000TEU 的集装箱船舶。这也在运力、能耗和时间上给内贸集装箱运输带来一些不利的因素。

### 案例 5-2

> 2018 年 11 月 16 日，在武汉阳逻港二期将举行首艘江海直达 1140 型集装箱示范船首航发布会，这是阳逻港首次开启千箱级集装箱轮船，是长江中上游目前航行最大的集装箱船，在武汉航运史具有划时代的意义。"汉海 1 号"船长 130 m，宽 23.9 m，高 11 m，最大载重量达 13 600 吨。这艘万吨级江海直达集装箱船载箱量 1 140 TEU，运力远超长江武汉——上海航线的传统 400 TEU 的集装箱船，而且技术先进，驾驶灵活。
>
> 该船是中远海运集装箱运输有限公司旗下上海泛亚航运有限公司江海直达航线最大的船型，称为"长江航母"。船型与市场现有同类船型相比，节能环保水平大幅提高，耗能低、污染小，单箱平均日油耗降低 20% 以上；占用航道省，占用码头少，可以助推绿色长江建设与发展。"汉海 1 号"的江海直达航线通过聚集在武汉阳逻港的水水、水铁中转网络，航线辐射整个中上游流域，成为川、渝、鄂、贵、滇、陕等省市通江达海的主动脉。

### 5.4.2 内贸集装箱航运市场

我国的内贸集装箱航运市场方面，主要参与者均为国内船公司，相比国际集装箱运输市场，进入门槛低，已经形成供过于求的市场态势。据交通运输部统计，内贸集装箱航运市场整体运力投入规模，从 2012 年（开始有统计）的总载箱量 44.8 万 TEU，增加至 2018 年的 71.58 万 TEU，复合增长率达 6.9%。2018 年，我国 700 TEU 以上内贸集装箱船舶运力共计 252 艘、71.58 万 TEU，载箱量增幅 18.27%，为近三年来最高增速。中国主要港口内贸集装箱吞吐量，从 2009 年的 2 728 万 TEU，增加到 2018 年的 6 934 万 TEU。内贸箱占比逐年稳步增长，如图 5-11 所示。历年内贸集装箱航运量增长情况及占比如图 5-12 所示。

在市场供过于求的局面下，内贸集装箱航运企业低价竞争较为普遍，市场平均运价水平走低，竞争模式成了单纯的低价竞争。因此，当市场出现较长时间此种局面的情况下，往往会出现航运公司经营效益低下乃至运营不善，出现停止运营或倒闭的情况，例如南青班轮、洋浦中良等公司先后倒闭。

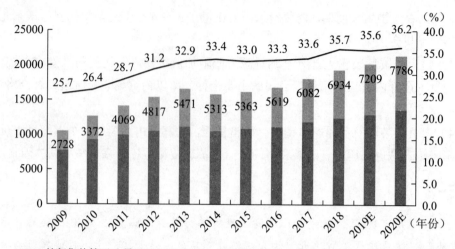

图 5-11 2009—2020 年中国主要港口集装箱吞吐量分析(来源:《中国港口》杂志)

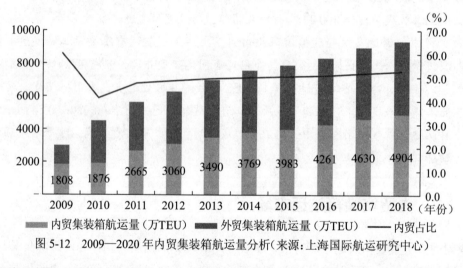

图 5-12 2009—2020 年内贸集装箱航运量分析(来源:上海国际航运研究中心)

据中国港口协会、中国船级社及上海国际航运研究中心等机构的统计数据显示,国内集装箱船舶总吨位超过 5 000 载重吨的内贸集装箱航运公司约 30 家,包括泛亚航运、中谷海运、安通控股、信风海运、合德船务、阳光速航、宁波远洋等,公司类型主要为央企/国企、民营企业或区域港口集团下属企业。内贸集装箱航运公司已经逐渐形成三大集团,即泛亚航运、中谷海运、安通控股,具有较大的市场话语权。其他航运公司只能经营区域性航线或者参与部分主干精品航线,运力规模已经与三大集团差距逐渐拉大。截至 2018 年年底,运力排名前 3 的内贸集装箱航运企业为:上海泛亚、安通控股、中谷海运,合计占据 68.3% 的市场份额。这三大集团 2018 年集装箱总运力较 2017 年年底分别增加了 9%、26.51% 和 11.83%,且目前在建集装箱船舶基本上均来源于这三大集团,未来的市场集中度可能会进一步提高。

## 本章习题

1. 水运的特点与局限性各有哪些？
2. 什么是船舶运输组织的航次形式和航线形式？
3. 查询我国的集装箱国际班轮运输业务经营者名单（交通运输部不定期公布，或见 http://www.qingdaoports.com/ chuangongsijianjie/mingdan.html），试分析：①近年来，名单中的企业合并、破产重组情况；②将数据导入 Excel 表格，试用数据透视表功能，分析国内外公司注册地情况；③列举一两家离你最近港口经营的国际集装箱班轮公司。
4. 在我国取得国际班轮运输经营资格需要哪些条件？
5. 全集装箱船舶的结构特点有哪些？
6. 2013 年 6 月 17 日，"三井舒适（MOL COMFORT）"轮在从新加坡至沙特阿拉伯吉达港的 V#005W 航次航程中，于横渡印度洋途中发生了船舯部断裂事故，随后，事故船断成两半，在漂流了一段时间后最终沉没，船载货物也全部灭失。"三井舒适"是 2008 年投入使用的后巴拿马型集装箱船，船长 316 米，载箱容量为 8 110TEU，这是世界上第一条超巴拿马型集装箱船的海难事故。事后证明"三井舒适"轮存在设计上的潜在缺陷，该潜在缺陷是事故后日本政府和日本船级社分别组织专家组，对事故船的姊妹船及其他采用不同设计的相似船型进行了详尽、科学的模拟实验和研究对比后确认的，并非承运人谨慎处理所能发现。"三井舒适"轮沉没的原因系因谨慎处理仍未发现的潜在缺陷所致（Latent defects not discovered by due diligence）。《中华人民共和国海商法》第五十一条第一款第（十一）项规定，经谨慎处理仍未发现的船舶潜在缺陷造成货物发生的灭失或损失的，承运人不负赔偿责任。试讨论作为货主、保险公司、船公司对这一事故的看法。
7. 图 5-3 左、右所示，集装箱船各有多少贝？
8. 图 5-4 所示，集装箱船能放多少列集装箱？各列按左舷、右舷的列号序列分别是多少？
9. 2019 年，世界载箱量最大的集装箱船舶"地中海古尔松（MSC Gülsün）"轮，是第一艘 23 000TEU 级超大型集装箱船，船舶总长 399.9 m，宽 61.5 m，高 33.2 m，船头到船尾共 24 贝，每贝 24 排，舱盖上下各 12 层，能够搭载 23 756TEU，吃水 16m，载重量 19.75 万吨，总吨位 21 万吨。试按 6 m 集装箱型列出它的全部行、列、层代号范围。
10. 查阅并解释图 5-1 下的室女座轮有在关船舶技术数据。
11. 45 ft 集装箱在集装箱船舶上如何摆放？
12. 集装箱船配积载基本要求有哪些？
13. 班轮运输的主要特点是什么？集装箱班轮航线的特点是什么？
14. 图 5-13 为某船公司班轮航线，试翻译出中文。

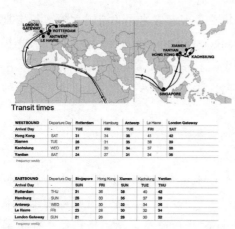

图 5-13　某公司班轮航线信息

15. 某船公司一条航线如下图 5-14 所示，试分析：（1）这是什么航线？（2）从始发港到终点港需要多长时间？

16. 从微信中搜索"掌上船期"小程序（中国船务周刊出品），试用其"港到港船期"和"精品航线"功能，并验证是否还有习题 5-14 和习题 5-15 的航线。

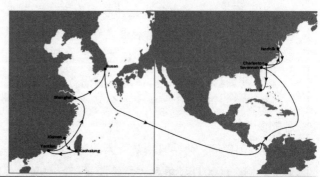

图 5-14　某船公司班轮航线英文信息

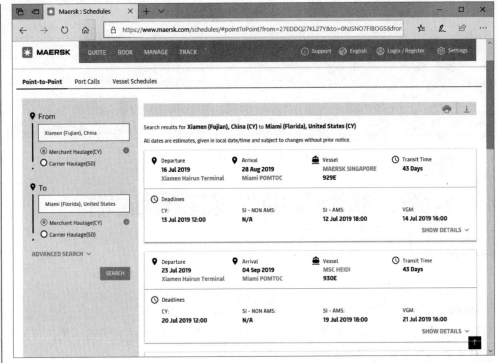

图 5-14　续

# 第6章
# 公路、铁路及航空集装箱运输

集装箱运输已经形成遍布全球的运输网络，除了水运之外，还有公路运输、铁路运输，甚至航空运输。将集装箱货物从货主的工厂、仓库等货源地运送到场站码头，再从船舶码头通过集装箱多式联运，运送到最终客户手中，实现"门到门"运输。

一艘大型集装箱船舶在港口装卸大量集装箱的背后，需要一个庞大的物流体系的支撑，这就离不开公路、铁路等运输方式。以一艘1.9万TEU大型集装箱船为例，船舶进港假设需要装卸8 800 TEU，接下来这8 800 TEU需要进行再次物流，分别分配到支线船、火车、内河船舶以及货车上。假设4 800TEU由支线船舶疏运，支线船舶，从干线大港将货物运输到其他支线港口，若每艘船舶可以装载800 TEU，则需要6艘船舶；假设3 600个集装箱由火车运输，从干线大港转运到内陆城市，每车次可以运输90 TEU，则需要40车次；假设剩下400 TEU内河船运输，通过内河体系进行转运货物，每艘船舶可以装载96 TEU，则需要5艘船舶；最后是货车，假设最后一半的集装箱需要"门到门"末端运输，每辆卡车可以运输一个自然箱，则需要4 400车次运输。这中间集装箱在运输工具上下均需要装卸。

## 6.1 公路集装箱运输

作为最普遍、最主要的运输方式，公路运输以其机动灵活、快速直达的优势，在集装箱运输中的港口国际集装箱的集疏运、铁路集装箱"门到门"运输，以及完成公路干线集装箱零担货物运输方面，均起着重要作用。

### 6.1.1 公路集装箱运输的特点

伴随着集装箱运输的发展，公路集装箱运输的主要特点如下。

（1）集装箱运输是"门到门"运输。集装箱运输的优点就是"门到门"，对于大多数集装箱运输货主和客户来说，自身拥有水路、铁路等方式的极少，这就离不开集装箱公路运输的"末端运输"方式。

（2）集装箱公路运输是各种运输方式之间的衔接。通过公路的短驳将各种运输方式衔接起来，或最终完成一次运输过程。我国公路集装箱运输的衔接性体现在五个方面，即：①海上国际集装箱由港口向内陆腹地的延伸运输；②国内铁路集装箱车辆与收发货人之间的运输；③沿海、内河国内水运集装箱由港口向腹地的延伸运输、中转运输；④城市之间干线公路直达的集装箱运输；⑤内陆与港澳之间及其他边境口岸出入国境的集装箱运输。这五种情况，都离不开公路运输的末端"门到门"，否则就不能完成从货主到客户的整个集装箱运输过程。

（3）集装箱公路运输也具有公路运输方式的特点。不管是否运输集装箱，公路运输的运力与速度均低于铁路运输；能耗与成本却高于铁路、水路运输。不过，公路运输有更广的通达性及机动灵活性。公路集装箱运输的合适距离，与各个国家的经济发展程度、地理环境相关：如美国内陆幅员辽阔，高速公路网发达，公路集运合适距离为 600 km；日本四周环海，沿海驳运方便，集装箱公路运输合适距离为 200 km。而我国情况复杂，合适距离游离于两者之间。

（4）公路集装箱运输流转及装卸特点都体现整箱货和拼箱货的区别。

### 6.1.2 公路集装箱运输市场

公路集装箱运输主要由各类集装箱卡车运输公司来完成，简称为集卡运输。随着我国道路集装箱运输经营市场的开放，从事集卡运输的主体变成了各类货运公司和挂靠性质的个体经营者，处于整个集装箱运输产业链末端。公路集装箱运输是道路运输业的一部分，在我国已经充分市场化，全国的道路运输业拥有 4 000 多万从业人员和 1 300 万辆营运车辆，是国民经济的基础性支柱产业，在经济社会发展中发挥了重要作用。而现在从事公路集装箱运输的主要是牵引车和挂车组成的拖挂车运输和现代的甩挂运输。

客观上，集装箱货源受国家政策的影响很大，涉及国家对外贸易的发展和集装箱化的比例，还受货主、货运代理及船舶公司等各种因素的影响。通常一个地方一段时间集卡运输车辆配备与运力是相对固定的，但运输市场对集装箱卡车的需求在数量、流向、时间、地点上是不均衡的。这种供需不平衡主要由市场调节，但由于集卡的机动性，相对于集装箱水路运输和铁路运输子系统，公路集装箱运输需求的波动性与供需矛盾更加突出。我国内地沿海主要港口都有相当数量的集卡运输拖车公司，车辆数量宠大，初步统计的集装箱运输车辆数据如表 6-1 所示。

表 6-1  我国主要港口集装箱运输车辆数量

| 港口 | 上海 | 深圳 | 宁波 | 广州 | 青岛 | 天津 | 厦门 | 大连 | 连云港 |
|---|---|---|---|---|---|---|---|---|---|
| 集卡（辆） | 29 000 | 31 000 | 14 229 | 8 000 | 15 000 | 20 908 | 8 000 | 3 600 | 6 000 |
| 拖架（辆） | 32 000 | 49 000 | 15 300 | 10 400 | 15 000 | 24 710 | 18 000 | 4 000 | 6 500 |

数据来源：中国道路运输协会集装箱运输分会常务副秘书长蔡远游先生 2016 年初步统计。

集装箱公路运输企业在市场竞争中一方面体现企业自身状况及经营主观性；另一方面表现在行业的交流、协调与自律等方面。从全国来看，有中国道路运输协会集装箱运输分会这样的专门行业组织，按照"提供服务，反映诉求，规范行为"的要求，在行业发展和市场经济体制、精神文明建设中，充分发挥新型社会团体的组织、协调、服务功能，当好参谋和助手，发挥桥梁和纽带作用。各地还有集装箱运输协会、集装箱拖车运输协会等，由从事集装箱运输、装卸、仓储、装拆箱业务的码头、堆场、货运站、运输企业等自愿组成的具有法人资格的地方性、行业性、非营利性的社会团体。

公路集装箱运输货源组织主要有合同运输和临时托运的方式，不少码头场站采用公开招标方式确定合约拖车公司，一些大的货主常有相对固定的拖车公司，临时托运面向短期、临时客户小批量托运的集装箱。因为公路运输市场竞争激烈，运价主要是依据市场需求，随行就市。我国上世纪有一个基本运价，即 20 ft 集装箱 6 元/箱公里，40 ft 集装箱 9 元/箱公里。但是现在公路运输市场变化大，油价、车辆和人员成本都发生了巨大的变化。港口当地的集装箱运输协会通常会根据相关情况提出一个市场参考价格。

## 案例 6-1  厦门口岸集装箱运输（拖车运输）服务性收费建议价格与服务规范

为了规范厦门口岸集装箱运输（拖车运输）市场，促进厦门市集装箱运输行业健康发展，向出口货主提供安全、规范、优质的服务，根据商会章程和有关行业自律公约，在商会深入调研口岸收费现状、结合行业意见的基础上，制定本规范。现公开发布，供企业参考。

1.厦门集装箱运输（拖车运输）运费建议价格

出口集装箱运输（拖车运输）价格，建议按不同地区不同箱型收费，其中 20 ft、40 ft 集装箱，建议厦门市区一类价格分别为 450 元、500 元，二类金尚、火车站等 580 元、630 元，二类蔡塘、前埔等 650 元、700 元，另见附件表格（在此略）。本建议价格以厦门自贸区（象屿保税区）为出发点；未列地区的运价，分别按 20ft、40ft 集装箱单向每公里 8 元、12 元的标准计算基本运费，业务中涉及的码头费、过路过桥费和各种代垫费用另外据实计收。

本运费建议价格的基准点是 2018 年 8 月 1 日厦门 0 号柴油价格人民币 7.01 元/升。

进口集装箱运输（拖车运输）建议价格与出口的相同，但进口集装箱码头产生的码头费用及船东、船代等单位收取的费用，由委托人按实际发生额支付。

2. 集装箱运输（拖车运输）服务规范与项目

（1）出口集装箱运输（拖车运输）服务规范与项目：①本建议运价所指承载货物为服装、鞋帽等轻抛货，对石材等重货及冷藏箱、危险箱、罐箱、开顶箱等特种箱型，运价在此基础上增加30%；②国家法定节假日，拖运运费可上浮15%～25%；③表中所列地点为所在地10 km范围内，若实际装货地点超过两家且路程不超过10 km的，每增加一家收100元；若路程超过10 km的另外协商收费；④厦门市海沧区提箱到厦门岛内或厦门岛内装货进海沧区内码头的，每趟加收150元；⑤非因承运企业原因，需要提前提空箱但未在当天完成拖运的，按200元/箱收取额外费用（含指定箱号费）；⑥附表价格为拖运运费和过路过桥费，均不含码头费、铅封费和退载、查验、超期费等非正常操作费用；⑦出口装箱服务时间20 ft、40 ft、45 ft的，分别为2小时、3小时、4小时以内，逾期收取装箱滞时费；标准为50元/小时（2小时以内）、100元/小时（超过2小时）；⑧长途甩柜或空拖运费按拖运运费的90%计收，过路过桥费按实际发生计收；⑨货物转关、查验、堆场熏蒸等调箱运输费及服务费20 ft、40 ft的，分别为150元、200元；⑩20 ft、40 ft冷藏箱码头堆存费（含充电费）分别为129元/天、208元/天。

（2）进口集装箱运输（拖车运输）服务规范与项目参照出口服务规范与项目。

3. 费用结算

（1）集装箱运输（拖车运输）企业应按月和委托人、货主结算应收拖运运费和代垫各项费用，双方有定期结算协议的按协议执行。

（2）集装箱运输（拖车运输）企业和委托人、货主协议按月结算的，委托人、货主应该在每月15日前支付上月发生的费用，双方协议另有约定的按协议约定执行。

（3）委托人、货主拖延结算费用的，集装箱运输（拖车运输）企业可以按每日万分之五的标准收取逾期付款违约金或滞纳金，双方协议另有约定的按协议约定执行。

（节选自厦门市现代物流业商会2018年9月10日通知）

当然，根据具体提供的公路服务，集装箱公路运输还可以有延滞、装卸等其他费用，如车辆延滞费、车辆装箱落空损失费、过渡费、人工延滞费、装卸机械延滞费、计箱装卸费、装卸机械计时包用费、装卸机械走行费、掏箱费和辅助装卸费等。这些服务按市场双方确认据实收取。

市场竞争离不开法律法规的保护与规范，我国关于公路集装箱运输的法律法规，除了《中华人民共和国合同法》《中华人民共和国道路运输条例》等以外，还有行业主管部门——交通运输部的有关法律文件，较重要的如《道路货物运输及场站管理规定》《国际道路运输管理规定》《道路危险货物运输管理规定》等，均规定了公路集装箱运输中承运人、托运人及货物相关的权利、义务与责任。

## 6.1.3 集装箱公路运输中转站

集装箱运输公路中转站，是指设在港口或铁路办理站附近，用于水运、铁路运输和向内陆和经济腹地延伸的基地和枢纽，是集装箱内陆腹地运输的重要作业点之一。它的主要作用是：

（1）承担集装箱水运目的港、集装箱铁路办理站的终点站和收货人之间集装箱公路转移的任务，完成门到门运输；或实现集装箱在内地堆场的交接，并可组织腹地内的干支线、长短途运输，或为水路公路联运的衔接配合创造有利条件。

（2）中转站相当于内陆的集装箱货运站，办理集装箱拼箱货的拆箱与拼箱作业，同时发挥拼箱货集货、货物仓储及向货主收取、送达的作用。

（3）靠近大型集装箱口岸与铁路集装箱办理站，可作为疏运货物的缓冲区域、集装箱堆场或集装箱集散点。

（4）进行空、重集装箱的装卸、堆存和集装箱的检查、清洗、消毒、维修等作业，并可作为船公司箱管或外轮代理公司在内的内陆指定的还箱点，进行空箱堆放和调度作业。

（5）为货主代办报关、报检、理货及货运代理业务。

集装箱公路运输中转站对当地贸易、物流和经济发展作用显著，各地都在建设和运营之中。规划建设可参考 GB/T 12419—2005《集装箱公路中转站级别划分、设备配备及建设要求》。

## 6.1.4 公路集装箱运输业务流程

公路集装箱运输主要承担港口码头、铁路车站集装箱的集疏运业务和直达集装箱运输业务。按照公路集装箱运输服务对象的不同，其货运业务主要有三种形式：港口进出口国际集装箱集疏运业务、国内集装箱公路铁路联运上下站接取送达业务和集装箱公路干线直达运输业务。

### 1. 港口进出国际集装箱集疏运业务

（1）出口集装箱进港发送作业流程
①接受托运人或其代理提出的集装箱出口托运申请；
②汇总托运申请，编制运输计划，并据此向船公司或其代理联系提空箱；
③将集装箱出口运输通知单和放箱单交给集装箱码头，换取集装箱设备交接单和封具（铅封），并提取空箱；
④将空箱连同装箱单和封具一起自集装箱码头堆场运往托运人工厂、仓库或中转站；
⑤自托运人工厂或仓库将拼箱货接运至中转站拆、装箱库；
⑥在货运代理、海关（国检）理货等部门的监督下，把货物装箱并施封后，将集装箱

连同已填写签署的装箱单送住集装箱码头或中转站,待船舶到港后准备装船;

⑦将装箱单和集装箱设备交接单提交集装箱码头,经核查后取得签发的集装箱交付收据。

(2)进口集装箱进港送达作业流程

①接受货主或其代理提出的集装箱进口托运申请;

②汇总托运申请,编制运输计划,并据此向船公司或其代理联系提空箱;

③将集装箱进口运输通知单和提箱单交给集装箱码头,换取集装箱设备交接单,并在集装箱堆场提取重箱装车;

④整箱货集装箱运至收货人工厂或仓库,拼箱货集装箱运回中转站集装箱作业区;

⑤拆箱后交空箱和集装箱设备交接单送回集装箱码头堆场或中转站集装箱堆场;

⑥将集装箱设备交接单提交集装箱码头堆场,送回集装箱并经检查后取得签署的集装箱退回收据;

⑦将属于不同收货人的拼箱货在有关部门的监督下,理货后分送有关收货人。

上述两流程的示意图分别如图6-1左、右所示。

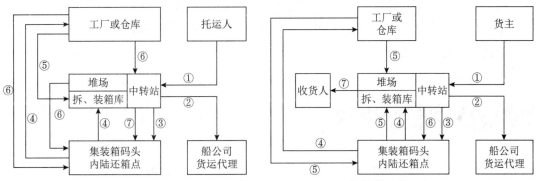

图6-1 作业流程图:出口集装箱进港发送(左),进口集装箱进港送达(右)

## 2.国内集装箱公铁联运上下站接取送达业务

(1)集装箱公铁联运上站发送作业流程

①接受托运人或其代理提出的货物托运申请;

②向铁路货运站提出联运申请和空箱要箱计划;

③待联运申请被答复后,领回铁路进货证和集装箱交接单,凭单提取空箱运至托运人工厂或仓库,或运回中转站堆场;

④将拼箱货自托运人工厂或仓库运至中转站,按铁路货运站配箱计划和积载要求装箱,并填写集装箱装箱单;

⑤按计划将重箱运送至铁路货运站,并按铁路有关规定办理集装箱交接;

⑥托运人按铁路运价交付运费,领回托运人报销联及铁路运单副本。

（2）集装箱公铁联运下站发送作业流程

①接受收货人或其代理提交的货物托运单、到货通知和领货凭证；
②将到货通知、领货凭证提交铁路货运站办理提箱手续，领取出门证及集装箱交接单；
③按计划到铁路货运站提取重箱，将重箱运至收货人仓库或中转站并办理交接手续；
④将拼箱货在中转站拆箱后通知货主提货，或送至收货人；
⑤将用毕的空箱送回铁路货运站，并办理集装箱交接手续；
⑥按规定向收货人收取运费和附加费。

### 3. 集装箱公路干线直达运输业务

①接受托运人或其代理提出的货物运输申请；
②审核托运单填写内容与货物实际情况是否相符，检查包装，过秤量方，粘贴标签、标志；
③按有关规定向托运人核收运杂费、附加费；
④按照零担运输作业程序核对装箱，当场进行铅封并编制装箱单；
⑤按班期将集装箱运送到对方站，凭铅封进行交接，明确相互责任；
⑥到达站将货物从集装箱内掏出，并以最快速度通知收货人在最短时间内将货物提走，以加速货物和仓库的周转。

## 6.2 铁路集装箱运输

集装箱运输最早起源于铁路，英美都曾用原始集装箱的容器装运木材等货物，直到20世纪以后铁路运输成熟普及，铁路集装箱运输才真正开展起来，随着海运集装箱的标准化，铁路集装箱货运车辆、双层集装箱运输以及驼背运输等不断出现，在北美及欧洲，铁路集装箱运输占据很重要的地位。

我国的集装箱运输也是从铁路运输开始的。1955年3月，原铁道部成立了集装箱运输营业所，但限于技术及经济多方面的原因，发展较曲折，直到采用国际标准集装箱和设立中铁集装箱运输中心的专门经营机构，才开始较快的发展。相比水运、公路运输，铁路运输还有很大不足，集运占整个铁路运输的比重也很小，与铁路运输方式的经济性和国民经济的要求相距甚远。

### 案例6-2　　铁路大宗物资"散改集"

近年来，铁路大宗物资"散改集"持续推动中国铁路集装箱发送量快速增长。2018年，铁路集装箱发送量1 375.1万TEU，同比增长33.4%，增幅连续3年超过三成。所谓大宗物资"散改集"，即是将原来散装运输的煤炭、焦炭、矿石、粮食等大宗货物装入集装箱进行运输。大宗物资"散改集"具有环保、高效、降低成本、便捷等优点。

具体组织实施上，2018～2020年，国家铁路集装箱运量确保年均增长20%以上，其中集装箱多式联运力争年均增长30%。为了实现这一目标，中国铁路将对青岛港、连云港、宁波港等已经实现港区铁路无缝衔接的港口加大支持力度，上海外高桥港、北部湾铁山港等港口加快推进专用线建设。对近期无铁路专用线修建计划的港口，如上海洋山港、天津港等采用集卡短驳方式，吸引集装箱通过铁路运输。

2018年，我国规模以上港口集装箱铁路水路联运量450万TEU，增长29.4%，但只占港口集装箱吞吐量1.80%。中国铁路正加强与中远海运、招商局等海运企业的合作，共同做大集装箱铁路水路联运。

虽然中国铁路集装箱发送量增长迅速，但与发达国家相比，中国铁路集装箱运输比例一直较低。主要原因是以前我国铁路与港口分割管理，铁路大多不能到达港口。今天建设连接铁路网与港口、集装箱场站、物流园区、公路货运枢纽的铁路相应设施困难重重且需要大量投资，在港口城市不仅地价高、拆迁难，而且也影响城市交通。

《中国集装箱与多式联运发展报告（2018）》显示，2018年，铁路集装箱运量（吨位）占铁路总运量比例达7.16%，相比于美国、欧洲、日本铁路集装箱运量占比49%、20%和50%，中国铁路集装箱运输发展任重道远，还需要持续不懈的努力。

## 6.2.1 集装箱铁路运输条件

铁路集装箱运输除了与公路运输相同的整箱货与拼箱货外，还有整列和整车的区分。整列是指铁路编排整列的、到达同一终点站的货源，通常属于集装箱直达列车的运输对象。我国铁路现开行很多从货源地到港口的集装箱运输直达班列。整车是指形成一车皮的集装箱货源。铁路集装箱专用车长度约为60～90 ft，一节整车皮可以装3～4TEU。对铁路来说，形成整车的货源，在编排时总是占一节车皮，比较有利，所以鼓励整车托运，不管是否装满，均按整车计费。

### 1. 铁路集运组织形式

按铁路运输组织形式有：定期直达列车、专运列车、一般快运货物列车和普通货运列车四种。其中集装箱定期直达列车也称五定班列，即"定时、定点、定线、定车次，定费率"，发货人需预约位，准时发到集装箱。现今铁路集装箱班列线路众多，各铁路局、中铁快运、中铁集装箱运输有限公司都在开行集装箱班列，一些传统散货，如煤炭、化肥、玉米都通过集装箱班列运输。例如宁波港开行常态化集装箱班列逾12条，义乌至宁波海铁班列实现一天三班对开，单月破万箱，成为国内最大的集装箱外贸海铁班列；还有宁波港至绍兴的双层集装箱班列。

## 2. 铁路集装箱专用车

从集装箱铁路运输的发展来看,在集装箱全球标准化的前提下,普通铁路货车(Rolling stock)中的敞车(Well car)、平车(Flatcar)虽然也能使用,但集装箱铁路运输专用的货运车辆,才能实现快速高效的作业和运输经济性。

集装箱直达列车的集装箱专用车结构比较简单,绝大部分采用骨架式,无须经过调车作业,无缓冲装置,底架有旋锁加固装置,用来固定集装箱。而随普通快运的集装箱专用车辆要经过调车作业,所以一般要加缓冲装置。这种缓冲装置以及整个车型规格尺寸各国都可能不同。国际铁路联盟对直达列车的专用车制订了2转向架4轴的60 ft长度集装箱专用车和3转向架6轴的80 ft长度集装箱专用车两种标准。

中国铁路集装箱专用平车种类有X6A、X6B、X6C、X1K、X2K(X2H)、X3K、X4K、X6K等,保有量约为8 300多辆。典型集装箱平车(图6-2)技术数据如下。

图6-2 铁路集装箱专用平车,X6A(上),X4K(下)

(1)X6B可装载一个40 ft/45 ft集装箱,或2个20 ft集装箱,载重量为60 t,全长16.338 m,最大宽度3.17 m,空车装载面高度1.166 m,构造速度160 km/h,商业运营速度120 km/h,自重22 t。

(2)X2K双层集装箱专用平车,装箱型式:①下层2×20 ft,上层1×40 ft/45 ft/48 ft/53 ft,载重78 t;②下层1×40 ft,上层1×40 ft/45 ft/48 ft/53 ft,载重61 t;③下层2×20 ft(重

箱），上层2×20 ft（空箱），载重61 t。车辆长度19.466 m，底架长度18.666 m，车辆宽度3.140 m。空车集装箱承载面距轨面高仅0.29 m，满足我国电气化铁路下通行双层集装箱平车，接触线距钢轨顶面的高度限值6.33 m的要求。

（3）X4K可以同时装运同时装运3×20 ft国际标准集装箱或1×20 ft和1×40 ft国际标准集装箱，也可单独装运1×40 ft或1×45/48/53 ft集装箱，载重72 t，自重不超过21.8 t，车辆长度19.416 m，车辆最大宽度2.890 m，空车装载面高度1.14 m，满足在既有线桥条件下车辆商业运营速度120 km/h的要求。

另外，NX系列为集装箱两用平车NX17A、NX17B等，有活动可翻起来或者固定的蘑菇头，可以拉集装箱，也能拉普通货物。因为适用性更强，保有量有15 400多辆，超过集装箱专用平车保有量。

### 3. 铁路集装箱办理站

铁路集装箱办理站是具体办理集装箱业务的基层单位，大的办理站对外业务往往是通过集装箱营业所或铁路子公司办理的，小的办理站不论是对外与收、发货人或汽车运输公司的有关业务，还是对内与行车等部门的有关业务，均由车站办理。

铁路集装箱办理站必须具备以下条件。

（1）有一定数量且稳定的集装箱货源，这是开展集装箱运输的先决条件，铁路在设置办理站前要进行货源调查和预测。

（2）有装卸、搬运集装箱的机械设备以及存放空重箱的硬化场地，办理站内要便于车辆的取送交接。

（3）集装箱办理站应具备进行集装箱的装卸和中转换装的能力。

（4）集装箱办理站必须有健全的机构，配备具有一定水平的组织管理人员。

（5）有与其他运输方式相衔接的条件和信息通信技术。

铁路集装箱办理站的开办与停办，由铁路局根据以上基本条件进行审查，报原铁道部（现中国国家铁路集团公司）批准和公布。已颁布的《铁路集装箱运输规则》是《铁路货物运输规程》引伸的规则。另外，自备大型集装箱运输专用线的开办和停办，可由铁路局根据专用线的场地、机械和取送车条件进行审查和批准，并报中国国家铁路集团公司公布。

铁路集装箱办理站一般都具有两种职能，即商务职能和技术职能。商务职能：①受理集装箱货物的托运申请；②办理装、卸箱业务；③编制用车计划；④向到达站发出到达预报通知；⑤编制有关单证；⑥核收有关费用；⑦装箱、拆箱以及施封等。技术职能：①编发、接编成列集装箱列车；②提供适合装货、运输的集装箱（空箱）；③安排集装箱装卸、搬运等机械；④联系其他运输方式，多式联运和门到门服务；⑤集装箱检修、清洗等。

铁路集装箱办理站的场地设施包括：装卸线、作业区场地、辅助生产及管理区设施等。铁路集装箱办理站规模扩大后还可有专办站和中心站，目前国铁下属中铁集装箱运输有限责任公司设10个中心站。

### 案例 6-3　　　　西安铁路集装箱中心站

该站位于西安市东北郊的国际港务区内,是西安市仓储物流核心区,南距绕城高速7公里,通过绕城高速公路与连霍高速、京昆高速、沪陕高速、包茂高速、福银高速等高速公路、国家干线公路连接,交通十分便利。

场站布局位于西安铁路枢纽北环线新筑车站南侧,是新亚欧大陆桥在中国西部的重要节点。场站东连郑州中心站,西接兰州中心站,南靠重庆、成都中心站,北临包头、呼和浩特集装箱专办站。地处我国西北,具有连东进西、承南起北的功能作用,区位优势十分明显和突出。

西安铁路集装箱中心站占地面积 1 024.8 亩,设计年集装箱总运量 1 724 万吨。西安铁路集装箱中心站是根据现代物流发展的要求进行全新规划和设计的,已建成 2 条货物装卸线,每条线长 1 050 m,可满足整列集装箱班列的到发和装卸作业。

根据功能设有一关一检、堆存区、仓储区、冷藏箱区、国际箱区、修箱区等不同箱类存储专区及其他服务设施,可满足客户的各项需求;配备现代化的集装箱装卸搬运设备以及先进的堆场管理及调度监控系统,可实现高效率的自动化运作;另外,配备先进完备的各项信息管理系统,可方便客户实现各项业务办理、集装箱状态查询及在途跟踪,以及与港口、海关、银行等相关业务系统的无缝衔接,可极大地提高客户的业务办理效率,提升客户服务水平。西安集装箱中心站在场站内设立独立封闭的海关监管场所及检验检疫所需查验熏蒸区,设有专用的储存、堆放、装卸海关监管货物的仓库、场地,进出口检验检疫的查验、熏蒸场所也具备使用功能,已设置明显的场地标识,并于 2011 年 3 月申办了《中华人民共和国国境口岸储存场地卫生许可证》《中华人民共和国西安海关监管场所许可证》,为真正实现"港口后移、就地办单、海铁联运、无缝对接"提供了可靠保障,为进出口货物一票通关、快速放行奠定了坚实基础。

作为西北地区最大的铁路集装箱枢纽中心,西安铁路集装箱中心站具有优越的地理位置和现代化的场站设施,中心站现拥有两条集装箱装卸线,有效长度 850 米,门吊走行轨长度 808 米,安装 4 台 40 吨轨道式集装箱门式起重机,配备有 1 台正面吊、两辆集装箱卡车和两辆电瓶车。智能大门下安装 3 台计量 80~100 吨的组合型静态电子地磅,及 BP6000 安检仪一台。中心站除集装箱作业区外,还有快运作业区、特货装运作业区、整车货物作业区。

## 6.2.2　铁路集装箱运输流程

### 1. 托运受理

托运人向车站提出货物运输申请,填写"铁路货物运单"和运单副本。车站接到运单后应审核整车货物的申请是否有批准的月度和日要车计划,核查货物运单上各项内容填写是否正确。如确认可以承运,在运单上登记货物应进入车站的日期或装车日期,即完成受理托运。

### 2. 集装箱货物集配计划

受理车站的集配货运员根据掌握的全部受理运单的到站去向和数量,本站可利用空箱和待交箱数量,待装车、待装箱和留存箱的方向和数量,以及站外集散站的集装箱等资料,做出配装计划。集配计划完成后,及时通知托运人和承运货运员,以便托运人安排车辆组织进货,货运员做好承运准备工作。

### 3. 货物装箱

货物装箱分为整箱货装箱和拼箱货装箱,详见第3章。无论在何处装箱,托运人收到外勤货运员拨配的空箱后,一定要检查集装箱。铁路拼箱货物按零担货物收取运费,但需另收拼箱费用。货物的装拆箱以及货物受理和交付均由铁路负责,因此铁路货物运单、领货凭证和铁路货票等运输单证上要加盖"铁路拼箱"戳记。同一箱内货物的所有票据应封入"铁路集装箱拼箱货运票据封套"内。

集装箱集散站是设立在铁路车站之外,具备库场和装卸、搬运设备的企业。集散站拼箱是集散站使用铁路集装箱或自备集装箱,由集散站面对货主,办理承运和交付,将同一到站不同收货人的货物共同装入一集装箱内,向铁路按整箱办理运输。铁路车站与集散站之间的关系是承运人与托运人之间的关系。

### 4. 承运

托运人在指定日期将集装箱货物送至车站指定的地点,铁路核查货物运单的记载与实物情况,准确无误的,在运单上加盖承运日期戳,即开始承运。铁路向托运人核收运费。

### 5. 装车运输

通过铁路办理站内的装卸设备将集装箱装入铁路平车,小型集装箱可装入敞车运输。

### 6. 国际铁路联运货物在国境站的交接

国境站主要办理国际铁路联运货物、车辆与邻国铁路的交接,货物的换装或更换轮对,票据文件的翻译及货物运送费用的计算与复核工作。国际铁路联运货物在国境站的交接还涉及海关、货代等部门,它们联合办公,实行流水作业。

### 7. 到达交付

集装箱货物抵达后,到站应在不迟于集装箱卸车后的次日用电话等方式向收货人发出催领通知,并在货票上记录。但催领通知只是通知收货人收货的辅助手段。货物承运后,托运人应将领货凭证及时交寄收货人，收货人应主动向到站联系领取货物，这是到货通知的主要手段。

收货人凭本人身份证明和领货凭证核领货物，收货人在货票上盖章或签字，并记录身份证明文件号码。收货人有义务及时将到达的货物搬出领走，铁路部门有义务提供一定的免费留置期限，一般为2天，超过期限需向铁路部门支付延期使用费和货物暂存费。

若货物在站内掏箱，收货人应在领取当日内掏完；在站外掏箱时，收货人应在领取的次日内将该空箱送回。

## 6.2.3 铁路集装箱运费

前面我们在公路集装箱运输市场中就介绍了随行就市的公路运费，相比之下，铁路运费更为复杂，因为我国的铁路运输体制，不是完全的市场行为。铁路集装箱货物运输费用的计算有两种方法。一种是常规计算法，由运费、杂费、装卸作业费和中国国家铁路集团公司规定的其他费用组成；另一种是为适应集装箱需要而制定的集装箱"一口价"计算方法。

### 1. 常规计算法

（1）集装箱运费

集装箱运费计算以自然箱为单位，由发到基价和运行基价两部分组成，其计算公式为：

$$集装箱每箱运价 = 发到基价 + 运行基价 \times 运行里程$$

计算步骤为：集装箱分箱型按《铁路货物运价率表》确定适用的发到基价和运行基价率，按《货物运价里程表》确定发站至到站的运价里程，根据上述公式计算出每箱运价。

铁路货物运价率表的运价号多而细，整车货物按照品类分为26个大类，按具体品名分别适用1～7个运价号，零担货物也有两个运价号。现阶段国家发改委批准的国家铁路货物统运价平均每吨公里为15.51分人民币，并作为基准价，允许不超过10%的上浮。

目前，20 ft集装箱发到基价为449元/箱，运行基价为1.98元/箱km；40 ft集装箱发到基价为610元/箱，运行基价为2.7元/箱km。拼箱货按零担货物运费，以10 kg为单位计价，分两类，发到基价分别为0.188、0.263元/10 kg，运行基价分别为0.0010元、0.0014元/10kg·km。

（2）杂费

杂费按照实际产生的项目及使用费率核收，按照《铁路集装箱货运杂费费率》确定。具体来说，铁路集装箱运输收取的杂费主要包括以下项目：表格费、取送车费、机车作业费、变更手续费、货物装卸作业费（按《铁路货物装卸作业计费办法》《铁路货物装卸作业费率》的规定核收）、过秤费、货物暂存费、集装箱清扫费、集装箱延期使用费、自备集装箱管理费、地方铁路箱集装箱使用费、集装箱使用费、一箱多批（铁路拼箱）费，还可能有运杂费迟交金、铁路电气化附加费、新路新价均摊运费、铁路建设基金，以及货物保价费等。

铁路运输危险品、超限、快运、集装箱重箱还有运价加成，危险货物集装箱、罐式集装箱、其他铁路专用集装箱三种运输的运价率，按"铁路货物运价率表"的规定分别加30%、30%和20%计算。自备集装箱空箱运价率按其适用重箱其他货物运价率的50%计算。集装箱货物超过集装箱标记总重量，对其超过部分，20ft箱、40ft箱每100kg按该箱所装货物运价率的5%核收违约金。

**2. 集装箱运输"一口价"**

集装箱运输"一口价"（即铁路集装箱货物运费）是指集装箱自进发站货场至出到站货场铁路运输全过程中各项价格的总和，包括门到门运输取空箱、还空箱的站内装卸作业费、专用线取送车作业、港站作业的费用和中国国家铁路集团公司确认的转场货场费用。是中国国家铁路集团公司为增加铁路运输价格透明度，规范收费行驶，满足货主需要，开拓铁路集装箱运输市场，而制定的一种新的运输费用征收办法，并出台了相应的《集装箱运输一口价实施办法》。

实行"一口价"运输的集装箱，不办理在货物中途站或到站提出的运输变更。

（1）集装箱运输"一口价"的组成

集装箱运输"一口价"由发送运输费用、发站其他费用和到站其他费用三部分组成。

①发送运输费用（即铁路运输收入），包含国铁运输、国铁临管费用、铁路建设基金、特殊加价、电气化附加费；中国国家铁路集团公司规定核定核收的代收款；铁路集装箱使用费或自备集装箱管理费；印花税等。

②发站其他费用（即发站合计）：集装箱装卸综合作业费、运单表格费、货签表格费、施封材料费、组织服务费。

③到站其他费用（即到站合计）：集装箱装卸综合作业费、铁路集装箱清扫费、护路联防费、地方铁路的到达运费、自备集装箱管理费和合资铁路或地方铁路的到达运费、自备集装箱管理费、合资铁路或地方铁路的集装箱使用费等，依实际情况而定。

集装箱运输一口价不包括下列费用：①要求保价运输的保价费用；②快运费；③委托铁路装掏箱的装掏箱综合作业费；④专用线装卸作业的费用；⑤集装箱在到站超过免费暂存期产生的费用；⑥由于托运人或收货人的责任而发生的费用。

（2）不适用"一口价"运输的铁路集装箱货物

①集装箱国际铁路联运，如下面介绍的中欧班列；

②集装箱危险品运输（可按普通货物条件运输的除外）；

③冷藏、罐式、板架等专用集装箱运输。

## 6.2.4 中欧班列

中欧班列起源于2011年3月19日"渝新欧"国际铁路联运班列，首次载着惠普公司在重庆生产的电子产品,从重庆团结村站始发,经过哈萨克斯坦、俄罗斯、白俄罗斯、波兰和德国共 6 个国家,行驶 10 003 公里,耗时 16 天,顺利抵达德国的杜伊斯堡。

中欧班列(China Railway Express,CR express)是由中国国家铁路集团有限公司组织,按照固定车次、线路、班期和全程运行时刻开行,运行于中国与欧洲以及"一带一路"沿线国家间的集装箱国际联运列车;它按照《国际铁路货物联合运输协定》(Agreement On International Railroad through Transport of Goods,CMIC)和《关于铁路货物运输的国际公约》(Convention Concerning International Carriage of Goods by Rail,COTIF)的规定开行。

### 1. 国际铁路货物联运

中欧班列实际上是我国发起的一种国际铁路货物联运方式。国际铁路货物联运(International Railroad through Transport)是在两个或两个以上国家铁路运输中,使用一份运输票据,并以连带责任办理货物的全程运输,在由一国铁路向另一国铁路移交货物时,无须发、收货人参与。

国际铁路货物联运有三个要点:①票据统一,在整个联运过程中使用的是一份统一的票据;②铁路运营商负责从接货到交货的全运输过程,即使在由一国铁路向另一国铁路移交货物时也无须发、收货人参与;③涉及两个及以上国家的铁路运输。

### 2. 中欧班列的发展

中欧班列往来于中国至欧洲以及沿线各国,是最高品质和等级的国际铁路联运列车,分别从重庆、成都、西安、郑州、武汉、苏州、义乌、厦门等国内 59 个城市开往德国、波兰、西班牙等 15 个国家 50 座城市,开通主支线共 101 条。从 2011 年至 2019 年 3 月底,中欧班列累计开行超过 14 600 列,运送货物超过 110 万标箱。其中,2018 年一年开行 6 363 列,超过 2011—2017 年运行列数总和;2019 年仅一季度已开行超过 2 600 列。2016 年 6 月 8 日,正式启用中欧班列品牌标志。

伴随着中欧班列的广泛开行,往来于中国至哈萨克斯坦、乌兹别克斯坦等中亚各国的集装箱国际铁路联运中亚班列也已开行,这就如同集装箱海运有欧洲航线,还有地中海航线,尽管欧洲航线也停靠少数地中海港口。

中欧班列,依托西伯利亚大陆桥和新亚欧大陆桥,分别从我国由新疆霍尔果斯、内蒙古二连浩特和满洲里西、中、东三个口岸出境,规划三大通道。

(1)西通道:经陇海、兰新等铁路干线运输,货源覆盖西北、西南、华中、华南等地区;

(2)中通道:经京广、集二等铁路干线运输,货源覆盖华北、华中、华南等地区;

(3)东通道:经京沪、哈大等铁路干线运输,货源覆盖:东北、华东、华中等地区。

中欧、中亚班列旨在倡导快捷准时、安全稳定、绿色环保的货运方式,促进中国与欧洲、中亚国家间贸易便利化,现已成为欧亚国际物流陆路运输的骨干方式,得到国际社会的广泛好评和沿线各国的普遍欢迎,成为推进中国与沿线国家经贸交流的重要载体和"一带一路"建设的重要抓手。

### 3. 中欧中亚班列经营主体

中欧中亚班列的开通得益于中国与沿线国家政府间的运输与通关协议，得益于地方政府和铁路部门的大力支持，但具体运营组织由企业来进行，主要参与主体包括班列运营企业、中铁集装箱运输公司、沿线铁路局、国外铁路运输企业、大型船公司、货代企业及其他物流企业。其中班列运营企业——通常是各地成立的平台公司，在运输链中充当"联运经营人"的角色。而中铁集装箱运输公司作为国铁集团专业分公司主要是提供集装箱租赁、货运代理等业务，中国国家铁路集团有限公司及沿线铁路局和国外铁路运输企业按联运合同分别提供境内外铁路运输服务，并通过合资方式参与部分班列的运营。例如，参与中欧班列运输协调委员会的八家公司：中铁集装箱运输有限责任公司、渝新欧（重庆）物流有限公司、成都国际铁路班列有限公司、郑州国际陆港开发建设有限公司、武汉汉欧国际物流有限公司、苏州综保通运国际货运代理有限公司、义乌市天盟实业投资有限公司、西安国际陆港多式联运有限公司是主要的经营主体。

中欧、中亚班列的开行需要铁路国际联运全程物流服务，主要工作包括：协助箱源、车板集结；协助货物装载、协调装车等现场操作；报关、起票协助及运输单据缮制；口岸、目的站及各方协调；境内外站点专人接车卸货、监督等。对于冷藏集装箱，因为沿途非全程电气化铁路，缺乏稳定的电力供应，需要采取更多的技术与管理措施，如中铁铁龙采用自备柴油发电机动力的45ft冷藏集装箱来适应中欧多国不同铁路条件，这同时也需要境内外冷藏箱加油和实时监控。

### 4. 中欧中亚班列的特点

（1）运程比海运缩短了约9 000公里，对中西部城市更具优势。

（2）班列日均运行1 300公里，正点率接近100%。

（3）最快12天抵达欧洲，普遍维持在16天，运输时间是海运的1/2～1/3，比海铁联运节省20天左右。

（4）全程费用较开行之初已下降30%，仅为空运的1/5。运输费用（包括其他物流费用），按行程平均1万公里计算，大致为1万美元/FEU。

（5）提供全程服务，采取始发报关报检、口岸转关放行、舱单数据提前传输、票据单证提前申报等措施，使口岸通关短捷。

（6）地方积极推进、平台运行，政策支持，实施价格优惠。

（7）近年中欧班列回程比例稳步上升，2018年，中欧班列回程2 690列，同比增长111%，占班列总体的42.3%，已初步实现"重去重回"。

《中欧班列建设发展规划（2016—2020）》提出，到2020年，基本形成布局合理、设施完善、运量稳定、便捷高效、安全畅通的中欧班列综合服务体系。未来中欧班列将进一步深化合作发展共识，持之以恒地推动中欧班列市场化运作，强化品牌管理和市场监管，并加快推进中欧班列信息化建设，打造数字班列。

### 案例6-4　　　　　厦蓉欧快铁国际铁路集运

2015年8月16日上午9时，一列35节车厢的货运班列从厦门自贸区海沧园区缓缓驶出，沿着成都方向一路向西飞驰。这辆货运班列就是成都蓉欧快铁的延伸班列——厦蓉欧班列，它将于8月31日抵达波兰罗兹。厦蓉欧班列是全国自贸区开出的首条中欧班列。

厦蓉欧（厦门）快铁班列有限公司常务副总邢屹称，首趟厦蓉欧班列一共装载了35节车厢的货物，以电子产品、轻工机械、建材产品、日用品等为主，包括ABB、林德叉车、DELL、福耀玻璃、IKEA等公司的产品。8月19日下午，厦蓉欧班列将抵达成都，然后对接蓉欧班列将货物运抵欧洲，厦蓉欧班列货物只在厦门和波兰罗兹报关，在成都不报关。

厦蓉欧快铁紧密地串联起了"海上丝路"和"陆上丝路"。厦蓉欧班列开通后，货物从厦门运抵欧洲国家的时间，相较传统铁路运输将缩减一半，运输成本降低40%左右；相较传统海运模式，时间也将缩减一半。与空运相比，铁路运费约为空运的1/5，优势同样明显。正因如此，厦门ABB公司出口欧洲的电子产品率先登上厦蓉欧班列成为首趟"乘客"。

### 案例6-5　　"农中-阿拉木图"中亚国际铁路冷藏集装箱班列

上海铁洋依托中铁铁龙冷藏集装箱资源，为客户提供铁路冷藏箱的国际联运全程物流服务，并于2017年8月31日在济南铁路局农中火车站开行"农中-阿拉木图"的中亚国际铁路冷藏集装箱班列。该班列编组40车，全列使用中铁铁龙45英尺新型铁路冷藏集装箱（自备动力的冷藏集装箱，适应中欧多国不同铁路条件），搭载价值1 200多万元人民币的山东金乡大蒜，由新疆阿拉山口口岸出境，行驶约5 000公里，历时9天抵达目的地哈萨克斯坦阿拉木图市。

## 6.3　航空集装箱运输

航空货运速度快、安全性高、空间跨度大，但运价高、载货量有限且易受天气影响。随着全球经济的发展和贸易的增长，航空货运的增长十分显著，航空货物运输已经成为国际货运的重要方式。我国的空运近年发展迅猛，年均两位数增长，将成为亚太地区最繁忙的航空货运市场。

### 6.3.1 海运集装箱无法空运

在第 2 章我们讲到集装箱必备作业标记有"空 / 陆 / 水联运集装箱标记",但真正能通过空运的海运集装箱基本没有,因为海运集装箱尺寸大、自重大,并不适应空运的特殊要求,要通过空运是十分困难和不经济的。空运主要是客机货舱载货和全货机载货,且不少货机都是旧客机改装的,全新货机并不多。当前主流客机是没有能力容纳海运集装箱的,客机都是分多个散舱的。例如,空客 A321 最大舱容积不到 14.6 $m^3$,最大载重 3 587 kg,与海运最小的 10 ft 集装箱的尺寸也差距很大。即使是全货机也因为飞机舱内的弧形结构,并不适合容纳自重大的直方体海运集装箱,也无法吊装。目前全球最大的货机——乌克兰的"安-225"最大载货质量为 250 吨,货舱长 43.35 m、宽 6.4 m、高 4.4 m,容积 1 300 $m^3$。如果放海运集装箱,也只能摆一层不到 20 个 22G1 集装箱,可见容积利用率很低。目前全球仅一架安-225 货机在运营,用它运输海运集装箱,既无经济合理性也无实际需求。

另一方面,客机舱门尺寸(如波音 737-800 为 48in×35in)更小,无法通过集装箱,而且飞机装卸货平台也无法操作海运集装箱。

更重要的是,常规钢制海运集装箱空箱自重 2~4 吨,铝制的也不低于 1 吨,海运集装箱的角柱、角件是高强度的钢结构件,适合快速装卸和堆码承重,但这些重型结构空运完全不需要,装入飞机中极大地浪费了宝贵的空运载重量,因此民航飞机是不可能装海运集装箱的。

### 6.3.2 空运集装器

不过,空运也有集装箱运输思想的实现,现行民用空运飞机的集装运输主要采用空运集装器(Unit Load Device,ULD,或称成组器)和集装板来进行,如图 6-3 所示。它们分别是集装箱和托盘在空运中的特殊版本,但为适应空运,这些集装设备均为铝质以减轻自重的空耗,并且尺寸规格要适应飞机货舱的需要。

典型的飞机货舱位于飞机机舱下部,如图 6-4 所示,舱底轨道设有滚轮方便集装器在内移动,轨道内还有各种颜色的地锁,可将集装器牢牢固定。

图 6-3 航空集装板与集装器

图 6-4 某飞机机舱下部的货舱

飞机的形状是由其空气动力学特性决定的，机身截面一般为圆形或椭圆形。为保证货舱有限空间的最大装载率，空运集装器有部分是截角或圆角设计，尤其是紧靠机舱侧的集装器。不管是全货机还是客机的货舱，现行民航通用飞机的货舱都是模块化的设计，集装器的设计不但要适应货舱结构，还要考虑装卸的方便，如图 6-5 所示为集装器通过地面升降台车进入飞机货舱。

图 6-5　航空集装器通过升降台车装舱

航空集装器的规格和型号比较多，常见的有 AKE、ALF、AAP、ALP 和 AMA 等，具体如表 6-2 所示。其中 LD3、LD6 和 LD11 适合波音 787，777，747 系列，也适合麦道 MD-11，伊尔 Il-86、Il-96，洛克希德 L-1011 和所有空客宽体型客机。

表 6-2　常见集装器类型

| 集装器类型 | AKE | ALF | AAP | ALP | AMA |
| --- | --- | --- | --- | --- | --- |
| ATA 代码 | LD3 | LD6 | LD9 | LD11 | M1 |
| 集装器容量（m³） | 4.3 | 8.9 | 10.5 | 7.4 | 17.58 |
| 集装器自重（kg） | 100 | 160 | 220 | 185 | 360 |
| 集装器最大总重（kg） | 1588 | 3175 | 4626 | 3176 | 6804 |
| 集装器适载机型 | 747, 747F, 777,Airbus | 747, 747F, 777, Airbus | 747,767,Airbus | 747,777,787 | 747F |

AMA、ALF 等矩形集装器也有同底盘的集装板，其上堆码的货物需加网罩固定。

为适应冷藏货物的需要，也有冷藏型集装器，如图 6-6 所示。类似于海运冷藏集装箱，冷藏集装器也有制冷通风装置，需要放于飞机货舱专用位置。

类似集装箱的箱号，所有集装器都有一个 IATA 统一规定的 10 位 ULD 号，前 3 个字母为集装器类型，中间为 5 位顺序号，后面两位为航空公司代码。例如：AKN 12345 DL 为可叉型 LD3 集装器，顺序号 12345 属于三角洲航空（Delta Air Lines）；AKE 24307 CA 为中国国际航空公司的 LD3 集装器，顺序号 24307；AKE90094 MF 为厦门航空公司的

90094 号 LD3 集装器。更多相关内容可参阅 GB/T 15140—1994《航空货运集装单元技术要求》。

航空集装器相比海运集装箱，负荷小，形状奇异，与船舶、火车、卡车不配套，因此航空与其他运输方式之间的集装多式联运开展难度较大。

 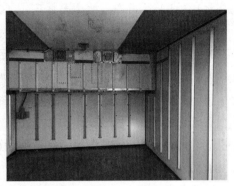

图 6-6　航空冷藏集装器及其内部

空运的主要方式有班机运输、包机运输、集中托运和航空快递，主要单证是空运单。因为空运与海运的较大差异，详细内容请参阅有关国际物流书籍。

## 本章习题

1. 简述公路集装箱运输的特点。
2. 试调查你所在地的公路、铁路集装箱运输市场概况和主要场站。
3. 简述三种不同的公路集装箱运输业务流程。
4. 据交通运输部统计，2019 年我国牵引车（拖车）共有 237.67 万辆，比上年增长 14.7%；挂车 248.76 万辆，比上年增长 17.2%，而同年全国规模以上港口集装箱总吞吐量达 24 982.43 万标箱。若按每挂车年工作 300 天计，达到上述总吞吐量，平均每牵引车、每挂车需要出动以提箱或送箱的次数是多少？
5. 2013 年 12 月 4 日，一公司用拖车运输装有玻璃幕墙模块的集装箱时，与市内道路限高架发生碰撞，导致货物一角洞穿集装箱地板，开箱发现箱内的玻璃幕墙受损，经某公估公司查勘定损：TCNU9407672 的集装箱外观及封签完好，箱内货物受损，具体货损情况是货架 1 的 9 块幕墙玻璃完好，但铝材型材受损，货架 2 的 9 块幕墙玻璃受损，铝材型材受损，损失金额为 129 587.45 元；损失原因是车辆颠簸导致货物碰撞、挤压受损。试讨论：（1）采用拖挂车运输，集装箱与挂车总高是多少（就当前主流集装箱高度讨论）？（2）市内道路限高一般为多少？（3）我国公路超限治理规定的车辆总高是多少？（4）公路运输如何避免这类损失？
6. 某皮革公司从意大利进口的一批盐湿羔羊皮，共三个冷藏集装箱经海运抵达青岛港。提货时该皮革公司未对集装箱的外表状况、集装箱显示的冷藏温度等提出异议。提货后自 12 月 16—19 日的三天由该皮革公司自行负责集装箱公路运输，抵达河南省尉氏县的皮革工厂,当时集装箱外表状况良好。同一批次运输的三个集装箱公路运输均未通电制冷,掏箱卸货时2个集装箱内货物腐烂货损,但另一个集装箱内的货物却没有发生货损。该批货物的海运阶段虽有断电,但最长不超过10小时,而由皮革公司负责的公路运输区段的断电时间持续最长,集装箱内温度升高也最多。试分析:(1)货损产生的主要原因;(2)用电子地图查询对比这批集装箱公路运输的里程及预计运输时间;(3)冷藏箱公路运输的要求有哪些?

7. 根据《中华人民共和国合同法》的有关规定,除不可抗力、货物本身属性或收货人、托运人过错等原因致使货物毁损、灭失之外,承运人应对运输过程中货物的毁损、灭失承担损害赔偿责任。案涉货物在公路运输中灭失,货损赔偿应适用调整公路运输区段的法律。请查阅(2018)最高法民再196号案民事判决书(http://wenshu.court.gov.cn/website/ wenshu/181107ANFZ0BXSK4/index.html?docId=ddfc3d8daf384dcfabbdaacd011340f4),试讨论:(1)公路集装箱货物托运要注意什么?(2)公路运输的收费与责任赔偿;(3)公路集装箱运输货主的风险问题。

8. 中国的铁路集装箱运输延伸包括承接日、韩、东南亚及北美等国家和地区以及我国香港和台湾地区的货物,经中国沿海港口(如天津、连云港、青岛、厦门等)上岸,再通过铁路过境中国并运送至俄罗斯、中亚、蒙古、欧洲等国和地区以及相反方向的运输服务。例如中国外运长期经营天津至乌兰巴托以及天津、连云港、青岛至阿拉木图的集装箱班列运输产品。随着中国同"一带一路"国家贸易的不断增长,渝新欧、蓉新欧、汉新欧等中欧班列的相继开通,为中国内陆地区至欧亚腹地的货物运输提供了更多选择。试了解一条你所在地的中欧班列情况,分析其竞争态势,以及是否有可能与海运联合运输。

9. 装有17个集装箱钢管货物的火车与一辆原木运输车在加拿大不列颠哥伦比亚省伯恩斯莱克西部的汉普顿米尔发生碰撞并脱轨。加拿大铁路公司称事故中只有80根钢管运到了加拿大国家铁路堆场,其余钢管全损且已与事故地点的其他残骸一起被处理,但未告知处理方式。随后,人保天津公司委托的检验人Crawford公司与韩进公司和货主指定的检验人、收货人代表及加拿大铁路公司负责人在加拿大铁路公司斯阔米什堆场对上述80根钢管进行了检验,发现该批钢管因火车碰撞事故亦严重受损。此后,Crawford公司将该80根钢管进行了折价处理,经过招标,最终80根钢管残值为15 242.51美元。Crawford公司出具的检验报告认定涉案货损金额为399 700.37美元。而加拿大对于尺寸为40英尺及以上的集装箱的货物需要承担的最大的责任金额为100 000加拿大元。试分析,这一铁路事故赔偿该如何处理?

10. 比较铁路集装箱到达交付手续与水运、公路的异同。

11. 试述铁路集装箱运输流程,对于一口价运输,这一流程有不同吗?

12. 查询我国铁路集装箱运输的主要运输企业(中铁集运)及铁路集装箱中心站和主要国境站。

13. 调查某一港口集装箱运输集疏运情况，包括水路、公路、铁路和航空。
14. 试将表 6-2 各集装箱器的容量换算为以立方英尺为单位的数值。
15. 试查阅集装器 ULD 编号 REP 21173 PC、AMJ 49201 LH 的含义。
16. 某冷藏集装器如图 6-7 所示，试翻译其右边主要说明内容。

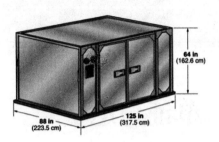

- **IATA ULD code:** RAP cool container on P1P base
- **Rate class:** Type 5
- **Description:** Insulated container with solid door. Suitable for: 747, 767, 777, 787, DC-10, MD-11 lower hold
- **Door opening:** 85 × 58-in (216 × 147-cm)
- **Maximum gross weight:** Lower hold, 4,626 kg (10,198 lb); main deck, 6,000 kg (13,227 lb)
- **Tare weight:** 400 kg (882 lb)
- **Internal volume:** 9.6 m³ (339 ft³)

图 6-7　某航空冷藏集装器规格

# 第 7 章
# 集装箱运输流程、单证与运费

本章从集装箱运输进出口货运流程开始,然后是这些业务流程所涉及的主要单证,再就是提单的性质、内容与操作,最后是集装箱运费的详细内容。

## 7.1 集装箱货运业务流程

集装箱进出口货运流程分为出口和进口两类。实际上,集装箱进出口货运的前提是国际货物贸易合同,按照贸易合同的要求来启动集装箱货运流程。在整个国际货物贸易与运输过程中,不但有货物贸易合同的主体出卖人和买受人,运输合同的主体承运人与托运人(出卖人),第三人收货人(买受人),而且还涉及集装箱码头、船代、货代、外轮理货公司、集装箱货运站、口岸监管部门,以及银行、保险公司等的共同参与和配合,如此才能保证货运工作的顺利开展。

### 7.1.1 出口货运

国际集装箱运输进出口货运流程包括托运人方的出口和收货人方的进口,各方的主要流程分别介绍。

#### 1. 出口货运流程

集装箱出口货运流程包括订舱、确认、发放空箱、货物装箱、集装箱交接签证、换取提单、装船运出等环节。具体流程如下:

(1)订舱。托运人(Shipper)向班轮公司(Carrier)提出货物装运申请——订舱,递交托运单（Booking Note，B/N，俗称"下货纸"）。班轮公司将订舱信息告知船舶及装卸公司。

（2）订舱确认（Confirm booking）。班轮公司同意承运后，签发装货单（Shipping Order，S/O），指定船名（Ocean Vessel）和航次（Voyage No.）。

（3）发放空箱。托运人提取空箱，并在指定时间内将货物送至指定的码头（Place of Receipt）。

（4）报关。托运人持装货单及其他进出口单证向海关办理货物出口报关（Customs Declare）、验货放行（Check and Release）手续。

（5）货物交接。货物经过检验（Inspection）及检量（Weighting and Measuring）后，托运人将货物送至指定的装货码头（Port of Loading）准备装船。

（6）集装箱交接签证。验收拼箱货、整箱货分别由集装箱货运站 CFS、集装箱码头 CT 验收。原来在验收后，在场站收据（Dock Receipt，D/R）上签字，并将签署的场站收据交还给发货人。现在则是电子方式集装箱运至码头后，码头向海关以送"运抵报告"，发货人无需签署场站收据。

（7）换取提单。原来是托运人持经签署的场站收据到班轮公司或其代理人换取提单，现在是电子方式，集装箱上船后有装卸船理货电子报文（装/卸船报文，COARRI），船公司凭此报文、托运人或其委托人提交相关文件签发提单。托运人然后拿提单去银行结汇，如果信用证规定需要已装船提单（Shipped on board B/L），则应在集装箱装船后，经船长或大副签署大副收据（Mate's Receipt）后，才能换取已装船提单。

### 2. 出口货运各方业务

集装箱运输具有高协作的特性，这就要求出口货运各方各司其责，通力协作完成各项业务工作。一般来说，集装箱出口货运最主要的参与方是运输合同双方——托运人和船公司，以及货运运输必经的码头和场站。

托运人（卖方、发货人或其代理人）要明确自己在运输合同中的权责，办理货物运输应当向承运人准确表明收货人的名称或者姓名或者凭指示的收货人，货物的名称、性质、重量、数量、收货地点等必要情况；并按约定的方式包装货物或采取足以保护货物的包装方式；货物运输需要办理审批、检验等手续的，托运人应当将办理完有关手续的文件提交承运人。从前面流程可以看到，托运人在出口货运中的业务有：①订立贸易合同；②备货；③申请出口许可证（如必要）；④订舱（按 CIF 价格条件）；⑤报关；⑥货物装箱与托运；⑦投保（按 CIF 价格条件）；⑧支付费用及获取提单；⑨向收货人发出装船通知。

船公司在国际集装箱运输关系中占主导地位，因此如何引领客户，做好集装箱的配备，掌握货运情况、在各港口间合理调配集装箱，接受订舱，并以集装箱码头堆场、货运站作为自己的代表向托运人提供服务是极为重要的。在集装箱出口货运业务中，船公司的主要业务有：①配备集装箱；②掌握待运的货源；③接受托运；④接受货物；⑤装船；⑥完成主要的装船单证，包括提单、舱单、积载图、装船货物残损报告和特殊货物表等。

前面章节已经介绍，集装箱码头的主要业务工作是办理集装箱的装卸、转运、拆箱、收发、交接保管、堆存、搬运以及承揽货源。在集装箱出口货运中，码头的主要业务有：①集装箱的交接；②堆场作业计划；③对特殊集装箱的处理；④装船积载；⑤服务船公司和托运人的其他事项。而集装箱货运站的主要业务有：①办理货物交接；②积载装箱；③将拼装的货物运至码头。

## 7.1.2　进口货运

### 1. 进口货运流程

集装箱进口货运一般流程如下。

（1）单证传递。出口港在船舶开航后，将有关箱运单证邮寄或数据传递至进口港区船公司或其代理。

（2）银行接收提单。买方所在银行收到卖方所在银行寄来的提单后，通知收货人付款赎单。

（3）到货通知（Arrival Notice）。进口港代理公司在接到船舶到港时间及有关箱运资料后，向收货人发到货通知。

（4）付款取单。收货人在信用证贸易下应及时向银行付清所有应付款项后，取得正本提单等有关单证。

（5）换取提货单（Delivery Order）。收货人凭正本提单及到货通知向承运人或其代理换取提货单并付清有关费用。

（6）进口报关报检。收货人凭提货单、装箱单和其他有关报送所必需的商务和运输单证向海关办理进口报关、报检和纳税手续。

（7）提货。收货人凭提货单及清关手续到集装箱码头堆场办理提箱提货手续。对于整箱货，码头堆场根据正本提单交箱，并与货方代表在 EIR 上签字，以示办妥交接手续。对于拼箱货在集装箱货运站办理提货手续。

（8）后续事项。对于整箱提货后续空箱回运交接，如发现货物与提货单不符时，应分清责任及时向有关责任方提出索赔。

实际操作中的业务程序不一定完全按上述顺序进行，而且各国、各港也可能有不同的习惯。

### 2. 进口货运各方业务

在集装箱进口货运最主要的参与方是船公司、收货人，以及运输必经的码头和场站。

收货人（买方或其代理人）要明确自己在运输合同中作为重要关系人的权责，在进口货运中的业务有：①签订贸易合同；②申请进口许可证（如必要）；③提出开证（信用证）申请；④订舱（按 FOB 价格条件）；⑤投保（按 FOB 价格条件）；⑥取得装船单据；⑦报关；⑧换取提货单；⑨提取货物；⑩索赔（如必要）。

船公司在集装箱进口货运业务中的主要业务有：①向集装箱码头下达到港卸货指示；②做好卸船准备工作；③制作递送有关单据；④卸船与交货计划；⑤签发提货单；⑥签发设备交接单；⑦货损货差理赔（如必要）。

在集装箱进口货运中，码头的主要业务有：①集装箱的卸船准备；②向港口有关当局申报；③卸船与堆放；④交货；⑤有关费用收取；⑥制作交货报告与未交货报告；⑦向内陆集装箱货运站或支线港口转运交箱；⑧空箱管理。而集装箱货运站的主要业务有：①交货准备工作；②发出交货通知；③从码头领取载货的集装箱；④拆箱交货；⑤空箱管理；⑥收取有关费用；⑦制作交货报告与未交货报告。

## 7.1.3 内贸海运

内贸集装箱海运是国内企业之间的交易行为，与外贸比流程相对简单，至少不涉及海关诸环节。我们在第 5 章已经介绍了内贸集装箱运输概述与市场，这里介绍流程。

### 1. 内贸货物出港操作流程（集装箱装船）

（1）重箱进场。拖车司机提供"重箱进港单"和"设备交接单"，内容必须包括：待进场的集装箱箱号、铅封号、货名、重量、备装船名、航次、目的港，箱属公司名称、托运人单位名称、承运人单位名称、拖车公司、拖车司机姓名、箱体状况。

（2）船公司制作出港装船清单、舱单交码头计划室。

（3）码头计划室核单，进行船舶配载。码头计划人员收到出港舱单后，核对单证的箱号、箱量等资料是否与实际情况相符，做装船策划。

（4）调度派班进行装船作业，码头中控室指挥机械装船。

（5）作业完毕后，船方（或由理货员代表）与码头办理交接确认手续。

### 2. 内贸货物进港操作流程（集装箱卸船及提运）

（1）船舶到港前，船公司代理提前把进港舱单传给码头计划室。

（2）计划员审核进港舱单，进行卸船策划（如是驳船，到港后要及时到码头调度、计划处报到）。

（3）船舶到港，调度派班进行卸船作业，中控室指挥码头机械进行卸船作业。

（4）作业完毕后，船方（或由理货员代表）与码头办理交接确认手续。

（5）如果客户要求是船边直提，可以在船舶到港前提前到业务大厅办理提货单，做好提货预约，船舶停靠泊位后，船公司通知车队派车到指定泊位边等候。码头派出卸船作业后，安排集装箱直接卸船装车，载运集装箱出闸。

（6）非船边直提的，货物到港后，客户持有效的提单到业务申请台办理提货手续。业务申请台核对单证无误，换发码头提货凭证（预约单）。

（7）提货人派车到码头，凭码头提货凭证连同设备交接单到码头闸口打单提箱。

（8）闸口打印作业单交拖车司机进场到指定位置等候装车，中控室指挥机械进行装车作业。

（9）在码头出闸口，出闸口工作人员再次核对箱号，确认无误后予以放行。

### 3. 内贸货物拆箱直提流程（CFS）

（1）货物到港后，客户持有效的提单到业务大厅申请台办理提货单。

（2）客户凭提货单到业务大厅一号窗口办理箱边提货手续，然后到货运站业务组报到，业务组通知计划室安排把相应集装箱转到CFS拆箱场地。

（3）客户根据箱边提货手续到指定仓库提货。

（4）业务组调度派出工班，由仓库员安排拆箱作业，并核对货物、点数交接，指挥工人装车（装船）作业。

（5）装车完毕后，仓库员写出港证放行货物，如装驳船、火车，仓库员与船方或客户点交货物签单放行。

### 4. 内贸货物先拆箱入库后提货流程（CFS）

（1）客户持有效的提单到货运站业务组申报拆箱，需要客户监拆的在单证上注明。

（2）业务组受理拆箱申请，并通知计划室把相关集装箱转到拆箱场地，安排仓库拆箱作业（可能需约客户监拆），仓库员指挥工班将货物拆入仓库存放，并做好检查记录。

（3）货主到码头业务大厅凭已经办理的箱边提货手续办理仓库提货单。

（4）货主自行持提货单到码头相应仓库提货。

（5）仓库员根据提货单内容，核对仓库收货记录资料以及核实货物，确认无误后安排发货放行（装车、装船）。

### 5. 内贸货物进港卸货装箱出港流程

（1）货主或代理到码头货运站业务组办理港口卸货单，如果是铁路到货，也可以先将发货信息（发站名、火车卡号、货名、数量等）通知码头业务组，受理委托代办，委托接货。

（2）货主或代理持卸货单到指定仓库送货，仓库员点核接货，货运站业务组检查收货情况，及时将到港货物情况向客户反馈。

（3）客户向船公司定舱后，持船公司的放箱单（用箱通知）到业务组办理装箱预配单，指明装箱数量、用箱要求、备装出港船名、出港时间、出港目的港等。

（4）业务组根据装箱预配单制作内部装箱配载单、备货、转箱、派班、监装，货物装箱后，向客户反馈装箱完成情况。

（5）船公司出具装船清单通知码头装船。

## 7.2 集装箱运输单证

集装箱运输单证是集装箱运输过程中船方、货方、港方和监管部门等有关各方责任、权利和义务转移的凭证和证明，它与集装箱货物的交接、责任划分、保险、索赔等问题有着十分密切的关系。经过集装箱运输几十年的发展，已经形成了一套完整的、行之有效的适用于国际运输使用的集装箱运输单证系统。

国际集装箱运输单证系统由进出口运输单证、集装箱运输的提单与运单和向口岸各监管部门申报所用的单证三大类组成。其中进出口运输单证主要有：集装箱设备交接单（详见第 3 章）、集装箱装箱单（详见第 3 章）、场站收据、提货通知书、交货记录、卸货报告、待提集装箱报告等；向口岸海关、海事、港口等监管部门申报的单证主要有：报关单、合同副本、信用证副本、商业发票、进出口许可证、产地证明书、免税证明书、商品检验证书、药物／动植物报验单、危险品清单和准运单、危险品包装证书等可能的诸多商务单证，和装箱说明书（详见第 3 章）等。近年不少港口开始电子单证与智能化管理，纸面单证的使用大为减少。

### 7.2.1 场站收据

场站收据（Dock Receipt，D/R）是国际集装箱运输专用的出口货运单证，它是由承运人签发的证明已收到托运货物并对货物开始负责的凭证。场站收据一般是在托运人与船公司或船舶代理人达成货物运输协议后，由船舶代理人交拆托运人或货代填制，并在承运人委托的码头堆场、集装箱货运站或内陆货运站收到货物后签字生效。货物装船后，托运人或其代理人可凭场站收据向船舶代理人换取已装船提单。

#### 1. 场站收据的作用

场站收据是一份综合性单证，它把货物托运单（订舱单，Booking Note，B/N）、装货单（关单，Shipping Order，S/O）、大副收据（Mate's Receipt，M/R）、理货单、配舱回单、运费通知等单证汇成一份，这对于提高集装箱货物托运效率很有意义。场站收据的作用如下。

（1）承运人已收到托运货物并开始对货物负责的证明，也意味着集装箱运输合同开始执行；

(2) 出口货物报关的凭证之一；

(3) 换取提单的凭证；

(4) 船公司、港口组织装卸、理货、配载的资料；

(5) 运费结算的依据；

(6) 如信用证中有规定，可作为向银行结汇的单证。

### 2. 场站收据的组成

场站收据是集装箱运输专用的出口单证，不同的港、站，收据的格式不尽相同，有7联、10联、12联不等。表7-1以10联格式为例说明场站收据的组成情况。

表 7-1 场站收据各联及用途

| 顺序 | 颜色 | 名称 | 用途 |
|---|---|---|---|
| 1 | 白色 | 集装箱货物托运单——货主留底 | 系托运合同，托运人留存备查 |
| 2 | 白色 | 集装箱货物托运单——船代留底 | 系托运合同，据此编制装船清单等 |
| 3 | 白色 | 运费通知（1） | 计算运费 |
| 4 | 白色 | 运费通知（2） | 运费收取通知 |
| 5 | 白色 | 装货单——场站收据副本（1） | 报关单证之一，并作为海关放行的证明 |
| 6 | 粉红色 | 场站收据副本（2）——大副联 | 报关单证之一，证明货已装船等 |
| 7 | 淡黄色 | 场站收据 | 报关单证之一，船代凭此签发提单 |
| 8 | 白色 | 货代留底 | 缮制货物流向单 |
| 9 | 白色 | 配舱回单（1） | 货代缮制提单等 |
| 10 | 白色 | 配舱回单（2） | 根据回单批注修改提单 |

需要说明的是，一些港口采用海关无纸化通关模式放行的出口货物免收纸质场站收据上表报关单证各联。例如上海原来采用"十联单"，现因电子化进程，不再需要D/R纸面单证，只有少量的货代根据自己需要绘制打印第8联用于自己留底。D/R在宁波港已经简化成"三联单"，只保留前2～4联，需要货代、船代和场站盖章，用作收费凭证。

### 3. 场站收据的流转程序

在集装箱货物出口过程中，场站收据要在托运人、货运代理人、船舶、海关、堆场、理货公司等多个机构和部门之间流转。其详细流转程序如下：

(1) 托运人填制后，留下第一联（货主留底），将2～10联送船代签单编号；

(2) 船代编号后，留2～4联，并在第5联上加盖确认订舱及报关章后将5～7联退给货方，货代留下第8联，并把第9联、第10联给托运人做配舱回单；

(3) 报关员携5～7联报关；

(4) 海关审查认可后，在第5联上加盖放行章并退还报关人；

(5) 货代负责将箱号、封制号件数填入第5～7联，并将货物与5～7联在规定时间内送堆场；

（6）场站业务人员在堆场内验收货物，在第 5～7 联上填入实收箱数、进场日期并加盖场站公章。第 5 联由场站留底，第 6 联交理货员。理货员在装船时将此联交大副，并将经双方签字的第 7 联还船代。

注意事项如下：

（1）出口货物要求在装箱前 24 小时内报关，海关在场站收据上加盖放行章后方可装箱；

（2）D/R 中出口重箱的箱号允许装箱后由货代或装箱单位正确填写，海关验收时允许无箱号，但进场完毕后必须填写所有箱号、封志号和箱数；

（3）托运人或货代对 D/R 内容的变更必须及时通知有关各方，并在 24 小时内出具通知，办理变更手续；

（4）各承运人委托场站签发 D/R 必须有书面协议；

（5）场站业务员只有经海关加盖放行章后才能签发 D/R；

（6）如果采用 CY 交接，货主对箱内货物负责，CFS 交接则由装箱单位对箱内货物负责；

（7）外轮理货人员应根据交接方式在承运人指定的场站和船边理箱，并在有关单证上加批注；

（8）托运人的货代、船代应正确完整地填写和核对 D/R 的各项内容，一般要求用打字机填写。

### 4. 场站收据的缮制

场站收据第一联托运单缮制的依据是买方开立给卖方的信用证条款，若该笔贸易不是信用证而是托收结汇方式，则托运单依据贸易合同条款。

在实际业务中，场站收据由托运人或其代理采用打字机或计算机系统填制，场站收据示例如图 7-1 所示。缮制要点如下：

（1）托运人填写内容

托运人或其代理根据货物买卖合同或信用证的规定，完整填写和核对场站收据的各项目，尤其是以下内容：①"托运人""收货人""通知人"；②"前程运输""收货地点""船名""航次""装货港""卸货港""交货地点"和"目的地"，这些栏目是与船方订舱确认过的；③"封志号""箱数或件数""货名及包装种类""毛重"和"尺码"等货物说明栏，需结合实际情况如实填写，与合同及后面的提单等保持一致。④"冷藏温度"：如系冷藏货物装箱出运，托运人必须正确填写冷藏货物所需的温度，并标出摄氏度（和华氏度，对英美地区）；⑤"危险品"：如系危险货物装箱出运，托运人必须正确填写货物品类（Class）、性能（Property）、《国际危规》代码页（IMDG Code Page）和联合国的编号（UN No.）；⑥"发货人或代理名称地址"；⑦"可否转船""可否分批""装期""有效期""金额"；⑧"制单日期"，按实际开立托运单的日期填写。

由托运人或其代理勾选的内容有："收货方式与交货方式""货物种类"。

(2) 承运人填写内容

① "编号": 此栏由承运人或其代理填写,通常填写的是提单号码。一旦一票货物被承运人承运,承运人或其代理即为这一票货物分配一个提单号。当提单号和船名填入提单后,托运人和承运人之间的运输合同关系就被确立,同时也说明承运人或其代理经办的配船工作已完成。

| Shipper(托运人) COOL-ASIA COMPANY LTD. No. 88 SIMING ESTATE, TONGAN CENTRALIZED IND. ZONE, XIAMEN, FUJIAN, CHINA | | | D/R No.(编号) CSHMA849015A | | 第 |
|---|---|---|---|---|---|
| | | | B/L No.(提单号) XGCL0212104 | 装 货 单 SHIPPING ORDER 场站收据副本 | 五 联 |
| Consignee(收货人) ELKAY PLASTICS CO., INC. 4380 AYERS AVENUE, P.O.BOX 2308 LOS ANGELES CA 90023 TEL (310) 607-8000 FAX 607-8001 ATTN: GRAY HO | | | | | |
| Notify Party(通知人) SAME AS CONSIGNEE | | | Received by the Carrier the Total number of containers or other Packages or units stated below to be transported subject to the terms and conditions of the Carrier's regular form of Bill of Lading (for Combined Transport or Port-to-Port Shipment) which shall be deemed to be incorporated herein. Date(日期): 场站章 | | |
| Pre-carriage by(前程运输) | Place of Receipt(收货地点) XIAMEN | | | | |
| Vessel & Voyage(船名及航次) PRESIDENT ADAMS V.149E | Port of Loading(装货港) XIAMEN | | | | |
| Port of Discharge(卸货港) LOS ANGELES, CA | Place of Delivery(交货地点) LOS ANGELES, CA | | Final Destination. Per Merchants Ref.(目的地) LOS ANGELES, CA | | |
| Marks & Numbers (封志号) Container No.(集装箱号) | No. of Pkgs or Shipping units (箱数或件数) | Desciption of Goods and Packages (货名及包装种类) | Gross Weight (毛重:公斤) | | Measurement (尺码:立方米) |
| EAPC CO. SEAL:J158817 APLU 301072 [7] | 1078 CTNS | CY/CY POLYETHYLENE BAGS THIS SHIPPMENT CONTAINS NO SOLID WOOD PACKING MATERIALS. FREIGHT COLLECT SHIPPER'S LOAD AND COUNT & SEAL | 14670 KGS | | 27.0 CBM |
| Total Number of Containers or Other Packages or Units(集装箱数或件数大写) | SAY ONE TWENTY FEET CONTAINER ONLY | | | | |
| FREIGHT & CHARGES (运费与附加费) | Revenue Tons (运费吨) | Rate (运费率) | Per (每) | Prepaid (运费预付) | Collect (运费到付) |
| Exchange Rate (货币兑换率) | Prepaid at(预付地点) TotalPrepaid(预付总额) | Payable at(到付地点) No.of Original B(s)/L(正本提单份数) | | Place of Issue(签发地点) Booking Confirm(订舱确认) | |
| Service Type on Receiving(收货方式) □—CY,  □—CFS,  □—DOOR | | Service Type on Delivery(交货方式) □—CY,  □—CFS,  □—DOOR | | Reefer Temperature Required(冷藏温度)  °F  °C | |
| TYPE OF GOODS (货物种类) | | □Ordinary,  □Reefer,  □Dangerous,  □Auto (普通) (冷藏) (危险品) (裸装车辆) □Liquid,  □Live Animal,  □Bulk, (液体) (活动物) (散货) | | 危 险 品 | Class: Property: IMDG Code Page: UN No.: |
| 发货人或代理名称、地址: | | | | 联系人: | 电话: |
| 可否转船: 效期: 海运费由 如预付运费托收承付,请填准确银行账号 | | 可否分批: 制单日期: | 装期: | 备注 支付 | 装箱场站名称 |

图 7-1 场站收据示例

② 运费及支付方式：运费栏由承运人或其代理计算后填写。托运人或其代理在得知运费总金额后，应由专人进行核对。运费支付方式栏由托运人或其代理根据买卖合同规定的价格术语选择是"运费到付"或"运费预付"，承运人或其代理应核实运费支付方式，如不予以接受，则应向托运人提出更正要求。

③ "正本提单份数"和"签发地点"：提单的份数按信用证的规定填写。签发地点一般应填写实际装货港口。

④ "订舱确认"：承运人或其代理在此处签章，以确认订舱。

（3）场站填写的内容

① "集装箱号"和"封志号"：在托运订舱时，由于货物尚未装箱，此栏可先空白不填，待货物装箱完毕后，根据装箱点报上的集装箱号和封志号，再补充填入有关单据中。

② 件数及实收数、场站员签字、场站章、接收日期：托运人送货/箱进货运站或堆场时，场站人员将核对以后的箱号、封号、件数等填入表格中，并签字盖章，注明收货、收箱日期。

## 7.2.2 交货记录

在集装箱运输中，交货记录是重要的进口业务单证，为了规范单证管理和提高效率，承运人通常将到货通知、提货单（Delivery Order，D/O）、交货记录等单据以联单形式一并印刷，构成复合式的交货记录或提货单。表 7-2 为五联交货记录的构成。

表 7-2 提货单各联及用途

| 顺序 | 颜色 | 名称 | 用途 |
| --- | --- | --- | --- |
| 1 | 白色 | 到货通知联（Arrival Notice） | 通知提货及确认提货日期和日后结算集装箱或货物堆存费依据 |
| 2 | 白色 | 提货单联（Delivery Order） | 报关单证之一及提取货物和便于货主进行某些贸易、交易（拆单） |
| 3 | 红色 | 费用账单（1）联 | 用于场站向收货人结算港杂费 |
| 4 | 蓝色 | 费用账单（2）联 | 用于场站向收货人结算港杂费 |
| 5 | 白色 | 交货记录（Delivery Record） | 证明货物已经交付，承运人对货物运输的责任已告终止的单证 |

### 1. 交货记录的流转程序

（1）在船舶抵港前，由船舶代理根据装货港发来的舱单或提单副本后，制作交货记录一式五联；

（2）在集装箱卸船并做好交货准备后，由船舶代理向收货人或其代理发出到货通知书；

（3）收货人凭正本提单和到货通知向船舶代理换取提货单、费用账单、交货记录共四联，对运费到付的进口货物结清费用，船舶代理核对正本提单后，在提单上盖专用章；

(4) 收货人持提货单、费用账单、交货记录共四联，随同进口货物报关单一起向海关报关，海关核准后，在提货单上盖放行章，收货人持上述四联单送场站业务员；

(5) 场站核单后，留下提货单联作为放货依据，费用账单由场站凭此结算费用，交货记录由场站盖章后交收货人；

(6) 收货人凭交货记录提货，提货完毕时，交货记录由收货人签收后交场站留存。

### 2. 交货记录的填制要求

在船舶抵港前，由船舶代理依据舱单、提单副本等卸船资料预先制作交货记录。到货通知除进库日期外，所有栏目由船舶代理填制，其余四联相对应的栏目同时填制完成。提货单盖章位置由责任单位负责盖章，费用账单算作项目由场站、港区填制，交货记录出库情况由场站、港区的发货员填制，并由发货人、提货人签名。

### 3. 各单据的作用

（1）到货通知是卸货港的船舶代理人在集装箱卸入集装箱堆场，或移至集装箱货运站，并办好交接准备后，向收货人发出的要求收货人及时提取货物的书面通知。到货通知是在集装箱卸船并做好准备后，将五联单中的第一联寄交收货人或通知人。收货人持正本提单和到货通知书至船公司或代理人处付清运费换取其余四联。提货通知（Delivery Notice）则是船公司在卸货港的代理人向收货人或通知人发出的船舶预计到港时间的通知。随着现在信息技术的进步，这些通知都可以通过网络传送。

（2）提货单是船公司或其代理指示负责保管货物的集装箱货运站或堆场的经营人向提单持有人交付货物的非流通性单据。传统的做法是船公司或其代理人收到提单持有人交来的正本提单后，签发提货单，收货人凭提货单向堆场或仓库提货。而在集装箱运输中，是凭到货通知和正本提单换取费用账单两联、盖章后的提货单一联和交货记录一联共四联，随同进口货物报关单到海关办理货物进出口通关。海关核准放行后，在提货单上盖海关放行章，再持单到集装箱堆场或货运站，场站留下提货单和二联费用账单，在交货记录上盖章，收货人凭交货记录提货。

（3）交货记录是船公司或其代理人向收货人或其代理人交货时，双方共同签署的、证明双方已经进行货物交接和载明其交接状态的单据。交货记录是在签发提货单的同时交给收货人或其代理人，再出示给集装箱货运站或集装箱堆场经营人。在集装箱运输中，船公司的责任是从接受货物开始到交付货物为止，因此，场站收据是证明船公司责任开始的单据，而交货记录是证明责任终了的单据。

## 7.2.3 其他单证

本小节主要介绍卸货报告、待提集装箱（货物）报告和集装箱运单，集装箱提单将在下一节详细介绍。

### 1. 卸货报告（Outturn Report）

卸货报告是集装箱堆场或货运站在交付货物后，将交货记录中记载的批注，按不同装载的船名分船编制的交货状态的批注汇总清单。集装箱货运站和堆场在货物交付后，把交货记录中记载的批注及时汇总起来编成清单，送交船公司或其代理人。船公司根据这一报告掌握货物灭失或损坏的情况，以便采取必要措施；同时也可作为收货人对货物灭失或损坏提出索赔时，船公司理赔的重要依据。不过有些船公司不要求提供这一单据，而以交货记录作为理赔的依据。

### 2. 待提集装箱（货物）报告（Report of Undelivered Container/Cargo）

待提集装箱（货物）报告是集装箱堆场或货运站编制并送交船公司的，表明经过一段时间尚未能疏运的，仍滞留在堆场或货运站的重箱或货物的书面报告。据此，船公司或其代理人可以向收货人及其代理人发出催提货物的通知，以利疏港和加速集装箱的周转。

实际业务中，船公司向收货人发出的到货通知中，通常都有关于提货期限和对不按时提货的处理规定。例如，有的港口在到货通知上明确规定："根据海关规定，货物到港14天内未能及时向海关申报，由此引起的海关滞报金，由收货人承担"；"货物到港10天内未能及时提取货物，由此引起的港口疏港所发生的费用，由收货人承担。货物抵港3个月不提取，将作为无主货处理"。这些规定符合我国海关法、合同法、港口法的相应条款。

### 3. 集装箱运单

运单是承运人与托运人之间关于货物运输事宜的"一次性"书面契约，是运输经营者接受货物并在运输期间负责保管和据以交付的凭证，也是记录车船运行和行业统计的原始凭证。货物运单内列明货物的名称、包装、各项费用及金额、启运和到达港站、发货人及收货人、承运和到达日期及其他有关货物运输的事项。托运人托运货物时，必须由托运人或收货人按规定填写运单，有特殊要求的应在运单的备注栏中签注，经托运人或承运人签字后，运输合同即告成立。

运单按运输方式分为海运单、铁路运单、公路运单和航空货运单。

海运单（Sea Waybill，S/W）是指由承运人签发给托运人、表明已收妥货物，以及承运人凭此单据在目的港交货给收货人的一种不可流转的单证。海运单主要用在以下几种情况：①跨国公司在不同地区的货物往来；②近距离海运中提单往往迟于货物先到的业务；③长期、稳定、信赖的客户；④买卖双方记账式贸易，卖方无须以买方付款作为转移货物所有权为前提的业务；⑤价值相对低或无资金风险的物品，如家用与私人物品、无商业价值的样品等货运业务；⑥有意防止随意更改收货人的业务等。

国际铁路货物联运运单是发货人与铁路公司之间有关货物运输的凭证，它规定了铁路、发货人和收货人在货物运送中的权利、义务与责任，对铁路、发货人和收货人都有法律效力，是处理货物联运业务的重要凭据，在国际铁路货物联运中具有重要作用。它由运单正本、运行报单、运单副本、货物交付单、货物到达通知单以及必要份数的补充运行报单组成。

## 7.3 提单

提单是指由船公司或其代理人签发的，证明已收到特定货物，允诺将货物运到特定目的地并交付给收货人的凭证，它是集装箱运输主要的货运单证，本节专门介绍。

### 7.3.1 提单的性质与类型

按照《中华人民共和国海商法》的定义，提单是指用以证明海上货物运输合同和货物已经由承运人接收或者装船，以及承运人保证据以交付货物的单证。提单中载明的向记名人交付货物，或者按照指示人的指示交付货物，或者向提单持有人交付货物的条款，构成承运人据以交付货物的保证。

#### 1. 提单的性质

海运提单的性质和作用概括为三个方面：运输合同的证明、货物收据、物权凭证。

（1）运输合同的证明（Evidence of Transport Contract）。提单是承运人与托运人之间订立的海上货物运输合同的证明。在承运人签发提单前，托运人与承运人之间就货物的名称、数量以及运费等达成的协议，就是货物运输合同，它包括托运单、运价表、船期表和托运人应了解的承运人的各种习惯做法等。承运人签发提单只是履行合同的一个环节，提单并不会因此而成为运输合同。当提单被转让给包括收货人在内的第三方后，提单上的条款和规定对承运人和第三方同样具有约束力。

（2）货物收据（Cargo Receipt）。提单是承运人接收货物或将货物装船后，向托运人出具的货物收据。提单作为货物收据，对承托双方具有"初步证据"的效力。这种证据效力是相对的，如果实际证实承运人确实未收到货物或所收到的货物与提单记载不符，仍可否定提单的证据效力。但是当提单已转让给包括收货人在内的第三方时，提单在承运人和第三方之间就具有"最终证据"的效力，即使承运人能举证确实未收到货物或所收到的货物与提单记载不符，承运人也必须对其与事实不符的记载负责。

（3）物权凭证（Title Document）。提单是货物所有权的凭证，是票证化的货物。一定情况下，谁拥有提单，谁就有该提单所载货物的所有权，并享有物主应享有的一切权利。物权凭证的属性大大增强了提单的效用，使得国际市场上货物的转卖更为方便。只要在载货船舶到达目的港交货之前直接转让提单，货物所有权就可随即转让。提单转让后，承运人与包括收货人在内的提单受让人之间的权利、义务将按提单规定而确定。在发生货损货差时，收货人可以直接依靠提单对承运人行诉，而不需经过该提单签订者——托运人的授权。

### 2. 提单的类型

提单的类型很多，可以从不同的角度来划分，以下是主要的几种分类方法。

（1）按照货物是否装船，划分为已装船提单和备运提单

①已装船提单（On Board B/L 或 Shipped B/L），指整票货物已经全部装进货舱或装上甲板后，船长或承运人或其授权的代理人凭大副收据所签发的提单。已装船提单除满足与其他提单相同的要求外，提单上一般注明"货物已装具名船只"字样或装运的船舶与日期。航运实践中，除集装箱运输外，大多数采用已装船提单，银行结汇一般也要求使用已装船提单。

②备运提单（Received for Shipment B/L），是承运人在接管托运人交付的货物后，在装船之前应托运人的要求签发的提单。在集装箱运输中，集装箱进入集装箱场站后，承运人会签发备运提单。因为备运提单只说明承运人接管货物而无法说明货物何时装船、装哪一条船，所以买方不能确定货物能否按时装船，更不能估计到港时间。货物尚未装船，买方所承担的风险也更大。因此，买方一般不愿意接受该种提单，银行结汇一般也不接受备运提单。货物装船后，托运人可凭备运提单换取已装船提单，或者由承运人在备运提单上加注船名和装船时间并签字盖章，使之成为已装船提单。

（2）按提单有无批注，划分为清洁提单和不清洁提单

① 清洁提单（Clean B/L）是指货物在装船时外表状态良好（In Apparent Good Order and Condition），承运人未在提单上加注任何货物残损，包装不良或存在缺陷等批注的提单。承运人签发清洁提单仅确认货物装船或等运时凭目视所及范围的状况良好、无破损，对其内在质量并不负责。国际贸易惯例一般都明确规定船方提供的已装船提单必须是清洁提单。银行结汇时也要求提供清洁提单。

②不清洁提单（Unclean B/L 或 Foul B/L）是指承运人在签发的提单上明确加注"货物及包装状况不良或存在缺陷"等批注的提单，目的是对抗收货人可能提出的索赔。例如提单上批注："One Bag Broken" "Two Boxes Crashed, Contents Exposed"等。买方一般不接受不清洁提单，不清洁提单也不能用于结汇。因为集装箱运输能更好地保护货物，不清洁批注也大为减少。在实际业务中，因为不清洁提单对托运人十分不利，有时托运人会向承运人出具保函（Letter of Indemnity）以将不清洁提单换为清洁提单，方便银行结汇。

（3）按照提单的不同抬头，划分为记名提单、不记名提单和指示提单

①记名提单（Named B/L）是指在提单上的收货人栏（Consignee）内填明特定收货人的名称，只能由该特定收货人提货的提单。这种提单不能通过背书（Endorsement）的形式转让给第三方，不能流通，常在运输展览品、贵重物品或收货人完全确定的情况下使用。

②不记名提单（Bearer B/L）是指提单上的收货人一栏内未写明收货人，只填写"To Bearer"字样，即货交提单持有人，或收货人一栏为空白。这种提单无须背书即可转让，手续非常简单，流动性极强，也因此风险很大，在实际业务中基本不用。

③提示提单（Order B/L）是指在提单正面收货人一栏内填上"To Order（凭指示）"或"To Order of Shipper/Bank（凭某人指示）"字样的提单。收货人一样仅填上"To Order"字样的，称为"空白抬头"，其含义等同于"To Order of Shipper"。指示提单是一种可转让提单。指示提单的持有人可通过背书方式把它转让给第三人，而无须经过承运人同意，所以这种提单为买方所欢迎，使用也较广。

（4）按照提单签发人划分为船东提单和货代提单

船东提单和货代提单是实际业务中两个十分常见且重要的概念。

①船东提单（Master B/L，MB/L）是指船公司签发的海运提单，它是物权凭证，可直接用于提货。船东提单在签发给实际出口商时，托运人填出口商，收货人按照托运单内容填写；在签发给货代时，托运人填货代，收货人填货代在目的港的代理人。只要持有船东提单，就可以直接到目的港船代处换取进口提货单，手续简单快捷，费用相对固定便宜。

②货代提单（House B/L，HB/L）是指货代签发的提单，严格上来说应称为"无船承运人提单"（货代及无船承运人详见下一章），是由须有无船承运人资格的货代所签发的提单。货代提单用于拼箱货的出口，因为船公司不会帮货主拼箱，到目的港也不会帮货主分货。HB/L 使用过程如下：a. 当出口货物不足一整箱时，货主通过货代集中拼箱，再由货代以"集中托运人"的身份向船公司订舱；b. 船公司接货后向货代签发"船东提单"，货代据此向各货主签发"货代提单"；c. 各货主将"货代提单"传递到各自的收货人处；d. 货到目的港后，各收货人凭"货代提单"向目的港货代换取"船东提单"，再凭船东提单向船公司提货。因此，货代提单不是物权凭证，收货人在目的港需办理换单手续后方能提货。且因为货代的轻资产形式，存在不小的风险。

（5）按照运输方式划分为直达提单、转船提单、联运提单和多式联运提单

①直达提单（Direct B/L）是指货物从装运港装船后，中途不换船而直接运到目的港而使用的提单，直达提单上仅列有装运港和目的港的名称。凡合同和信用证规定不准转船的，必须使用直达提单。由于国际集装箱航线的增加，直达提单越来越普遍。

②转船提单（Transshipment B/L）是指货物须经中途转船才能到达目的港而由承运人在装运港签发的全程提单。这种提单上应注明"Transshipment（转船）"或"Via ...（在××港转船）"字样。

③联运提单（Through B/L）是指承运人对经由两种及以上运输方式（远洋/江河、海/陆、陆/海等）联运的货物所出具的覆盖全程的提单。转船、海陆等联合运输均可签发联运提单，但联运提单必须有一程是海运。

④多式联运提单（Multimodal Transport B/L）是承运人或多式联运经营人对采用多式联运方式的货物签发的提单。多式联运提单主要用于集装箱运输，全程可涉及远洋运输、

铁路运输、内河运输、公路运输等多种运输形式，以实现"门到门"服务。由于集装箱运输的发展和多式联运公约的签订，各种法规、惯例对多式联运提单的规定更加具体和明确，多式联运提单也成为一种重要的结汇手段。有关多式联运的详细内容请见下一章。

（6）按照签发日期划分为过期提单、倒签提单和预借提单

①过期提单（Stale B/L）。有两种情况可构成过期提单：a. 信用证支付方式下，受益人向指定银行提交提单的时间晚于信用证规定的交单日期，从而导致"过期"；b. 由于航线较短或银行流转速度过慢，以致货物到达目的港时收货人尚未收到提单，造成提货受阻。例如，上海至大阪通常 2～3 天航程，而传统纸质提单流转到买方手里需要一周。这种情况下，提单晚于货物到达也是正常的，严格来说不应属于"过期提单"范畴。

②倒签提单（Anti-dated B/L）是指货物装船完毕后，承运人应托运人的要求，在货物的实际装船日期迟于信用证或合同规定的装运时限时，倒签日期以符合装运期限的一种提单。倒签提单是一种既违约又违法的行为，在许多国家都被视为卖方和船方的共同欺诈，一经发现，承运人将不得不与托运人共同赔偿收货人因此而遭受的损失。

③预借提单（Advanced B/L）是指货物在装船前或装船完毕前，托运人为即时结汇向承运人预先借用的提单。与倒签提单相比，预借提单的风险更大。预借提单也是一种违法行为。

（7）按照使用效力划分为正本提单和副本提单

①正本提单是指提单上有承运人、船长或其代理人签名盖章并注明签发日期的提单，正本提单上必须注明"Original"字样。正本提单一般签发三份，凭借任何一份提货后，其余各份即告失效。为了防止他人冒领货物，买方与银行通常要求卖方提供船公司签发的全部正本提单，即所谓"3/3 提单"。实际业务中，为了防止提单在邮寄过程中丢失，也有卖方自行留存一份正本的做法，此时卖方寄给国外买方的就是"2/3 提单"。

②副本提单一般标明"Copy"或不可转让"Non-negotiable"字样，提单右下方没有承运人、船长或其代理人的签名盖章；且提单也无背面条款。这种提单主要供工作参考之用。

## 7.3.2 提单的内容

集装箱运输班轮提单除正面列有相关货物与运费等记载项目外，背面还印有涉及承运人和托运人、承运人和收货人之间的权利、义务和责任豁免的格式条款。

### 1. 提单正面的内容

图 7-2 为提单的范例样式，各个船公司的提单格式大同小异。提单一般由三份正本和三份副本组成。持任何一份正本都可以去提货，副本则仅作备用参考而不能直接提货。缮制提单的时候，货代会根据托运人提供的资料填写各栏内容，传真给托运人，确认无误后正式出具。提单正面的内容可以概括为"人、船、货、费、单"五个方面，各栏的内容及

填写如下（国际通用提单均为全英文缮制）。

| | |
|---|---|
| Shipper<br>COOL-ASIA COMPANY LTD.<br>No. 88 SIMING ESTATE, TONGAN CENTRALIZED IND. ZONE,<br>XIAMEN, FUJIAN, CHINA | Bill of Lading No.<br>XGCL0212104    Export Reference |
| Consignee (If "To Order" so indicate)<br>ELKAY PLASTICS CO., INC.<br>4380 AYERS AVENUE, P.O.BOX 2308 LOS ANGELES CA 90023<br>TEL (310) 607-8000 FAX 607-8001 ATTN: GRAY HO | **BILL OF LADING**<br>Logo of ABC Company<br>NOT NEGOTIABLE UNLESS CONSIGNED "TO ORDER" |

| Notify Party (No claim shall attach for failure to notify)<br>SAME AS CONSIGNEE | | Forwarding Agent | Country of Origin | No. of Original B/L<br>THREE (3) |
|---|---|---|---|---|
| Pre-carriage by | Place of Receipt<br>XIAMEN | For cargo delivery please contact:<br>GC LOGISTICS INC<br>463 NORTH OAK STREET, INGLEWOOD CA 90302<br>TEL (310) 671-6769   FAX 671-7293 | | |
| Vessel & Voyage<br>PRESIDENT ADAMS V.149E | Port of Loading<br>XIAMEN | | | |
| Port of Discharge<br>LOS ANGELES, CA | Place of Delivery<br>LOS ANGELES, CA | Final Destination. Per Merchants Ref.<br>LOS ANGELES, CA | | |

| Marks & Numbers<br>Container No. | No. of Pkgs or<br>Shipping units | Desciption of Goods and Packages | Gross Weight | Measurement |
|---|---|---|---|---|
| EAPC CO.<br>SEAL:J158817<br>APLU 301072 [7] | 1078 CTNS | CY/CY<br>POLYETHYLENE BAGS<br><br>THIS SHIPPMENT CONTAINS NO SOLID WOOD PACKING MATERIALS.<br>FREIGHT COLLECT<br>SHIPPER'S LOAD AND COUNT & SEAL | 32340 LBS<br>14670 KGS<br><br><br><br><br>SHIPPED ON BOARD:Feb 12,2016 | 953.5 CUFT<br>27.0 CBM |

| Total Number of Containers<br>or Other Packages or Units<br>(In Words) | SAY ONE TWENTY FEET CONTAINER ONLY |
|---|---|

| FREIGHT & CHARGES PAYABLE BY | *APPLICABLE ONLY WHICH USED AS A COMBINED TRANSPORT DOCUMENT INSOFAR AS THIS BILL OF LADING IS SIGNED AS A COMBINED TRNASPORT DOCUMENT. IT IS BASED ON THE ICC UNIFORM RULES FOR A COMBINED TRANSPORT DOCUMENT (ICC PUBLICATION | | RECEIVED by the Carrier in apparent good order and condition (unless otherwise stated herein) the total quantity of Containers or other packages or units indicated in the box entitled Carrier's Receipt for carriage subject to all the terms and conditions hereof from the Place of Receipt or Port of Loading to the Port of Discharge or Place of Delivery, whichever is applicable. IN ACCEPTING THIS BILL OF LADING THE MERCHANT EXPRESSLY ACCEPTS AND AGREES TO ALL THE TERMS AND CONDITIONS, WHETHER PRINTED, STAMPED OR OTHERWISE INCORPORATED ON THIS SIDE AND ON THE REVERSE SIDE OF THIS BILL OF LADING AND THE TERMS AND CONDITIONS OF THE CARRIER'S APPLICABLE TARIFF AS IF THEY WERE ALL SIGNED BY THE MERCHANT.<br>If this is a negotiable (To Order / of) Bill of Lading, one original Bill of Lading, duly endorsed must be surrendered by the Merchant to the Carrier (together with outstanding Freight and charges) in exchange for the Goods or a Delivery Order. If this is a non-negotiable (straight) Bill of Lading, the Carrier shall deliver the Goods or issue a Delivery Order (after payment of outstanding Freight and charges) against the surrender of one original Bill of Lading or in accordance with the national law at the Port of Discharge or Place of Delivery whichever is applicable.<br>IN WITNESS WHEREOF the Carrier or their Agent has signed the number of Bills of Lading stated at the top, all of this tenor and date, and wherever one original Bill of Lading has been surrenderdall other Bills of Lading shall be viod. |
|---|---|---|---|
| FREIGHT SUMMARY | PREPAID | COLLECT | |
| | | | Declared Cargo Value US $_____(ONLY APPLIABLE IF AD VOLOREM CHARGES PAID).<br><br>SIGNED BY _____<br>ABC Company as Agent for<br>_____ CARRIER |

图 7-2　提单范例

（1）对"人"（当事人的描述）

①托运人（Shipper）：填写出口商的完整名址，一般为信用证中的受益人（Beneficiary）。《中华人民共和国海商法》第四十二条规定了两种托运人：契约托运人（本人或者委托他人以本人名义或者委托他人为本人与承运人订立海上货物运输合同的人）与实际托运人（本

人或者委托他人以本人名义或者委托他人为本人将货物交给与海上货物运输合同有关的承运人的人）。契约托运人是与承运人订立运输合同的人，实际托运人系实际向承运人交付货物的人。注意：运输业务中的托运人（Shipper）与国际贸易术语中发货人（Consignor）的区别，发货人在法律中的地位是含糊不清的。要注意实际托运人的认定，在 FOB 方式下，当提单载明的托运人并非发货人，而发货人在接受该提单时又未提出异议的情况下，法律风险非常大，经常出现无法收回货款的情况。因此我国最高法规定，向承运人实际交付货物并持有指示提单的托运人，虽然在正本提单上没有载明其托运人身份，因承运人无正本提单交付货物，要求承运人依据海上货物运输合同承担无正本提单交付货物民事责任的，人民法院应予支持。实际托运人虽然没有在提单上载明托运人身份，仅说明他没有处分提单和背书转让提单的权利，但享有通过法律赋予的实际托运人的法律地位及凭正本提单向承运人主张货物的权利。

②收货人（或记名人，Consignee）：对记名提单，填写具体的收货人名址。对指示提单填"Order（指示）"或"To Order（凭指示）"，如 To Order of Shipper、To Order of Consignee、To Order of ×× Bank，分别是凭托运人指示、凭收货人指示和凭银行指示。

③通知人（Notify Party）：严格来说应当是"被通知人"，填写约定的货到码头后需通知的人，如进口商或进口商的运输代理名址电话。

④承运人（Carrier）：承运人的提单应当有明显的承运人名称、公司标识和联系方式，通常在提单右上角列出。

（2）"船"（对运输状况的描述）

①船名（Ocean Vessel）及航次（Voyage No.）：此栏按订舱确认并装船的实际情况填写。注意航次除数字编号外，还有字母 E、S、W、N 分别用来区别航线主体是往东、南、西、北的主航向。

②装运港（Port of Loading）：出口地装运港的具体名称。尽管不少港口有多个集装箱码头，但一般提单上并不具体到码头，只需英文港名，也可在后加上国名缩写。

需要注意的是，因为美国有不少地名源于欧洲，一般美国港名后加州名缩写，如"Lancaster，NY"为纽约州兰开斯特（联合国唯一位置代码为 USLNT），而不是加利福尼亚州、得克萨斯州、马萨诸塞州、俄亥俄州、宾夕法尼亚州或南卡罗来纳州的兰开斯特，更不是英国的兰开斯特（GBLAN）。还要注意一些不同国家共有的地名，需用联合国唯一区分位置的五位代码标清楚（参见第一章表 1-2），如德国"汉堡"，既是市又是港 HAMBURG（DEHAM），美国两个"汉堡"：衣阿华州汉堡市 HAMBURG, IA（USHBG），宾夕法尼亚州汉堡镇 HAMBURG, PA（USHBP）。

③卸货港（Port of Discharge）：进口地目的港。如属转船，第一程提单上的卸货港填中转港，收货人填二程船公司；第二程提单装货港填上述中转港，卸货港填最后的目的港。对于联运和多式联运，只需要一张提单，右上角显示"Combined Transport B/L（联合运输提单）"，如经某港转运在填写的卸货港名后加"Via ×××"字样。联合运输提单除装

卸港外，还需列明交货地、收货地和前程运输。

④交货地（Place of Delivery）：货物实际的交货地点，可以与目的港相同，在联运的情况下则是最后的交货地。因为是填入英文地名，注意江苏"南京"与福建"南靖"都是Nanjing，所以必要时要加上省名；也要注意山西（Shanxi）和陕西（Shaanxi）的不同。前面介绍的国外的同名或近似地名更多，更要注意确认。

⑤前程运输（Pre-carried by）：如果是多式联运通常要填写。

⑥收货地（Place of Receipt）：通常就是装运港，但内陆多式联运除外。

（3）"货"（对货物状况的描述）

①货物的运输唛头及分类（Marks and Number）：假如一批货有几类的话分行填写。

②集装箱数或包装件数（Number of Container or Packages）：整箱货按集装箱箱数，拼箱货按包装件数。

③包装类别：货物名称（Description of Goods and Packages）：在信用证项下货物名称必须与信用证规定的一致。

④货物毛重（Gross Weight）：一般以千克为单位，到英美可能要求以英磅为单位。

⑤货物体积（Measurement）：也称尺码，一般以立方米（CBM）为单位，英美可能要求以立方英尺（CUFT）作单位。

⑥总集装箱数或件数，大写（Total No. Containers or Packages in Words）：英文数量用单词而非阿拉伯数字，单词全大写，如：SAY TOTALLY TWO TWENTY-FT CONTAINERS ONLY（二十英尺集装箱共两只整）。

⑦在整箱货的提单上，通常要加注SLACS、STC、SBS等条款（详见第3章"集装箱货物的组织与交付"小节）。

（4）"费"（对基本运费和附加费的描述）

①运费和附加费（Freight & Charges）：一般为预付（Freight Prepaid）或到付（Freight Collect）。如CIF或CFR出口，一般均填上"运费预付"字样，千万不可漏填，否则收货人会因为运费未清问题而晚提货或提不到货。如系FOB出口，则运费可制作"运费到付"字样，除非收货人委托发货人垫付运费。因为是另外结算，有填"Freight as Arranged"。

②货物声明价值（Declared Cargo Value）：托运人若要声明货物价值，即选择保价运输，应该额外缴纳保价费（Ad Volorem Charges）。按照国际惯例，保价费一般按照货物离岸价格（FOB价格）的1%收取。不声明价值即N.V.D（No Value Declared），货物损坏灭失按有关的国际公约（见下文）规定赔偿。

（5）"单"（对提单的相关描述）

①提单字样。通常在右上角印上醒目的Bill of Lading或Combined Transport Bill of Lading，以及公司标识、地址和电话等。

②提单号码（Bill of Lading No.）和参考号码（Export Reference）

③重要提示。对提单性质的醒目提示，如Not negotiable unless consigned to order。在

提单空白处，往往还有一些重要的提示内容，参见图7-2，但不同公司的提单格式是有差别的，大量的内容放在背面条款中。

④装船日（Shipped on Board Date）：货物装上船的时间，这是计算船期的重要标志，表明启运完成。

⑤正本提单份数（No. of Original Bills）：通常为3份，以英文和阿拉伯数字同时出具，如THREE（3），以防篡改。

⑥提单出具者签名（Signed by）：船公司或货代的签章，包括签发地及日期，通常还有签名。

当然，不同船公司的提单正面内容略有不同。

### 2. 提单的背面条款

提单属于格式合同，关于货主与承运人的权利和义务都已事先拟定好，并印刷于背面，称为背面条款。其中有些是合乎情理的，与业务惯例一致，也是符合法律规定的。但有些公司的一些条款的效力不一定受法律保护。因为《海牙规则》第3条第8款规定："运输合同中的任何条款、约定或协议，凡是解除承运人或船舶由于疏忽、过失或未履行本条规定的义务，因而引发货物或与此相关的人损失，或采用本规则以外的方式减轻这种责任的，均应作废或无效。"因此，凡属上述性质的提单条款为无效条款，不能约束当事人的法律关系。

**案例7-1  提单背面条款适用及责任**

江苏省纺织品进出口集团股份有限公司（下称江苏纺织）与北京华夏企业货运有限公司上海分公司（下称北京华夏）、华夏货运有限公司（下称华夏货运）海上货物运输合同纠纷案：2002年10月16日，江苏纺织将一个集装箱的纺织品交给华夏货运从上海出运。华夏货运签发了正本提单，提单抬头为华夏货运，托运人为江苏纺织，收货人为RAFAEL MORALES，装货港为中国上海港，目的地为美国拉雷多港。涉案货物报关单记载，货物总价为119 098.18美元，结汇方式为电汇，成交方式FOB。华夏货运和北京华夏之间签署有代理协议，存在业务代理关系。涉案提单为华夏货运和北京华夏在我国交通部各自报备的无船承运人提单，并由交通部网站长期公布。

后涉案货物在目的港被无单放货，江苏纺织诉至上海海事法院。华夏货运抗辩称，根据涉案提单背面条款第33条为地区条款，其中第33.6条为美国地区条款，该条款规定：无论运输从美国开始或者到美国的，承运人的责任（如果存在）必须根据美国《1936年海上货物运输法》的规定来确定；而第36条为法律适用及管辖权条款，其中第36.1条规定，本运输合同应根据香港法律解释等的记载，应当适用美国法律，并向法院提供了经美国公证机构公证及中国驻纽约总领事馆认证的美国律师事务所律师提供的美国《海上货物运输法》及《提单法》。江苏纺织不同意华夏货运的抗辩。

> 上海海事法院经审理，认为案涉提单背面条款只是载有"无论运输是从美国开始或者到美国的，承运人的责任必须根据美国《1936年海上货物运输法》"的内容，而美国《1936年海上货物运输法》并未对无单放货行为做出法律界定。华夏货运未能证明案涉提单是江苏纺织自愿选择适用的，提单有关法律适用条款是双方当事人的真实意思表示，因此，对华夏货运主张适用美国法律的抗辩，不予支持。根据最密切联系原则，案涉应适用中华人民共和国法律。遂依据《中华人民共和国海商法》，认定华夏货运应向江苏纺织承担无单放货的损害赔偿责任。

通常提单的背面条款（Terms and Conditions）如下：

（1）定义条款（Definition Clause）。各种提单中的定义条款包括的范围是不完全一致的，但一般包括船舶、承运人、货方、货物、集装箱、件数等。通常对承运人（Carrier）和货方（Merchant）等的内涵有所扩大，如承运人定义包括"承运人、船舶、经营人、承运人的雇佣人员等"，货方的定义包含了"发货人、收货人、受货人、提单持有人等"。

（2）首要条款（Paramount Clause）。此条款用来明确提单中所适用的法规规则，规定提单受某国海商法或某国际公约制约。主要国际公约详见下文。

（3）运价运费条款（Carrier's Tariff, Freight and Charges Clause）。此条款一般对运费、滞期费、亏舱费，以及其他费用均有所规定，但关键在于对运费的规定：如认为"运费在货物装船时已经取得，不论船舶、货物是否灭失均需支付"。这一规定效力如何存在争议：通常在货物灭失情况下是"预付运费不退，到付运费不付"。

（4）承运人的赔偿责任（Limitation of Liability）。此条款规定依发票价值或市场价来确定货物价值，同时规定提单下承运人对货物损害在适用国际公约或国内法下的最高赔偿限额。

（5）转船条款（Transshipment Clause）。该条款规定承运人有转船自由，而对转船后的责任，则规定承运人只对处于自己控制下的运输负责。但一般法律要求转船应当是合理且适当的，应与货主保持联系、共同协商等。

（6）甲板货条款（Deck Cargo Clause）。《海牙规则》不适用甲板货，而将集装箱货物装在甲板上运输，是集装箱船构造（详见第5章）和集装箱运输的经济性能所决定的，因此几乎所有集装箱提单都有甲板装载货物条款，如："承运人有权将集装箱装在甲板上或甲板下运输而不告知货方，但对装在甲板上的一些特定货物的损坏，承运人不负责任。"

（7）自由绕航条款（Liberty to Deviation Clause）。此条款规定为了承运人的添加燃料、揽货、救助和人员等需要，船舶可以自由绕航。但在大多数情况下，班轮航线自由绕航条款是无效的。

（8）危险货物条款（Dangerous Cargo Clause）。此条款一般规定货方应将危险性质事先通知承运人，否则货方对此造成的后果负责。这是多个国际规则的要求，详见第3章。

（9）货物检验、货物说明条款（Inspection of Cargo, Description of Cargo Clause）。"货

物检验"规定承运人在任何时候都有权打开集装箱检验其中货物的权利,以及当地主管部门有检查货物的权力,前者承运人很少做,一般由检验机构或理货公司来负责。"货物描述"则指明提单上的记载只是承运人收到良好状态货物的初步证据,对货物的质量、体积、数量、品质、标志等的准确性不负责任。

(10) 索赔通知、时效条款(Notice of Claim and Time Bar Clause)。此款规定索赔通知通常需在收货之日起 3 日内书面提交承运人或其代理,时效是符合国际公约或相关国法律的规定,如在交货或应交货日起一年内。

(11) 双方互有过失碰撞条款(Both-to-blame Collision Clause)。此条款规定承运人选择的碰撞公约,如按波罗的海国际航运公会(Baltic and International Maritime Conference,BIMCO)的双方互有过失碰撞条款规定。

(12) 共同海损条款(General Average and Salvage Clause)。此条款一般规定共同海损(参见第 9 章)所适用的理算规则,国际上一般是按 1990 年、1994 年修订的《1974 年约克－安特卫普规则》(*York-Antwerp Rules 1974 as amended in 1990 and 1994*)。而"新杰森条款"(New Jason Clause)专门针对有可能适用美国共同理算规则解决争端的情形。只要承运人尽到了谨慎处理使船舶适航的义务,就有权请求共同海损的分摊。

(13) 托运人装箱条款(Shipper-Packed Containers Clause)。此条款用来明确在集装箱货物是由托运人负责装箱时,承运人对由于装载方式、集装箱本身不适货、或者货物不适合集装箱运输等原因造成的货物灭失或损坏不予负责,并且货方应对承运人由以上原因造成的损失、责任、费用予以赔偿。对托运人装箱,通常在提单正面"货物描述"栏下部标注 SLAC(Shipper's Load and Count)。

(14) 管辖权条款及法律适用条款(Law and Jurisdiction Clause)。此条款用来明确当提单发生纠纷时选择适用哪个国家法律来解决纠纷。如规定适用中华人民共和国法律,在上海海事法院或其他有管辖权的海事法院按我国法律解决争议。

不同船公司(含无船承运人、多式联运经营人)的提单背面条款也会有所不同,需要在实际工作中研读分析。

### 3. 关于提单的国际公约

由于提单的利害关系人分属于不同的国籍,提单的签发地和起运港分处于不同的国家,一旦当事人发生争议及诉讼,就会产生法律的适用问题。因此,统一各国有关提单的法规具有重要意义,这就需要国际公约。目前,有关提单及海上国际货物运输的国际公约主要有《海牙规则》《维斯比规则》《汉堡规则》及《鹿特丹规则》。

《海牙规则》(*Hague Rules*)。《海牙规则》的全称是《统一提单若干法律问题规定的国际公约》,1924 年 8 月由 26 个国家在布鲁塞尔签订,1931 年 6 月生效。由于公约草案于 1921 年在海牙通过,因此得名《海牙规则》。《海牙规则》使得海上货物运输中有关提单的法律得以统一,在促进海运事业发展和国际贸易发展方面发挥了积极作用,是最重要且仍被广泛使用的国际公约。《海牙规则》的特点是较多地维护了承运人的利益，从而造成风险分担的不均衡。

《维斯比规则》（Visby Rules）。《维斯比规则》的全称是《关于修订统一提单若干法律问题规定的国际公约的协议书》，1968年2月在布鲁塞尔通过，1977年6月生效。它主要对《海牙规则》的使用范围、赔偿金额、集装箱运输的赔偿计算单位以及人的责任限制、提单的证据效力等内容做了修改，但对承运人的不合理免责条款等实质性问题没有改动。

《汉堡规则》（Hamburg Rules）。《汉堡规则》的全称是《1978年联合国海上货物运输公约》，1976年由联合国贸易法律委员会草拟，1978年6月审议通过，1992年生效。《汉堡规则》全面修改了《海牙规则》和《维斯比规则》，其内容在较大程度上加重了承运人的责任，保护了货方的利益。《汉堡规则》签字的绝大数为发展中国家，占全球外贸船舶吨位数90%的国家都未承认该规则。

在这三个公约中，《海牙规则》和《维斯比规则》一起构成了航运规则的"海牙体系"，得到了国际航运界、贸易界的广泛采纳。随着集装箱运输的蓬勃发展、多式联运的广泛采用和科学技术的日新月异，"海牙体系"已经略显过时，需要对其进行更新。我国未加入《海牙规则》《维斯比规则》和《汉堡规则》，但我国《海商法》参照了这三个公约的有关条款。

《鹿特丹规则》（The Rotterdam Rules）。《鹿特丹规则》的全称是《联合国全程或部分海上货物运输公约》（Convention of Contracts for the International Carrying of Goods Wholly or Partly by Sea），2008年1月经联合国大会审议通过，2009年9月23日在荷兰鹿特丹签署。《鹿特丹规则》共18章96条，是迄今为止条文最多、调整运输范围最广和吸收、创设新规则最多的国际货物运输合同公约。《鹿特丹规则》不仅涉及包括海运在内的多式联运，在船货双方权利义务之间寻求新的平衡点，而且还引入了电子运输单据、批量合同、控制权等新的内容，并特别增加了管辖权和仲裁的内容。《鹿特丹规则》实施生效后，此前三个规则将废止，这无疑对国际航运、国际贸易产生重大的影响。该公约签字国有包括美国及8个欧盟成员国在内共25个国家，但目前只有西班牙、多哥和刚果三国批准此公约。各国法律体系不同，修法批准该公约在国内生效还需要较长时间，距离满足公约生效要件（20个国家批准）尚有很长的路要走。我国目前还没有签字批准，当前应及时推动《中华人民共和国海商法》的修改和《中华人民共和国航运法》的出台，通过国内法的完善来保护我国的核心利益。因为根据《民法通则》第142条的规定，"中华人民共和国缔结或者参加的国际条约同中华人民共和国的民事法律有不同规定的，适用国际条约的规定，但中华人民共和国声明保留的条款除外"。如果中国批准了《鹿特丹规则》，当公约与国内法发生冲突时，公约优先适用。

### 7.3.3 其他提单操作

本小节主要介绍提单遗失和电放提单两种情况实际做法。

### 1. 正本提单遗失的补发程序

集装箱货物装船后，班轮公司签发正本已装船提单，托运人收到正本提单后应当按照贸易合同约定的结算方式将正本提单传递给收货人来提货。在实际操作中，货主丢失提单的情况并不少见，但正本提单是货物所有权凭证，因此丢失提单事关重要且紧急，需要有遗失补发的程序。

遗失提单申请补发的前提条件是须由船公司相关负责人向目的地营业机构确认货物尚未被提取，方可受理。申请补发正本提单需办理的手续及提交的资料有：

（1）申请人需连续三天登报申明遗失的事实。

（2）向银行申请开立银行保函，如无法出具银行保函，则应提供相当于货值 1～2 倍的保证金，保证金期限可长达一年。按照相关船公司的规定，根据申请人的信誉情况，可酌情同意免于提供银行保证书，或酌减保证金数额。

（3）申请人出具保函，保证因补发提单出现的所有责任由申请人自行承担。

上述事项办妥后，持三天的报纸（如为争取时效，可以用第一天的报纸及登报三天缴费收据暂且代替），银行保函及申请人加盖公章的保函到船公司办理补发。补发的正本提单将加盖"REISSUED"章并在货物栏加注以下条款：

① Goods are to be delivered against this reissued second set of B/L only in the case that the goods should not have been delivered against the original set of B/L.

② Should the goods have already been delivered against the original set of B/L, this reissued second set of B/L shall be automatically considered null and void.

③ In case the original set of B/L should be presented after the goods have been delivered against the reissued set of B/L, the original B/L shall be null and void.

第二套正本提单核发后，船公司发邮件通知卸货港及目的地以第二套正本提单放货。

### 2. 电放提单的操作

"电放提单"在 1993 年就出现在国际集装箱班轮航线上，它是对传统提单的一种变通做法。所谓电放，是指托运人向船公司提出申请并提供保函后，由船公司电传通知目的港代理，指定货物无需凭正本提单放货，收货人可凭加盖收货人公章的"电放提单"传真件或凭身份证明提取货物。电放提单上注有"Surrendered"或"Telex Release"字样。

电放提单主要是为解决目的港"货到提单未到"的矛盾，传统纸质提单的流转经历背书、审查、结汇和邮寄等环节时间长，难免产生"货等单"的现象，尤其是近洋运输中更为明显。此时若坚持凭正本提单提货，势必造成货物在目的港的滞箱费、港口费用和仓储费用的大幅增加，买方也失去及时销售货物的有利商机。因此出现电放提单。

电放提单的申请及使用程序如下：

（1）船公司收取货物后，托运人向船公司提出电放申请并提供电放保函（案例 7-2）。

（2）船公司接受申请后向托运人签发电放提单，如已经签发传统提单，则先收回正本提单再签发电放提单。

（3）船公司以电子邮件、传真、EDI、电报等方式通知目的港代理，哪票货物（提单号码）需要做电放而不需要凭正本提单提货，允许该票货物由托运人指定的收货人凭加盖公章的电放提单传真件提货。

## 案例 7-2　电放保函（Letter of Indemnity for Telex Release to Straight B/L）

（发货人公司的中英文抬头）

船名 / 航次：　　KANG PING /V220E
提单号：　　CXMC03072688
起运港：　　XIAMEN，CHINA
目的港：　　TORONTO，ONTARIO
电放收货人名字：　　MICROLIGHT INC.
地址：　　119 Blint Road，Toronto，Ontario，M2J 3J 7 CANADA
电话：　　+1 416-747-0469
传真：　　+1 416-747-4322

我司持有上述货物（全套）正本提单，现将（全套）正本提单交还贵司上海分公司，并申请将提单所注之货物电放给以上收货人，收货人无需提供正本提单。由此引起的一切责任 / 损失 / 费用将由我司负责和承担。

注：若发货人无法提供中英文对照章，请附上发货人公司的正本中英文抬头纸。

收货人电话和传真为电放必要信息，请提供相应区号及固定电话号码。

若收货人为（to order），需在提单背面处加盖发货人的背书章。

发货人签章处：_____

一级订舱代理签章处：_____

日期：_____

注：1. 请使用提单上 Shipper 的中英文抬头纸。

2. 如无提单上 Shipper 的正本章，请务必盖上一级订舱代理的正本章。

电放提单虽快捷、简便且节约费用，但要注意的是由于电放提单仅是提单副本或复印件，不具有物权效力，也为收货人诈货提供了可能。如果发货人使用的是先电放后付款的方式，很有可能会出现被收货人拒付货款的情况。因此电放提单宜用于信用较好的收货人记名提单；为防止诈货，可结合使用电放提单和电汇（T/T）的结算方式，降低风险。

## 7.4 集装箱运费

集装箱运费是集装箱运输承运人根据运输合同，完成集装箱货物运输，从货主那里获得的报酬。本节将介绍集装箱运价、运费的构成和运费的计收。

### 7.4.1 集装箱运费概述

集装箱运输是一种经济活动，船公司或其他类型的承运人在进行集装箱运输时，支出了船员工资、伙食、燃油、物料、港口设施的使用、船舶修理、保险以及管理费用等诸多开支。而且维护与扩大再生产时所必需的船舶设备投资折旧，并期望获得一定的利润，必然需要向货主收取相应的报酬。上述因素都是运费的组成部分。从集装箱运输的全过程来看，不仅仅是海运，还包括港口场站和可能的内陆运输等诸多相关费用。从构成看，集装箱运费包括三大部分。

#### 1. 海运运费

海运运费是指海上运输区段的国际集装箱运输费用，一般为远洋干线集装箱运输的运费。远洋干线集装箱运输主要采用大型和超大型集装箱船舶，集装箱货运量大，运输距离长、风险责任大，是集装箱运费的最主要部分。根据班轮公会或班轮公司运价本（Carrier's Tariff）的规定，国际集装箱海运运费向托运人或收货人计收。

#### 2. 港区服务费

港口既为船方服务又为货方服务，码头经营人收取的是他为集装箱运输双方提供服务的费用。港区服务费包括集装箱码头、堆场、货运站的服务费，以及拼、装箱服务费等，进一步细分如下。

（1）堆场服务费（码头服务费）。装货港码头堆场服务费包括接收出口的集装箱、在堆场按规定分类堆存、搬运至码头前沿装船的费用。卸货港码头堆场服务费包括从船上卸下进口集装箱、搬运、在堆场按分类堆存、交付进口集装箱的费用。集装箱堆场服务费一般按集装箱装卸包干费方式向船方计收。重箱堆存费分别向收、发货人计收，空箱堆存费向船方计收。

（2）拼、装箱服务费。拼装箱服务费是场站完成下列服务而收取的费用：①将空箱从堆场运至货运站；②将装好货的实箱从货运站运至码头堆场；③将实箱从码头堆场运至货运站；④理货；⑤签发场站收据、装箱单；⑥在货运站货物的搬运；⑦装箱、拆箱、封箱、做标记；⑧一定期限内的堆存；⑨必要的分票与积载；⑩提供集装箱内部货物积载图。拼装箱服务费一般采用集装箱包干费计收。对提单列明集装箱货运站交付的，拆装箱包干费向船方计收；应货方要求进行拆装箱的，拆装箱包干费向货方计收。

(3) 集装箱货运站服务费。集装箱货运站完成下列服务时计收相应服务费：①出口装箱。将空箱从堆场运至货运站并办理集装箱设备交接手续；将货物从货车上卸到集装箱货运站并办理货运交接手续；将出口集装箱货物分类归垛；联系海关、理货等业务；货物在货运站的搬运；货物装箱及箱内加固；编制"集装箱装箱单"并签发"场站收据"等单证；对装好的集装箱进行施封、做标记；把实箱运往集装箱码头堆场并办理集装箱进场交接手续等。②进口拆箱。办理集装箱进站的货运交接手续；将集装箱从车上卸到货运站；联系海关、理货等业务；将进口箱进行拆箱，做好拆箱记录并分类归垛；货物在货运站的搬运；联系收货人交付进口货物，并收回正本提单，签署"提货单"；把空箱送回海上承运人或其代理指定的集装箱堆场，并办理空箱进场设备交接手续等。

### 案例 7-3　　　　堆场服务协议费用纠纷

2015年，广州远太鑫三利集装箱工程有限公司与韩进公司签订《堆场服务协议》，约定韩进空集装箱从码头到集装箱堆场、货运站间的往返运输、装卸、储存、外观检查、集装箱装拆箱服务和文件管理服务。服务价格为：空集装箱堆存费每个20英尺集装箱每天3元，每个40英尺集装箱每天6元，堆场装卸费每20英尺和40英尺集装箱均为20元，黄埔终端、仓库间空集装箱货车拖车费（黄埔区内）每次200元。2015年11月3日至2016年6月20日期间，韩进公司通过邮件委托鑫三利公司对97个集装箱提供货运码头与集装箱堆场之间的往返运输和集装箱堆场的装卸等服务。该97个集装箱每个集装箱产生拖车费200元，共计19 400元，其中93个集装箱每个产生堆场装卸费20元，共计1 860元。另外，鑫三利公司为韩进公司向相关码头公司代垫该97个集装箱的码头装卸费7 900元（其中87个集装箱为每个集装箱75元，6个集装箱为每个集装箱20元，2个集装箱为每个集装箱380元，另2个集装箱分别为375元和120元）。【来源：（2017）粤民终2332号民事判决书】

### 3. 集散运费

集装箱集散运输又称为支线运输（Feeder Services），相对于干线集装箱运输而言，它是通过沿海和内河支线以及公路、铁路网络系统，将集装箱货物向干线港口集中，以及将货物疏散。这一过程通过多种运输方式来实现，产生多种支线运费，统称为集散运费。

(1) 水路支线运费

支线水运集装箱班轮运输包括沿海支线集装箱班轮运输和内河支线集装箱班轮运输，都是采用固定船舶，在国内港口之间按照公布的租期表或有规则地与干线船舶衔接的固定航线上，从事国际集装箱集疏运输。水路支线船公司根据支线运价表向托运人或收货人计收支线运费。

如水路支线由干线船公司统一经营，可由干线船公司向托运人或收货人连同干支线运费一起计收，进行内部核算或统一结算，也可按协议单独收取支线运费。对于集装箱多式联运，水路支线作为干线船公司的分包承运人，按合同或协议从干线船公司统一收取的全程运输费用中获得支线运费。

（2）内陆公路运费

内陆公路运输机动灵活，公路运费主要有四种情况：①干线船公司负责运输，如中远海运集团下的中远物流，向货方收取支线运费；②干线船公司委托地方汽车运输企业承运，向货方收取支线运费；③干线船公司作为多式联运经营人，拖车企业作为分包承运人从干线船公司获得相应分包运费收入，不向货方另收运费；④货方自己负责运输，费用有集装箱装卸费或可能产生的集装箱超期使用费等。

（3）内陆铁路运费

因为我国现有连接港口的铁路均为国有，根据唯一承运人中国国家铁路集团公司的相关规定计收，详见第 6 章。

综上，集装箱运费的涵盖内容对应集装箱货物交接的 9 种方式，如表 7-3 所示。

表 7-3 集装箱运费与交接方式

| 装运港（Port of Loading） | | | | | 海上 | 卸货港（Port of Discharge） | | | | |
|---|---|---|---|---|---|---|---|---|---|---|
| 交接地 | F1 | F2 | F3 | F4 | F5 | 交接地 | F4 | F3 | F2 | F1 |
| DR（FCL） | | √ | | √ | √ | DR（FCL） | √ | | √ | |
| DR（FCL） | | √ | | √ | √ | CY（FCL） | √ | √ | | |
| DR（FCL） | | √ | | √ | √ | CFS（LCL） | √ | | √ | √ |
| CY（FCL） | | | √ | √ | √ | DR（FCL） | √ | | | |
| CY（FCL） | | | √ | √ | √ | CY（FCL） | √ | √ | | |
| CY（FCL） | | | √ | √ | √ | CFS（LCL） | √ | | √ | √ |
| CFS（LCL） | √ | √ | | √ | √ | DR（FCL） | √ | | √ | |
| CFS（LCL） | √ | √ | | √ | √ | CY（FCL） | √ | √ | | |
| CFS（LCL） | √ | √ | | √ | √ | CFS（LCL） | √ | | √ | √ |

注：F1—CFS 服务费；F2—内陆运输费；F3—装卸费；F4—CY 服务费；F5—海上运费

## 7.4.2 集装箱运价

集装箱运价是集装箱单位货物的运输费用，但集装箱运输有多种形式，对应不同的运价形式。本小节先介绍运价基本形式，然后是按箱计费。

### 1. 集装箱运价基本形式

集装箱海上运输有多种运价形式，主要有均一费率、包箱费率和运量折扣费率。

### (1) 均一费率

均一费率（Freight for All Kinds Rates，FAK）是指对所有货物均收取统一的运价。它的基本原则是，只要是适箱货物，不管是什么类别，都与应收的运费无关。因此，所有航程相同的货物征收相同的费率，而不管货物价值如何。使用均一费率最大的优点即在于运费计算简便。而且这种运价形式从理论上讲也是合乎逻辑的，因为船舶装运的以及在港口装卸的都是集装箱而非货物，且集装箱占用的舱容和面积也是一样的。但是采用这种运价形式，难以吸引低价值商品采用集装箱运输。因此，在目前大多数情况下，均一费率实际上还是将货物分为 5～7 个费率等级，且废弃物、动物内脏、动物皮肤、高价值货物、军警物资、政府物资、慈善及救援物资例外。

### (2) 包箱费率

包箱费率（Commodity Box Rates，CBR）是为适应海运集装箱化和多式联运发展的需要而出现的一种运价形式。这种费率形式是按不同的商品和不同的箱型，规定了不同的包干费率，也就是将各项费率的计算单位由按"吨（重量吨或体积吨）"计，简化为按"箱"计。对于承运人来说，这种费率简化了计算，同时也减少了相关的管理费用。按不同于传统件杂货运输的众多类别等级（1～20级），集装箱通常只按几个大的类别来制定不同货物等级的包箱费率。

### (3) 运量折扣费率

运量折扣费率（Time Volume Rates/Contracts，TVC）是指为适应集装箱运输发展需要而出现的又一种费率形式。它实际上就是根据托运货物的数量给予托运人一定的费率折扣，即托运货物的数量越大，支付的运费率就越低。商业折扣是企业销售最常用的促销方式之一，船公司采用运量激励方式，是根据托运货物数量来确定运费率的，因而大的货主通常可以从中受益。这也是多式联运经营人作为集装箱班轮服务"批发商"存在的原因之一，他们通常可以从船公司获得"按比例增减制"的运量折扣费率。

总之，集装箱运输简单方便，在费率确定和计算方面也优越于传统的件杂货运输。不同的集装箱班轮运输公司可以按照市场定位，采用成本原则、价值原则或承受能力等原则来确定自己航线产品的运价策略，并结合渠道策略和市场情况定期调整。

## 2. 集装箱运价的按箱计费

货物运输运费因运输方式、距离、货物重量或体积不同而不同。传统件杂货运价以吨公里费率来计价，但集装箱运输作为一种革命，在陆上运输基本上都采用了整箱货物按箱公里运价计收。例如，不少拖车公司都给出按箱型的两点之间的包箱运价，我国铁路还推出了集装箱运输一口价，它们都是在箱公里基础之上按运输所确定的距离给出的总价。但对于拼箱则采用以货物重量或体积为计费标准，并包括拆装箱费在内的货运价。

目前，对于集装箱海运运价，大多数集装箱船公司对集装箱整箱货物都采用包箱费率，分别按几类货物和不同箱型制订不同的包干费率，形成基本的海运运费（Basis Ocean

Freight，BAS）。包箱运价的费率通常定得比较低，体现了货物整箱托运的优惠，也是船公司吸引集装箱货源的一种重要手段。

采用包箱费率后，海上承运人习惯上将海运运费、集装箱港口装卸费（Terminal Handling Charges）都包括在集装箱的海运运费之中，形成了承运人的包箱运价。港口集装箱装卸费也是以箱为单位计收的。该费用主要有两种：一种是集装箱码头装卸包干费，是指"船—堆场"之间的所有作业费用，包括一定的免费堆存天数。例如，某公司某时期厦门至鹿特丹 40 ft 普通干货箱包箱运价为 1 950 美元，起运港码头操作费（OTHC）755 元人民币，目的港码头操作费（DTHC）160 美元。另一种是集装箱的中转包干费，是指"船—岸—船"之间的所有作业费用。国外主要港口为了吸引中转箱，中转包干费一般都低于装卸包干费。例如，最大的中转港——新加坡港的中转包干费只为装卸包干费的 60% 左右。

### 7.4.3 集装箱运费计收

集装箱海运运费的计收主要采用按箱费率来计算，对于拼箱货等可以参照普通杂货班轮运费来计收。按箱费率有上述 FAK、CBR 和 TVC 的不同形式；按杂货运费计算需要考虑在集装箱货运站的拼箱货及由货主自行装箱的整箱货两种情况，在运费计算方式上有所不同。

**1. 集装箱货物海运运费的计收**

集装箱货物可分为整箱货、拼箱货和特殊货物，这里先介绍前两种。

目前，船公司对拼箱货运费的计收基本上参照件杂货运费的计算标准，即按所托运货物的实际运费吨计费：尺码大的货物按尺码吨计费，重量大的货物按重量吨计费，记为 W/M 或"择大计费"。另外，在拼箱货海运运费中还要加收与集装箱有关的费用，如拼箱服务费。由于拼箱货涉及不同的收货人，拼箱货不能接受货主提出的有关选港或变更目的港的要求，所以拼箱货海运运费中没有选港附加费和变更目的港附加费（有关附加费的详细内容见本小节后部）。拼箱货还存在起码运费，即某张提单或某票货按上述计算标准未达到起码运费的最低值也按起码运费计收。

#### 案例 7-4

某出口商从厦门出口 100 箱货物到美国西雅图，已知该货物每箱尺寸为 65cm×45cm×38cm，每箱毛重为 90kg。计费标准为 W/M，每运费吨的基本运费为 60 美元，试计算海运费。

解：该批货物总体积 $M=0.65\times0.45\times0.38\times100=11.12$（m³）

该批货物总重量 $W=0.09\times100=9$（M/T）

体积重量均小于标准集装箱，为拼箱货，因为数值 M>W，所以按货物的体积计收：

海运费 $=11.12\times60=667.2$（美元）

对于整箱托运的集装箱货物运费的计收通常按箱计收运费，这也是集装箱运输的优势之一。货主可以尽可能地装满集装箱，但注意，除VGM（参见第3章）之外，不少船公司、承运人和港口都有规定比国际标准集装箱额定的最大总重更严格的集装箱重量政策，超过一定的数额就要加收超重费甚至拒绝卸货，例如对22G1，货物重量只要超过21吨，有些船公司就算重柜。如果货物超过21吨，最高不能超过26吨，比如23吨，就要根据船公司的重量政策，缴纳超重费或重柜费。在美国的多式联运中（IPI、OCP等），铁路、公路运输严格限重，如公路22G1限17.3吨，45G1限19.5吨。

少数情况下，整箱货同拼箱货一样，按实际运费吨计收，此时存在按集装箱最低利用率和最高利用率支付海运运费的规定。规定最高利用率的目的是集装箱运输早期鼓励货主使用集装箱装运货物，并能最大限度地利用集装箱的内容积。随着集装箱运输越来越普及，整箱货都是采用按箱计收运费，特殊的货物采取特别的规定或方式来处理。

### 2. 特殊货物海运运费的计收

集装箱装载的特殊货物是指超重、超长、超宽、超高的货物，成组货物、搬家货物、箱内挂衣货物等。

（1）集装箱超重、超长、超宽、超高货物运费及有关费用

根据运输集装箱货物的风险责任和交接方式，对集装箱超重、超长、超宽、超高货物的运费及附加费一般有以下规定：

①对整箱接货整箱交货的，只计收运费，不再计收超重、超长、超大件货物的附加费；

②对按件接货并装箱、拆箱按件交货的，按集装箱班轮公司运价本的规定，除收取运费外，加收超重、超长、超大件货物的附加费；

③对整箱接货、拆箱按件交货的，或按件接货并装箱、整箱交货的，按集装箱班轮公司运价本的规定，除收取运费外，还对超重、超长、超大件货物加收50%的附加费；

④装载超重、超长、超大件货物的集装箱，一般为板架式集装箱或非标准集装箱。因此，托运人或集装箱班轮公司在货物订舱前应向港口提出申请，经确认后方能装运。

（2）集装箱成组货物运费及有关费用

①按件接货再按件交货的交接方式，或按件接货再整箱交货的交接方式，或按整箱接货再按件交货的交接方式，均需海上承运人装箱或拆箱。而成组货物会加快装拆箱速度和减轻拆箱劳动强度。因而，对符合集装箱班轮公司运价本和承运成组货物的规定及要求的，对按拼箱货托运的成组货物，均给予优惠运费。

②基于上述原因，对按整箱托运的成组货物不给予运费优惠。

③凡按成组托运的集装箱托运货物，不论是按整箱货还是按拼箱货托运的成组货物，在计算运费时，通常扣除托盘本身的重量或尺码，但这种扣除通常不超过托盘加货物重量或尺码总值的10%。对超过部分，仍按托盘上货物的费率计收运费。

④有些集装箱班轮公司运价本规定，在某些航线上，对按整箱托运的成组货物，在计

算运费时不扣除托盘的重量或尺码。

（3）挂衣集装箱运费

集装箱挂运在箱内的服装时，一般按以下规定计收运费：

①集装箱班轮公司承接门到门、门到场、场到门和场到场交接方式的整箱货物运输；

②挂衣箱的运费一般按集装箱内容积的 85% 计收。托运人必须提供衣架或其他必要的挂衣装箱的物料；

③托运人可以在同一挂衣箱内运载其他的集装箱货物。此时，运费按集装箱内容积的 85% 再加其他货物的实际尺码计收，但总的收费尺码不超过集装箱内容积的 100%。对此，托运人应提供集装箱班轮公司同意的公证单位出具的货物衡量证书。

（4）回运货物

回运货物是在卸货港或卸货地卸货后的一定时间以后，由原承运人运回原装货港或发货地的货物。对于回运货物，承运人一般给予一定的运费优惠，但货物在卸货港或交货地滞留期间发生的一切费用，包括滞箱费、港场堆存费等均由申请方负担。近年来，我国海关为防止进口的"洋垃圾"滞港，通过下达责令退运手续等方式，要求企业配合海关履行货物退运义务。

（5）搬家货物

对于搬家货物，如家具和行李装运集装箱，一种是把它们组装或包装之后再装入集装箱，按拼箱货以实际运费吨计收有关费用；另一种是按集装箱整箱货物托运计收运费及有关费用。

### 3. 附加费

附加费是对一些需要特殊处理的货物或由于突发事件或客观情况的变化使运输成本增加，班轮公司为弥补损失而额外加收的费用。附加费种类很多，并且随着客观情况的变化而变化。表 7-4 列出了部分附加费及含义。

附加费的名称及计收，因不同船公司而有所不同，例如，常见的燃油附加费 BAF 因 IMO 的低硫油新规，中远海运集运自 2019 年 5 月 1 日起实施新燃油附加费 Bunker Charge（BUC），取代原 BAF。赫伯罗特公司以 Marine Fuel Recovery（MFR）取代 BAF。附加费的计收主要有两种方法，一种是在基础运费的基础上增加一个百分比；另一种是以定额表示。但货币贬值附加费比较特殊，它是在基本运费与所有其他附加费之和的基础上计算的百分比增加。

### 案例 7-5　　石材运费及港杂费

某提单 MSCUXC374696 载明将装有石材的 26 个 20 英尺集装箱从厦门运往卸货港利比亚班加西，船舶及航次为 MSC SAVONA S1023R。海运费为 59 020 美元，港杂费：33 278 元，含报关费、场装费、订舱费、单证费、超重柜费、拖车费等。

有关滞箱费（Demurrage Charge）的计收请见第3章"集装箱责任及处理"小节。公路、铁路集装箱运费的计收是相对独立的，请见上一章的有关内容。

表 7-4 部分附加费及含义

| 简称 | 附加费名称 | 含 义 |
|---|---|---|
| BAF | 燃油附加费（Bunker Adjustment Factor） | 承运人因石油涨价导致运输成本增加而向托运人加收的费用 |
| CAF | 货币贬值附加费（Currency Adjustment Factor） | 承运人因运费的计价货币汇率贬值导致实际收入减少而向托运人加收的费用 |
| PSS | 旺季附加费（Peak Season Surcharge） | 承运人因旺季时间舱位紧张、供不应求而向托运人加收的费用 |
| PCS | 港口拥挤附加费（Port Congestion Surcharge） | 承运人为弥补由于港口拥挤造成的船期延长、运输成本增加等损失而向货方加收的费用 |
| TSC | 转船附加费（Transshipment Surcharge） | 承运人因货物在中转港办理换装和转船手续导致作业费增加而向托运人加收的费用 |
| IMO | 危险货物附加费（Dangerous Cargo Surcharge） | 承运人因按 IMO（国际海事组织）规定处理危险货物增加成本而向托运人加收的费用 |
| DCI | 内陆危险货物附加费（Dangerous cargo surcharge, inland haulage） | 承运人因内陆运输 IMO 规定的危险货物产生的额外成本而向货方加收的费用 |
| AMS | 舱单录入费（Automated Manifest System） | 美国海关要求对前往或途经美国港口的集装箱货物，其承运人必须在国外港口装前至少24小时以电子方式进行 AMS 申报，每提单25美元，更正收取40美元 |
| ENS | 入境摘要报关（Entry Summary Declaration） | 欧盟对前往或途经欧盟港口的所有货运实行，必须提前24小时进行 ENS 申报，每提单25美元，更正收取40美元 |
| COD | 变更卸货港附加费（Change of Destination Surcharge） | 因托运人在货物运输途中要求变更卸货港而向其加收的费用 |

附加费的种类很多，包括以整箱货和拼箱货分别计收的附加费，需要在集装箱运输实践中不断厘清。

## 本章习题

1. 试比较作为出口托运人与进口收货人，在集装箱运输业务流程中的权利与义务各是什么？
2. 场站收据通常包括哪些单证，涉及的集装箱运输相关方有哪些？
3. 提货记录通常包括哪几联？
4. 到货通知和提货通知的区别是什么？
5. 提货单与提单的区别是什么？
6. 集装箱提单与运单有何不同，各自适用什么情况？
7. 试将本章第（三）部分中重新核发提单后在提单上加注的三条英文条款翻译

为中文。

8. 试翻译图 7-1 和图 7-2 所示场站收据和提单中的英文内容。

9. 如承运人在提单上批注"承运人对货物的质量和箱内数量不负责任""对装入纸袋内的货物因包装性质而引起的损失或损坏，承运人不承担责任"或"货物的包装是旧桶""旧麻袋包装"等字样，是否构成不清洁提单？

10. 船东提单（MASTER B/L）和货代提单（HOUSE B/L）有何不同？请结合以下两个案例进行分析：①（http://wenshu.court.gov.cn/website/wenshu/181107ANFZ0BXSK4/index.html?docId=db0a690574e042c480e9aabf00e02153），青岛坦福食品有限公司与青岛怡之航物流有限公司、荷兰怡之航物流公司海上、通海水域货物运输合同纠纷一审民事判决书。②（http://wenshu.court.gov.cn/website/wenshu/181107ANFZ0BXSK4/index.html?docId=a5df1cb99d334057b37aaa7b013e1a71）（2019）浙民终280号，金华喔凯照明电器有限公司、深圳普鲁登国际货运代理有限公司海上、通海水域货运代理合同纠纷二审民事判决书。

11. 什么是电放及电放提单？电放提单用于什么情况，如何向船公司申请电放？

12. 试根据以下内容制作提单：2017年5月，Dongtai Peanut Products Co. 将一票货物交予 Dexun Freight Qingdao Branch 代办运输事宜，Dexun 接受货物后，代理实际承运人 Blue Anchor Line 签发了该票货物的全套正本提单一式3份，提单号为4352-0330-705.017。提单载明货物出运日期为2017年5月31日，船名/航次为 YM FOUNTAIN 132W，装货港为青岛港，卸货港为沙特吉达港，交付方式为 CY/CY，货物为脱皮花生仁（Blanched peanut kernels），提单涉及2个20ft普通集装箱，分别内装850箱货物，对应集装箱号分别为 CBHU3904425号、CBHU5918330号。提单抬头与右下角均载明承运人为 Blue Anchor Line，Dexun 为签单代理，托运人一栏记载"Dongtai Peanut Products Co. on behalf of SULEYMAN GIDA TEKS.VE SA N. URN. TIC.TD.STI"，收货人为 National Commercial Bank A/C of Basma Alhouti Trading Est，通知方为 Basma Alhouti Trading Est[来源：青岛海事法院（2018）鲁72民初124号判决书]。

13. 提单的背面条款有哪些，试结合一家集装箱班轮公司的提单背面条款来说明（可在相应公司网站查找，背面条款一般都是公开的）。

14. 一批集装箱货物共300箱，自宁波运往汉堡，船公司签发"已装船提单"且为清洁提单。承运人在提单上注明"Shipper's Load, Stow and Count, Container Sealed by Shipper."等货物到达目的港，收货人发现下列情况：①集装箱铅封完好，无损坏痕迹，但集装箱内只有296箱货物；②10箱包装严重破损，内部货物散失50%；③15箱货物包装完好，但箱内货物短少。问：这三种情况的责任分别属于谁？承运人还是托运人？

15. 简述海运集装箱运费的构成。

16. 若例7-4为1 000件同样货物到汉堡，干货集装箱运价为USD1 600/2 700（20ft/40ft）OTHC为RMB￥609/798（20ft/40ft），DTHC为235欧元，燃油附加费BAF分别是USD210/420（20ft/40ft），运营成本恢复附加费OCR分别是USD55/110（20ft/40ft），承运人安全费USD13，另加收3.19%的货币附加费，请选择合适集装箱并计算这批货的总运费。

# 第 8 章
# 集装箱运输代理与多式联运

代理制度是随着社会经济的发展而逐步形成和发展起来的,代理作为一种独立的法律制度,是商品经济高度发达的产物,是随着市场经济的发展而形成的。集装箱运输从船公司的海洋运输延伸到陆地,离不开各种运输代理,要更好地服务远离港口与船公司的客户,离不开运输代理与多式联运。

## 8.1 运输代理

运输代理(Transportation Agency)是指接受委托人(被代理人)的委托,代办各种运输业务并按提供劳务收取佣金或手续费、代理费的一种商务代理形式。

代理是指代理人在代理权限内以被代理人的名义与第三人实施民事法律行为,而由被代理人对代理人的代理行为承担民事责任的法律制度。运输代理关系一经确立,代理人就应当按照被代理人的要求,在授权范围内履行其代理职责。对于运输代理来说,这一制度要求:代理人必须取得代理权;代理人必须在代理权限范围内进行代理行为;以被代理人的名义活动,并符合被代理人的利益。

运输代理的形式有:

**1. 租船代理**。这是一种以船舶为商业活动对象而进行船舶租赁业务的形式,租船代理人主要是按照委托人(船东或租船人)的指示要求,为委托人提供最合适的对象和最有利的条件,并促成租赁交易的成交。租船代理的佣金按照惯例由船东支付。代理佣金一般均按租金 1%～2.5% 在租船合同中规定。集装箱运输中的船舶租赁相当普遍,需要租船代理从中牵线搭桥,服务船东和租船人。

**2. 船务代理**(船舶代理)。船务代理是船舶代理人为船舶承运人或货主代为办理有关船、货业务，船务代理业务主要包括的内容有：

（1）船舶进出港业务方面：办理船舶进出港口的申报手续，联系安排船舶引航、拖轮、靠泊、报关；洽办船舶检验、修理、扫舱、熏舱；洽办海事处理，联系海上救助等；办理集装箱进出港口的申报手续，联系集装箱的装卸以及洽办集装箱的联运中转业务等。

（2）货运业务方面：安排组织货物装卸、检验、交接、储存、转运、理货、熏蒸以及理赔事务；接受委托代签提单及运输契约，签发货物及集装箱交接单证，并代印各种统一货运单证；办理揽货，订船和代收运费。

**3. 货运代理**。货运代理指货运代理人代表货主办理有关货物报关、交接、调拨、检验、包装、仓储、转运、订舱等业务活动的形式，并按代理业务项目和提供的劳务向货主收取代理费。通常可分为：①订船揽货代理；②货物报关代理；③货物装卸代理；④集装箱代理；⑤转运代理；⑥理货代理；⑦储存代理等。按运输方式的不同，货运代理又可分为海运代理、空运代理、陆运代理等形式。

## 8.2　船舶代理

国际海运船舶运输货物穿梭往来于世界各地港口之间，对于船公司非驻在港口，就需要委托船舶代理来办理船舶有关的业务。船舶代理（Ship Agent）作为法人接受委托人的授权，代表委托人办理与在港船舶有关的业务和服务。委托船舶代理处理在港口的运营，既经济又实惠，在航运实践中被普遍采用。

### 8.2.1　船舶代理关系

在船舶到达国外港口之前，船公司首先选择到达港的船舶代理，代办船舶在港期间的一切业务。船舶代理关系可分为长期代理关系和航次代理关系。国际船公司可根据船舶的具体情况决定与代理人建立长期或航次代理关系。

**1. 长期代理**

长期代理关系是船公司在其船舶经常挂靠的港口为自己选择适当的代理人，通常是船公司以书面形式向船舶代理机构提出委托，经对方接受的方式来建立。班轮运输因为固定航线和挂靠港，在挂靠港与当地船舶代理建立长期代理关系较为合理。这样的船舶代理就是班轮运输代理人，船公司与班轮运输代理人建立长期代理关系可以简化委托和财务往来结算手续。

长期代理关系一经建立，只要不发生终止关系事项，就可以一直保留下去。通常可能终止长期代理关系的事项有：政治原因、财务原因、服务质量、长期无船来港等。双方还可以约定其他终止长期代理关系的事项。

### 2. 航次代理

航次代理是指对船公司不经常挂靠的港口，在船舶挂靠前向该港口的船舶代理人逐船逐航次办理委托，并由代理人逐船逐航次接受委托所建立的代理关系。凡无长期班轮业务，或因船员急病就医、船舶避难、添加燃料、临时修理等原因专程来港的船舶，均采用航次代理关系。船舶在港作业或事务结束，航次代理关系即告终止。航次具体操作是，在船舶抵港前的一定时间内，船公司将船舶规范、有关的运输合同和货运单证寄交所委托的代理人。

在我国，还存在第二委托方代理和监护代理。通常船舶代理的委托人是船公司，第二委托人可能是船公司、承租人、货主或其他。如航次租船合同规定，船舶代理由承租人委托，费用由承租人结算。而监护代理关系是指委托方为维护其利益，除委托一人作为其代理外，又委托另一人对该代理的服务进行监护。

## 8.2.2 船舶代理服务及收费

在我国，船舶代理只能由交通运输部批准成立的公司经营，必须是企业法人。例如，中国外轮代理有限公司、中国船务代理有限公司等船舶代理公司在中国主要江海港口为客户提供高效、便捷和周到的船舶代理服务。根据交通运输部最新发布的已备案国际船舶代理企业名单（截至 2018 年 10 月 16 日），共有国内船代企业 2 726 家，另有中外合资国际船舶代理企业 154 家。

在交通运输部核定的范围内，船舶代理公司接受船公司的委托，提供下列经营服务：①办理船舶进出港查验手续；②安排船舶引航、靠泊、货物装卸、海上救助及海事处理；③安排船舶检验、修理、扫洗舱、熏舱等工作；④办理船舶、货物、集装箱的报关；⑤办理货物、集装箱的托运、转运和多式联运；⑥受船东或船长委托代签提单、运输合同；⑦代签船舶速遣、滞期协议；⑧组织货载，为货主洽定舱位；⑨买卖船舶和期/租船在港的交接手续；⑩代收、代付、代办结算等。

船舶代理服务是一项范围广泛的综合性业务，下面先介绍进出港手续和船舶供应等服务，然后介绍我国的港口进出口环节收费情况。

### 1. 船舶进出港手续

船舶进出港手续分为进港和出港两类。

（1）船舶进港手续

中国籍国内航行海船在我国管辖水域内航行实施船舶进出港报告制度，船方可通过互联网平台、手机 APP、手机短信等方式向中国海事局的"海事船舶进出港报告服务网"（http://180.169.34.36/）提交进出港报告信息，船长仅需要在航海日志记录报告情况。船舶进出港报告，是指船舶或者其经营人通过互联网、传真、短信等方式报告船舶进出港信息的行为，包括船舶航次动态、在船人员、客货载运信息等。海事管理机构将加强对船舶进出港报告信息的现场核查，通过船舶自动识别系统、船舶交通管理系统、港口调度和客运售票系统等多种手段掌握船舶航行动态和在船人员信息，与相关单位建立信息共享和联合检查机制。

船舶自动识别系统（Automatic Identification System，AIS）是一种应用于船和岸、船和船之间的海事安全与通信的新型的助航系统及设备。目前，AIS 已发展成通用自动识别系统（UAIS），能自动交换船位、航速、航向、船名、呼号等重要信息。IMO 规定所有 300 总吨及以上的国际航行船舶，和 500 总吨及以上的非国际航行船舶，以及所有客船，都应按配备 AIS，AIS 信息可以方便查询，如图 8-1 所示。

图 8-1　AIS 及识别的船舶

我国规定对非中国籍船舶来港需要办理进港手续，并实行强制引航。需要提供的基本资料有：①总申报单；②船用物品申报单；③船员个人用品申报单；④货物申报单；⑤船员名单；⑥船舶概况表；⑦航海健康申报书；⑧动植物检疫申报单。其中①至⑤项适用国际海事组织 IMO 的标准格式。

外籍船舶进港前，船舶代理根据船舶提供的基本资料，介绍本港口情况、费率、装卸率等情况，缮制进港申报，根据港口习惯，进港申报分送海事局、海关（含检疫）、边防、港务等有关方（各部门所需单证——海事：进港申报书、船舶规范；海关：进港申报书、作业准单、入境检疫申报单；边防：进港申报书、船员名单、总申报单）办理相关手续。

（2）船舶出港手续

船舶出港手续较为简单，除向海关、边防、海事机关和港口主管当局提出出港申请，并向海关提供缴纳吨税收据或免缴吨税的证明外，货物装船完毕后，还需编制出口货物仓单，经船长签字，向海关办理船舶出口报关，经海关同意才可启航出港。

船舶进出各国港口因各国具体情况和主管机关要求的不同，各项手续与单证也有所不同。例如，美国 AMS（Automated Manifest System，自动舱单系统）要求所有至美国货物或经美国中转至第三国货物都必须在装船前 24 小时向美国海关申报。而去欧盟全部 28 个成员国或经欧洲国家中转到第三国的货物，要提供 ENS（Entry Notification of Summary，入境摘要指示单）。

### 2. 船舶服务

船舶服务包括船舶供应和其他服务工作。船舶供应主要包括：加油，燃油可通过驳船供应；加水，有管路的码头可通过岸上管路加淡水，无管路的码头则只能用驳船供应；伙食、生活品、物料供应；安排供应船舶物料、垫料、备件；联系安排清仓、洗舱工作等。还有为船舶提供岸电、船舶污染物（含油污水、残油、洗舱水、生活污水及垃圾）接收、围油栏供应服务等。

其他服务工作包括：水上船员接送、安排船员遣返；办理船员登录或出入境手续；安排船员就医、住院；联系安排船员邀请函、遣返等其他事宜。

当然，船舶代理也可以从事船舶货运相关服务，如安排货物报关、装卸、检验；货物、集装箱的托运和中转；代揽货载、订舱，代签运输合同、提单，代收运费；缮制单证，商务结算等，我们将在下一节介绍。

### 3. 我国港口进出口环节收费

根据我国各港口口岸集装箱货物进出口操作现状，在集装箱货物进出口环节中涉及的收费主体主要包括货代、船代、船公司、港口企业、理货公司、拖轮公司等，收费项目为各相关方的经营服务性收费以及港口企业代收的行政性收费、海关国检验产生的服务性收费等。港口费是指船舶进出港口在港口作业、停留所要支付的一切费用。目前，我国的港口费按交通运输部颁布的《航行国际航线船舶及国外进出口货物海港费收规则》《国际航线集装箱港口费收办法》《航行国内航线船舶及国内进出口货物海港费收规则》和《长江港口费收规则》计收。

按中国港口协会统计，港口口岸进出口环节主要收费情况如表 8-1 所示。

表 8-1 我国港口口岸进出口环节主要收费情况

| 序号 | 收费主体 | 收费项目 |
|---|---|---|
| 1 | 码头企业 | 港口作业包干费、库场使用费、货物港务费、港口设施保安费、停泊费 |
| 2 | 海事局 | 港口建设费 |
| 3 | 船公司 | 运费、码头操作费、海运附加费、铅封费、改单费、电放费、滞箱费、文件费 |
| 4 | 船代 | 订舱服务费、EDI 传输费、换单费、VGM 传输费、舱单传输费、设备交接单费 |

续表

| 序号 | 收费主体 | 收费项目 |
| --- | --- | --- |
| 5 | 货代/报关行 | 报关/报检代理费、海关查验代理费、检验检疫查验代理费、熏蒸消毒代理服务费 |
| 6 | 引航机构 | 引航费 |
| 7 | 理货企业 | 理货服务费 |
| 8 | 放箱公司 | 放箱费 |
| 9 | 堆场 | 堆存保管费、提箱作业费、运抵集港费、堆场回空费、修箱费、洗箱费 |
| 10 | 检验检疫企业 | 消毒费、熏蒸费 |
| 11 | 拖轮企业 | 拖轮费 |
| 12 | 其他服务企业 | 船舶供应服务费、船舶污染物接受处理费、第三方检测费 |

数据来源：中国港口协会《2019 我国港口企业营商环境报告》。

## 8.3 货运代理

一般来说，货运代理（Freight Forwarder）是运输业务中货主的代理人，他们按照客户（货主）的指示，代表客户安排货物运输、完成运输货物的存储、报关、验收、交付等相关事宜，代付运费、包装费、关税等，并向客户收取相应的报酬（佣金或代理费）。

货运代理的性质是中间人性质的运输业务。他既行使承运人的部分工作，又是货主的代表，保护货主的利益，其本质就是"货运中间人"，在以托运人或收货人为一方，承运人为另一方的两者之间行事。从业务上看，货运代理人是以货主的代理人身份并按代理业务项目和提供的劳务向货主收取劳务费。

### 8.3.1 国际货运代理

国际货运代理处于货主与承运人之间，接受货主委托，代办租船、订舱、配载、缮制有关证件、报关、报验、保险、集装箱运输、拆装箱、签发提单、结算运杂费，乃至交单议付和结汇。国际货运代理一般常简称货代或货运代理。

国际货运代理协会联合会（FIATA）对货运代理的定义是："根据客户的指示，为客户的利益而揽取货物的人，其本人并非承运人"。《中华人民共和国国际货物运输代理业管理规定》给国际货运代理下的定义是："接受进口货物收货人、托运人的委托，以委托人的名义或者自己的名义，为委托人办理国际货物运输及相关业务，并收取服务费用的行业。国际货物运输代理企业（以下简称国际货运代理企业）可以作为进出口货物收货人、托运人的代理人，也可以作为独立经营人，从事国际货运代理业务。"

我国认可国际货运代理企业有两种不同的身份：

（1）作为代理人从事国际货运代理业务，是指国际货运代理企业接受进出口货物收货人、托运人或其代理人的委托，以委托人名义或者以自己的名义办理有关业务，收取代理费或佣金的行为。

（2）作为独立经营人从事国际货运代理业务，是指国际货运代理企业接受进出口货物收货人、托运人或其代理人的委托，签发运输单证、履行运输合同并收取运费以及服务费的行为。这一身份就是承运人身份，通常是无船承运人，我们将在后面小节介绍。

需要注意的是，从对外贸易运输环节和法律上看，国际货运代理人与民法上的代理完全不同，权利与义务也不一样。

随着国际贸易与物流的发展，国际货运代理的服务范围不断扩大，他们在国际贸易和国际运输中的地位也越来越重要。货运代理广泛服务于国际集装箱运输，在很多国家占整个集装箱运输揽货量的比例超过 50%。

## 8.3.2 货运代理服务

货代的服务内容体现在：为托运人服务、为收货人服务、为承运人服务、为海关等政府部门服务，以及提供独立经营人的运输服务和其他服务。

### 1. 为托运人服务

货代广泛与托运人联系及揽货，订立服务协议或委托合同，在集装箱运输领域，为托运人提供以下服务：

（1）订舱及确定运输方式，包括货物包装、运输路线和承运人；
（2）发放集装箱及接收委托人货物并签发有关收货和运输单证；
（3）审查货物相关贸易与运输条款，落实相应的单证与文件；
（4）安排货物的计重和计量及仓储（如必要）；
（5）办理货物保险；
（6）货物的装箱或拼装；
（7）安排货物到港口的运输，办理海关和有关单证的手续
（8）在运输合同或协议指定的地点把货物交给承运人；
（9）代表托运人/进口商承付运费、关税税收；
（10）办理有关货物运输的外汇交易；
（11）从承运人处取得正本运输单证（提单、运单），并交给托运人；
（12）通过与承运人与货运代理在国外的代理联系，监督货物运输进程，并告知托运人货物去向。

### 2. 为收货人服务

根据与收货人签订的代理合同，服务收货人的工作主要有：

（1）收取并检查所有与货物运输有关的单证文件；
（2）从承运人换取提货单，代收货人接受货物并支付必要的费用；
（3）申请货物清关并支付关税、增值税和其他费用；
（4）申请货物检验检疫有关事项并支付费用；
（5）必要时安排过境仓储；
（6）办理货物的装卸和运输，并向收货人交付已清关的货物；
（7）如发生货物的损失，协助收货人向承运人提出索赔；
（8）必要时协助收货人进行货物中转、分拨及后续运输服务。

### 3. 为承运人服务

有场站资源的货运代理人也接受各类承运人的委托，承担一些传统承运人（或船代）的业务，如：根据与承运人的协议，利用自己的集装箱货运站及堆场，代表承运人接收货物，为拼箱货提供拼箱服务，并把集装箱货物集中统一运往承运人运输工具停靠的地点交给承运人。或者利用货代自己的堆场，充当承运人的集装箱代理人，根据承运人的指示，实际管理承运人集装箱的发放、堆存、回收，以及检查、清洗、维修等业务。

### 4. 为海关等政府部门服务

当货运代理作为海关代理办理有关进出口商品的海关手续时，不仅代表他的客户，而且代表海关当局。事实上，在许多国家，货代获得相关许可，办理海关手续，并对海关负责，负责在签发的单证中，申报货物确切的金额、数量、品名，以使政府部门在这些方面不受损失。

### 5. 其他服务

货运代理人还可以应客户要求，提供运输过程中所需的其他服务并满足客户的特定需求。这类服务范围较广，如作为独立经营人提供全面的运输服务，如海运中的无船承运人、多式联运经营人，详见下文。

## 8.3.3 国际货运代理企业

国际货运代理企业应当取得中华人民共和国企业法人资格。禁止具有行政垄断职能的单位申请投资经营国际货运代理业务。承运人以及其他可能对国际货运代理行业构成不公平竞争的企业不得申请经营国际货运代理业务。

国际货物运输代理业是国际航运物流业的一部分，是集装箱运输不可或缺的参与人。国际货代企业接受进出口货物收货人、托运人的委托，以委托人或自己的名义，为委托人办理国际货物运输及相关业务并收取服务报酬。

## 1. 国际货运代理企业经营范围

国际货运代理企业可以作为代理人或者独立经营人从事经营活动。其经营范围包括：

（1）揽货、订舱（含租船、包机、包舱）、托运、仓储、包装；

（2）货物的监装、监卸、集装箱装拆箱、分拨、中转及相关的短途运输服务；

（3）报关、报检、报验、保险；

（4）缮制签发有关单证、交付运费、结算及交付杂费；

（5）国际展品、私人物品及过境货物运输代理；

（6）国际多式联运、集运（含集装箱拼箱）；

（7）国际快递（不含私人信函）；

（8）咨询及其他国际货运代理业务。

上述经营范围中，除国际快递之外，均涉及集装箱运输。我国的国际货运代理企业应当按照商务部颁发的《中华人民共和国国际货物运输代理企业批准证书》和市场监管部门颁发的《企业法人营业执照》所列明的经营范围和经营地域从事国际货代经营活动。其中对国际多式联运业务资格还有更高的要求，我们将在下一节介绍。

## 2. 国际货运代理企业概况

货运代理属于运输辅助服务业，但对运输业作用巨大，被称为"运输业的建筑师（Architects of Transport）"。目前，全球有4万家货代物流企业分布于150个国家地区，从业人员近1 000万人。从2018年全球货代前三强来看，瑞士的德迅公司（Kuehne+Nagel Inc.）以年代理箱量469万TEU排名第一，德迅一年的利润超过任何一家船公司收益，可以说是一家优秀的货代供应链管理公司。其次是中国外运，年代理箱量336万TEU；德国DHL，年代理箱量322.5万TEU。

我国的国际货代企业数量众多，已形成国有、民营和外资三足鼎立的局面，为集装箱运输、多式联运及其他国际货物运输服务，市场规模不断扩大，是中国日益增长的国际贸易与物流活动中不可缺少的辅助力量。整体而言，市场竞争激烈，货代行业的水平仍然是参差不齐的。货运代理企业的一个特性就是货量多、环节多、单证文件量多、法律关系复杂、时效性要求高，同时人员需求量大，流动性强，兼之易受国家经济形势、政策影响，导致货运代理企业有较高的风险，需要行业规范和货主的风险防范意识。中国国际货运代理协会（China International Freight Forwarders Association，CIFA）是我国国际货运代理行业的全国性社会组织。目前，中国货代协会拥有会员近600家，其中理事及以上单位95家，各省市货运代理行业组织27家，全国国际货运代理企业在会数量达到6 000多家。2018年，商务部公布"国际货代行业重点联系企业"173家，其中上海21家、深圳16家、厦门16家、天津11家、大连7家。

在众多的国际货运代理人中，选择和使用合适的代理人，直接关系到委托人的利益和运输任务能否完成，因此需要慎重选择，通常考察以下三个方面：

(1) 政治背景和合作态度。代理的政治背景和合作态度是建立与保持代理关系的基础。必须按照外交外贸的方针政策，选择政治可靠、友好并能合作共事的代理人，因为只有他们才能为委托人着想，维护委托人的利益。

(2) 业务能力和工作质量。能否按时、按质、按量完成代理业务，很大程度上取决于代理人的业务能力和工作质量，仅有良好的合作态度而缺乏业务能力的代理人还无法担负委托人的任务。因此，业务能力和工作质量是选择代理人的重要条件和标准。

(3) 资信和经营风格。由于国际货运代理过程长、业务环节多，信息的传递更容易失真；文化背景、个人的品质和性格等因素也会影响到代理人的经营风格。选择资信程度较高、经营风格稳健的代理商，对于降低风险至关重要。在平等互利的原则基础上，审慎选择并使用代理人，并尽可能建立友好的稳定合作关系，是巩固和发展双边业务关系、提高企业竞争力的重要环节。

### 3. 国际货运代理企业风险

国际货代的地位属于法律上的代理人，我国合同法规定，代理人在代理权限内，以被代理人名义实施的民事法律行为，对被代理人发生效力；委托人对代理人在委托范围内所进行行为的法律后果，无论有利无利都应当接受。这样看来，只要国际货代严格按照委托人的授权行事，踏实履行代理义务，如实披露委托人，其代理行为之后果最终应由委托人承担，国际货代自身法律风险表面上并不高。

但实际业务中，由于市场竞争、船公司、货主与货代之间的地位不平等、操作不规范、从业人员知识欠缺等诸多原因造成国际货代企业的风险远较其代理所赚取的代理费、操作费或差价收入为高，国际货代业成为一个低利润高风险的行业。国际货代企业若陷入诉讼之中，风险与影响极大。而且货代企业在实际业务中还常有身份转换，充当无船承运人、公路运输承运人、仓储保管人等角色，有的则因操作不当、表达不清而被认定为承运人，承担了更高风险的责任。因此，国际货代企业要健康稳步地发展，就必须对各种道德、商业和法律风险进行有效地分析识别并予以正确防范。

## 8.3.4 货代风险识别及防范

国际货代的合作对象主要是货主（进出口企业、生产企业及个人）、集装箱运输企业（船公司、铁路、公路承运人）或者无船承运人，以及货代同行。三者当中，货主作为委托人，人数多，但承运人和货代同行对他并不熟悉，需要了解并防范风险。

### 1. 因不了解委托人而产生风险

(1) 充分了解委托人的基本情况

应当了解委托人企业注册的基本情况，是境内还是境外注册的。企业注册地是极其重要的信息,往往直接决定出现纠纷时所能采取的解决途径。①如果对方是境外企业且在境内没有将来可供执行的财产,则不宜对其采取赊账方式予以垫款,否则可能诉讼也无法挽回损失;如果对方是境外知名企业,可通过订立正式书面合同约定仲裁条款来保证交易机会,将来还可通过仲裁方式挽回损失。②如果合作方是境内企业,先要查验对方公司是否合法注册并存续,是否已被列入失信人名单或有其他不诚信记录,并进一步核实其资信。相关查询平台有市场监督、法院等的国家企业信息公示系统、全国法院被执行人信息系统。③委托人如系自然人,要注意委托事务的证据收集。④无合同形式的挂靠代理(买单)交易中实际托运人与单据体现托运人不一致时,宜要求实际委托人对承担有关费用责任等作出书面承诺,以防止损时无法正确选择维权对象。

(2) 了解委托人托运的货物

国际货代企业委托事务的核心就是委托安排货物运输,因此了解要托运货物成为重要事项。我们在第3章已经述及这一问题,货代企业应进一步明确:①托运危险货物如未如实申报的危险性质;②托运违禁货物,造成目的港无法入境或无人提货的困境与后果;③对货物价值认识不足,即使扣押货主单据、货物或提货凭证也验证以规避风险。例如某货代公司对货物了解不足,误认为"野生梭子蟹冻蟹身"为高价值商品,扣押提单可以给货主足够压力,但事后两次拍卖无法成交才得知该货物没有多少实际价值。

### 2. 身份界定不清的风险

目前,许多货代企业混淆物流企业、无船承运人、承运人代理、船舶代理人等角色,在货运代理业务中定位不清。具体表现在:①兼营货运代理、无船承运业务等业务或同时代理货主又代理远航承运人;②与货主交流措辞不当,使得货主误认为是承运人;③代理过程中向货主收取运费而不是代理佣金,开具海运费发票;④虽以自己名义与货主订立代理协议,但协议内容兼有运输和代理等多方面内容。

实践操作中,基于同一主体不断拓展其经营范畴、货运代理业务与无船承运人业务的相互交融,在 FOB 情况下,同一国外收货人的代理人就同一货物的全部业务(包括报关、内陆运输、订舱、海运等)表现为承运人和货运代理人双重身份,在此情形下,海上货运代理合同关系与海上货物运输合同关系可能并存,相应风险更大。

有的货代公司名为国际货运代理有限公司或国际物流货运公司,实际上主营业务是代理某个船公司,或是其合约无船承运人。例如,运费的收取以及开具发票的种类是认定承运人身份的关键,一旦发生无单放货等纠纷,货主对货代企业提起诉讼,就容易导致货代企业被法院认定为具有无船承运人身份而承担远远大于代理人的法律责任。因此,货代企业开具发票时要注明代收性质,如备注"货运代理服务费"。

### 3. 货代企业操作过程中可能存在的风险

国际货代企业在操作过程中可能存在的风险有:

（1）货运代理人未尽谨慎义务，违反《合同法》第406条，如货代企业在获得承运人签发的提单后未及时向委托人交付提单或未正确审查具体运输条款等，可能会被判令承担赔偿责任。

（2）选择承运人不当，尤其是多重代理掩盖下的无资质承运人，很容易出现无单放货的情况，最终造成货代承责。

（3）超出代理职责范围出具保函的风险，包括接受并使用经盖章的空白函。实务中，船东或其代理为最大限度规避责任，往往要求货代企业出具各类保函为货主承担连带责任，对加盖货代企业印章的保函货代应严格把关，避免因此承担担保责任。

（4）任意扣单、扣货的风险，实际工作中，货代企业经常为货主垫付运费、港杂费等，有时为确保垫款能及时收回，货代企业通常采取扣押货主提单等有效单据。但除非事先有合同明确约定，否则货代公司不可随意扣押正本提单或留置货物。

（5）未严格按照委托人指示的风险，货代业务中如果委托人对承运人、班期、挂港顺序等有明确要求，货代公司应当严格按照委托人要求安排，无法实施的，要征求委托人的意见协商是否重新安排，以符合《中华人民共和国合同法》第401条的规定。

（6）货代业务过程的转委托风险，国际货代业务综合性与专业性强，报关、运输业务由专业报送行、运输公司做可能更优质，但货代企业应就《合同法》第400条事先取得转委托权，否则发生纠纷常因没有转委托授权而承担责任。通常没有发生纠纷之前，货主不介意货代的转委托行为，但情况紧急来不及告知被委托人的转委托，也要及时让货主追认。

（7）未正确引导货主维权风险，货代企业作为货主的代理人，在货主出现纠纷时要正确引导货主维权来提升自身服务水平，并有助于规避自己的责任。如发生目的港无单放货时要引导货主在一年诉讼时效前及时向责任承运人起诉。

（8）未及时报告工作进展的风险，货代所涉工作关系到货主整个国际贸易合同的履行，如货物装船后要及时将船舶航次信息告之货主以便及时投保，如因船东或码头原因导致的甩柜改期、报关的特殊查验和集装箱事故换箱，以及多式联运各区段的交接情况等，都要及时告知货主并获得委托人的指示，以免产生纠纷。

### 4. 货代企业签发提单的风险

国际货代行业竞争激烈，单纯代理业务难以满足货代企业生存和发展的需要，需要拓展业务渠道或延伸服务范围。目前，规模较大的货代企业均不同程度地与船公司存在合作关系，或订立服务合约，或作为订舱代理等；或与境外货代公司形成合作关系，互为操作指定货代。货代企业如果在接受国内外同行委托，需要签发其提单时，务必谨慎确认无船承运人资格及提单备案情况，因为对赚取微薄操作费或佣金的货代公司来说，承担无单放货赔偿货款的责任是灾难性的。这类风险包括：①未获得提单所有人授权签发提单，被认定为承运人；②签发未在交通运输部备案的提单；③提供来源不明的提单；④未能向货主提供提单。它们所造成的后果与损失极大，货代企业务必谨慎对待。

有关无船承运人签发提单的风险防范请见下一小节的"无船承运人业务新制度与风险防范"。

### 5. FOB 条款下的提单交付风险

集装箱运输实务中，货代企业经常没有和委托人签订正式书面协议，如何确定委托人比较棘手，尤其是境外客户指定操作货代的情况下，国内货代接受境外收货人及其货代的指令，与国内出口商取得联系，安排订舱及可能的报关、报检、拖车等业务。此时存在所获代理成果（提单）交付给谁的问题。此类业务中，国内货代可能作为境外无船承运人的代理人，也可能作为国内卖方的货运代理人或无船承运人，有时集多种身份于一身。此时国内货代作为国内卖方的货运代理人，按《合同法》第 404 条将提单交给国内卖方，发生纠纷的概率较低。

若买卖合同以 FOB 条款成交，如果卖方将货物交给货代后，货代不签发提单或类似运输单证给卖方，将会导致卖方信用证无法结汇或向买方交付运输单证。此时需明确契约托运人（FOB 下为国外买方）与实际托运人（卖方，货代公司的委托人），按我国最新司法规定，货代公司应将提单、海运单或其他单证交给实际托运人。

### 6. 货代企业无书面合同的风险

实际工作中由于多种原因，货代公司常常难以与货主事先订立正式书面合同，在未发生争议前大多数情况下不影响双方正常地开展工作，但无合同也存在以下风险：①发生客户欠款诉讼，货代公司需要更多证据去证明业务关系、费用约定等。随着通关无纸化的推进，货代企业几乎没有对货主形成压力的反制手段及工具。②无法约定操作费、代理费等。如运费没有得到客户书面确认，货代很难主张高出其垫付部分的差价，只能追讨垫付款项。③无法对违约责任进行特别的约定，如违约金、律师费等，这样发生纠纷即使货代胜诉，也只能主张银行同期贷款利率的逾期付款违约金并还要自行承担律师费，对货主压力小。④无法确认对方的营业地址及发生诉讼时文书的送达地址，如发生诉讼可能要办理诉讼文书公告送达。

防范措施要做到居安思危、未雨绸缪，为将来可能发生的纠纷保留必要证据：①证明货主具体委托的事项，如托运单或客户制作的提单样本、发票、清单，以及供通关的其他文件。②证明价格部分，如货代没有赚取差价只需提供对外垫付的金额及对应的提单号；若有赚取差价或采取综合包干方式，则需证明货主接受了报价，可以是电邮、短信、微信等电子证据。③特殊操作要求。涉及客户的特殊要求要尽量争取有书面材料，如在托运单上注明要求。④突发事件。无论货物在起运港、运输途中，还是到达目的地，提货前均可能出现异常或突发事件，在装船前货代应与委托人及时沟通顺利完成代理事务，对可能的特殊费用与责任务必采取书面形式；途中或交付中的异常事件，货代也要尽通知义务，并保留证据。

总之，国际货代以其经营普遍与灵活占据集装箱运输业务的半壁江山，但在激烈的竞争面前也应积极防范上述风险，也就是应注意以下几点：

(1) 对委托人及托运货物不了解的风险；
(2) 签发不合法或来历不明的提单的风险；
(3) 目的港遭不良合作伙伴恶意无单放货的风险；
(4) 目的港无人提货或弃货的风险；
(5) 超出代理职责范围多身份经营或出具保函等的风险。

国际货代企业作为货主的代理人，应尽谨慎代理责任，在合理合法合规的范围内从事代理工作，有如实告知委托人工作进展的义务。货代企业宜加强学习与经验总结，按上述内容积极防范风险。详细内容与案例还可参阅詹虹、黄伟明、李皓著《航运物流经理人第一课》第六章的内容，有关纠纷处理请见本书第 9 章"集装箱运输安全与保障"。

## 8.3.5 无船承运人

无船承运人（non-vessel operating common carrier，NVOCC）是自己不拥有船舶，但为他人提供海上运输服务，并通过有船承运人完成海上货物运输的人。《中华人民共和国国际海运条例》中把无船承运人叫作无船承运业务经营者，指以承运人身份接受托运人货载，签发自己的提单或者其他运输单证，向托运人收取运费，通过国际船舶运输经营者完成国际海上货物运输，承担承运人责任的人。

无船承运人和货代都是海运中介（Ocean Transportation Intermediary，OTI），在经营过程中，货运代理企业既可能作为代理人以委托人名义或者以自己的名义办理有关业务，如代为订舱，代办保险、报关，还可能直接成为某一具体法律关系的当事人，如将货物寄存在自己控制的仓库中成为保管人，或者签发运输单证，成为履行运输合同的独立经营人，即无船承运人。因为集装箱海运的全球性，无船承运人往往设有全球的分支机构或合约伙伴，作为独立的法人以收货人、托运人角色出现在海洋提单上，它能够解决海运承运人通常难以完成的从托运人仓库到收货人仓库之间的全程货物移动，而不仅仅是港到港之间的海运部分。

### 1. 无船承运业务活动

无船承运人围绕其所承运的货物开展下列活动：

(1) 以承运人身份与托运人订立国际货物运输合同；
(2) 以承运人身份接收货物、交付货物；
(3) 签发提单或者其他运输单证；
(4) 收取运费及其他服务报酬；

（5）向国际船舶运输经营者或者其他运输方式经营者为所承运的货物订舱和办理托运；

（6）支付运费或者其他运输费用；

（7）集装箱拆箱、集拼箱业务；

（8）其他相关的业务。

### 2. 无船承运人业务流程及提单

无船承运人业务流程如下：

（1）托运人将货物交付给无船承运人；

（2）无船承运人在收到货物后出具自己的提单（NVOCC B/L，HB/L）给托运人；

（3）无船承运人作为托运人将货物交由实际承运人运输，实际承运人出具自己的提单（OCEAN B/L，MB/L）给无船承运人；

（4）托运人凭无船承运人的提单至银行结汇；

（5）出口地银行将提单转入进口地银行；

（6）收货人付款后从银行取出无船承运人提单；

（7）无船承运人将实际承运人签发的正本提单和自己的副本提单转寄给自己在目的港的代理人；

（8）无船承运人的目的港代理人凭实际承运人提单到实际承运人或其代理处换取提货单；

（9）收货人到无船承运人代理处用无船承运人的提单换取提货单；

（10）收货人凭提货单提取货物。

按照上述流程，在有无船承运人参与的海上运输过程中，存在两个相互独立的海上运输合同，即无船承运人作为承运人与货物托运人的运输合同和无船承运人作为托运人与远洋公共承运人签订的运输合同，所以会出现两套提单：远洋公共承运人即实际承运人签发的提单（OCEAN B/L 或 MASTER B/L）和无船承运人签发的提单（NVOCC B/L 或 HOUSE B/L）。在两套提单运作时，卖方借助无船承运人提单来完成交货义务，并凭此提单向买方收取货款。

### 3. 对无船承运业务的管理

在我国，无船承运业务由国务院交通运输主管部门和地方人民政府交通运输部门依法实施监督管理。

（1）保证金制度。无船承运业务保证金是无船承运业务经营者按照规定缴纳的用于清偿因其不履行承运义务或者履行义务不当所产生的债务以及支付罚款的担保金。我国曾规定无船承运经营者缴纳 80 万元的保证金，且每设立一个分支机构再增加 20 万元。后为缓解无船承运人资金压力，可采用保证金责任保险制度和保函制度。

（2）提单登记制度。无船承运业务经营者依据规定将其使用的提单格式样本，向国务院主管部门依法登记以备查询的制度。国务院交通主管部门对登记后的提单及其统一编号予以公告（如在交通运输部政府辅助网站 www.chineseshipping.com.cn 上查询提单），并知照中国人民银行和各有关商业银行，通知有关地方交通主管部门。

（3）运价报备制度。无船承运业务经营者按照规定格式，将其运价向国务院交通运输主管部门报备的制度。报备运价分为公布运价和协议运价，公布运价是指承运人运价本上载明的运价。协议运价是指承运人与托运人商定的运价。报备运价包括海运费费率、各类转运费、附加费及佣金。目前，上海航运交易所（www.sse.net.cn）为交通运输部指定的全国唯一运价备案受理机构。

（4）专用发票制度。中国无船承运业务经营者及其分支机构在中国境内收取运费及其他相关费用，应当向付款人出具中国税务机关统一印制的国际海运业运输专用发票作为收费证明。但后来发票式样的统一和增值税发票的启用，原专用发票不再保留。

### 4. 无船承运人业务新制度与风险防范

2019 年，我国取消无船承运业务审批及保证金制度，无船承运人改为备案制，从事无船承运业务的企业应当在相关经营活动开始后 15 日内，向注册所在地省级交通运输主管部门备案企业基本信息（包括公司名称、注册地、法人代表、联系方式等）。这一变化可能会刺激更多的货运代理企业调整业务方向，申请无船承运业务经营者资格，签发提单，成为签订运输合同的主体，由赚取佣金变为吃差价。

在无船承运业务的两套提单中，无船承运人通过船东的 Master B/L（其记载收货人、托运人都是无船承运人或其指定代理）和自己签发给托运人的 House B/L（其记载的收货人、托运人才是真正意义上贸易合同的双方），将提单本身应该具有的三项功能（货物收据、物权凭证、合同证明）分开了，一定意义上也增加了提单欺诈的可能性。在业务管理上，无船承运人既是海运提单上的托运人，也是收货人。小型的无船承运人在海外难以建立自己的组织机构，也就不能直接在海外完成提货收货职能，只得通过和海外代理机构建立合作关系，委托他们代理，在目的港完成提货。因此对海外合作方的考察和考核，是无船承运人确保合作对象安全保障的关键，必须采取有效管理方法，以杜绝国外代理机构非法经营，包括勾结收货人实施海外欺诈的行为。

## 案例8-1　中国对外贸易经济合作企业协会就无船承运业务发出风险警示通知

> 海上运输是保障国际贸易安全的辅助手段。目前，作为调整国际海上运输的《中华人民共和国海商法》在具有物权凭证的船公司提单（Master bill of lading）的签发上存在漏洞，与国际传统安全的提单签发与流转程序及国际商会《国际贸易术语解释通则》（INCOTERMS）有关提单的流转程序相违背，同时在无船承运人的管理上与《中华

人民共和国国际海运条例》严重脱节。

按照现有《海商法》（我国正在酝酿修改），能据以托收到货款的船公司提单作为物权凭证不能保障首先签发给卖家，尤其是FOB出口商，使得FOB出口商（我国目前约有85%的出口是FOB条款）一开始就失去了对货物的控制权，潜在巨大的货、款两空的风险。

目前，提单的签发及流转程序完全颠覆了传统安全的做法。出口商，尤其是FOB出口商面临着境外无船承运人与买家合谋进行海运欺诈的巨大的风险。我国《海商法》本来对无船承运人的管理就是空白，与《国际海运条例》完全脱节。交通部又于2019年3月27日宣布对无船承运人的审批制改为备案制，取消押金或责任保险制度，这对诚信企业来说确实减轻了负担，但给境外不良无船承运人和买家串通搞海运无单放货欺诈提供了更为有利的零成本条件，市场准入资质条件极为宽松。目前，经交通部批准的无船承运人近9 000家，是经营国际班轮运输公司的近百倍，比世界最权威的国际货运代理协会联合会——FIATA所属的可签发货代或多式联运提单（Forwarders' bill or Multi-transport bill of lading）的全球会员还多两三倍。

尽管原来无船承运人要交80万元押金或每年办理几万元的责任保险，但也无济于事，因为市场准入条件和资质太低。如果不从资质上把关，这点押金哪能抵得上几百万甚至上千万美元的货值？

据商务部数据统计，我国外贸公司的出口坏账率每年超过5%（约为1 000亿美元），是发达国家平均坏账率的10～20倍。在海外拖欠款中，恶意欺诈约占欠款案的66%（其中境外无船承运人与进口商合谋搞海运无单放货进行欺诈占主要部分，案值超600多亿美元）。

2019年1月15日，国际海事局在新加坡推出国际海事局无船承运人登记制度，旨在加强海运反欺诈措施。说明国际海运欺诈现象十分严重。鉴于我国国际海运市场极度混乱，法律法规有漏洞，管理欠缺，FOB出口企业只能高度警惕并务必注意以下几点。

（1）船公司提单是提货的物权凭证，只有第一时间掌握它，才能据以通过银行托收到货款。

（2）货代或无船承运人提单不是物权凭证，到船公司提不到货，也无把握能托收到货款。如果仅持有货代/无船承运人提单，境外货代与买家有可能将FOB出口商架空并合谋搞无单放货，造成货被提走，提单无人赎，货款收不到。

（3）在签订FOB出口合同时，务必在合同中明确买方负责指定船公司（班轮公司）或货运代理订舱并支付运费，卖方负责向船公司交付货物并获取船公司提单通过银行托收货款后转交买方到目的港提货。

（4）如果买方在信用证中要求提供货代/无船承运人提单，要拒绝接受，改为船公司提单。（除非货代是世界上有名的信用企业）

（5）牢记付款交单、付款赎单是基本原则。卖方先获取船公司提单，通过银行托收货款后再转交买方到目的港提货是国际惯例,也是国际商会的基本规则,同时也是卖方的基本权利,千万不要放弃自己应有的权利。

【来源:中国对外贸易经济合作企业协会(China Shippers' Association)2019年4月15日】

既然无船承运人的市场准入管理制度从审批制改成登记备案制,并取消了押金保证制度,市场准入门槛非常低,班轮公司作为真正的承运人必然要站到市场的前沿,把握承运权责,从与提单签发息息相关的问题——单证的基础环节抓起。为托运人抵挡非法商人的海外欺诈,提高难度和设置行为障碍,承担把关警示作用,为净化国际贸易市场环境发挥辅佐功能,为真正的托运人在国际贸易市场保驾护航,也为集装箱航运市场赢得声誉。

## 8.4 集装箱多式联运

多式联运是由一个经营人对货物的全程运输负责,是一次托运、一张单证、一个费率、一次收费、完成一个完整运输过程的物流活动。尽管在集装箱运输之前也有极少数的多式联运,但由于件杂货运输装卸效率低下、货损货差以及被偷盗率大,加上多式联运去路远、时间长、不确定性高,经营多式联运风险极大。只有在集装箱这一包装与运输一体的工具出现后,多式联运才取得显著经济效果,并受到货主的欢迎。自美国20世纪60年代末开展集装箱多式联运以来,目前多式联运已占据发达国家集装箱运输中的很大比例。例如,占美国进口量80%的西海岸,多式联运比例已超过一半。中国运往美国的货物,大多数通过美国西海岸,以多式联运方式运输。

### 8.4.1 多式联运概述

国际多式联运是运输技术的发展和革新,也是集装箱运输的高级组织形式。与区段联运相比,多式联运货主全程只需一份合同与一个承运人联系,更具整体性和高效率。

#### 1. 定义

《联合国国际货物多式联运公约》对多式联运的定义为:国际多式联运是指按照多式联运合同,以至少两种不同的运输方式,由多式联运经营人将货物从一国境内接管货物的地点运至另一国境内指定交付货物的地点("International multimodal transport" means the carriage of goods by at least two different modes of transport on the basis of a multimodal transport contract from a place in one country at which the goods are taken in charge by the multimodal transport operator to a place designated for delivery situated in a different country.)。

国际多式联运适用于水路、公路、铁路和航空多种运输方式。在国际贸易中，由于 85%～90% 的货物是通过海运来完成的，故海运在国际多式联运中占据主导地位。

### 2. 国际多式联运的特征

（1）多式联运经营人（Multimodal Transport Operator，MTO）与托运人之间必须签订多式联运合同，以明确承、托双方的权利、义务和豁免关系。多式联运合同是确定多式联运性质的根本依据，也是区别多式联运与分段联运的主要依据。

（2）必须使用全程多式联运单据（Multimodal Transport Documents），该单据既是物权凭证，也是有价证券。

（3）必须是全程单一运价。这个运价一次收取，包括运输成本、经营管理费和合理利润。

（4）必须由一个多式联运经营人对全程运输负总责。MTO 是与托运人签订多式联运合同的当事人，也是签发多式联运提单者，MTO 承担自接受货物起至交付货物止的全程运输责任。

（5）必须是两种及以上不同运输方式的连贯运输。如：江/海、铁/铁虽为两程运输，但仍不属于多式联运。

（6）必须是跨越国境的国际间货物运输。这是区别国内运输和国际运输的限制条件。

### 3. 国际多式联运的优越性

国际多式联运是一种比分段运输高级的运输组织形式，它的优越性主要体现在方便货主和提高运输质量，具体来说有以下几个方面：

（1）手续简便。采用国际多式联运，无论货物运输距离有多远，由几种运输方式共同完成，且不论运输途中货物经过多少次转换，所有的一切运输事项均由多式联运经营人负责办理。而托运人只需办理一次托运，订立一份运输合同，支付一次费用，一次保险，便可省去托运人分段运输的各种不便。同时由于一份单证、统一计费、全程负责也简化制单、结算和理赔手续，节省人力和物力。

（2）安全可靠。多式联运是在集装箱运输的基础上发展起来的，多式联运绝大多数以集装箱为运输单元进行直达运输，尽管途中须经过多次转换，但都不需要掏箱倒载和换装，货损货差事故少，货物运输质量可靠。同时由于有多式联运经营人对全程运输负责，可减少运输过程的中间环节和等待时间，从根本上保证了货物安全、迅速、准确、及时地运抵目的地。

（3）提早结汇。由于多式联运可实行门到门运输，因此对货主来说，在货物交由第一承运人后即可取得货运单证，并据以结汇，缩短结汇时间，有利于货物占用资金的周转，而且可以减少利息的支出。

（4）统一理赔。在分段联运方式下，由于各种运输方式的经营人只对本区段运输负责，一旦发生货损货差，货主必须向参加联运的一个或多个承运人索赔。而在多式联运方式下，无论货损货差发生在哪一区段，甚至是无法确认事故区段的隐藏损害，均由多式联运经营人负责统一理赔，并直接向货主进行赔偿。

（5）实现合理化综合运输。从整个运输体系来看，分段联运的各区段承运人实际上是各自为政，自成体系的，基本没有对全程运输统一管理的意图，也没有对全程运输担负的责任。而一旦他们共同参与多式联运，经营范围可以大大扩展。多式联运经营人可以在一定的时空范围内，将海运、铁路、公路和航空等各种不同的运输方式联接起来，选择最佳运输路线，综合利用各种运输方式的优点，从而实现合理化综合运输。

#### 4. 业务程序

一般的多式联运业务程序，涉及集装箱海运，程序类似，主要包括以下环节：

（1）接受托运申请，订立多式联运合同；
（2）空箱的发放、提取；
（3）出口报关；
（4）货物装箱及交接；
（5）订舱及安排货物运送；
（6）办理货物运送保险；
（7）签发多式联运提单，组织完成货物的全程运输；
（8）货物运输过程中的海关业务；
（9）货物到达交付。

### 8.4.2 多式联运经营人

多式联运经营人是指本人或通过其代表与托运人订立多式联运合同的任何人，他是事主，而不是托运人的代理人或代表或参加多式联运的承运人的代理人或代表，他负有履行合同的责任。多式联运经营人负责履行或者组织履行多式联运合同，对全程运输享有承运人的权利、承担承运人的义务。

#### 1. 多式联运经营人的基本条件

（1）多式联运经营人本人或其代表就多式联运的货物必须与托运人本人或其代表订立多式联运合同，而且合同至少使用两种运输方式完成全程货物运输，合同中的货物是国际间的货物。

（2）从托运人或其代表处接管货物时起即签发多式联运单证，并对接管的货物负有责任。

（3）承担多式联运合同规定的与运输或其他服务有关的责任，并保证将货物交给多式联运单证的持有人或单证中指定的收货人。

（4）对运输全过程所发生的货物灭失或损害，多式联运经营人首先对货物受损人负责,并应有足够的赔偿能力。

(5) 多式联运经营人应具有与多式联运所需相匹配的技术能力,对自己签发的多式联运单证确保其流通性,并作为有价证券在经济上有令人信服的担保程度。

### 2. 多式联运经营人的类型

按是否拥有运输工具并实际完成多式联运货物全程运输或部分运输,多式联运经营人可分为承运人型和无船承运人型。

承运人型的多式联运经营人拥有(或掌握)一种或一种以上的运输工具,直接承担并完成全程运输中的一个或一个以上的货物区段。因此他们不仅是多式联运的契约承运人,对货物全程运输负责,同时也是实际承运人,对自己承担区段货物运输负责。这类经营人一般由单一运输方式的承运人发展而来。

无船承运人型的多式联运经营人不拥有(或掌握)任何一种运输工具,而是以契约承运人的身份组织完成合同规定的货物全程运输,对货物全程运输负责。我国法律规定,运输企业开展多式联运业务时,经营的多式联运部分应当从原企业中分离出来成为独立法人。因此,我国的多式联运经营人均为无船承运人型。

### 3. 多式联运经营人的法律地位

在多式联运中至少产生如下几种运输法律关系:①多式联运经营人与货物利益方(包括托运人、收货人)的法律关系;②多式联运经营人与海上运输承运人、公路运输承运人、铁路运输承运人或航空运输承运人的法律关系;③多式联运经营人与第三方物流的法律关系。多式联运经营人在上述诸多关系中处于核心地位。因此,确定多式联运经营人这一主体及其法律地位尤为关键,有利于厘清国际多式联运中错综复杂的各种法律关系。

(1) 货物多式联运经营人的责任期间。多式联运经营人的责任期间是指多式联运经营人履行义务和承担责任的期间。《联合国国际货物多式联运公约》以及《中华人民共和国海商法》《中华人民共和国合同法》都规定,多式联运经营人的责任期间为从接收货物时起,至交付货物时止。多式联运经营人负责履行或者组织履行多式联运合同,并对全程运输负责。

(2) 货物多式联运经营人的赔偿责任基础。多式联运经营人对于货物运输所采取的赔偿责任原则,在确定多式联运经营人责任方面起着重要作用。目前,各单一运输公约关于赔偿责任基础的规定不一,但大致上可分为严格责任制和过失责任制两大种。《联合国国际多式联运公约》和1991年国际商会规则采取的都是类似于《汉堡规则》采用的推定过失责任制,其规定为:如果货物的灭失、损坏或延迟交付造成的损失发生在承运人的责任期间内,承运人应负赔偿责任。除非承运人证明他本人、其雇佣人或代理人为避免该项事故的发生及其后果已采取了一切合理有效的措施。推定过失责任制实际上加重了承运人的责任。中国《海商法》主要采用的是《海牙/维斯比规则》确立的不完全过失责任制,即承运人的赔偿责任基础以过失责任为总原则，但承运人对其雇用人员主观过失造成的损害免责。《国际多式联运公约》下承运人既要对迟延交货负责，又对货物延迟交付所造成的损失承担赔偿责任。中国《海商法》规定，对于明确议定交付期限下所造成的延迟损失予以赔偿，其责任限额为延迟交付货物的运费数额。

除船公司外，多式联运经营人本身并不拥有船舶，即经营货物多式联运业务的所谓无船承运人。多式联运经营人的法律地位取决于其能否纳入海事赔偿责任限制制度的主体范围内。

### 4. 多式联运经营人的责任形式

（1）统一责任制

统一责任制是指多式联运经营人对货主赔偿时不考虑各区段运输方式的种类及其所适用的法律，而是对全程运输按一个统一的原则并一律按一个约定的责任限额进行赔偿。统一责任制的最大优点是理赔手续十分方便，只要有货损，都按一个标准进行赔偿。但由于现阶段各种运输方式采用不同的责任基础和责任限额，目前，多式联运经营人签发的提单均未采取此种责任形式，因为统一赔偿标准难以为多式联运经营人所接受。

（2）经修订的统一责任制

这是介于统一责任制与网状责任制之间的责任制，也称混合责任制。它在责任基础方面与统一责任制相同，在赔偿限额方面则与网状责任制（下文）相同。即：多式联运经营人对全程运输负责，各区段的实际承运人仅对自己完成区段的运输负责。无论货损发生在哪一区段，多式联运经营人和实际承运人都按公约规定的统一责任限额承担责任。但如果货物的灭失、损坏发生于多式联运的某一特定区域，而对这一区段适用的一项国际公约或强制性国家法律规定的赔偿责任限额高于多式联运公约规定的赔偿责任限额时，多式联运经营人对这种灭失、损坏的赔偿应按照适用的国际公约或强制性国际法律予以确定。《联合国国际货物多式联运公约》基本上采取这种责任形式。

（3）网状责任制

网状责任制是指多式联运经营人尽管对全程运输负责，但对货运事故的赔偿原则仍按不同运输区段所适用的法律规定，当无法确定货运事故发生区段时，则按海运法规或双方约定原则加以赔偿。目前，几乎所有的多式联运单据均采取这种赔偿责任形式。

例如，某托运人与多式联运经营人签订了一项从北京至纽约的多式联运合同。全程运输分为三个区段：①北京至天津高速公路运输；②天津到旧金山的海运；③旧金山到纽约的铁路运输。如果货物的毁损、灭失能够确定发生在①，则多式联运的赔偿责任和责任限额就按中国的公路运输方面的法律法规来办理；如果发生在②，则按我国《海商法》的有关规定进行赔偿；如果发生在③，则按美国的铁路法规定进行办理。网状制度的主要缺点是责任制度不确定，随发生损失的区段而定，事先难以把握。它的优点是多式联运经营人承担的赔偿责任与发生损坏区段承运人所负责任相同，使组织多式联运的经营人不承担不同责任的责任风险，便于多式联运组织工作的开展，这也是国际通行网状责任制度的主要原因。

**4. 多式联运经营人的赔偿标准**

目前，绝大多数国家的多式联运经营人采用网状责任制，有关的各运输区段国际货运公约及《联合国国际多式联运公约》所规定的赔偿标准（即责任限额，Limitation of Liability）如表 8-2 所示。

《联合国国际货物多式联运公约》于 1980 年获得通过，虽至今尚未生效，但对各国有关多式联运的法律及其后的国际规则都产生了重大影响。如表 8-2 中最后一行，如在国际多式联运中包括了海上与内河运输，多式联运经营人对每一件或每一货运单位的赔偿按 920SDR，或毛重 2.75/kg，两者以较高者为准。该公约对于集装箱货物的赔偿基本上按《维斯比规则》。注意：如果货物是采用集装箱、托盘或类似的工具集装，经多式联运单证列明装在这种装运工具中的件数或货运单位应视为计算限额的件数或货运单位数。否则，这种装运工具中的货物视为一个货运单位。如果装运工具本身灭失或损坏，而该装运工具并非多式联运经营人所提供的，则应视为一个单独的货运单位。

表 8-2 各运输区段国际货运公约赔偿标准与责任规定

| 公约名称 | 责任期间 | 货损货差责任限额 | | 延迟交付损失 | |
|---|---|---|---|---|---|
| | | SDR*/件 | SDR/kg | 责任限额 | 推定灭失 |
| 海牙规则 | 船/船 | 100 英镑 | | 未规定 | |
| 维斯比规则 | 船/船 | 666.7 | 2 | 未规定 | |
| 汉堡规则 | 港/港 | 835 | 2.50 | 延迟货 2.5 倍运费，不得超总运费 | 60 天 |
| 国际公路货运公约 | 站/站 | | 8.33 | 不超过运费 | 30 天/60 天 |
| 国际铁路货运公约 | 站/站 | | 16.67 | 2.5 倍运费 | 30 天 |
| 华沙公约 | 场/场 | | 17.00 | 未规定 | 7 天 |
| 国际多式联运公约 | 接货/交货 | 920 | 2.75/8.33** | 延迟货 2.5 倍运费，不得超总运费 | 90 天 |

备注：*SDR 是指特别提款权，国际货币基金组织（IMF）官网（https://www.imf.org/external/np/fin/data/rms_sdrv.aspx）可查询每日价值，如 2019 年 8 月 20 日，1SDR=1.37 0620 美元。** 毛重每千克 2.75SDR 包括海上或内河运输，8.33SDR 不包括海上或内河运输。

### 8.4.3　多式联运单据

国际多式联运单据是指证明多式联运合同以及证明多式联运经营人接管货物并负责按合同条款交付货物的单据。该单据包括双方确认的取代纸张单据的电子数据交换信息。国际多式联运单据不是多式联运合同，而是多式联运合同的证明，也是多式联运经营人收到货物的收据和凭其交货的凭证。在实践中一般称为多式联运提单（Multimodal Transport B/L）。

### 1. 多式联运提单的记载内容

（1）货物名称、种类、件数、重量、尺码、外表状况、包装形式；
（2）危险货物、冷冻货物等特种货物应载明其特性、注意事项；
（3）多式联运经营人名称和主营业所；
（4）托运人、收货人名称；
（5）多式联运经营人接管货物的地点和日期；
（6）交付货物的地点；
（7）经双方明确协议的交付货物的时间和期限；
（8）表示该单据为可转让或不可转让的声明；
（9）多式联运经营人或其授权人的签字及单据的签发日期、地点；
（10）经双方明确协议的有关运费支付的说明；
（11）有关运输方式、运输路线、转运地点的说明；
（12）有关条款声明。

多式联运提单一般都应注明上述各项内容，如果缺少其中的一项或两项，只要所缺少的内容不影响多式联运单据的法律性质，不影响货物运输和各当事人之间的利益，这样的多式联运单据仍然有效。对于国际集装箱多式联运，还应记载有关集装箱内容，如箱号、箱型、数量、封志号等。

此外，除按规定的内容填制外，还可以根据双方的实际需要和要求，在不违背单据签发国的法律的情况下加注其他项目。例如，有关特种货物的装箱说明、对所收到货物的批注说明、不同运输方式下承运人之间的临时洽商批注等。

多式联运提单所记载的内容，通常由托运人或多式联运经营人或其代理根据托运人所提供的有关托运文件及双方协议情况填写。如果属于跟单信用证下的贸易，单据上填写的内容应与信用证的内容相一致，以保证顺利结汇。

如果货物的灭失、损害是由于托运人或货物托运人提供的内容不准确或不当所致，托运人应对多式联运经营人负责。如果货物的灭失、损害是由于多式联运经营人意图欺骗，在单据上列入有关货物的不实资料或漏列有关内容，该多式联运经营人则无权享受赔偿责任限制，而应按实际损害负责赔偿。

### 2. 多式联运提单的签发

多式联运经营人接管货物在运费预付的情况下收取全程运费后，即签发多式联运提单，表明多式联运经营人对全程运输责任的开始。对多式联运合同当事人来说，多式联运提单是多式联运经营人收到货物的证据，是合同的证明，也是货物的物权凭证。

多式联运经营人按多式联运单据指明的收货人或被指示的收货人交付货物，收货人凭多式联运单据提领货物。在货物装运发送后，多式联运经营人还应将多式联运单据副本以一程运输的有关运输单证及时寄往第一程目的港的代理人，以便做好接货转关和转运的准备。

### 8.4.4 多式联运方式

从运输方式的组成来看，多式联运必须是两种及以上不同运输方式的连贯运输。按这种方法理论上多式联运可以有海陆（铁、公）、海空、江海、海铁海等 11 种类型，但由于当今国际运输中海运占绝大多数，多式联运主要是海陆、江海和海铁海类型。这些类型的多式联运具有单一运输方式无可比拟的优势，因而很快在全球各地得到推广和应用。

#### 1. 海陆联运

海陆联运是国际多式联运的主要方式，也是远东、欧洲多式联运的主要方式。海陆联运是由海运船舶与铁路、公路陆运工具相继完成的运输，可分为海铁联运和海公联运。但由于公路汽车运费较高，经济运距较短，竞争力不如铁路。所以海陆联运主要是海铁联运。集装箱海铁联运，是指进出口集装箱货物由铁路运到沿海港口直接由船舶出运，或是进口集装箱货物由船舶运输到沿海港口之后由铁路运出，全程只需"一次申报、一次查验、一次放行"的一种运输模式，具有运能大、成本低、安全性高和污染排放少等独特优势。

（1）欧美的海铁联运

欧洲一些港口，集装箱从船上卸下来，直接装上火车车皮，马上拉走，中间没有换装，真正实现了海铁无缝连接，效率极高。例如，德国汉堡港 2018 年铁路集装箱吞吐量为 244 万 TEU，占港口吞吐量的 28%，全年超过 6 万列货运班列共约 160 万节火车车厢通过汉堡港铁路运往欧洲各地，为欧洲最大的铁路联运港。在美国东、西海岸均有不少港口，但美国铁路公司对货主的港口选择权有较大作用，甚至是决定性的作用，加上北美大陆桥，这也促进了海铁联运。

（2）中国的集装箱海铁联运

我国目前集装箱海铁联运业务量还很弱小，具备海铁联运的集装箱码头并不是很多。近年来，我国大力推行集装箱海铁联运，已建立青岛、营口、宁波舟山、天津、大连、连云港和深圳港 7 家铁水联运示范港口，并涌现营口港务股份有限公司集装箱码头分公司、宁波北仑第一集装箱码头有限公司等年海铁联运量超 30 万 TEU 的集装箱码头。2018 年，全国主要港口集装箱海铁联运量达到 450 万 TEU，同比增长 29.4%，其中沿海主要港口海铁联运量 430 万 TEU，增长 30.5%。例如，青岛港 115.4 万 TEU，同比增长 48.7%，占港口集疏运比例从 0.5% 增长到 4.8%；营口港 82.3 万 TEU，同比增长 14%，占比从 6.0% 增长到 11.8%；宁波港 60 万 TEU，同比增长 50%，占比从 0.6% 增长到 2.3%。2016—2018 年，我国集装箱铁水联运量复合增长率在 29.6%，短短三年间，运量增长达到近 80%，成绩斐然。

但从市场份额来看，我国集装箱海铁联运市场份额还很低。2018 年，全国规模以上港口集装箱吞吐量 24 982.43 万 TEU，而铁水联运比例仅占 1.72%，远远落后于欧美国家的 10%～30%。一些港口的铁路连通能力急需提升改造，如上海港，铁路杨浦站至外高桥、铁路芦潮港站至洋山，存在 24 公里和 42 公里的短驳距离，致使 2017 年上海港海铁联动只有 4.5 万 TEU，仅占上海港总吞吐量的 0.1%。我国的铁水联运比例若能提升到 10%，相应增量就将超过 2 000 万 TEU，市场发展潜力巨大，但也需要巨大的港口铁路建设与改造工程。

除了港口，内贸集运的领头公司——泛亚航运、安通控股和中谷海运，都把铁水联运作为拓展船公司业务的重要战略方向。近年来，在全国范围内大规模布局铁路运输站点以及运输线路，形成了由港口向内陆延伸的铁路网络布局，涉及国内主要铁路站点，基本覆盖了中国主要内陆城市，水上集装箱运输业务与铁路集装箱运输业务"并驾齐驱"。

## 案例8-2　　宁波舟山港的集装箱海铁联运

宁波舟山港是我国大陆重要的集装箱远洋干线港。近年来，中国铁路上海局集团有限公司携手宁波舟山港发挥各自资源与业务优势，强化路港合作，创新服务方式，畅通内陆地区与东部口岸之间的物流通道，共同推动长三角多式联运高质量发展，港口集装箱铁路运量快速增长。

据统计，2018 年，宁波舟山港年海铁联运业务量顺利突破 60 万标箱，是 2009 年的 350 多倍，10 年间年均增长 92%，箱量位列全国第三、我国南方港口第一位；海铁联运箱量占港口集装箱吞吐量比例由原不足 0.5% 提升至 2.3%。2019 年目标是 80 万标箱，上半年已完成 38.6 万标箱，同比增长 46.7%。

目前，宁波海铁联运已开辟 14 条班列线路，业务辐射以浙江省内为主至全国 15 个省、市、自治区的 48 个地级市，内陆无水港达到 16 个，基本形成了北接古丝绸之路、中汇长江经济带、南壤千里浙赣线的三大物流通道。

上海局还在长三角管内以空重联运固定车底的方式开行宁波海铁联运循环班列，目前已开行义乌、金华、绍兴、萧山、湖州、长兴、合肥等 7 条天天班列，义乌已突破一天 3 班，湖州达到一天 2 班，其中义乌单月箱量突破 1 万标箱，合肥单月箱量突破 7300 标箱。2018 年 12 月 18 日，全国首趟海铁联运双层集装箱班列由宁波舟山港至绍兴之间开行，班列固定循环运行，每辆车下层装载 2 个 20 英尺集装箱、上层装载 1 个 40 英尺集装箱，最大可提高铁路运输能力 38%。至 2019 年 7 月 11 日，"宁波舟山港—绍兴双层集装箱班列"累计开行满 100 列，推动海铁联运实现了高运能、高效率、新模式的飞跃。

2019 年 5 月 20 日首次使用 GB/T 35201 标准"35 吨型敞顶箱"（参见图 2-3）将散货煤炭入箱铁路运输，年运量可达 20 万吨以上，为港口散杂货"散改集"、"公转铁"、降低港口扬尘污染等开辟了全新的途径。

宁波舟山港还与铁路共同开发集装箱冷链运输，依托宁波港冷库年进口量 10 万吨左右的体量，开发以发运冻肉为主至成都、郑州等方向的冷链运输班列。以380伏的直供电机车，通过电气化线路由机车直供电，确保冷藏箱全程冷链运输。

据介绍，到2020年，宁波舟山港集装箱海铁联运箱量力争突破100万标箱，内陆无水港达到20家以上。铁路部门将与宁波舟山港强强联手，不断探索创新海铁联运模式，推出多样化多式联运新产品，合力推动海铁联运发展不断提速。

### 2. 江海联运

江海联运，也称为水水联运，是指货物运送全程包括沿海、江河等区段，自起运港至到达港，货物要经过一次以上的换装，货运票据一票到底。江海联运利用发达的内陆水系进行的集装箱运输，是能耗最低、污染最小的联运方式。江海多式联运把海运和内河运输联结起来，能方便地将货物运至内河水系流域的广大地区。

目前，世界上范围最典型的江海联运是利用莱茵河进行的欧洲内河连通海运的国际多式联运。莱茵河沿岸的一些重要工商业中心，如瑞士巴塞尔，法国斯特拉斯堡，德国路德维希、科隆、杜伊斯堡都通水路，并建设了先进高效的内河集装箱码头，开通了各内陆工商业中心到鹿特丹、安特卫普等海港的定期航班。频繁的定期航班既缩短了货物在海港的滞留时间，又保证了运输时间，方便又高效。

我国的江海联运主要是在长江水系和珠江水系港口到沿海港口，因为通常江船不能跑海运，货物需要换船转运。集装箱江海联运主要表现为内河集疏运系统和内贸集装箱运输（详见第5章）。

### 3. 陆桥运输

集装箱多式联运的产生主要在于陆桥运输。陆桥（Land Bridge）是指以铁路或公路作业"桥梁"，将大陆两端的海运航线连接来的运输通道。陆桥运输是以铁路为主体，以集装箱为媒介，海运、公路、内河、航空等多种方式相结合，横贯洲际大陆，实行海陆衔接的国际联运。大陆桥运输具有运输时间短、总体费用少等优点，并大大提升了铁路集装箱运输在集装箱运输整体中的地位。

陆桥运输在地域上主要是北美大陆桥运输和欧亚大陆桥运输两大陆桥，在运输结构上主要有大陆桥运输、小陆桥运输和微陆桥运输等不同形式。

（1）欧亚大陆桥

西伯利亚大陆桥（Siberian Landbridge，SLB）是第一条欧亚大陆桥，它以俄罗斯东部的符拉迪沃斯托克（海参崴）为起点，经跨越欧亚大陆的西伯利亚铁路通向莫斯科，然后再通向欧洲各国，最后到荷兰鹿特丹港。西伯利亚大陆桥贯穿亚洲北部，途经俄罗斯、中国、哈萨克斯坦、白俄罗斯、波兰、德国、荷兰七个国家，全长11 896 km。西伯利亚大陆桥于1971年正式运营，由俄罗斯的过境运输总公司担任总经营人，签发统一的全程联运提单，承担全部运输责任。这条线路比经过苏伊士运河的远东至欧洲海上运输路线运距缩短 1/3，运行时间缩短一半。使用这条陆桥运输线的经营者主要是日本、中国和欧洲各国的货运代理公司，现在全年货运量高达 10 万标准箱，最多时达 15 万标准箱。中欧班列的开行更提升了货运量。

第二条欧亚大陆桥也称新欧亚大陆桥，东起中国连云港，经陇海铁路、兰新铁路，从阿拉山口出境后经过哈萨克斯坦、俄罗斯、白俄罗斯、波兰、德国和荷兰，最终到达鹿特丹港，全长 10 837 km，在中国境内 4 143 km。1990 年 9 月，中国铁路与哈萨克斯坦铁路在德鲁日巴站正式接轨，标志着该大陆桥的贯通。1992 年 12 月 1 日由连云港发出首列国际集装箱联运"东方特别快车"，标志着该大陆桥运输的正式开通。货物可送达沿途的阿拉木图、莫斯科、圣彼得堡等地，并可辐射到 20 多个国家和地区。2011 年 3 月 11 日，41 个集装箱从重庆（CN CKG）始发，经 16 天至德国的杜伊斯堡（Duisburg，DE DUI），标志着中欧班列运输的开始。现在，中欧、中亚班列（见第 6 章）已开行超过一万列，两条欧亚大陆桥集装箱运输量大为提升。

我国的欧亚大陆桥运输还向东南亚延伸，如承接日、韩、中国香港、中国台湾、东南亚及北美等国家和地区的货物经天津、连云港、青岛、厦门等沿海港口上岸，再通过中欧班列运送至俄罗斯、中亚、蒙古、欧洲等国和地区以及相反方向的运输服务，为远东地区至欧洲腹地的货物运输提供了更多选择。

（2）北美大陆桥运输

北美陆桥运输可分为北美大陆桥运输、北美小陆桥运输（mini-land bridge，MLB）和微陆桥运输（Micro-bridge）。

北美大陆桥是指利用北美的铁路从远东到欧洲的"海陆海"联运，包括美国大陆桥和加拿大大陆桥。美国大陆桥有两条运输线：一条是从西部太平洋沿岸至东部大西洋沿岸的铁路和公路运输线；另一条是从西部太平洋沿岸至东南部墨西哥湾沿岸的铁路和公路运输线。美国大陆桥于 1971 年年底由经营远东—欧洲航线的船公司和铁路承运人联合开办的"海陆海"国际多式联运线，后来美国几家班轮公司也投入运营。加拿大大陆桥与美国大陆桥相似，由船公司把货物海运至温哥华，经铁路运到蒙特利尔或哈利法克斯，再与大西洋海运相接。

北美大陆桥是运营历史最悠久、影响最大、服务范围最广的陆桥运输线，通常比全程水运方式快 1～2 周。另外，北美大陆桥对巴拿马运河的冲击较大，这也是远东到美西航线比至美东航线更多的原因。

（3）北美小陆桥运输

从运输组织方式上看，小陆桥运输与大陆桥运输区别不大，只是海陆联运，其运送货物的目的地为北美沿海港口，而不再下海大西洋。北美小陆桥主要运送从日本经北美太平洋沿岸到大西洋沿岸和墨西哥湾地区港口的集装箱货物。也承运从欧洲到美国西部及海湾地区各港口的大西洋航线的转运货物。北美小陆桥在缩短运输距离、节省运输时间上效果是显著的。小陆桥运输刺激美国铁路发展了双层集装箱列车和超长列车，以提高运输效率、降低运输成本。据报道，美国的双层集装箱列车，每标准箱成本比单层列车节省1/3。按照国际多式联运的要求，MLB适用的贸易术语应为FCA、CPT或CIP。

（4）微陆桥运输

微陆桥运输与小陆桥运输相似，但其交货地点在内陆地区。北美微陆桥运输是指经北美东、西海岸及墨西哥湾沿岸港口到美国、加拿大内陆地区的联运服务。北美内陆收货地分为公共点（Overland Common Point，OCP）和内陆公共点多式联运（Interior Point Intermodal，IPI）。OCP是一种海铁分段联运服务，IPI才是海铁多式联运。美国中部、西部约2/3的本土均为OCP地区。由于OCP运输不是真正的多式联运，因此托运人必须分别与海运和铁路联运人订立运输合同，通过接力方式将货物运至目的地。对我国企业而言，采用IPI运输时尽量选用FCA、CPT或CIP贸易术语，并在合同、信用证或多式联运单上注明IPI字样。

多式联运的不同组织形式有效发挥各种不同运输方式的优势，在开拓货物运输、满足货主需求方面产生了积极的作用，未来可能还会有更多具体形式的出现。

## 本章习题

1. 我国规定承运人以及其他可能对国际货运代理行业构成不公平竞争的企业不得申请经营国际货运代理业务。对于船公司来说，如要上岸从事国际货代业务，该怎么办？试就我国主要船公司及马士基公司的关联国际货代企业来说明。

2. 请列举两家从事船舶代理的中国公司，分析其中一家的经营业务特色。

3. 在交通运输部网站查询已备案国际船舶代理企业（截至2018年10月16日），下载xls文件，试按注册地城市和省份分别汇总各自数量，可采用数据透视表。

4. 中国外运股份有限公司是世界最大的海运代理服务商之一，年处理海运集装箱逾900万标箱。其集装箱海运代理业务包括从中国各港口到世界各地的整箱海运服务，到日韩、东南亚、中东、欧洲、美洲等直拼航线服务，以及"门到门"多式联运服务。中国外运也是中国最大的无船承运人，能提供从中国各主要口岸到亚洲、欧洲、非洲、北美洲、南美洲和大洋洲等全球主要贸易国家和地区的全程物流运输服务。试回答以下问题：（1）查询海运货运代理50强（Top 50 Ocean Freight Forwarders）名单，分析中国企业（含香港、台湾）上榜情况；（2）查询中国货代物流企业海运50强（CIFA榜）与上问同榜的中国企业有哪些？（3）试访问中国外运网站，就化工、冷链等领域的货代、仓储、多式联运等具体业务进行分析，作为托运人，你所需要的服务有哪些？

5. 阅读中国国际货运代理协会（http://www.cifa.org.cn）举办的电子期刊《中国货代物流》，了解货代行业最新资讯，如行业观察、实务交流、资讯纵览、数据快报、双语交流等。

6. 结合案例讨论无单放货纠纷下，托运人的认定及举证责任的分配，案例见（http://wenshu.court.gov.cn/website/wenshu/181107ANFZ0BXSK4/index.html?docId=d

b0a690574e042c480e9aabf00e02153），青岛坦福食品有限公司与青岛怡之航物流有限公司、荷兰怡之航物流公司海上、通海水域货物运输合同纠纷一审民事判决书。

7. 结合案例讨论：①无船承运人身份与合同关系问题；②货运代理业务与无船承运人业务的相互交融的风险问题，案例详细内容见（http://wenshu.court.gov.cn/website/ wenshu/181107ANFZ0BXSK4/index.html?docId=a5df1cb99d334057b37aaa7b013e1a71）（2019）浙民终280号，金华喔凯照明电器有限公司、深圳普鲁登国际货运代理有限公司海上、通海水域货运代理合同纠纷二审民事判决书。

8. 下列哪项全程一单运输属于真正的集装箱国际多式联运，为什么：①中欧班列从重庆出口到德国杜伊斯堡的全程集装箱货物；②中欧班列回程集装箱货物，从杜伊斯堡到重庆；③杜伊斯堡的集装箱货物全程江海运输到达荷兰鹿特丹港；④杜伊斯堡的集装箱货物全程江海联运到达荷兰鹿特丹港，再海运到达上海洋山港，再江海联运到达重庆；⑤集装箱货物全程江海联运从上海洋山港到达重庆；⑥越南出口集装箱货物海运至厦门后通过中欧班列到达德国汉堡；⑦台湾出口货物海运至厦门后通过集装箱运输到苏州工业园区；⑧义乌出口日本的货物先通过集装箱班列运至宁波再海运至日本；⑨采用OCP运输方式，集装箱货物从上海海运至长滩港，再铁路到达芝加哥。

9. 试比较多式联运提单与普通提单的异同，包括所涉及的业务程序和提单内容。

10. 查阅（2018）最高法民再196号案民事判决书，两个集装箱的笔记本电脑货物运输是从中国上海经海路和公路运输至墨西哥内陆城市墨西哥城的国际货物多式联运，货物灭失发生于墨西哥公路运输区段，试分析各方当事人应承担的货损赔偿责任，并讨论船公司参与多式联运经营的风险。

11. 两个标箱的佛山地面砖发到西安，公路运输运费为2.4万元，铁路运输运费为1.4万元，采用多式联运，先从水路发到日照，再通过铁路运输到西安，运费为1.2万元。（1）查询三种方式各自的运距、时间；（2）试比较三种方式的优劣。

12. A公司受B公司委托，以B公司的名义向C公司出具集装箱货物托运单，委托C公司向D船公司订舱，出运5个集装箱货物。C公司接受委托后，完成该批集装箱货物的订舱、装箱、报关等业务。以D船公司为抬头的提单确认件上记载的托运人为B公司，随后A公司为上述业务向C公司预付代垫运费30 000美元，C公司就此向A公司出具发票，载明收费内容为海运费。但此后A公司向C公司出具退关保函，载明应客户要求，将已报关的涉案货物退关，由此产生的一切后果由其承担，C公司据此办理了退关手续。C公司也将先前已收到的30 000美元运费中的22 000美元退还A公司。A公司和C公司均未取得D船公司的提单；C公司具有无船承运经营业务资格，但也未向A公司或B公司签发提单。

A公司向海事法院起诉，要求C公司退还剩余的8 000美元，认为在本案中C公司是货运代理人，不是承运人，即便该8 000美元是亏舱费，C公司也无权收取；

若是代 D 船公司收取亏舱费，则应出具该费用的依据和凭证。C 公司答辩认为其与 A 公司之间形成的是海上货物运输合同关系，并非货运代理合同关系；其所收取的 8 000 美元不是亏舱费，而是赔偿金，故请求法院驳回 A 公司的诉讼请求。

试讨论以下问题：①国际集装箱货运代理在业务操作中可能有哪些法律身份？如何界定其身份？②案例中 A、C 两公司之间是什么法律关系？C 公司是集装箱货运代理人还是无船承运人？③什么是亏舱费？它该由谁来收取？④C 公司是否应将 8 000 美元返还给 A 公司？

13. 2013 年 10 月 1 日，E 公司与 F 公司签订《内贸集装箱水路货物运输合同》，约定 F 公司将其指定货物委托 E 公司从 F 公司运输至海南海口。11 月份，F 公司正式委托 E 公司负责将两个集装箱的玻璃幕墙从 F 公司运海口。11 月 12 日，F 公司将货物交 E 公司通过陆路运输至武汉阳逻港。E 公司遂委托 G 公司负责装箱订舱和全程运输（箱号分别为：TGHU9088772、TCNU9407672；提货单号为：PASU5029324420、PASU5029325280）于同年 11 月 15 日组织船舶长江内河运输经上海转船后运至海口。此后，G 公司通过邮件委托 H 公司和 I 公司分别承担水路和陆路运输义务。在此期间，因三程船落配，G 公司通知相关方，将涉案两个集装箱于 11 月 27 日和 29 日通过船舶运至深圳蛇口港后，将提货单号为 PASU5029325280 的集装箱经陆路运输至海口（门到门）。

2013 年 12 月 2 日，G 公司最终委托 I 公司将提货单号为 PASU5029325280 项下的集装箱（箱号：TCNU9407672）用拖车通过陆路运输至海口。12 月 4 日，I 公司运输涉案集装箱的拖车运输途中在海口当地与限高架发生碰撞，导致货物一角洞穿集装箱地板，拖车司机受到罚款处罚，收货人和保险人对事故现场均拍照留存。2013 年 12 月 5 日，该集装箱运抵海口项目部后，F 公司卸货开箱发现箱内的玻璃幕墙受损。2014 年 1 月 20 日，E 公司根据 G 公司的通知要求，向其支付武汉阳逻至海口某港及陆路的全程运费 254 502 元。G 公司则向 H 公司和 I 公司支付了相关运费。

2013 年 12 月 3 日，J 保险公司就涉案货物向 F 公司出具《国内公路货物运输保险单》。12 月 5 日，F 公司发现承保货物受损后，立刻向 J 保险公司报案，J 保险公司委托 K 公估公司查勘定损。2014 年 4 月 24 日，K 公估公司出具公估认为，TCNU9407672 的集装箱外观及封签完好，箱内货物受损，具体货损情况是货架 1 的 9 块幕墙玻璃完好，但铝材型材受损，货架 2 的 9 块幕墙玻璃受损，铝材型材受损，损失金额为 129 587.45 元；损失原因是车辆颠簸导致货物碰撞、挤压受损，但不排除水路运输、水路转运环节所造成的损失，事故属于保险责任。2014 年 4 月 28 日，J 保险公司向 F 公司支付 129 587.45 元保险理赔金，并取得代位求偿权。

问：①E 公司与 G 公司之间是否成立运输合同关系？是什么样的运输合同？②G 公司在武汉阳逻港接受货物并装箱时，是否存在货损？③哪家公司应当赔偿货物的损失？

# 第 9 章
# 集装箱运输安全与保障

集装箱运输同海运一样具有高风险性,这就需要安全与保障措施,首先是在制度体系上的保障,其次是针对特种货物和危险货物。本章还介绍集装箱运输保险、索赔与理赔,以及集装箱运输事故处理,其中涉及海运或海陆联运的诉讼离不开中国特色的海事法院。

## 9.1 集运安全与管理

集装箱运输作为一种运输方式首先离不开所在国家或地区交通运输体系的总体保障,只有具备运输管制、政策和法规这些在交通运输体系宏观上的约束与保障前提,才能做好微观上集装箱运输的安全与管理。

### 9.1.1 运输管制、政策与法规

所谓管制是指政府基于社会公众利益或国家经济发展政策和需要,对公用事业、运输业等产业的企业行为所制定的规范及政府对该行业中企业经营活动的干预。为了确保社会获得健全的运输服务,无论从效率或公平的观点出发,政府都有必要对运输业进行适当管制,以保证社会大众都能获得高效与平等的运输服务。

#### 1. 运输管制

运输管制(Transport regulation)是根据运输经济理论与管制、管理的原则,界定运输部门各单位间相互关系及行为法则而制定的特定的法规。它的目的是促进运输部门之间的整体发展,提高资源的使用效率,避免不公平的差别待遇,以及避免不合理优惠或毁灭

性的竞争行为，以达到维护公众利益与安全的目的。

运输管制的目标一般包括：①促进整体交通运输系统的发展，以配合国家经济发展的需要；②为社会大众提供安全、高效、合理价格的运输服务；③促进国家、国际的商业与贸易发展；④力求运输、能源、土地利用、环境保护、社会政策之间的均衡发展；⑤运输业主的保障及安全。

运输管制的措施主要有报酬率管制、营运比管制、价格管制、数量管制和服务品质管制。其中运输市场的服务品质常受到政府的管制，而服务水准的标准通常有旅行时间、服务班次数、服务的可靠性、服务的直接性、旅客的舒适程度、安全性等。

我国过去的各种运输方式由不同的部门主管，如今在交通运输部的统一领导下开始形成综合管理体制，管制与政策按层级可由国务院、国家发展改革委、交通运输部牵头，国家铁路局、中国民航局、中国铁路总公司等按职责分工负责。对运输业的管制是通过法律和行政命令方式，由各级行政主管机关执行。目前，我国的运输管制主要包括加入和退出机制、费率管制、服务水准管制和补贴。我国比较重视运输安全、运输工具、从业技术人员的考核及运输合同条款方面的规定。

### 2. 运输政策

运输政策是以国家社会利益为前提，根据当前环境需要制定的，具有前瞻性、开创性、规范性和整体性的，与运输有关事项的政策。

运输政策是制定与运输有关法规的主要依据，是运输部门营运的最高指导原则。因此，要探讨国家的运输管制法规，必须先了解国家的运输政策。政府依据运输政策来制定交通运输法规，再凭借运输管制法规的执行来实现其运输政策。

由于我国铁路、公路、民航、水路和管道运输以前不归属于同一个政府部门管理，在运输立法上，各种运输方式比较分立，有《铁路法》《公路法》《航空法》来分别对应。在我国有关交通运输的政策条款中，确定了调整运输结构，发展全国综合交通运输网和各种运输方式的联合运输，以提高全国综合运输能力的基本政策，并分别对发展铁路、公路、水运、航空和管道运输的重点、条件和它们之间的综合发展与协作进行了规定。

我国还通过五年计划来推进一段时期的运输政策落实。我国的《"十三五"现代综合交通运输体系发展规划》，实现到2020年，基本建成安全、便捷、高效、绿色的现代综合交通运输体系，部分地区和领域率先基本实现交通运输现代化。例如，在涉及港口及集疏运体系、集装箱运输方面，强调优化港口布局，推动资源整合，促进结构调整。强化航运中心功能，稳步推进天津、青岛、上海、宁波舟山、厦门、深圳、广州等港口集装箱码头建设。优先推进上海、大连、天津、宁波舟山、厦门、南京、武汉、重庆等港口的铁路、公路连接线建设。加快推进营口、青岛、连云港、福州等其他主要港口的集疏运铁路、公路建设。支持唐山、黄骅、湄洲湾等地区性重要港口及其他港口的集疏运铁路、公路建设。新开工一批港口集疏运铁路，建设集疏运公路1 500公里以上。

### 3. 交通运输法规

交通运输法规是调整交通运输关系的法律规范的总称。交通运输法分为交通运输管理法和交通运输合同法,分别调整规范国家主管机关与运输经营人之间的关系和承运人与使用人(主要是旅客、托运人及收货人)之间的关系。交通运输法具有专业性、综合性、强制性和国际性等特点。例如,集装箱运输除了第一章介绍的特点外,作为远洋运输的一部分,国际性也特别明显,受海商法及诸多国际公约与规则的制约。

我国的交通运输法律法规分为法律、法规和规章三个层次,包括国务院已发布的有关行政规则和各交通运输主管部门制定的行政规章。在交通运输立法方面,我国已经颁布了《中华人民共和国海上交通安全法》(1983年)、《中华人民共和国铁路法》(1990年)、《中华人民共和国海商法》(1992年)、《中华人民共和国民用航空法》(1996年)、《中华人民共和国港口法》。涉及货物运输的交通运输法规有:《中华人民共和国道路运输条例》《道路货物运输规则》《中华人民共和国航道管理条例》《中华人民共和国水路运输管理条例》《水路货物运输合同实施细则》《危险货物运输规则》等。涉及安全方面的法规有《中华人民共和国安全生产法》《危险化学品安全管理条例》和《内河交通安全管理条例》等。

综上所述,通过运输管制、政策与法规来促进运输体系的协调发展,提高运输服务的经济规范,提供运输的安全与保障。

## 9.1.2 集装箱运输安全与管理

从前面运输管制、政策与法规来看,集装箱运输整体的安全与管理首先离不开政府部门的宏观监管和行业企业的微观落实。运输安全,首先是严格落实企业安全主体责任,政府深化安全长效机制建设,并加强运输安全源头管理和运载危险货物申报管理与现场监督检查,提高社会、行业和企业对交通运输事故的应急处理能力。

### 1. 严格落实企业安全主体责任

强化企业安全生产责任意识,严格落实航运公司经营资质和安全管理要求。集装箱运输相关企业要认真吸取近年来发生的一系列重特大事故血的教训,举一反三,进一步强化安全生产责任意识,落实安全生产主体责任,大力开展安全风险分级管控和隐患排查治理工作,加大安全投入和人员培训力度,落实好责任要求。

### 2. 深化安全监管长效机制建设

政府要加强水路货物运输法制建设,结合推进《海上交通安全法》《船舶载运危险货物和固体散装货物安全监督管理规定》等法律法规规章的修订工作,推动《国际海运危险货物规则》《国际海运固体散装货物规则》等国际规则的国内化进程,研究水上运输危险化学品强制保险和基金制度。

加强水路危险货物运输规范标准和安全监管信息化建设，加快推进《海运危险货物集装箱装箱安全技术要求》等的制订工作，加强货物监管信息系统、船舶载运危险货物数据库和长江危险化学品运输动态监控信息系统，部署"智慧海事"，推动口岸"单一窗口"（参见案例1-3）建设。

加强执法队伍建设，完善督导机制，加强业务督导。编制培训示范教程，持续开展船舶载运危险货物现场执法人员业务培训，建立、完善内部督导机制，发挥职能部门业务指导、监督、检查作用，提高执法规范化、精细化水平。

### 3. 加强水路危险货物运输安全源头管理

行业主管部门要严控航运公司经营资质准入，加强航运公司安全管理，加强日常监督检查，发现问题，依法严肃处理。加强危险货物船舶检验质量控制，船舶检验机构应当严格危险货物船舶适装和适航条件的检验和发证，严格按照船舶检验技术法规控制危险货物船舶的改建和改造。加强内贸、内河危险货物运输管理，加强危险货物船舶船员管理，加大船舶配员和船员值班的监督检查。

### 4. 加强船载危险货物申报管理和现场监督检查

各级交通运输主管部门要进一步明确船载危险货物申报要求，加强危险货物申报员和集装箱装箱现场检查员管理。按照相关国际公约、国内法律法规要求，进一步完善船载货物安全适运评估要求。按照《海事执法业务流程》，严把船载危险货物进出港申报审批关。

主管部门还要开展载运危险货物船舶的专项安全检查，包括危险货物船舶的结构、货物控制与操作系统、体系运行、应急处置等项目。

相关机构要加强危险货物集装箱监督检查。内外贸运输中，海事、海关机构应当明确危险货物集装箱开箱检查工作机制，建立危险货物托运人货物信息抽查制度，完善检查标准和程序。针对"瞒报"加强危险货物集装箱开箱检查工作，逐步提高对高安全风险和高污染风险危险货物集装箱的开箱检查比例，重点检查装箱现场检查员的履职情况是否符合相关要求，是否存在危险货物谎报瞒报的违法行为。加大危险货物谎报瞒报行为查处力度，实行黑名单制度、信息通报制度、举报奖励制度和刑事移送制度。

### 5. 提高水上危险化学品应急能力

政府部门要建立健全水上危险化学品应急预案体系，开展船舶载运危险货物安全风险评估。推动船舶、船公司开展船舶载运危险货物安全风险评估工作，按照评估结果健全完善船舶、船公司危险货物应急预案。

从企业来看，落实安全主体责任，首先是货物运输体系上，尤其是特种货物和危险货物，保障集装箱运输的安全性；其次是明确运输合同双方当事人的运输安全保障、防范、补偿与处理措施。相关问题，我们将在下面各节介绍。

## 9.2 特种、危险货物运输

虽然集装箱运输已进入成熟阶段，但集装箱化的步伐还没有停止，集装箱运输还在向特种货物与危险货物延伸。本节专门介绍这两种运输。

### 9.2.1 特种货物运输

特种货物是指在运输、保管及装卸等作业过程中必须采取特别措施、特殊工艺的货物。我们在第3章已经介绍了特种货物，它包括包括超高、超长、超宽、超重货物，以及液体或气体货物、散件货、散货、动植物检疫货、冷藏货、贵重货物、易腐货物和危险品等。本小节主要介绍非危险的特种货物，危险货物下一小节再详述。

特种货物运输的主要特点是货物性质、载运工具、装卸技术和储运管理等方面的特殊性，体现在收运、包装、运输等各个环节，除按一般运输规定外，还应严格遵守特种货物的特殊规定。由于特种货物在性质、质量、体积和状态上的特殊性，在运输过程中，需要使用特制或专用的集装箱来运送，或需要采取某些特殊运送条件和措施，以保证特种货物的完整和安全。同时，进行特种货物运输必须按照国家的相关法律和法令，适当改造集运设施和手段才能实施。

从集装箱的种类来看，平台式集装箱、冷藏箱、罐箱等就是用来运输特种货物的，如我们在第2章详细介绍的，干散货集装箱适合装载大米、大豆、麦芽、干草块、元麦片、树脂、硼砂等无包装的固体颗粒状和粉状的货物；开顶集装箱用于装运较重、较大、不易在箱门掏装的机电类、石材类重型货物；卷钢专用折叠式平台集装箱专用于装载卷钢；冷藏箱装载肉类、水果、药品等易腐货物和需要温度控制的其他货物；罐箱除了装液体化学品、油品、牛奶、葡萄酒外，还用于装气体、水泥等粉体和固体小颗粒、柏油等重油类特种货物。随着集装箱化的深入，适箱的特种货物也日益增加。

### 案例9-1　　　　　中远集运的冷藏运输服务

中远集运是世界上运载冷箱货物的大型船公司之一。目前，中远集运在全球经营一支超过22 000TEU冷藏运力的船队。运载着从冰激淋到冻鸡，从苹果到花根，从蔬菜到冻鱼的各类生鲜及冷藏货物，并为这些货物定制不同需求的特殊服务。中远集运充分理解按照每件货物的要求进行正确运输的重要性，先进的技术、保持完好的冷藏集装箱、以及中远集运训练有素的员工的一贯支持，保证客户货物得到上佳的冷藏运输服务。

很多装在冷箱内进行运输的货物，都需要温度控制。从需要设置在-25℃的冰激淋，到温度需要控制在30℃的花根，在这个范围要求内的货物都可以用冷藏集装箱进行运输。

中远集运冷藏集装箱承运是在全球范围内的，包括从类似波斯湾的炎热地区到类似南极的寒冷地带。不同货物对各种温度的要求和天气的变化，意味着正确控制每个冷藏集装箱温度是非常重要的，以能确保货物在理想的温度下到达目的地。中远集运能高效、快捷地将客户的货物从各个装货港运至各个目的港，确保它们以正常的状态到达最终消费者的手中。

中远集运相信让每个客户都能得到他们希望的专业服务是非常重要的。为了这一目的，中远集运确保客户与公司训练有素的客服人员以及箱管部门技术人员建立了密切的工作关系，以确保客户的合理要求都能够得到满足。

传统意义上，超出集装箱的特种货物，即具有超长、超大、超高、超重特征的货物也随着集装箱船舶及码头的发展而可以采用集装箱运输。从集装箱船舶来看，可在舱底用多个平台箱平铺来装载这类超尺寸的大件物，上面盖上舱盖板还可以积载装有其他货物的集装箱。一些"四超"货物还可以根据实际情况放在舱面或最顶层（参见图4-3）。这些货物的吊装如果超出并联吊具的范围，可换为传统的绳索、吊钩式吊具。

### 案例9-2　大件货物安全、迅速和可靠的运输案例

赫伯罗特公司曾将重达343吨的燃气涡轮从美国查尔斯顿通过集装箱船运到韩国釜山（图9-1左），方法是采取在舱底铺上多个平台箱分散承重，并在两边港口租用专门的浮式起重机来装卸此大件货物。再如将长达26米的两列高铁火车样机从青岛运送到荷兰鹿特丹（图9-1右），火车的装卸是在集装箱岸边起重机上采用特制的横梁式吊具来实现。

【来源：https://www.hapag-lloyd.cn/zh/news-insights/insights/2015/12/heavy-weights-on-board_44750.html】

图 9-1　超大货物的集装箱船舶运输示例

运输大件货物延伸了集装箱运输的功能与范围，也可能成为一些船公司的一项有挑战性、有前景、有利润的业务。大件货物的订舱（包括装卸港，中转港和目的地）首先必须得到承运人的确认，按照实际占用的箱位及专门要求交付运费。例如，中远海运要求订舱时，货主应提供包括毛重，最大宽度、高度及长度的实际尺寸。如需平板车装载，为了方便核对，货主也应提供超宽、长、高的部分的实际尺寸及毛重。虽然几百吨、几十米的大件货物同现代集装箱船舶总重近20万吨、近400米长相比并不很大，但毕竟集装箱船舶是专门为比大件货物小得多的集装箱运输而设计的，更大、更重的货物在集装箱船舶上运输时船舶、港、航的安全性可能难以保证，甚至无能为力，因此集装箱运输无法取代件杂货船等更专业的运输船舶，只是因为集装箱船舶与航线密集，提供了一些大件货物运输的便利性与经济性，以及一些技术上的可行性。

## 9.2.2 危险货物运输

凡具有燃烧、爆炸、腐蚀、毒害以及放射射线等性质，在运输、装卸、仓储、保管等过程中，如果处理不当，会引起人身伤亡或财产损毁的物质或物品，统称为危险货物。

在地球上，现已存在和应用的物质中，具有明显或潜在危险的物质多达几万种，其中以化学工业品居多。据 IMO 统计，每年由于危险品运输而造成的世界船舶失事率有上升趋势。危险货物之所以具有特殊的地位而区别于其他一般货物，是因为其本身具有爆炸、易燃、腐蚀、毒害、放射性等特性（详见第 2 章图 2-19 中的 IMDG 分类），同时，它们还有一定的潜在危险。因此，在运输和装卸作业过程中需要加以特别对待，以防危险发生。

我国是产品生产与海运的大国，船舶运输危险货物的绝对数量与比率目前都有大幅度增长。为了有效防止危险货物对人员造成伤亡和财产损毁，在保证安全运输的同时，要防止对运输危险货物造成不必要的人为障碍，以方便货主托运和贸易流通。我国对危险货物的运输管理工作日益重视，并置于特殊重要的地位，公安部、交通运输部及应急管理部等都有分工协作的专门管理。

从我国对危险货物水路运输管理来看，现行《水路危险货物运输规则》于1997年实行，它根据我国的特点和有关要求，参照《国际危规》（IMDG）中有关危险货物的分类、标志、包装等规定，参考其他航运国家对危险货物运输的规范进行编制，对危险货物运输中的各个环节和所采用的不同运输方式都作了比较明确的规定，尤其是托运人与承运人责任、货物接收与交付、集装箱运输的特别规定等。近年来，交通运输部根据《中华人民共和国港口法》《中华人民共和国安全生产法》《中华人民共和国海商法》《危险化学品安全管理条例》《国内水路运输管理条例》和《内河交通安全管理条例》等法律、法规，推出《水路危险货物运输管理规定》（征求意见稿）。对水路危险货物运输实行管制许可，并对托运、船舶运输和港口作业提出了详细的规定与要求。

在执行《水路危险货物运输管理规定》时，还配套使用《船舶装运危险货物应急措施》

和《危险货物医疗急救指南》。另考虑到集装箱运输与公路运输连接紧密，交通运输部令 2013 年第 2 号《道路危险货物运输管理规定》，已于 2013 年 7 月 1 日起实施。

我国的危险品分类等同采用 IMDG 的危险品分类（参见图 2-19），在危险品名及编号方面有强制性国标 GB6944—2012《危险货物分类和品名编号》和 GB12268—2012《危险货物品名表》。

危险货物的装载装箱参见第 3 章，堆场管理见第 4 章。

### 案例 9-3  危险，41.44 万个气体打火机藏在集装箱内

> 2008 年 7 月 16 日金华海关一关员在巡视一个出口集装箱时，闻到空气中隐约飘溢着一股淡淡的丁烷味，于是开箱检查，果然在集装箱中部找到刺鼻气味来源——400 箱，共计 40 万个制作粗糙、安全性能差的打火机。又经过几个小时的仔细排查，另一票可疑货物中，80 箱共计 1.44 万个气体打火机也被"揪"了出来。最终，危险货物被安全转移到指定的危险品仓库。在夏季的高温下，两批散发刺鼻气味的打火机无异于危险的火种，随时都有可能发生燃烧甚至爆炸，在码头、船舶上危险极大。

## 9.3  集装箱运输保险、索赔与理赔

应对集装箱运输的高风险性，离不开保险这种经济补偿制度。集装箱保险通常是国际货物运输保险。国际货物运输保险是一种对被保险货物遭受承保范围内的风险而受到损失时由保险人负赔偿责任的制度，它是国际贸易业务中的一个重要交易条件，它是随着国际贸易和航运业的发展而发展起来的。保险及随后可能的索赔与理赔对保障投保人利益有重要作用，并且促进了国际贸易和航运。国内集装箱运输也广泛采用保险。

### 9.3.1  集装箱运输保险

在阐述集装箱运输保险之前先介绍一下保险的基本概念。

#### 1. 保险的基本概念

保险（Insurance）是保险人和投保人双方的合同安排，保险人同意赔偿损失或给付保险金给被保险人或收益人，投保人通过购买保险单把风险转移给保险人。这里保险人（Insurer）又称为承保人（Inderwriter），即保险公司，投保人（Policy holder）是指与保险人订立保险合同，并按照保险合同负有支付保险费义务的自然人或法人。被保险人或受保人（Insurant）是指其财产或者人身受保险合同保障，享有保险赔偿请求权的人。在国际货物运输保险中，被保险人为贸易合同的卖方或买方，通常也是运输单证中的货方和运

输单证的持有人。

投保人对保险标的具有保险利益,并履行交付保险费的义务。保险标的(Subject matter insured)就是保险所要保障的对象,国际货物运输保险的"保险标的",主要是指货物。保险利益(Insurable interest)是指投保人对保险标的具有法律上承认的利益,即在保险事故发生时,可能遭受的损失或失去的利益。投保海上货物运输保险时,保险标的是货物,但投保人并非要求保险公司保证这些货物完好无损,而是要求货物在发生损失致其经济利益受损时能得到赔偿。

保险价值(Insurable value)是指被保险人与保险人共同约定记载于保险合同中的保险标的的价值,一般包括货价、运费、保险费及预期利润。如未约定保险价值,《中华人民共和国海商法》第219条规定"货物的保险价值,是保险责任开始时货物在起运地的发票价格或者非贸易商品在起运地的实际价值以及运费和保险费的总和",即相当于CIF价格但不包括预期利润。

保险金额(Insured amount)是保险人承担损失赔偿责任的最高限额,也是保险人计算保险费的基础。我国《海商法》第220条规定"保险金额由保险人与被保险人约定。保险金额不得超过保险价值;超过保险价值的,超过部分无效。"

保险费(Insurance premium)简称保费,是保险人因承担特定的赔偿或给付责任而向被保险人收取的费用,保费等于保险金额乘以费率。

海洋运输货物保险范围,包括承保的风险、承保的损失与承保的费用三方面的内容。第一章我们就明确集装箱运输具有高风险特性,并在上一章介绍了部分经营风险。海运货物保险的风险类型有海上风险(Perils of the sea)和外来风险(Extraneous risk)。海上风险又分为自然灾害(Natural calamity)和意外事故(Fortuitous accidents)两类;外来风险则分为偷窃、渗漏等一般外来风险和战争、罢工等特殊外来风险。被保险货物因遭受海洋运输中的风险所导致的损失称为海上损失,或简称海损(Average)。海损可分为全部损失(全损,包括实际全损和推定全损)和部分损失,或分为共同海损与单独海损。共同海损(General Average)是指为了使船舶或船上货物避免共同危险,而有意地、合理地作出的特殊牺牲或支付的特殊费用。共同海损损失应由船、货(包括不同的货主)各方共同负担。

保险人不仅负责赔偿由于承保风险而造成的损失,也承担为营救货物所支出的施救费用和救助费用。但被保险人的故意行为、发货人的责任、战争、罢工等常是除外责任。

### 1. 海洋运输货物保险的险别

对我国进出口商或货主而言,海运货物保险最常用的两类条款是《中国保险条款》(China Insurance Clauses)下的"海洋运输货物保险条款(Ocean Marine Cargo Clauses)"以及英国伦敦保险协会的《协会货物保险》(Institue Cargo Clauses)。

下面介绍中国保险条款,现行"海洋运输货物保险条款"包括基本险、附加险和专门险三类:

（1）基本险

基本险是可以单独投保的险别，分为平安险、水渍险和一切险。

①平安险（Free From Particular Average，F.P.A）是三者中责任最小的险种，其英文原意是"单独海损不赔"。现我国的平安险责任范围共8项，包括途中自然灾害、运输工具事故、海难、货物落海等损失及费用。

②水渍险（With Particular Average，W.P.A）的责任范围除包括平安险的各项责任外，还负责被保险货物由于恶劣气候、雷电、海啸、地震、洪水等自然灾害所造成的部分损失。

③一切险（All Risks，A.R.）是责任范围最大的险种，在水渍险的责任范围之上，还负责被保险货物在运输途中由于一般外来风险（见案例9-4）所致的全部或部分损失。

"海洋运输货物保险条款"规定的责任期限也采用"仓至仓"条款（W/W Clause），即保险责任自被保险货物运离保险单所载明的起运地仓库开始运输时生效，包括正常运输过程中的海上、陆上、内河和驳船运输在内，直至该项货物到达保险单所载明的目的地收货人最后的仓库为止，如未抵达上述仓库，则以被保险货物在最后卸载港全部卸离海轮后满60天为止。这一期限可以满足集装箱运输"门到门"多式联运的需要。当然，我国保险公司还有专门的《陆上运输货物保险条款》。

（2）附加险

附加险是对基本险的补充和扩大，只有在投保了基本险的基础之上才能加保。《中国保险条款》的附加险可分为一般附加险和特殊附加险，前者包括偷窃、提货不着险、淡水雨淋险、短量险、渗漏险、钩损险、碰损破碎险、混杂玷污险、串味险、受热受潮险、锈损险、部分破裂险等11种。后者有战争险、罢工险、交货不到险、舱面险、拒收险、进口关税险等8种。对于集装箱运输有不少责任例外，例如集装箱箱体无明显损坏，铅封完整，经启封开箱后发现内装货物数量、规格等与合同规定不符，或因积载或配载不当所致的残损，不属于货物保险责任，装箱人或卖方无法获得保险赔偿。

（3）专门险

专门险又称特种货物险，专门针对某些货物特性及特殊需要而开设，可单独投保。如海洋运输冷藏货物保险，进一步分为"冷藏险"和"冷藏一切险"，它们特别适用于采用冷藏集装箱运输的货物。

### 案例9-4 最高人民法院海事审判典型案例之六——一切险的责任范围认定

海南丰海粮油工业有限公司与中保财产保险有限公司海南省分公司海运货物保险合同纠纷案。本案争议焦点在于如何理解海洋运输货物保险条款中一切险的责任范围。此问题在海上保险法理论界和司法实践中一直存在不同的观点。本案一、二审两级法院就此作出截然相反的判决结果。最高人民法院对此案的判决，对于海洋运输货物保险条款中一切险的理解作出最终的论断。涉案"海洋运输货物保险条款"规定的一切险，除包括平安险和水渍险的各项责任外,还包括被保险货物在运输途中由于外来原因所致的全部或部分损失。在不存在被保险人故意或者过失的情况下,除非被保险货物的损失属于保险合同规定的保险人的责任以外,保险人应当承担运输途中外来原因所致的一切损失。最高人民法院通过对此案的改判,确定了如下原则:1.一切险并非列明风险,而是非列明风险。2.保险标的的损失必须是外来原因造成的。3.外来原因应当限于运输途中发生的。该判决对一切险范围的认定,对此后司法实践的统一具有重要的指导意义。(来源:最高人民法院 http://www.court.gov.cn/zixun-xiangqing-6662.html)

在保险实务中,货物的损坏和灭失通常由独立于投保双方的第三方保险公估公司受保险人、投保人、被保险人或法院等的委托对保险标的和保险事故进行查勘、检验、鉴定和估损,确定事故发生的原因、保险标的受损情况和事故责任方。货物保险人先予以赔偿,再代位追偿(Subrogation),保险人代位继承被保险人对第三者责任方追偿的权利。

在市场经济条件下,保险人面临着激烈的市场竞争,货物保险的保险费率是在考虑了该种货物的性质、数量、包装、运输船舶及运输工具等的详细情况下,运输区间、港口条件、季节和其他自然条件,签约人过去承保的得失等因素后精确地计算出来的。由于投保人可以直接和保险人交涉保险条件和费率,所以他可以将货物的运费和保险费置于自己的管理之下。发生索赔时,只要损害是由保险所承保的危险造成的,就能迅速地从分布于世界各地、港口的理赔代理人那里得到保险金。

### 3. 责任保险

运输保险分为两类形式,一类是由货主向货物保险公司投保的货物保险;另一类是由承运人向互保协会投保的责任保险。集装箱运输中,班轮公司或多式联运经营人对于运输过程中造成的货物损坏或灭失的责任,通常都是以货物赔偿责任(Cargo Indemnity)保险向保险公司或保赔协会投保。

正如货物保险承保的是货主所承担的风险,责任保险承保的是承运人所承担的风险。由于不可抗力、以及罢工、战争原因所造成的损害是免责的,而在一切险和战争险、罢工险条款下和货物保险则包括上述事项。责任保险是以运输合同约束的货主与承运人之间的权利、义务为基础的保险。而货物保险是以有无损害发生的事实来约束货主与保险人之间以损害赔偿合同约定的保险。因承运人保留权利而不得不由货主负担的各种风险,属于货物保险的范围。因此,国际货物贸易与运输中货物保险不可缺少。

在责任保险中,承运人以一定的赔偿责任限额为基础,将根据运输合同应由自己承担的责任向保险人投保。因此,责任保险费率的确定难以考虑各种货物和不同货主的差别,只能以承运人的责任限额和船舶吨位为基础统一确定。这种做法对货主是比较不利的,因为货主在包装、托运、运输工具、保管方法或其他方面都采取了确实有效的防损措施,他也不能直接享受到因采取这些措施而取得的实效。货主对于承运人投保的责任保险是局外人，发生损害时，仅由承运人举证所发生的损害属于运输合同所规定的承运人的责任范围，而货主只能通过承运人间接地享受责任保险的利益。

## 案例 9-5　　"马士基浩南"轮火灾

2018年3月6日，马士基浩南轮（Maersk Honam）西行806W航次在印度洋阿拉伯海途中突发大火（见图9-2及第1章图1-4左），3月10日火势被控制，4月18日大火基本扑灭，4月24日抵达杰贝阿里（Jebel Ali）港，5月22日开始卸柜，预计4~7天。面对这场严重的大火，包括马士基及多家共舱的船公司，以及所有有货物配载在该船上的货主客户，都将面临重大损失。舱单数据显示在大火发生时，运力15 262TEU的浩南轮上面装载了7 860个集装箱。大火中有2 000多个集装箱被彻底烧毁，剩下近6 000个集装箱"比较"完整。

由于大火发生后拖轮牵引作业，以及在避难港所产生的大量额外作业和留置费用，所有客户必须支付一笔全额为USD750/20ft、USD 1 250/40ft的额外费用。如果客户不接受这一条款，货物运输根据提单条款第19条将终止在杰贝阿里港。并且只有在以下两条件下才返还货物给原来货代或托运人：①退还船公司原始提单；②货物在共同海损和救助中幸存，但需按船公司运费本支付存储费和滞期费。

货物没被烧毁的货主，除了先交上述约相当于集装箱运费的额外费用外，还得等上4~7天至该大船完成码头卸箱作业，然后等待第三方专业机构的评估，确认货物是否完好或货损具体情况，最后才是货物转运至原定目的港。

对于货物被烧毁的货主来说，如果贸易条款是CIF，而没买保险，将是灭顶之灾：不但货款拿不到，而且要交共同海损，并付运费给船公司，还得承担收货人可能的"索赔"，一切责任都要货主自己承担。

条款CIF，买了保险，货物被烧毁的货主，货款可以向保险公司索赔（取决于所买的保险种类），要交共同海损（此费用也可以向保险公司索赔，也要取决于所买保险种类），要付运费。但要面临漫长的索赔期。

条款FOB，收货人承担这些风险和责任。但如果收货人拒付或者破产，发货人（实际托运人）货款从收货人那里收不到，还得找契约托运人。

根据共同海损国际惯例，如果货主的货物烧光了，船公司会向货主索取报关时的箱单和发票，核查货物的货值，按照比例补偿部分损失；如果货物没有损失，就需要给船公司一定费用，用以分担船上受损货物的损失（船公司会找第三方机构评估损失）。之后，船公司会安排转运，但时间没法确定。

当共同海损发生后，为了确定共同海损的分摊比例，必须进行共同海损理算，即由共同海损理算人按照理算规则，确定共同海损损失和费用的项目和金额，以及各受益方的分摊价值和分摊额，最终编制共同海损理算书的工作。这些工作漫长复杂。

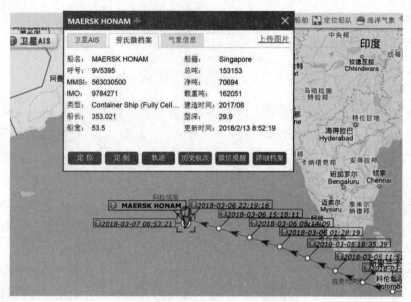

图 9-2 "马士基浩南"轮大火前航程

### 4. 集装箱综合保险

集装箱保险是集装箱的所有人或租借人对因在集装箱运输管理中的各种风险而产生的集装箱箱体的灭失、损坏等进行的保险,或者是集装箱运输事故而对第三者(人或物)造成损害时,因集装箱所有人或租借人负有法律上的责任而预先对此赔偿责任进行保险。同时,集装箱运输中的事故也可能使装在集装箱内部的货物发生损害,此时由于集装箱承运人也负有法律上以及运输合同上的赔偿责任,所以承运人也必须把对货主的损害赔偿责任风险用保险的形式加以分摊。因此,集装箱保险实际包括集装箱货物保险、集装箱箱体保险、集装箱责任保险,更精确地称之为集装箱综合保险。这三种保险可以并在一张保单上(Blanket Policy)加以承保,但一般应签订特约书(Open Contract)形式的综合预定保险合同。除此三种保险外,还可根据投保人的要求签订清除残骸、消毒、检疫费用等的特约。

在集装箱综合保险的三种形式中,因为集装箱箱体保险占综合保险的绝大部分,所以集装箱箱体保险可单独投保,但集装箱货物保险和责任保险不能单独投保,必须与箱体保险配套组合。

(1) 集装箱综合保险的特点

一般的海洋运输货物保险期间和责任范围,依据货物运输期间、买卖条件而有长短差别,通常以一个或若干个航次为单元来办理。但集装箱综合保险有不同的特点:

①集装箱综合保险首先是综合保险。该险既可以承保集装箱本身,也可承保集装箱的责任,包括集装箱所有人和租借人的责任,还可以是集装箱运输的承运人、港站经营人和其他的受托人对于集装箱内货物损坏赔偿的责任。因集装箱运输引起的风险和责任,可以以单独的保险单承保,也可以使用同一份保险单综合承保。

②集装箱综合保险是定期保险。集装箱综合保险一般是以一年为单位的定期保险，这是因为作为保险对象的集装箱很多，同时集装箱又和船舶一样频繁流动，定期保险适合集装箱运输的特性。

③集装箱综合保险约定赔偿限额。保险人对于集装箱的损坏、灭失或因集装箱引起对第三者的赔偿责任均限定赔偿限额，包括一次事故的赔偿限额和对一个被保险人总的责任限额。同时，为避免因逐一查验、索赔小额损害（Petty Claims）而给保险公司和被保险人带来频繁的繁琐手续，集装箱综合保险在适当降低保险费率的基础上，通常也采用免赔额的做法。即一起事故中的单个集装箱都有一定的扣除免责额。

④集装箱综合保险单一般不转让。一般货物保单是可以在商品买卖的当事人之间流通转让的，但因集装箱一般不作为买卖的货物，加之该保险又常含有责任保险，因此，集装箱综合保险单通常不转让。

（2）我国的集装箱保险

我国集装箱保险的险别有全损险和综合险两种，附加险别有战争险等。集装箱全损险只对自然灾害、意外事故造成集装箱的全部损失负赔偿责任，包括实际全损和推定全损。集装箱综合险既负责集装箱本身遭受自然灾害和意外事故造成的全部损失或部分损失，又负责集装箱机器因火灾、爆炸、船舶沉没、触礁、搁浅或碰撞、陆上或空中运输工具的碰撞、倾覆或其他意外事故所造成的部分损失。除此以外，保险人对集装箱机器因其他原因而造成的部分损坏是不承担赔偿责任的。

不论是全损险还是综合险，保险人对共同海损牺牲、分摊和救助费用是负责的。至于施救费用，即被保险人对受损集装箱因采取抢救和防止损失扩大措施而支出的合理费用，保险人同样在一个保险金额限度内给予赔偿。

集装箱所有人、租用人或经营人作为承运人，对其集装箱在运输和装卸货物过程中造成第三者人身伤亡和财产损失，或造成所承运货物损失，依照法律或合同是应负赔偿责任的，这类赔偿损失不属于集装箱保险的承保范围，可由集装箱保赔保险承保。

### 9.3.2 索赔与理赔

货损货差事故在货物运输中经常发生，这就产生受损方向责任方要求损害赔偿，责任方根据受损方提出的赔偿要求进行处理的索赔和理赔工作。

#### 1. 索赔的原则

货物的索赔与理赔是一项涉及面广、情况复杂、政策性很强的工作，需要认真研究案情，熟悉国际贸易合同条款、国际货运法规、提单条款内容、货物保险合同、商品检验法规、国际航运惯例等。在工作中要坚持实事求是的原则，有根有据，合情合理，区别对待，讲究实效。

（1）实事求是，根据所发生事故的实际情况，分析造成事故的原因，确定损失程度和金额。也就是说该索赔的必须坚持原则行使索赔权利。

（2）有根有据，是处理货物索赔的基础，在向承运人或其他有关当事人提出索赔时，应掌握造成货损事故的有力证据，并依据合同有关条款，按照国际惯例提出索赔。

（3）合情合理，就是从所发生的事故中合理确定责任方应承担的责任和赔偿金额，必要时也可做出一些让步，其目的主要是使货损事故尽早合理地解决。

（4）区别对待，即根据我国的对外政策、对方的态度和有关业务往来，根据不同对象，有理、有利、有节地采取不同方式区别处理。

（5）讲究实效，即在货损事故索赔中注重实际效果，注意保护自身的经济效益、政治利益以及对外影响和业务发展。

通常，国际贸易运输中货物索赔的提出针对以下几种情况：①货物数量或件数的缺少或货物残损、灭失；②货物的质变或货物实际状况与合同规定的要求不符；③承运人在货物运输途中没有适当地保管和照料货物；④货物的灭失、损害属保险人承保的责任范围内等。可见，货物发生灭失或损害的原因不同，受损方提出索赔的对象也不同。

### 2. 索赔对象

（1）向发货人（卖方）提出索赔

当货物是由以下原因造成灭失或损坏时，收货人凭有关部门、机构出具的鉴定证书向发货人提出索赔：①原装货物数量不足；②货物的品质与合同规定不符；③发货人装箱不当，包装不牢致使货物受损；④未在合同规定的装运期内交货等。

（2）向承运人提出索赔

当货物由于以下原因造成灭失或损坏时，收货人或其他有权提出索赔的人凭有关部门、机构出具的鉴定证书向承运人提出索赔：①在卸货港交付的货物数量少于提单中所记载的货物数量；②收货人持正本清洁提单提取货物时，货物发生残损、缺少，且系承运人的过失；③货物的灭失或损害是由于承运人免责范围以外的责任事故所致等。

（3）向保险公司提出索赔

当货物的灭失或损害属于下列范围时，受损方凭有关证书、文件，可以向保险公司提出索赔：①承保范围内，保险应予赔偿的损失；②承保范围内，由于自然灾害或意外原因等事故使货物遭受损害；③在保险人责任期限内。

### 3. 保险索赔

（1）报损

一旦获悉或发现被保险货物受损，被保险人应立即向保险公司或其指定的代理人发出损失通知。保险人或其指定的代理人接到货损通知后，一方面要对货物提出施救意见并及时对货物进行施救，避免损失扩大；另一方面应尽快对货物的损失进行检验，核定损失原因，确定损失责任等，以免因时间过长而导致货物损失原因难以查清，责任无法确定。

（2）报验

被保险人在向保险人或其代理人发出损失通知的同时，还应向其申请货物检验。货物的检验对查清损失原因，确定保险责任是极其重要的，因而被保险人应及时申请检验。在出口货物运输保险单中，发生货损后，被保险人必须采取就近原则，向保险单指定的代理人申请检验。对于进口货物保险，在货物运抵目的地且发现有损失时，一般由保险人或其代理人和被保险人进行联合检验，共同查明损失的原因，确定损失金额以及责任归属。如果货损情况非常复杂，一般应申请检验检疫部门或保险公估机构进行检验，出具检验报告。检验报告是保险人据以核定保险责任及确定保险赔款的重要依据。

（3）索取货物差损证明

被保险人或其代理人在提货时发现被保险货物整件短少或有明显残损痕迹，除向保险公司报损外，还应立即向承运人、港务当局或装卸公司索取货损货差证明。货损货差证明是指货物运抵目的港或目的地卸下船舶或其他运输工具的过程中出现残损或短少时，由承运人、港口、车站、码头或装卸公司等出具的理货单据，如货物残损单、货物溢短单和货运记录等，这类单据须由承运人或其他责任方签字认可。如货损货差涉及承运人、码头、装卸公司等方面责任，还应及时以书面形式向有关责任方提出索赔，并保留追偿权利。

（4）提交索赔单证

被保险货物的损失经过检验，并办妥向承运人等第三者责任方的追偿手续后，应立即向保险公司或其代理人提出索赔要求。依据中国货物保险条款的规定，被保险人在索赔时应提供以下单证：

①正本保险单（Original Insurance Policy）；

②运输单据（Transportation Document）；

③发票（Invoice）；

④集装箱装箱单（Container Load Plan）或装箱单（Packing List）、重量单（Weight Memo）；

⑤货损、货差证明（Certificate of Loss or Damage）；

⑥检验报告（Survey Report）；

⑦索赔清单（Statement of Claim）；

⑧海事报告（Master's Report or Marine Accident Report）；

⑨保险人要求的其他证明和资料。

上述索赔单证中，海事报告由船长签发，主要记载海上遭受风险的情况、货损原因以及采取的措施等，对于确定损失原因和责任具有重要参考作用。

编制索赔清单时，应事先了解保险公司对于险别有无"免赔率"的规定。有些保险险别是不计免赔率（Irrespective of Percentage，IOP）的，另一些（如碰损破碎险和短量险）则定有免赔率。如果损失额没有超过免赔率，则保险公司不予赔偿。免赔率有相对免赔率

（Franchise）和绝对免赔率（Deductible）之分。前者指货损一旦超过免赔率，则保险公司对所有损失均予以赔偿；后者指货损超过免赔率的，保险公司仅对超过部分进行赔偿。我国保险公司现行采用绝对免赔率。

（5）获赔

被保险人在有关索赔手续办妥后，即可等待保险公司最后确定保险责任、领取赔款。如果向保险公司提供的单证已经齐全，而未及时得到答复，应该催赔。若货损涉及第三者责任方，被保险人在获得赔偿的同时应签署一份"权益转让书"，作为保险人取得代位追偿权（Right of Subrogation）的证明，使保险人得以凭此向第三者责任方追偿。

### 4. 理赔

保险理赔是指保险人在接到被保险人的损失通知后，通过对损失的检验和必要的调查研究，确定损失的原因和程度，并对责任归属进行审定，最后计算保险赔款金额并给付赔偿的一系列过程。

索赔与理赔是同一个问题的两个方面，要分别从合同双方的责任来看。在集装箱货物运输全过程中，众多关系人之间的关系十分复杂，如货物托运人与承运人之间的关系，实际承运人与契约承运人之间的关系，发货人与收货人之间的关系，投保人与承保人之间的关系。因此，不管是索赔方提出的索赔，还是责任方的理赔，首先要分清责任。保险人对货物进行检验时关键是要确定损失的致因。根据近因原则的规定，保险人只对近因属于承保风险而导致的损失负责。由于实际事故中，保险标的物发生损失的情况多种多样，造成损失的原因也复杂多样，因而首先需要从若干致损原因中找出损失的近因，然后才能确定损失是否属于保险责任。

## 9.4 集装箱运输事故处理

集装箱运输的高风险难免事故的发生，这就需要分析起因并采取防范措施。集装箱运输事故发生后，难免会带来纠纷，解决纠纷的途径有和解、调解、仲裁和诉讼四种。在我国，涉海相关诉讼离不开海事法院。

### 9.4.1 集装箱运输事故

集装箱运输对提高货物运输质量有明显的成效，但这种运输方式并不能完全消除运输过程中的货损、货差事故。根据国际海上保险联合会发表的有关集装箱货损种类来看，集装箱内货损的主要形式有破损、摩擦、水渍损、汗渍损、盗窃货物和装箱过失。以上几种货损形式占据全部集运货损的 70%～80%，以下是事故发生的主要原因。

## 1. 集装箱运输事故起因

**(1) 集装箱使用不当**

使用不适合货运的集装箱造成的货运事故有两种情况：一是集装箱掏箱后未加检验就投入使用，造成回程货物损害。发货人对于集装箱所装的货物常常没有足够的时间进行检查，同时也缺乏专业技术，如对前一航次所装货物残留在集装箱接缝处的残渣没有彻底清除，便装进其他货物。由于集装箱在运输途中的震动造成残渣与货物混合，造成污损。又如将水果与一般杂货装在一起，结果果汁泄流在货物上造成污损。此外，冷藏集装箱内壁安装的隔热材料上的黏着剂溶化，使箱内货物产生污损事件也有发生。二是集装箱所有人或委托保管人没有对集装箱进行全面、正确的修理，因为箱体状态不佳，如箱顶有破孔，箱体连接处变形、裂缝等而继续使用造成货运事故。安装在集装箱门上的各种开关器具，如箱门把手、门锁、门锁杆、门钩、门铰链从集装箱箱体突出，与其他物品接触也会造成货物破损。另外，集装箱箱底的破碎比箱顶和侧壁的破损更难以被发现。

因此，交接的集装箱不但应保证完整无损、清洁干燥，而且要有合格的检验证书，以避免货损事故的发生。

**(2) 装箱、封箱不当**

集装箱运输必须做到安全积载、合理堆装与适当封箱，如果操作不当，则会造成货损。货物除装箱、积载不当所造成货运事故外，还会给集装箱、运输工具、装卸机械和第三者造成损害。所以，做好箱内货物的安全积载，妥善地做好封箱工作，可以避免或减少货损事故的发生。

**(3) 装卸、搬运作业不当**

在集装箱运输的整个过程中，货物从装箱地到拆箱地经过多次装卸、搬运。每次操作都有触及集装箱及货物的可能，不可避免地会发生破损或弯曲损。将这种受损的集装箱放在甲板上运输时，由于不能抵御恶劣环境和海上风浪的侵袭，以致最后造成货物损坏。司机技术不熟练、装卸操作不当、拖拉货箱以及与各种装卸设备或货箱与货箱之间发生碰撞造成破损等也是产生货运事故发生的原因。为能经受得起一定程度的撞击，必须十分重视货物本身的包装，提高集装箱配载技术，这是防止货物破损的关键之一。

**(4) 箱内货物被盗**

在集装箱运输过程中，把集装箱砸开或者把集装箱端门打开，或伪造铅封、盗走箱内货物的事件屡有发生。在一些先进国家的集装箱堆场有完备的管理制度，集装箱一般不会发生盗窃事件，但在内陆运输过程中却会发生盗窃事件。特别是装有贵重货物的大型集装箱，盗窃分子会在集装箱停留过程中或在其他场所使用切割工具将集装箱顶部割开，进入箱内盗窃。因此严格检查集装箱顶部很有必要。

**(5) 船方积载不当**

集装箱船舶结构要求将大量集装箱装在甲板上运输，但装在甲板上运输的集装箱破损风险大。若船方没有很好地"打加固"或积载不合理，在航行中船方对载运货物缺乏谨慎处理，会使集装箱被海浪打入大海或造成集装箱损坏出现货物灭失、损害事故，这属于"船残"，应当由船方负责赔偿。随着更新先进的集装箱船舶及积载管理系统的大量投用，积载不当情况大为改观。

(6) 货物本身缺陷及"港残"

在造成集装箱货物事故的原因中，由于货物本身或包装上的缺陷，如货物含水量超过标准、质量不符合要求，包装材料强度不足，提单上已注明残损的，属"原残"，由发货人负责。由于卸货港码头、仓库场站对集装箱及拆箱后货物的堆放、保管不善造成的货损，属于"港残"，是港方的责任范围。

(7) 危险货物瞒报

由于集装箱的封闭性和便捷性，部分托运人利欲熏心，为了自身经济利益，罔顾他人安全，谎报、瞒报危险货物为普通货物装船运输的行为屡禁不止，给环境、船舶和船员安全造成极大隐患和巨大经济损失。近年来，因瞒报、漏报等问题引起的危险品火灾和爆炸等事故，至少有"马士基浩南"等数十艘大型集装箱船遭受严重损失（参见第3章）。各大船公司一直都在反复重申发布"关于瞒报、漏报、误报危险品的公告"，加强自查，加大处罚力度，如近日ONE（海洋网联）已发布了最新公告，自2019年8月1日起，危险品瞒报等需强制更改品名的，将最高罚USD30 000/箱。各大口岸海事、海关等监管机构也都纷纷加大审查力度。但是，我国各地口岸危险品瞒报漏报进出口的事例却屡禁不止，需要货、港、航、场、站和海关海事等监管机构共同不懈的努力。

## 案例 9-6　　装载液体过氧化甲基乙基酮集装箱起火

某载有47个危险货物集装箱船舶积载已按《国际海运危险货物规则》进行隔离，甲板面清洁，箱体完好，集装箱固定绑扎良好。但运输过程中，船长发现第四舱面31贝位左弦有白烟冒出，大副查看发现箱位号311482的集装箱起火，火焰从集装箱门底部接缝处冒出，已经达到集装箱1/4的高度；集装箱门顶部接缝处则冒出大量白色和黑色浓烟。经船舶积载系统查实，该箱内货物为过氧化甲基乙基酮。

过氧化甲基乙基酮属IMDG第5类有机过氧化物，为无色透明液体，受热和受震动引起爆炸的敏感性极强。过氧化甲基乙基酮要投入运输，必须用苯二甲酸二乙酯做溶剂稀释，在45%稀释溶剂中的自行分解温度为63℃，在100℃时会分解爆炸。该物品有多种异构体，有些结构状态对震动的敏感性特别强，稍有震动就会爆炸，因而储运要求特别严格。该物品遇氧化物、有机物、易燃物、促进剂都会引起剧烈反应。

经查明，该20ft集装箱装载过氧化甲基乙基酮桶装货物13.3吨，低于理论的满载18吨。因而货桶需要用木板和木棱在箱内衬垫、支撑和固定，以防运输途中因颠簸而引起碰撞、挤压、移动甚至倒塌。有机过氧化物的装箱要求极为严格：箱壁的四周要有木板隔离，箱内所留有的空隙应用木板、填补器或支撑的办法加以固定，钉子还不能外露，所用材料质地要良好，木板上不能有树皮、没有油污、杂物沾附，集装箱内不得有酸类、硫化物、木屑及粉状可燃物质。

从该集装箱起火及完全受损的现状分析，最大的可能性是：箱内的过氧化甲基乙基酮在没有满载的情况下，装箱人员没有严格按积载要求固定，从而造成海上运输途中货物桶倾斜甚至倒塌。由于过氧化甲基乙基酮在常温下就会分解，温度越高分解越快，所以在包装桶的开口处留有透气孔。这种特殊的密封透气设计就是为了减少桶内压力，但当桶倾斜或侧放时，稀释剂会堵住透气孔，但桶内货物震动的分解反应仍然进行，压力不断增加，最终过氧化甲基乙基酮液体渗漏与箱内一些具有还原剂性质的油漆脱落、锈蚀、金属裸露接触后的反应是剧烈的，产生高温高热，只要温度达到70℃以上，燃烧条件就具备。集装箱本身的封闭性使火灾救援工作困难，火热扩散快，灾难损失大。

### 2. 货损事故的处理

在集装箱运输中，货损事故造成损失，受损方有权向责任方要求损害赔偿，责任方根据受损方提出的赔偿要求进行处理。

（1）海运货损事故处理

货损事故的确定。海运货损事故虽有可能发生在运输的各个环节，但很大程度上是在最终目的地收货人收货时或收货后才发现。因此需将货物短缺或货损的事实以书面通知承运人或其代理，提出索赔，以提单、收货单、过驳清单、卸货报告、货物溢短单、货物残损单、装箱单、积载图等货运单证作为依据。另外，船舶在海上遭遇恶劣气候时为明确货损原因和程度，应核实航海日志、船方的海事声明或海事报告，以事实为依据，确定货损。

提出索赔的程序、索赔单证、权益转让与上面保险的索赔与理赔类似，通常集装箱运输事故主要是涉及保险索赔。

担保与扣船。如果货损证明确由承运人的过失所造成，且损害金额较大，作为受损方除办理正常索赔手续外，为保证索赔得以顺利了结，可在船舶离港前向海事法院申请海事请求保全，要求船方提供担保。在责任方未提供担保前，还可申请扣押船舶，不准船舶离港。但采取扣船措施时必须谨慎，以防因扣船措施不当而产生不良的影响及不必要的纠纷和经济损失。

索赔的受理与审核。这是承运人的理赔工作，需要分清责任，认真审核证据，明确承运人免责或减少责任应出具的主要单证。在明确责任的基础上，应根据协议、决议或法院判决支付索赔金。

（2）水运货损事故处理

我国的内贸集装箱运输水运货损事故处理主要根据《水路货物运输规则》的规定，货运质量事故是指自货物承运验收开始至货物运达目的地向收货人交付货物时为止，由于承运人的责任，在装卸、运输、保管过程中所发生的货物灭失、短缺、损坏、质变等事故。货损的范围是由于火灾、爆炸、落水、海损等原因导致的损坏、灭失，以及在装卸、运输、保管过程中，由于操作不当、保管不善而引起的货物破损、受潮、变质、污染等。货差的范围是由于错交、错转、错装、错卸、漏卸以及货运手续办理错误等原因造成的，有单无货或有货无单等单货不符、件数与重量溢短等差错。

①货损事故记录的编制。事故记录是对货运事故发生经过或事实的记录。编制该记录应严肃认真，并能反映出事故的真实情况，以便作为分析事故原因、确定责任的依据。由交通运输部统一规定的事故记录有三种：货运记录、港航内部记录和普通记录。上述三种记录在不同的范围内起着不同的作用，是判明、检查与运输全过程有关的各方在履行各自的权利、义务和责任方面的重要书面依据。

②货损事故的确定。货损事故一旦发生后，承运人应查明事故真相、分析原因、划清责任，真实记录，为货运事故提供可靠的依据。此外，还须查询有关承运、中转、到达等环节的资料和内容记载，以及批注、声明等，还可借助各种技术进行化验、测定、试验等。

③货损事故的处理。货物抵达目的港后，发生货损货差，水运承运人应负赔偿责任，但不可抗力、自然特性、自然耗损、包装不牢等原因引起的货运事故除外。审查赔偿要求时，要注意索赔时效、索赔人的合法身份和应具有的单证等。水运货损的索赔时效，自货运记录编写的次日起180天，受理人应在接到索赔要求的60天内做出答复。索赔金额原则上按实际损失金额确定。

### 3. 集装箱运输事故的防范

根据前述事故原因分析，更应注重集装箱运输事故的防范，从保险的处理来看，防险比保险更重要。从托运人方看，主要有货物在集装箱内的安全积载、做好绑扎系固工作、注重货物本身特性，对危险品货物采取专门程序与措施等，具体内容参阅本书第3章。对于港航方，主要防范是安全装卸操作、集装箱在船舶上的合理积载，以及公路、水路运输过程等的安全保障。集装箱运输系统的复杂性和高协作性要求多方共同努力才能减少和避免事故的发生，发挥其优越性。安全及事故防范可参考国际海运（ICS）和世界航运理事会（WSC）发布的《海上集装箱安全运输：行业最佳实践指南》（*Safe transport of containers by sea: Guidelines on Best Practices*）。

## 9.4.2 集装箱运输纠纷

发生集装箱运输事故，当事人的利益受到损害，通常会出现当事人争执不下的情况或难以解决的问题，即产生集装箱运输纠纷（Dispute）。

### 1. 解决纠纷的途径

集装箱运输中发生的纠纷或争议，同国际货运业务一样，主要有和解、调解、诉讼和仲裁四种解决方法。

（1）和解

和解（Negotiation）也称协商，就是在发生纠纷后，由当事人双方直接进行磋商，自行解决纠纷。和解的方式一般有四种：自行解决、委托代理解决、仲裁庭外和解、法院庭外和解。和解的优点是，解决纠纷时间短，费用低甚至没有费用，不伤和气，有利于双方运输与贸易关系的持续。此外，由于没有第三者参与，当事人之间有可能公之于众的纠纷就会在秘密情况下化解，进而有效地保护了相关当事人的商业秘密。但和解的不足之处在于和解协议不具备强制执行力，任何一方的反悔都会使协议无法履行。因此，对不具备和解条件或达成和解协议但因各种原因无法履行的纠纷，应采取下面其他有效途径及时解决，以避免拖延时间，导致超过有关时效而丧失胜诉权。

（2）调解

调解（Conciliation）是指在第三方的主持或参与下解决当事人之间的争议。依据调解人可分为法院调解、仲裁机构调解、其他单位调解和公民个人调解。调解人在进行调解时，必须遵守三项原则，即当事人自愿原则、查明事实分清是非原则和合法原则。在调解的情况下，除当事人在调解协议上签字盖章外，调解人也要签字盖章。调解和和解的主要区别是有无第三者参加。调解与仲裁和诉讼的主要区别是，调解的结果更多地体现了争议主体的意志，最后的解决办法还须当事人一致同意才能成立；而仲裁和诉讼更多地体现了仲裁者或法院的意志。

（3）诉讼

诉讼（Litigation）是纠纷当事人通过向具有管辖权的法院（在集装箱运输领域多为海事法院）起诉另一方当事人解决纠纷的形式。诉讼是一种法律行为，分为民事和刑事两类，是解决各种争议纠纷中最权威和最有效的一种方式。集装箱运输相关纠纷主要是民事诉讼，适用《中华人民共和国民事诉讼法》和《中华人民共和国海事诉讼特别程序法》。通常因为纠纷所涉及的金额较大、双方都不肯让步，不愿或不能采取友好协商或仲裁方式，或者一方缺乏解决问题的诚意，必须通过向法院提出诉讼来解决纠纷。诉讼的主要特点在于：①强制性，只要一方当事人向有管辖权的法院起诉，另一方就必须应诉，争议双方都无法选择法官；②过程复杂，诉讼程序复杂，从准备、审判到执行耗时长、诉讼费用高；③关系破裂，以诉讼处理纠纷，双方当事人关系紧张，不利于以后运输与贸易关系的继续发展。

（4）仲裁

仲裁（Arbitration）是指双方当事人在纠纷发生后，依据仲裁条款或仲裁协议，自愿将纠纷提交某一临时仲裁机构或某一国际常设仲裁机构审理，由其根据有关法律和公平合理原则作出裁决，从而解决争议。仲裁与诉讼的异同在于：①仲裁有其自身的立法及程序，结案迅速、费用低廉；②仲裁灵活性高，当事人对仲裁方式的选择、仲裁地点、机构、仲裁员等可自主作出决定；③当事人之间通过仲裁协议，达成自愿仲裁的合意是仲裁的必备条件；④仲裁裁决与法院判决都具有法律效力，当事人必须履行，否则，另一方有权申请法院强制执行。

采用仲裁处理纠纷，双方当事人必须订立书面仲裁协议，如合同中的仲裁条款或以其他方式达成的提交仲裁协议。在集装箱运输提单及相关合同中的仲裁条款通常包括仲裁事项、仲裁地点、仲裁机构、仲裁规则和仲裁裁决的效力。仲裁程序包括提出仲裁申请、组织仲裁庭、审理案件和仲裁裁决。仲裁裁决对双方当事人都具有法律上的约束力,当事人必须执行。集装箱运输的国际性涉及跨国执行的问题,这方面有国际公约,如《承认及执行外国仲裁裁决公约》(1958年6月订于纽约)(Convention on the Recognition and Enforcement of Foreign Arbitral Awards)。该公约缔约国已达145个,我国已于1987年加入该公约,我国仲裁机构的涉外仲裁裁决可以在世界上已加入该公约的国家和地区得到承认和执行,国外成员国的仲裁裁决也可在我国执行。我国现有中国国际经济贸易仲裁委员、中国海事仲裁委员会及各城市仲裁委等二百多家仲裁机构。

### 案例9-7 厦门仲裁委员会——致力于建设区域性国际商事纠纷解决中心

厦门仲裁委员会成立于1996年1月8日。成立以来,厦门仲裁委坚持中立、公正、专业、高效的仲裁宗旨,公正、及时地解决平等主体的公民、法人和其他组织之间发生的合同纠纷和其他财产权益纠纷。成立以来,厦门仲裁委坚持立足厦门、拓展周边、面向全国、走向世界的发展道路,致力于建设区域性国际商事纠纷解决中心。经过不懈努力,厦门仲裁委已发展成为中国颇具影响力的品牌仲裁机构,受到当事人的广泛认可。

1. 专业化建设,厦门仲裁委不断修订和完善各项管理制度,对办案涉及的各个环节进行规范,为当事人提供专业高效的仲裁服务。厦门仲裁委受理的案件数和标的逐年增多,截至2017年12月31日累计受案量11 673件,标的总额533.56亿元人民币,多年处于全国前列。厦门仲裁委员会还设有东南国际航运仲裁院,是厦门航运交易所首号会员单位,是为解决海事海商、航运物流、港口建设等方面的合同纠纷及其他财产权益纠纷而特别设立专业分支机构。

2. 区域化建设。厦门仲裁委于2005年即提出建设海峡西岸区域仲裁中心,进一步发挥中立、公正、专业、高效的优势,为更多厦门以外的当事人提供纠纷解决服务。通过不断的努力,越来越多的外地甚至境外当事人选择厦门仲裁。双方均为外地的案件数从原来的个位数逐步上升至受理案件总数的40%。

3. 仲裁队伍建设。厦门仲裁委现聘有五百多名仲裁员,他们来自美国、英国、新加坡、中国香港、中国台湾等国家和地区,以及国内的北京、上海、深圳等城市,均为品行良好且在法律、经贸等相关领域中具有很高专业水准的资深专家和学者,能够应对各类案件审理的需要。厦门仲裁委还拥有一支办事高效,具备良好综合素质的秘书队伍,能够为仲裁员和当事人提供专业的仲裁服务。

4. 国际化建设。厦门仲裁委与英国伦敦海事仲裁员协会、新加坡国际仲裁中心等国际知名仲裁协会和仲裁机构保持着长期友好的合作与沟通。厦门仲裁委每年受理的涉外仲裁案件占年受案量的7%左右,涉及美国、英国、德国、新加坡、日本、韩国等三十几个国家和地区,并且已陆续有裁决在日本、韩国、澳大利亚、中国香港等国家和地区得到执行。

上述几种处理集装箱运输有关纠纷的途径，在性质、特点、效力等方面各不相同，但在解决纠纷中的作用都是不可忽视的。除诉讼与仲裁不可同时并用外，其他途径都可以单用或并用。一项纠纷应该采取什么途径来解决，要由具体情况而定，如果案情复杂、分歧较大，当事人之间互不相让，通过和解或调解难以解决时，应尽早采取诉讼或仲裁方式解决。

### 2. 集装箱运输的法律特点

相对于传统的件杂货运输，集装箱运输主要具有以下法律特点。

（1）在大多数情况下，货方与船方交接的是集装箱而不是货物，货损责任较难认定。传统的件杂货运输，货方与承运人交接的是货物，货物的外表状态通常可以检查，确定货损的责任较为容易。在集装箱运输中，货物在很多情况下是装入集装箱后交予承运人，发货人交予的是一个加了铅封的集装箱，承运人在目的地交付的也是集装箱，箱内货物状况不易检查，当发生货损时，难以确定责任方。

（2）承运人接收、交付货物的地点从传统的港口码头延伸至内陆，承运人责任相应加重。传统的运输，承运人在港口码头接收、交付货物，承运人的责任期间是"钩到钩"，即从装上船时起到卸下船时止。在集装箱运输中，常有"门到门"运输方式，承运人往往在内陆接收货物，然后运至港口再经海路运至目的港，之后还可能要运至内陆交货地，承运人的责任区间也相应向接收、交付货物的内陆地点延伸。

（3）集装箱运输通常在多式联运的方式下完成，适用法律比较复杂。在集装箱运输方式下，由于承运人在内陆接收交付货物，运输区段包括内陆至港口、港口至港口、必然涉及两种及以上运输方式，再加上是连贯运输，就是多式联运。在内陆至港口段会有汽车、火车和飞机等运输工具，是陆运、空运的运输方式，而港口至港口区段的运输工具是船舶，为海运方式。不同的运输方式根据不同的法律调整，造成同一运输在不同区段适用不同的法律，导致法律适用复杂。

但总的来说，集装箱运输有很高的安全性，在海陆运输中总体安全性超过件杂货，几十年取得迅猛发展，不少法律法规也考虑了上述特点。

## 9.4.3 诉讼与海事法院

既然民事诉讼是解决集装箱运输相关纠纷最权威和最有效的途径，提出相关诉讼在我国就离不开海事法院。

我国自1984年首次设立海事法院，相继在上海、天津、青岛、大连、广州、武汉、海口、厦门、宁波和北海10个港口城市设立海事法院，负责沿海海域及长江珠江水域海事、海商案件的审理。2019年，第11个海事法院——南京海事法院获准即将成立。自1992年至今，全国海事法院在管辖区域内重要港口城市设立了39个派出法庭，分布于全国15个省（直辖市、自治区），就地收案办案，辐射范围涵盖北起黑龙江，东至钓鱼岛，南至南海诸岛

（东沙、西沙、中沙、南沙、黄岩岛等岛屿）等中华人民共和国管辖的全部港口和水域。

目前，我国是世界上设立海事审判专门机构最多、最齐全的国家，也是受理海事案件最多的国家，具备较为完善的海事法律制度和海事司法服务保障体系。我国海事审判在取得长足进展的同时，还带动和促进我国兴起了一批海事律师、海商法教学科研、海事仲裁、海事评估鉴定等相关行业机构，共同形成与我国国际航运中心建设相适应的海事法治服务保障体系。

三十五年来，我国海事审判工作取得令人瞩目的成就，主要体现在以下几个方面。

### 1. 完善海事审判制度体系，建设国际海事司法中心

（1）设立海事法院，形成专门化海事审判格局

海事法院属于国家司法专门体制，从海事法院—所在地的高级人民法院—最高人民法院（民事审判第四庭具体负责），形成"三级法院二审终审制"的海事审判机构体系。

（2）探索完善海事法律制度，为海事审判提供制度保障

我国已先后通过《中华人民共和国海商法》《中华人民共和国海事诉讼特别程序法》等专门的海事法律，并通过涉外海事诉讼管辖、诉前扣船、强制变卖被扣押船舶、海事法院收案范围、涉外海上人身伤亡损害赔偿、海上保险、船舶碰撞、无正本提单交付货物、海事赔偿责任限制、船舶油污损害赔偿、海上货运代理纠纷等海事司法解释，逐步完善和健全海事诉讼和海事法律适用制度。海事审判工作的全面开展，为海事法制的建设提供了充分的实践依据。

我国还积极参加国际公约的谈判和制定，努力构建公平合理的国际海运贸易新秩序。为有效应对国际海事法律统一化趋势，最高人民法院不断选派海事法官参与研究制订《1999年扣押船舶国际公约》、《联合国全程或者部分海上国际货物运输合同公约（鹿特丹规则）》、《关于外国船舶司法出售及承认的国际公约草案（"北京草案"）》等海事国际条约，积极反映我国法律立场，充分维护我国国家整体利益。

（3）积极行使海事司法管辖权，提升海事审判国际地位

海事法院实行跨行政区域管辖，从1984年至2013年12月底，受理的各类海事案件累计达225 283件，审结执结215 826件，结案标的额人民币1 460多亿元，涉及亚洲、欧洲、非洲和南北美洲70多个国家和地区。海事案件数量总体上逐年以约10%的幅度持续增长。

### 2. 发挥海事审判职能作用，保障对外开放和海洋经济发展

（1）依法审理海事案件，规范海运贸易秩序

海事法院的成立伴随着我国的改革开放和经济发展，对外贸易和海运经济出现一轮又一轮的快速发展，海事案件数量相应保持较快增长势头，案件构成比例不断变化，各类法律适用问题层出不穷。全国海事审判队伍紧扣我国经济社会发展的阶段性历史特征，有针对性地重点研究解决各时期的常规性海事案件，保障海运贸易健康发展。主要成就有：

①探索完善海事诉讼保全制度,保障海运贸易当事人及时主张权利;②公正审理国际海上货物运输合同纠纷、货运代理合同纠纷案件,维护国际贸易秩序;③公正审理船舶碰撞与触碰损害赔偿纠纷案件,维护海上交通安全秩序;④公正审理海事赔偿责任限制相关纠纷、海上保险纠纷案件,依法维护海运贸易的风险分担机制。

(2) 规范审理海洋环境污染案件,促进海洋生态文明建设

通过司法手段保护海洋环境,是海事审判的重要职能之一。从事海事审判的各级法院积极探索,先后取得一系列突破性进展,为环境公益诉讼立法和生态损害赔偿制度建设积累了丰富的实践经验:①将海洋环境污染案件作为常规性海事案件成规模受理,率先解决环保案件诉讼难问题;②率先认定海洋环境公益诉讼的适格主体,即确认依法行使海洋环境监督管理权的机关可以代表国家索赔海洋资源损失;③率先确立了在尊重专业判断的前提下认定可科学量化的海洋资源损失的规则;④率先在判决中明确污染者不能以排污达标主张减免污染责任;⑤正确适用船舶油污损害赔偿的特殊规则。

(3) 妥善审理涉外涉港澳台案件,服务国家开放战略

国家设立海事法院的初衷是保障海上运输、对外贸易、改革开放事业的发展。广大海事法官牢记历史使命,严格按照冲突规范的指引,准确适用国内法、外国法、国际条约、国际惯例,平等保护中外当事人的合法权益,妥善裁判、调解、审理和执行一批在国际国内有重大影响的海事案件,受到当事人、外国领事馆的赞扬和国际社会的好评,并彰显了中国司法权威。三十年来,各海事法院共审结执结涉外涉港澳台海事案件 64 747 件,结案标的额折合人民币约 800 多亿元。

我国海事审判质量和效率不断提高,国际公信力也日益增强,与我国无直接联系的国外当事人选择来华诉讼的海事案件逐年增多。中国海事审判正在与国际接轨,以适应加入WTO 后海事司法的需要。我国海事审判案例陆续被英国《劳氏法律报告》《劳氏海运与商业法律季刊》等有国际影响的刊物刊载或者援用,成为国际航运界、国际海事司法界关注和研究亚太地区海事司法动态的重要参考。

(4) 实施海事审判精品战略,持续抓好执法办案第一要务

最高人民法院于 2010 年年初提出实施海事审判精品战略,强调海事审判以精取胜、以质取胜,注重品牌效应,以持续、稳定的精品案件,赢得社会和人民群众的认可与信任。为此,着重抓了两方面的工作:①加强调研指导,规范统一裁判尺度,包括:海事司法解释、案例指导和案件评查、案件信息沟通和业务交流等。②加强审判管理,提高办案质量和效率。如从 2010 年至 2013 年底,全国海事一审案件服判息诉率平均为 90%;全国海事案件上访率低于千分之一,大多数法院多年没有发生海事案件上访的情况。

### 3. 强化海事司法服务功能,保障改革发展稳定大局

(1) 发挥海事司法服务能动作用,促进经济社会科学发展

在改革开放各个历史时期,各海事法院及其上诉案件审理的高级人民法院紧紧围绕国

家对外开放与海洋开发战略、外贸与航运经济发展、国际与地区航运中心建设、边境贸易与区域经济合作等经济社会发展大局，研究制定海事司法服务保障大局的指导意见与配套措施。自2009年以来共发出司法建议函200余份，80%以上的建议得到及时采纳，收到了良好的社会效果。例如，厦门海事法院2011年的政策性渔工责任险的司法建议，惠及福建全省10万投保渔工；大连海事法院2013年的海上货运保险司法建议，促成全国37家财产保险公司参加专题研讨，研究解决了海上货运保险中的法律难点。

（2）努力践行司法为民宗旨，满足社会司法需求

主要工作包括：①强化派出法庭服务基层的功能。海事法院设立派出法庭，适应了海事法院管辖区域线长面广的特点和港口建设、沿海沿江开发速度快的实际情况，方便了当事人诉讼。②不断拓展海事司法服务的地域范围。③大力推行司法便民利民措施，各地海事法院加快推进跨域立案服务。④探索多元纠纷解决机制，实现"诉调对接"，维护社会和谐稳定。

（3）积极开展涉外海事司法援助，彰显国际人道主义精神

自上世纪末以来，国际航运市场竞争激烈，开始出现部分船东长期拖欠船员工资并停止船舶供应的经营困局，造成我国船员随船滞留境外、外国船员随船滞留我国境内等敏感问题。

我国海事法院积极开展司法救助，多年来，青岛、厦门、上海、宁波、广州、北海等海事法院依法妥善处理"明昕"轮、"堪察加"轮、"LEDOR"轮、"非洲勇士"轮、"密斯姆"轮、"雪曼斯"轮、"鹰之骄傲"轮、"赛杰风"轮等诸多外籍船舶船东欠薪停航事件，对近千名叙利亚、俄罗斯、土耳其、乌克兰、阿塞拜疆、缅甸、巴基斯坦、越南等船员给予司法救助和人道主义援助，多次受到船员所在国和国际社会的一致好评。

（4）全面落实深化司法公开，积极回应社会关切

海事法院自成立以来，海事案件的立案、开庭、裁判结果均依法通过多种形式予以公开；先后开通了"中国涉外商事海事审判网"和海事法院网站英文版，集中公开全国生效海事裁判文书和海事司法动态。不断创新拓展公开方式。各海事法院还采取聘请廉政监督员、邀请人大代表和政协委员旁听、举办"法院开放日"活动、聘用人民陪审员等多种方式加强司法公开。

### 4. 加强队伍和基础建设，保障海事审判科学发展

我国海事法院建立起了一支政治坚定、业务过硬、作风优良、清正廉洁的海事法官队伍。专业措施包括：结合审判实际有针对性地开展各种业务培训，选派海事法官到远洋船舶和港航部门实习调研、组织海事法官出国学习交流；丰富海事法官的普通民商法、海事法律、航运业务、外语外贸等知识，提高海事法官的综合能力。至2013年年底，全国从事海事审判的法官共570人，其中90%以上具有硕士、博士学历，先后有9人被评为全国审判业务专家。

三十年来，海事法院的基础建设实现了跨越式发展，基本实现办公现代化，正在努力迈向办公智能化。海事法院紧跟时代发展步伐，基本实现本部及派出法庭海事审判内部办公无纸化、管理网络化、庭审记录数字化、卷宗档案电子化。海事法院正在以全球视野、开放姿态，不断展现我国司法现代文明的新形象。

海事审判工作将紧紧围绕国家开放战略和海洋强国战略，努力打造具有广泛国际影响力的海事司法品牌，在实现中华民族伟大复兴中国梦的历史进程中发挥更大作用。展望未来，中国海事审判将在日趋激烈的国际竞争环境中更具影响力。一是中国航运贸易持续增长，为海事审判提供更加广阔的空间。二是国家实施海洋强国战略，迫切需要加强海事审判工作。[改编自：最高人民法院《中国海事审判白皮书（1984—2014）》]

**案例9-8　海事审判典型案例——国际集装箱班轮运输不属于合同法的"公共承运人"**

> 马士基（中国）航运有限公司、马士基（中国）航运有限公司厦门分公司、中国厦门外轮代理有限公司与厦门瀛海实业发展有限公司国际海上货运代理经营权损害赔偿纠纷案，厦门海事法院一审认为，国际班轮公司不是公共承运人，不负有法定强制缔约义务，据此判决驳回瀛海公司的诉讼请求。福建省高级人民法院二审认为，马士基公司属于公共承运人，其明确表示不与瀛海公司发生业务关系，违反了公共承运人的强制缔约义务，遂判决：撤销一审判决；责令马士基公司等不得拒绝瀛海公司依业务惯例要求的订舱和相关运输服务。马士基公司及其厦门分公司不服二审判决，向最高人民法院申请再审。
>
> 最高人民法院再审认为：公共运输是指为社会提供公用事业性服务并具有垄断地位的运输。国际海上集装箱班轮运输是服务于国际贸易的商事经营活动，不属于公用事业，不具有公益性，也不具有垄断性、价格受严格管制的特征，故不属于《中华人民共和国合同法》（以下简称《合同法》）第二百八十九条规定的公共运输，其承运人不负有强制缔约义务。最高人民法院对该案的再审判决为国际航运市场的竞争与发展明确了一项带有普遍意义的规则，具有重要实践意义。（来源：最高人民法院 http://www.court.gov.cn/zixun-xiangqing-6662.html）

### 5. 海事诉讼特别程序

海事诉讼是有权审理海事案件的法院在海事争议当事人和其他诉讼参与人的参与下，依法审理和解决海事争议案件的全部活动过程。我国关于海事诉讼的主要法律依据是2000年7月1日起施行的《中华人民共和国海事诉讼特别程序法》。该法是我国民事诉讼法的特别法，主要程序如下。

（1）管辖

海事诉讼有专门的地域管辖、专属管辖和协议管辖规定。而且，当事人申请执行海事仲裁裁决，申请承认和执行外国法院判决、裁定以及国外海事仲裁裁决的，向被执行人的财产所在地或者被执行人住所地海事法院提出。没设海事法院的，则向当地中级人民法院提出。

（2）强制措施

海事法院的强制措施包括海事请求保全、海事强制令和海事证据保全。

海事请求保全是指海事法院根据海事请求人的申请，为保障其海事请求的实现，对被请求人的财产所采取的强制措施。海事强制令是指海事法院根据海事请求人的申请，为使其合法权益免受侵害，责令被请求人作为或者不作为的强制措施。海事证据保全是指海事法院根据海事请求人的申请，对有关海事请求的证据予以提取、保存或者封存的强制措施。

（3）海事担保

海事担保包括海事请求保全、海事强制令、海事证据保全等程序中所涉及的担保。另外，设立海事赔偿责任限制基金和先予执行等程序中涉及的担保，也可以参照海事担保的相关规定执行。海事担保的方式包括现金担保、保证、设置质押或抵押。

（4）送达

海事诉讼法律文书的送达，除依照民事诉讼法规定的方式进行外，可以采用以下特殊方式：①向受送达人委托的诉讼代理人送达；②向受送达人在我国设立的代表机构、分支机构或者业务代办人送达；③通过能够确认收悉的其他适当方式送达。

有关扣押船舶的法律文书也可以向当事船舶的船长送达。

（5）审判程序

海事诉讼中，审判程序的特殊之处主要体现在对审理船舶碰撞案件、共同海损案件特别规定的和海上保险人行使代位请求赔偿权利的规定，以及法定的简易程序、督促程序和公示催告程序、设立海事赔偿责任限制基金程序、债权登记与受偿程序和船舶优先权催告程序。详细可参阅《中华人民共和国海事诉讼特别程序法》。该法没有规定的，适用民事诉讼法的相关规定。

此外，为依法及时公正审理国际商事案件，平等保护中外当事人合法权益，营造稳定、公平、透明、便捷的法治化营商环境，最高人民法院设立国际商事法庭。2018年6月29日，最高人民法院第一国际商事法庭、第二国际商事法庭分别在深圳和西安揭牌，最高人民法院民事审判第四庭负责协调并指导两个国际商事法庭工作。从第1章我们知道，国际贸易、国际商事与集装箱运输也是有密切联系的。

## 本章习题

1. 试分析我国集装箱运输方面的运输管制与政策。
2. 集装箱运输安全与管理的主要工作有哪些？
3. 调研一家当地集装箱运输相关公司，了解其特种货物采用集装箱船舶运输的情况，分析其优势与劣势。
4. 查阅强制性国标GB6944—2012《危险货物分类和品名编号》和GB12268—

2012《危险货物品名表》，及 IMDG，了解危险品的主要分类，结合一项具体危险品货物，了解分析其集装箱运输要求。

5. 我国危险货物运输的主要法律与法规有哪些？
6. 试判断中国海洋运输货物保险的三种基本险是否承保表 9-1 所列的各项损失与费用，用"√"与"×"在最后三栏中标出。
7. 试比较集装箱运输中的货物保险、责任保险的异同。
8. 我国海洋运输货物保险条款包括哪些具体险种？
9. 集装箱综合保险包括哪些内容？主要由谁来投保？

表 9-1 三种基本险承保范围比较

| 风险 | 损失与费用 | | | 平安险 | 水渍险 | 一切险 |
|---|---|---|---|---|---|---|
| 海上风险 | 海上损失 | 全损 | | | | |
| | | 单独海损 | 自然灾害造成的单独海损 | | | |
| | | 部分损失 | 共同海损 | 意外事故造成的海损牺牲与分摊 | | |
| | 海上费用 | 施救费用 | | | | |
| | | 救助费用 | | | | |
| 外来风险 | 一般外来风险致损 | 运输途中由于偷盗、雨淋、渗漏、短量、钩损、碰损、玷污、串味、受热、受潮等所致的损失 | | | | |
| | 特殊外来风险致损 | 由于战争、罢工、交货不到、拒收、没收等特殊外来风险所致的损失 | | | | |

10. 结合案例讨论购买集装箱货物运输保险时托运人应注意的事项，（http://wenshu.court.gov.cn/website/wenshu/181107ANFZ0BXSK4/index.html?docId=3fc06c0876d14b6a8517aa08017d11a8）（2016）鲁 72 民初 1215 号一审民事判决书，中国太平洋财产保险股份有限公司青岛分公司与青岛怡之航物流有限公司、荷兰怡之航物流公司海上、通海水域货物运输合同纠纷。

11. 在集装箱运输中，索赔的时效是如何规定的？
12. 何谓不可抗力？构成不可抗力的条件有哪些？
13. 什么是共同海损？试结合马士基浩南轮案例进行分析。
14. 解决集装箱运输纠纷的方式有哪些？其中仲裁方式的特点是什么？
15. 什么是集装箱运输事故中的原残、港残和船残？
16. 阅读下面案例，查阅仲裁法、海商法等相关法律，比较仲裁与诉讼的异同。

近日，厦门海事法院就一起海上货物运输合同纠纷一案的管辖权异议作出裁定，驳回被告提出关于案涉提单已有效并入特定租约中的仲裁条款的异议。

该案中，原告从巴西进口大豆，并在巴西巴拉那瓜港装船。其后货物到达目的港后发现货损，原告遂向厦门海事法院申请，请求诉前扣押"佛罗莎（GLYKO FILOUSSA）"轮。中国再保险（集团）股份有限公司为该轮出具了担保函后，船舶解扣。原告以货损为由提起诉讼，要求两被告赔偿货物损失及利息。被告之一在答辩期间提出异议称：其为涉案提单的承运人，涉案提单已经有效并入了特定租约中的仲裁条款。其与原告之间存在有效的仲裁协议，按照约定，一切与涉案运输有关的纠纷均应提交英国伦敦仲裁解决。

厦门海事法院经审查认为，本案中，涉案提单虽然记载"提单与租约同时使用"，但并未载明并入租船合同的日期、编号、当事人等具体细节，无法认定该提单拟并入的租船合同就是异议人与案外人订立的定期租船合同。原告系正本提单持有人，并非上述定期租船合同的当事人，也没有明示接受该定期租船合同中的仲裁条款。异议人主张原告受该定期租船合同中仲裁条款的约束，缺乏事实和法律依据。据此，驳回异议人提出的异议。

17. 阅读最高人民法院海事审判典型案例之4（http://www.court.gov.cn/zixun-xiangqing-6662.html）浙江省纺织品进出口集团公司与长荣国际储运股份有限公司海上货物运输合同纠纷案，试分析作为提单的原始持有人，即使未被提单记载为托运人，是否享有提单托运人的权利。

# 附录1 集装箱尺寸代码（Size code designation）

根据 GB/T 1836—2017 及 ISO 6346: 1995 附录改编。集装箱尺寸代码由两位字母和数字混合编制的集装箱尺寸代码按下列所述选定（The two alphanumeric characters used to designate the size code of a container are chosen as follows）：

（1）第 1 个字符代表箱长（First character, representing the length），按表 A-1 选定；

（2）第 2 个字符代表箱宽和箱高（Second character, representing the width and height），按表 A-2 选定。

表 A-1  尺寸代码第 1 个字符（First size-code character）

| 箱长（Container length） | | 代码（Code character） | 箱长（Container length） | | 代码（Code character） |
|---|---|---|---|---|---|
| 毫米/mm | 英尺-英寸/Ft-in | | 毫米/mm | 英尺-英寸/Ft-in | |
| 2 991 | 10 | 1 | 7 450 | — | D |
| 6 058 | 20 | 2 | 7 820 | — | E |
| 9 125 | 30 | 3 | 8 100 | — | F |
| 12 192 | 40 | 4 | 12 500 | 41 | G |
| 未定号（Unassigned） | | 5 | 13 106 | 43 | H |
| 未定号（Unassigned） | | 6 | 13 600 | — | K |
| 未定号（Unassigned） | | 7 | 13 716 | 45 | L |
| 未定号（Unassigned） | | 8 | 14 630 | 48 | M |
| 未定号（Unassigned） | | 9 | 14 935 | 49 | N |
| 未定号（Unassigned） | | A | 16 154 | — | P |
| 7 315 | 24 | B | 未定号（Unassigned） | | R |
| 7 430 | 24-6 | C | | | |

表 A-2  尺寸代码第 2 个字符（Second size-code character）

| 箱高（Container height） | | 代码（Code character） | | |
|---|---|---|---|---|
| | | 箱宽（Container width） | | |
| 毫米/mm | 英尺-英寸/Ft-in | 2 438mm（8 ft） | >2 438mm, ≤2 500mm | >2 500mm |
| 2 438 | 8 | 0 | | |
| 2 591 | 8-6 | 2 | C | L |
| 2 743 | 9 | 4 | D | M |
| 2 896 | 9-6 | 5 | E | N |
| >2 896 | >9-6 | 6 | F | P |
| 1 295 | 4-3 | 8 | | |
| ≤1 219 | ≤4 | 9 | | |

# 附录2 集装箱箱型代码（Type code designation）

根据 GB/T 1836—2017 及 ISO 6346: 1995 附录改编。

表 A-3 规定了集装箱箱型及有关特性的识别代码，这些代码主要用于集装箱保有量的统计和作业数据的交换。

要把所有带有各种特性的集装箱全部纳入下表的细代码内是不可能的，总有个别的未被列入，这有待于今后进一步补充和完善。

表 A-3 中的备用号是为某些具有重要特性而尚未列入本箱型代码表的集装箱所预留的。建议在 ISO/TC 104 分委会确定其代码之前，先选用表中适当栏内的最前备用号。

对某些特性尚未规定或不明确的集装箱，可选取表 A-3 中的组代码。

表 A-3 箱型代码（Type code designation）

| 代码 | 箱 型 | 组代码 | 集装箱主要特征 | 细代码[a] | 细代码[b] |
|---|---|---|---|---|---|
| G | 通用集装箱 | GP | 一端或两端开门 | G0 | GA |
| G | 无通风设备 | | 货物上部空间设有透气孔 | G1 | GB |
| G | | | 一端或两端开门，加上一侧或两侧全部敞开 | G2 | GD |
| G | | | 一端或两端开门，加上一侧或两侧部分敞开 | G3 | GG |
| G | | | （备用号） | G4 | GJ |
| G | | | （备用号） | G5 | GM |
| G | | | （备用号） | G6 | GV |
| G | | | （备用号） | G7 | GW |
| G | | | （备用号） | G8 | GX |
| G | | | 具有装散货的能力 | G9 | GY |
| V | 通用集装箱 无通风设备 | VH | 无机械通风系统，货物上部和底部设有透气孔 | V0 | VA |
| V | | | （备用号） | V1 | VB |
| V | | | 箱体内部设有机械通风系统 | V2 | VD |
| V | | | （备用号） | V3 | VG |
| V | | | 箱体内部设有机械通风系统 | V4 | VJ |
| V | | | （备用号） | V5 | VM |
| V | | | （备用号） | V6 | VW |
| V | | | （备用号） | V7 | VV |
| V | | | （备用号） | V8 | VX |
| V | | | （备用号） | V9 | VY |

续表

| 代码 | 箱 型 | 组代码 | 集装箱主要特征 | 细代码[a] | 细代码[b] |
|---|---|---|---|---|---|
| B | 干散货集装箱 | | | | |
| B | —无压,箱式 | BU | 封闭式 | B0 | BA |
| B | | | 气密式 | B1 | BB |
| B | | | （备用号） | B2 | BD |
| B | | | 后端卸货/猫洞型 | B3 | BG |
| B | | | 后端卸货/全宽敞开 | B4 | BJ |
| B | | | 后端卸货/全宽固定 | B5 | BM |
| B | | | （备用号） | B6 | BW |
| B | | | （备用号） | B7 | BV |
| B | | | 前端卸货/全宽 | B8 | BX |
| B | | | 侧边卸货 | B9 | BY |
| S | 以货物命名的集装箱 | SN | 畜牧集装箱 | S0 | SA |
| S | | | 小汽车集装箱 | S1 | SB |
| S | | | 活鱼集装箱 | S2 | SD |
| S | | | （备用号） | S3 | SG |
| S | | | 发电箱 | S4 | SJ |
| S | | | （备用号） | S5 | SM |
| S | | | （备用号） | S6 | SW |
| S | | | （备用号） | S7 | SV |
| S | | | （备用号） | S8 | SX |
| S | | | （备用号） | S9 | SY |
| R | 保温集装箱 | | | | |
| R | —冷藏 | RE | 机械制冷 | R0 | RA |
| R | —冷藏和加热 | RT | 机械制冷和加热 | R1 | RB |
| R | —自备动力 | RS | 机械制冷 | R2 | RD |
| R | | | 机械制冷和加热 | R3 | RG |
| R | | | （备用号） | R4 | RJ |
| R | | | （备用号） | R5 | RM |
| R | | | （备用号） | R6 | RW |
| R | | | （备用号） | R7 | RV |
| R | | | （备用号） | R8 | RX |
| R | | | （备用号） | R9 | RY |

续表

| 代码 | 箱　型 | 组代码 | 集装箱主要特征 | 细代码[a] | 细代码[b] |
|---|---|---|---|---|---|
| H | 保温集装箱 | | | | |
| H | —冷藏和（或）加热设备可拆卸 | HR | 设备置于箱外，传热系数 k=0.4W/（m²·K）<br>设备置于箱外 | H0<br>H1 | HA<br>HB |
| H | | | 设备置于箱外，传热系数 k=0.7W/（m²·K） | H2 | HD |
| H | | | （备用号） | H3 | HG |
| H | | | （备用号） | H4 | HJ |
| H | —隔热集装箱 | HI | 具有隔热性能，传热系数 k = 0.4W/（m²·K） | H5 | HM |
| H | | | 具有隔热性能，传热系数 k = 0.7W/（m²·K） | H6 | HW |
| H | | | （备用号） | H7 | HV |
| H | | | （备用号） | H8 | HX |
| H | | | （备用号） | H9 | HY |
| U | 开顶集装箱 | UT | 一端或两端开门 | U0 | UA |
| U | | | 一端或两端开门，并且端框顶梁可拆卸 | U1 | UB |
| U | | | 一端或两端开门，加上一侧或两侧开门 | U2 | UD |
| U | | | 一端或两端开门，加上一侧或两侧开门，并且端框顶梁可拆卸 | U3 | UG |
| U | | | 一端或两端开门，加上一侧局部开门，另一侧全部开门 | U4 | UJ |
| U | | | （备用号） | U5 | UM |
| U | | | 具有可拆卸的硬顶 | U6 | UW |
| U | | | （备用号） | U7 | UV |
| U | | | （备用号） | U8 | UX |
| U | | | 运载卷状货物的开顶箱 | U9 | UY |
| P | 平台式集装箱 | PL | 平台集装箱 | P0 | |
| P | 上部结构不完整 | | | | |
| P | —固定式 | PF | 有两个完整和固定的端板 | P1 | PA |
| P | | | 有固定角柱，带有活动的侧柱或可拆卸的顶梁 | P2 | PB |
| P | —折叠式 | PC | 有折叠完整的端结构 | P3 | PD |
| P | | | 有折叠角柱，带有活动的侧柱或可拆卸的顶梁 | P4 | PG |
| P | 上部结构完整 | PS | 顶部和端部敞开（骨架式） | P5 | PJ |
| P | 按货物命名 | PT | 运载船上设备的 | P6 | PM |
| P | | | 运载小汽车的 | P7 | PW |
| P | | | 运载木材，管材的 | P8 | PV |
| P | | | 运载卷状货物的 | P9 | PX |

续表

| 代码 | 箱　　型 | 组代码 | 集装箱主要特征 | 细代码[a] | 细代码[b] |
|---|---|---|---|---|---|
| K | 有压罐式集装箱（液体和气体） | | | | |
| K | | KL | 非危险品液体罐箱 | K0 | KA |
| K | | | 危险品液体罐箱，压力不大于 2.65 bar[c] | K1 | KB |
| K | | | 危险品液体罐箱，压力大于 2.65 bar 且不大于 10 bar | K2 | KD |
| K | | | 危险品液体罐箱，压力大于 10 bar | K3 | KG |
| K | | | 非危险品液体罐箱，要求有电源 | K4 | KJ |
| K | | | 危险品液体罐箱，压力不大于 10 bar，要求有电源 | K5 | KM |
| K | | | 危险品液体罐箱，压力大于 10 bar，要求有电源 | K6 | KW |
| K | | | 低温罐箱 | K7 | KV |
| K | | | 气体罐箱 | K8 | KX |
| K | | | （备用号） | K9 | KY |
| N | 有压和无压罐式集装箱 | | | | |
| N | | NH | 漏斗型，垂直卸货 | N0 | NA |
| N | | | 漏斗型，后端卸货 | N1 | NB |
| N | | | （备用号） | N2 | ND |
| N | | NN | 无压，后端卸货 | N3 | NG |
| N | | | 无压，侧边卸货 | N4 | NJ |
| N | | | 无压，倾斜卸货 | N5 | NM |
| N | | | （备用号） | N6 | NW |
| N | | NP | 有压，后端卸货 | N7 | NV |
| N | | | 有压，侧边卸货 | N8 | NX |
| N | | | 有压，倾斜卸货 | N9 | NY |
| A | 空/陆/水联运集装箱 | AS | | A0 | |

注释：

a 用于达到最小堆码试验力值 192 000 kg 和最小横向刚性 150 kN 的集装箱，试验力值见 GB/T5333—2002 的规定。

b 用于堆码和（或）刚性试验力值小于上述标准值的集装箱，但不包括被认可用于单门打开模式，或其他临时性降低强度的集装箱。

c 100kPa（千帕斯卡）=1 bar（巴）=$10^5$ Pa（帕斯卡）=105 N/m$^2$=14.5 lbf/in$^2$。

# 参考文献

[1] 安通物流.安通控股服务公告 [EB/OL]. http://www.antong56.com.

[2] 柴庆春.国际物流管理（第2版）[M].北京：北京大学出版社，2018.

[3] 船舶载运危险货物安全综合治理行动方案（2017—2018 年）[Z].中华人民共和国交通运输部，2017.

[4] 港口经营管理规定 [Z].中华人民共和国交通运输部令，2019 年第 8 号.

[5] 顾永才，王斌义.国际物流实务 [M].北京：首都经济贸易大学出版社，2014.

[6] 韩骏，孙晓娜，靳志宏.集装箱码头泊位与岸桥协调调度优化 [J].大连海事大学学报，2008，34（2）：117-121.

[7] 胡康生.中华人民共和国合同法释义（第 3 版）[M].北京：法律出版社，2012.

[8] 黄伟明.航运物流从业第一课 [M].厦门：厦门大学出版社，2018.

[9] 交通运输部综合规划司.2018 年交通运输行业发展统计公报 [R].中华人民共和国交通运输部，2019.

[10] 李金龙，刘海英，宋作玲.集装箱物流实务 [M].北京：清华大学出版社，2010.

[11] 李明.国际货物运输与保险 [M].北京：中国金融出版社，2014.

[12] 栗丽.国际货物运输与保险 [M].北京：中国人民大学出版社，2007.

[13] 梁骁.三足鼎立的内贸集装箱航运产业 [EB/OL].物流梁言公众号，2019.

[14] 林涛，郭雅欣，李传芳.国际货物贸易实务 [M].北京：清华大学出版社，2014.

[15] 刘建军.集装箱运输的协调方法 [J].集装箱化，2006，(3)：26-28.

[16] 刘金章，王晓珊.海上货物运输与运输工具保险 [M].北京：北京交通大学出版社，2011.

[17] 陆梦舟，徐剑华.从集装箱运输看中国港口 30 年 [J].中国港口，2016，（11）.

[18] 孟祥茹.国际集装箱多式联运 [M].北京：人民交通出版社，2017.

[19] 闵德权，胡鸿韬.国际集装箱运输商务管理 [M].北京：首都经济贸易大学出版社，2018.

[20] 厦门海事法院.厦门海事法院典型案例 [EB/OL]. http://www.xmhsfy.gov.cn/dxal.aspx?page=3，2019.9.

[21] 水路危险货物运输管理规定（征求意见稿）[R].中华人民共和国交通运输部，2014.

[22] 上海航运交易所.上海航运交易所网 [EB/OL]. http://www.sse.net.cn，2019.9.

[23] 孙家庆，张赫，程显胜.集装箱多式联运 [M].北京：中国人民大学出版社，2010.

[24] 孙瑛，韩杨.国际货物运输实务与案例 [M].北京：清华大学出版社，2009.

[25] 唐丽敏.彻底搞懂海运航线 [M].北京：中国海关出版社，2009.

[26] 王鸿鹏，胡昊，邓丽娟.集装箱运输与多式联运 [M].北京：人民交通出版社，2015.

[27] 王学锋等.集装箱管理与装箱工艺 [M].上海：同济大学出版社，2006.

[28] 杨茅甄.集装箱运输实务（第二版）[M].北京：高等教育出版社，2007.

[29] 伊俊敏等.物流工程（第四版）[M].北京：电子工业出版社，2016.

[30] 詹虹，黄伟明，李皓.航运物流经理人第一课 [M].厦门：厦门大学出版社，2018.

[31] 郑若涵，赵东明. 集装箱运输实务 [M]. 北京：对外经济贸易大学出版社，2014.

[32] 郑若涵，赵东明. 集装箱运输实务练习册 [M]. 北京：对外经济贸易大学出版社，2014.

[33] 中国船级社. 集装箱检验规范 [R]. 北京：中国船级社，2016.

[34] 中国国际货运代理协会. 中国国际货运代理协会网 [EB/OL]. http://www.cifa.org.cn.

[35] 中国集装箱与多式联运发展报告（2018）[R]. 北京：中国集装箱行业协会，2019.

[36] 中国国家标准化管理委员会. 国家标准全文公开系统 [EB/OL]. http://openstd.samr.gov.cn.

[37] 中华人民共和国国家标准，GB/T 1836—2017 集装箱代码、识别和标记 [S]. 北京：中国标准出版社，2018.

[38] 中华人民共和国国家标准，GB/T 35551—2017 港口集装箱箱区安全作业规程 [S]. 中华人民共和国国家质量监督检验检疫总局、中国国家标准化管理委员会，2017.

[39] 中华人民共和国国家标准，GB/T 12171—1998 集装箱运输术语 [S]. 国家技术监督局，1998.

[40] 中华人民共和国交通运输部网站. [EB/OL]. http://www.mot.gov.cn.

[41] 中国远洋海运集团有限公司. 中国远洋海运官司网 [EB/OL]. http://www.coscoshipping.com.

[42] 朱晓宁. 集装箱运输与多式联运 [M]. 北京：北京交通大学出版社，2012.

[43] 朱作贤. 如何全面认识码头作业费问题 [J]. 中国远洋海运，（2019），（5）.

[44] 最高人民法院. 海事审判典型案例 [DB/OL]. http://www.court.gov.cn.

[45] 最高人民法院. 中国裁判文书网 [DB/OL]. http://wenshu.court.gov.cn.

[46] 最高人民法院. 中国海事审判白皮书（1984—2014）[N]. 人民法院报，2014-09-04.

[47] Bernhofen D M，El-Sahli Z and Kneller R. Estimating the Effects of the Container Revolution on World Trade [J]. Journal of International Economics，2016，98: 36-50.

[48] Coslovich L，Pesenti R，Ukovich W. Minimizing Fleet Operating Costs for a Container Transportation Company [J]. European Journal of Operational Research，2006，171（3）：776-786.

[49] Coşar A K，Demir B. Shipping Inside the Box: Containerization and Trade[J]. Journal of International Economics，2018，114: 331-345.

[50] Ebeling，C. E. Evolution of a Box [J]. Invention and Technology，2009，23（4）：8-9.

[51] Essery R J，Rowland D P. Steel W O. British Goods Wagons [M]. New York: Augustus M Kelley，1970.

[52] Gerd Naber，et al. Container Handbook [DB/OL]. http://www.containerhandbuch.de，2019.3.

[53] International Chamber of Shipping and World Shipping Council. Safe Transport of Containers by Sea: Guidelines on Best Practices [M]. London: Marisec Publications，2018.

[54] ISO1496-1:2013. Series 1 Freight Containers—Specification and Testing—Part 1 General Cargo Containers for General Purposes，Sixth Edition [S]. ISO 2013.

[55] ISO1496-2:2018. Series 1 Freight Containers—Specification and Testing—Part 2 Thermal Containers，Sixth Edition [S]. ISO 2018.

[56] ISO1496-3:2019. Series 1 Freight Containers—Specification and Testing—Part 3 Tank Containers for liquids，Gases and Pressurized Dry Bulk，Fifth Edition [S]. ISO 2019.

[57] ISO1496-4:1996. Series 1 Freight Containers—Specification and Testing—Part 4 Non-Pressurized Containers for Dry Bulk，First Edition [S]. ISO 1996.

[58] ISO1496-5:2013. Series 1 Freight Containers—Specification and Testing—Part 5 Platform and Platform-Based Containers，Third Edition [S]. ISO 2018.

[59] ITCO. 2019 Global Tank Container Survey [R]. Shanghai Maritime University，China，2019.

[60] Jan Hoffman. Review of Maritime Transport 2018 [R]. UNCTAD，United Nations，2018.

[61] Kuzmicz K A，Pesch E. Approaches to Empty Container Repositioning Problems in the Context of Eurasian Intermodal Transportation [J]. Omega，2019，85，194-213.

[62] Levinson，Marc. The Box: How the Shipping Container Made the World Smaller and the World Economy Bigger [M]. Princeton: Princeton University Press，2006.

[63] Lun Y H V，Lai K-H，Cheng T C E. Shipping and Logistics Management [M]. London: Springer-Verlag London Limited，2010.

[64] Marine Traffic（2018）[EB/OL]. http://www.marinetraffic.com，2019.4.

[65] Phil Hetherington. A Brief History of Containerisation on Britain's Railways [R]. London，2008.

[66] World Shipping Council. Global Container Fleet，2013 [R]. www.worldshipping.org，2015-05-11，2019.5.

[67] Yi J M，Chen X G，Zhou J. Pinwheel Pattern and Its Application to the Manufacturers' Pallet Loading Problem [J]. International Transactions in Operational Research，2009，16（6）: 809-828.

# 教师服务

感谢您选用清华大学出版社的教材！为了更好地服务教学，我们为授课教师提供本书的教学辅助资源，以及本学科重点教材信息。请您扫码获取。

## ▶▶ 教辅获取

本书教辅资源，授课教师扫码获取

## ▶▶ 样书赠送

**物流与供应链管理类**重点教材，教师扫码获取样书

 清华大学出版社

E-mail: tupfuwu@163.com
电话：010-83470332 / 83470142
地址：北京市海淀区双清路学研大厦 B 座 509

网址：https://www.tup.com.cn/
传真：8610-83470107
邮编：100084